HATE
Inc.

_____

우리는
증오를
팝니다 __

맷 타이비 지음 | 서민아 옮김

우리는 증오를 팝니다

P 필로소픽

| 일러두기 |

- 본문의 〔 〕는 옮긴이 주이다.
- 일간지 및 잡지는 《 》로, 인터넷 매체는 〈 〉로 표기했다.
- 인명의 외래어표기는 국립국어원 외래어표기법에 따르되, 일부는 통용되는 표기를 따랐다. 한글로 검색되지 않는 경우에는 영어를 병기했다.

목차

증오팔이와 되팔이의 순환고리를 잘라내기

정준희

한양대학교 언론정보대학 겸임교수

"아시아계에 대한 증오를 멈추라Stop Asian Hate." 미국 애틀랜타에서 아시아계 미국인을 상대로 벌어진 2021년 3월의 총격 사건 이후 미국 전역에서 증오 반대 운동이 일었다. 이 운동의 의의는 그간 '우리를 미워하지 말라'는 목소리조차 내지 못했던 약자 중의 약자들의 저항이 조직화됐다는 데 있다. 증오가 새로운 게 아니라 그 대상의 다양함에 대한 새삼스런 확인 그리고 그간 숨겨져 있던 목소리의 표출이 새로운 것이었다. 사실 증오 범죄는 인류 역사와 함께 해왔다. 불행히도 우리는 누군가를 강하게 미워할 수 있는 존재이고 그로부터 폭력과 학살이 자라난다. 자연스레 발생하는 거부감을 극복할 수 없다 해도 그것이 다른 이에 대한 폭력으로 이어지는 걸 방치하거나 심지어 조장하는 일만은 멈출 수 있어야 한다.

이 책은 그런 증오에 대한 이야기이기보다 그것을 팔아먹으며 생존하는 이들에 대한 일종의 내부고발이다. 증오를 멈추기 위해서는 무엇보다 증오를 팔아먹는 이들을 멈춰야 한다. 증오 반대 운동이 실천력을 갖추려면 전술적 타깃이 필요하다. 이윤 추구형 증오를 반대하는 운동Stop Hate for Profit Coalition이 트럼프 지지자들의 의사당 난입 사건을 계기로 주요 소셜 미디어 플랫폼에 트럼프 계정 폐쇄 압력을 가한 결과 페이스북이 그에 응한 것이 대표적이다. 이 책의 저자 맷 타이비는 미국 언론과 미디어 업계 일반을 '증오 판매 기업 Hate Inc.'이라 지칭한다.

그는 "우리 미디어 종사자들은 진짜 반대 의견을 막기 위해, 가짜 반대 의견을 조작했다."라고 말한다. 예컨대, 금융, 군수산업, 엘리트 정치라는 미국의 진짜 문제를 감추기 위해 연예인의 마약이나 정치인의 섹스 스캔들과 같이 별로 중요하지 않은 이슈를 놓고 마치 진지하고도 격렬한 토론이 벌어지는 것처럼 시늉한다. 그러나 저자가 전거로 삼은 촘스키와 허먼의 책《여론 조작》의 이런 날카로운 고발이 있은 뒤로 세상은 크게 변했다. 뉴스의 독과점이 깨지고 폭스 뉴스와 같은 의견과 논평 중심의 미디어가 우후죽순 생겨났다. 24시간 동안 지속적으로 불안을 자극해야 하는 환경이 도래했다. 인터넷 시대가 열렸고, 소셜 미디어가 탄생했다. 그리하여 이제 뉴스는 '당신만을 위해 준비된 분노'의 다른 이름이 되었다. 기만을 성공시키기 위해서는 증오라는 양념이 더 많이 필요해졌다. 저자가 진단하기에 미디어 종사자들은 무지와 증오를 묶음으로 판매하는 전문가로서 발돋움했다.

그런데 이 책에는 대개의 언론학자들이 거리낌 없이 비판해 마지않는 나쁜 상업적 언론의 전형 폭스 뉴스와 그 배후의 언론재벌 루퍼트 머독만 등장하지 않는다. MSNBC도, CNN도 심지어 CBS와 그 사장 레슬리 문베스도 성공한 '증오 판매 기업'의 일원이 된다. 나쁜 언론의 대척점에 튼튼히 서있어 주리라 흔히 기대되는《뉴욕타임스》,《워싱턴포스트》,《가디언》도 예외가 아니다. 아들 부시의 이라크 침공을 뒷받침했던 대량살상무기 관련 우파 언론 보도의 허무맹랑함과 거의 다를 바 없이, 아니 그 이상으로, 진보 언론의 러시아게이트 보도는 오로지 트럼프를 허물어보겠다는 일념하에 음모론과 애국주의를 자처했다! 저자는 "러시아게이트를 시작으로 전국 언론은 기소와 유죄 판결에는 차이가 있다는 가식조차 포기했다."라고 냉소하는데, 이거 어디서 많이 본 장면 아닌가?

익숙함만의 문제가 아니라서 더 문제다. 우리가 내심 모범적인 저널리즘을 수행할 것이라고 전제했던 미국의 유력 언론들조차 증오 판매에 눈이 멀어 수많은 실수를 저질러왔다는 사실을 확인하는 것보다 더 비극적인 일은 우리나라 언론계의 현실을 이에 대비해 보는 데서 나온다. 2017년에 마이클 플린 백악관 국가안보회의 보좌관 관련 오보를 낸 ABC 기사는 거의 즉시 철회됐고 기자 브라이언 로스는 정직 처분을 받았다. 트럼프의 고문 앤서니 스카라무치와 러시아 투자 펀드와의 관련성을 주장했던 CNN 기사도 나중에 근거 없음으로 밝혀져 철회됐고 해당 기사를 작성했던 저널리스트 세 명이 퇴사했다. 음? 비슷한 경우에 우리는 어떤 일이 벌어졌더라? 그래도 미국 유력 언론은 책임이라도 지는 걸 보고 안도해야 하는 건지, 아니면 어차피 세계 어느 나라 어떤 성향의 언론이건 이윤 추구형 증오 판매자로서 큰 차이가 없다며 냉소해야 하는 건지.

솔직히 나는 이 냉소가 불편하다. 이 저자가 동료들로부터의 따돌림을 감수하며 시도한 일종의 내부고발처럼, 그리고 지난 십 수 년 동안 나 스스로 해온 일처럼, 현실의 언론을 분석하고 비판하는 작업은 그 결과로 '오늘보다 나은 내일'이 한 걸음 더 가까워지리라는 희망과 반드시 그렇게 만들어야 한다는 책임감에 의존한다. 그런데, 이 책의 끝 장에 가까워질수록 입맛은 더 씁쓸해지고 '세상에 믿을 놈(?) 없다'는 한탄만 커져갔다. 단지 (실천적 지식인의 입장에서) 희망이 보이지 않아서일 수도 있다. 그리고 (학자의 입장에서) 저자의 비판이 '증오 판매 기업'에 대한 경각심을 주는 것을 넘어 또 다른 증오를 촉발시킬까 우려되기도 한다.

어쩌면 이 찜찜함에 대한 해답의 일부는 부록에서 엿볼 수 있을 듯하다. 저자가 인터뷰한 촘스키는 자신의 저서 《여론 조작》을 읽은 이들이 '언론은 믿을 게 못 된다'는 결론을 얻는 게 불행하다면서, 정보를 얻으려면 그래도 더 믿을 만한 언론을 찾아 읽되 "눈을 크게 뜨고" 비판적인 마음으로 읽어야 한다고 조언한다. 게다가 최근 들어 사람들이 공공 기관이나 사회적 기구에 대해 지나치게 회의하며 증오를 퍼붓게 된 것 역시 바람직한 현상은 아니라고 말한다. 이는 오히려 신자유주의적 공격의 결과물로서, 사회 기구에 대한 신뢰를 저하시켜 개인적 해결책에 과도하게 몰입하게 만드는 문제로 이어진다는 것이다. 그의 지적처럼 "트럼프는 미디어에 대한 분노를 끌어내 기관을 반대하고 미디어를 적으로 만든다는 측면에서 대단한 효과"를 거두었다. 그리고 그 결과는 '어차피 세상에 진실은 없고, 내가 믿는 대로 믿는다'는 신념 체계의 등장이다. 이런 탈진실적 정신상태야말로 우리 대부분을 지적 암흑 속으로 빨아들이는 블랙홀이다.

현대 언론과 미디어가 증오를 '먹고 사는' 방법을 냉정하게 고발하는 이 책을 비판적으로 읽어내야 하는 이유가 여기에 있다. 증오 판매 기업에 대한 증오는 어쩌면 그들이 정말 바라는 것일지도 모르니까 말이다.

이 책을 읽는 분들에게

대부분의 작가들은 책 한 권을 완성하는 동안 어떤 변화가 있었는지 좀처럼 말하지 않는다. 그러나 애초에 이 책의 내용은 지금도 운영되고 있는 온라인 사이트 taibbi.substack.com에 연재 형식으로 발표되었기 때문에, 이 경우에는 말을 해야 할 것 같다. 이 책의 제목이 원래는 '안전 항로The Fairway'였으며, 책으로 만드는 과정에서 내가 중간에 제목을 바꾸었다는 걸 아는 독자들도 있을 것이다.

제목만 바꾼 게 아니다. 원래 이 책은 에드워드 허먼과 놈 촘스키가 쓴 미디어 비평의 고전 《여론 조작》을 다시금 상기하기 위한 것이었다. 그래서 사실은 이 책의 제목을 '불만 조작Manufacturing Discontent'으로 할 생각이었다.

지난 몇 년 동안 나는 어디로 여행을 가든 세 권의 책을 챙겨 다녔다 (나는 기자라는 직업 때문에 많은 곳을 여행하고, 몽골과 우즈베키스탄 같은 먼 곳에서도 지낸다). 바로 헌터 S. 톰프슨의 《공포와 혐오: 72년 대선 운동에 관하여Fear and Loathing: On the Campaign Trail '72》와 에벌린 워의 《특종Scoop》, 그리고 《여론 조작》이다.

개략적으로 말하면, 톰프슨의 책은 저널리즘에 관한 훌륭한 저서이고, 《특종》은 저널리즘에 대한 완벽한 패러디이며, 《여론 조작》은 나 같은 기자들에게 주는 학문적인 경고로서, 저널리즘이 역효과를 낳고, 권력에 봉사하며, 전반적으로 실패할 수 있음을 자세하게 설명한다.

내 본래 계획은 촘스키와 허먼이 다룬 70년대와 80년대 기자들과 매우 다른, 직업적·재정적으로 압박을 받고 있는 내 세대 기자들에게 이 경고를 상기시키는 것이었다.

이 책을 위해 촘스키를 인터뷰하면서 놀란 사실은, 그가 꽤 많은 기자들을 알고 있었고 그리하여 정보를 제공받을 수 있었다는 것이다. 하지만 촘스키나 에드워드 허먼(언론을 주제로 책을 쓰자는 것은 허먼의 아이디어였다)이 보도국에서 작업을 하거나, 마감 시간 20분을 남겨두고 핵심 문구를 작성한 것은 아니었다.

나는 내 개인적인 경험을 강조하고 싶었다. 그러나 《여론 조작》과 같은 지적이고 진지한 무언가가 되기를 바라며 글을 쓰려고 자리에 앉으니, 냉철한 고찰은 간데없고 수십 년간 쌓인 일상의 좌절들만 보일 뿐이었다.

이 책은 이내 학문적 연구라기보다는 자백, 내가 지금껏 30여 년간 몸담아 온 업계의 보이지 않는 압력에 대한 자백이 되어버렸다. 상업 미디어는 늘 선정적이었다. 우리는 사람들이 일으키는 분노의 중심을 겨냥해 기사를 작성해서는 안 된다는 권고를 받은 적이 없었다. 우리는 언제나 눈에 불을 켜고 시청자를 사냥하고 다녔다.

나는 이런 일을 하도록, 그것도 반복해서 하도록 고용되었기 때문에 이 사실을 잘 알고 있다. 사실 상업적 이익을 위해 내가 맡은 역할은 사람들을 광분하게 만들거나 독자들이 증오하는 누군가를 야유하는 독설에 찬 글을 쓰는 것이었다.

나는 저널리즘계의 욕쟁이 개(미국의 토크쇼 〈코난 CONAN〉에서 유명 인사를 향해 독설을 날리는 손가락 인형)였다. 실제로 나는 어떤 논평으로 잡지 업계에서 탈 수 있는 최고의 상인 미국 잡지상을 타기도 했다. 《롤링스톤 Rolling Stone》에 "나의 친애하는 미친놈 My Favorite Nut Job"이라는 제목으로 마이크 허커비(아칸소주의 부지사와 주지사를 지낸 정치인)

에 대해 쓴 논평이었는데, 나는 이 아칸소 주지사를 "특대형 손가락 인형"을 닮은 "최고위층 기독교 멍청이"라고 불렀다. 멀쩡한 사람을 끌어내린다는 전제하에, 이 업계는 예나 지금이나 "끌어내리기의 대가들"에 대한 수요가 많다.

나는 기자가 되길 원한 적이 한번도 없었다. 내 영웅들은 희극 작가들이었고, 언젠가 헌터 S. 톰프슨이 "최고의 픽션은 그 어떤 저널리즘보다 더 사실적이다."라고 했던 말을 믿었다. 내가 하고 싶었던 일은 오직 즐거움만 주는 책, 언제나 기댈 수 있는 친한 친구 같은 책―나에게는 레이먼드 챈들러의 책들 같은―을 내는 사람이 되는 것이었다.

그러나 나는 픽션 작가가 되기엔 실력이 형편없었고, 그래서 그 일에 손을 떼야 했다. 나는 저널리즘 업계와 단 한번도 편하게 지낸 적이 없었으며, 이 책을 읽으면 알게 되겠지만 어느 시점에서는 하는 일마다 실수투성이였다.

사실 내가 이 책을 쓰면서 쏟아낸 것들 중에는, 정치에 관심 있는 독자들에게 그간 얼마나 많은 열변을 토했는지 알게 되면서 찾아온 자기혐오도 있다. 마이크 허커비, 프레드 톰프슨, 미셸 바크먼에 대한 성마른 기사들로 진보 성향의 독자들로부터 찬사를 받는 내 꼴은 마약쟁이들 앞에서 판에 박힌 쇼를 하는 코미디언과 다르지 않다. 그들의 웃음이 진짜인지 아닌지 누가 알겠는가.

더 중요한 사실은, 2008년 금융위기 이후로 8년간 금융 서비스업에 관한 글을 썼더니 당파 정치는 약간의 속임수라는 생각에 점점 빠져들게 되었다는 것이다. 매우 심각한 많은 사회문제들(담보대출 시장의 대규모 사기를 막지 못하는 것과 같은)의 뿌리는 철저히 초당파적이지만, 언론에 종사하는 우리는 두 정당이 모든 사안에 대해 완벽하게 충돌한다는, 정치에 대한 단순한 이미지를 정기적으로 선전한다. 만일 당신이 둘 중 하나의 정당에 속한다면 그 정당에 대한 비판으로 도배한 기사는 좀처럼 보지 않을 것이다.

나도 여기에 한몫하지 않았냐고? 좌파 대 우파라는 서사에는 거부할 수 없는 중력이 있었고, 나는 주로 좌파 독자들을 위해 글을 썼다. 하지만 보도의 차원에서, 일단 중대한 사안들의 풀숲으로 뛰어들면 거의 모든 사안들이 언제나 훨씬 복잡하게 얽혀 있는 것 같다. 군사계약 비리, 돈세탁, 선거자금 사기, 금융규제 완화, 고문, 무인기를 이용한 암살 시도 등 어떤 사안이든 말이다.

나는 우리가 사람들이 이러한 사안들의 복잡한 특성에 관심을 갖지 않게 만든다고 믿기 시작했다. 서로에 대한 격앙된 전설에 점점 깊이 빠져드는 열혈 당원 독자들을 만들어냄으로써 말이다. 우리는 진행 중인 뉴스 기사를 종교적인 서약과도 같은 무엇으로 바꾸기 시작했고, 이 서약에서 사람들은 그저 화를 내는 것에 그치는 것이 아니라 헌신적인 분노에 사로잡혀 쉴 새 없이 분노를 쏟아냈다. 보수주의자들이 "진보적"이라고 일컫는 미디어에서조차 우리는 독자들의 결속을 만들어내기 위해 직설적인 신호들을 사용했다. 우리는 내가 지금까지 경험한 적 없는 규모의 반지성주의를 활용하기 시작했고, 이것은 대부분의 내용들 속으로 빠르게 확산되었다.

과거에는 독자들에게 널리 알려지지 않고도 평생 기자로 일할 수 있었다. 톰프슨 같은 사람은 드문 예외였는데, 그는 자신의 가장 어두운 내면의 대화를 기사에 끼워 넣었다. 그와 함께 잡지 《롤링스톤》에서 일한 동료, 티머시 크라우스는 선거운동 일지 《버스에 오른 소년들 The Boys on the Bus》에서, 집에 돌아와 배우자에게 선거운동 여정을 일일이 설명하지 않아도 되는 사람은 기자들 중 톰프슨이 유일했다고 언급했다. 톰프슨의 아내는 그의 기사를 통해 이미 알고 있었기 때문이다. 심지어 그의 가장 사적인 독백까지도 버젓이 인쇄되었으니까.

그러나 이 업계 사람들은 거의 모두가 어느 정도는 개인적인 성격을 감추어야 했다. 그리고 굳이 어느 한 팀을 선택해야 한다면, 그 팀은 "언론", 즉 어느 당에도 속하지 않고 자기의 힘과 자기 기관의 관심사가 있는 하나의 독립체였다.

우리가 지난 한 해 동안 보았던 것처럼, 미디어 종사자들은 "가짜 뉴스"를 둘러싼 논란에서 검열권과 언론 규제를 강화해야 한다고 주장했는데, 한 세대 전만 해도 이런 모습은 본 적이 없었을 것이다. 또한 이렇게 많은 기자들이 이토록 공공연하게 정치적 결과를 위해 언기 노력을 쏟는 모습을 본 적도 없었을 것이다.

역설적이게도, 톰프슨의 "72년 대선 운동에 관하여"로 유명해진 이 같은 공개적인 헌신(그는 조지 맥거번에 희망을 걸고 맥거번의 당선을 위해 전국을 종횡무진 달렸다. 마치 카프카의《성》에서 구원을 찾아 온 복도를 돌아다니는 측량사처럼)은 이제 "좌파" 미디어와 "우파" 미디어 모두에서 표준이 되었다.

차이가 있다면 톰프슨은 (나중에 밝혀진 것처럼) 현실로 이루어질 가능성이 전혀 없는, 더 나은 세상이라는 낭만적인 이상주의자의 비전에 희망을 걸고 있었다는 것이다. 반면 오늘날 대부분의 기자들은 워싱턴에 오랫동안 견고하게 터를 잡은 둘 중 어느 한 집단을 위한 군인들이다. 그들은 이상주의자가 아닌 건 물론이고 반反 이상주의자들이다.

심지어 이들은 "순수" 혹은 "순도 검사"라는, 이상주의가 저지른 죄를 묘사하기 위한 단어를 만들기도 했다. 내가 종사하는 미디어의 최근 당론은, "순수주의자들"은 힐러리 클린턴의 선거운동을 약화시킴으로써 도널드 트럼프의 당선을 도왔다, 그런 사람들은 적이며 이탈자로서 눈살을 찌푸리게 한다는 것이다. 심지어 우리는 편향을 표현하는 소련식 단어들, 가령 "가짜-균형자", "편자이론가"〔극좌파와 극우파는 서로 닮은 점이 있다는 것이 편자이론이다〕, "신新 네이더 지지자"〔진보주의자이자 환경주의자인 녹색당의 랠프 네이더 지지자들〕, 그리고 소련의 대표적인 용어 "왓어바웃티스트"〔whataboutist, 상대방의 비난에 맞받아칠 때 '당신도 잘한 것 없다'는 의미로 사용하는 소련의 선전용어〕같은 용어들까지 무슨 가내공업하듯 만들어냈다.

숨기고 싶은 내 비밀을 말하면, 나는 정치에 딱히 관심을 가져본 적이 없다. 개인적으로 내 종교는 우익도 좌익도 아닌 부조리교다. 나는 세상은 기본적으로 우스꽝스럽고 끔찍하지만 동시에 아름답다고 생각한다. 우리는 최선을 다할 때도 있고 그러지 않을 때도 있지만 어느 쪽이든 결국에는 대체로 실패한다.

나에게 인간은 〈바보 삼총사 Three Stooges〉〔1922년부터 1970년까지 활동하던 개그 삼인조가 출연한 코미디 쇼〕이고, 그 사실을 부인하려 할수록 점점 우스꽝스러워진다. 늘 그렇게 생각하는 건 아니지만 내 인생 지침이 그렇다. 나는 투표도 하고 몇몇 활동가 집단과 가볍게 관계를 맺고 있지만, 아빠나 남편 같은 더 중요한 본분을 잃을 만큼 진지하게 몰두하지 않으려 애쓴다.

만일 고문을 당하면 저 당보다 이 당이 더 좋다고 말할 거고, 부탁을 받으면 돈을 기부하거나 자원봉사도 할 테지만, 이건 열정적인 지지 활동과 다르다. 이런 게 드문 견해는 아닐 것이다. 선거 유세 현장을 취재하다 보면 선거보다 자기 집 고양이한테 더 마음을 쓰는 사람들을 많이 만나게 된다(당연히 이런 사람들은 선거 유세 기사에 결코 등장하지 않는다). 대부분의 사람들은 투표하지 않는데, 나는 이것이 주어진 정치적 선택의 범위에 대한 혐오 내지 냉소적 무관심의 표현으로 가장 자주 사용되는 방법이라는 걸 알게 됐다. 나는 그 정도는 아니지만, 균형 잡힌 시각을 유지하기 위해 정치와 충분히 거리를 두려 노력한다.

이런 태도로 나는 버락 오바마의 대통령 출마에 대해서는 열정적인 기사를, 그가 월스트리트 범죄 처벌법을 강화하지 못한 데 대해서는 비판적인 기사를 쓸 수 있었다. 한때는 이런 태도가 저널리스트로서 올바르고 건강한 것으로 여겨졌다. 그러나 오늘날 상업 미디어에서 허용되는 사고 범주에서 이런 태도는 전혀 적합하지 않다.

더욱이 예전에는 언론의 사소한 결점들을 재미있게 여겼지만(나는 지금도 《뉴욕타임스》 칼럼니스트 토머스 프리드먼을 부러워하며 킬킬대며 웃는다. 그가 쓴 기가 막힌 베스트셀러 《세계는 평평하다》는 평평한 세계가 둥근 세계보다 서로 더 긴밀하게 연결되어 있다는 잘못된 전제를 바탕으로 한다), 몇 년 전 나는 이 업계가 정말로 극악한 무언가를 향해 표류하고 있다는 걸 자각하기 시작했다.

특히 2016년엔 뉴스 기자들이 의식적으로 독자와 시청자들을 분열시키고 과격하게 만들기 시작했다. 보도는 분열을 초래하는 새 대통령 도널드 트럼프를 "소리쳐 부를" 뿐이었다. 그러나 내가 볼 때 언론은 이제 트럼프의 지극히 단순한 거울 이미지 안에서 움직이고, 반대파를 희화화하는 걸로 내용을 채우면서 트럼프와 공조하고 있었다. 트럼프가 백악관으로 향할 때 우리는 거대한 수익을 향해 우르르 몰려갔다. 유일한 패자는 미국 국민들뿐이었고, 그들은 이제 그 어느 때보다 깊은 증오심에 빠져 있었다.

나는 시민의 한 사람으로서 이 상황과 싸웠지만, 싸우면서도 한편으로는 공개적으로 이름을 걸고 일해야 한다는 부차적인 문제가 있었다. 처음엔 본능적으로 숨을까도 생각했다. 이 모든 상황이 잠잠해질 때까지 석유와 가스 같은 특수 사건 취재를 담당하면 될 거라고 생각했다. 예리한 독자는 내가 지난 몇 년간 무인기에서부터 미수에 그친 국방부 감사라는 30년 묵은 기사에 이르기까지 정당을 초월해 다양한 주제를 다루기 위해 노력해 왔다는 걸 알 것이다.

그러나 결국 소용이 없었고, 이 혼란을 버티기 위해 애쓴 여러 방법 중 하나가 바로 이 책을 쓰는 것이었다. 그러려면 업계의 접근 방식의 변화가 당시에 느꼈던 것만큼 실제로 극적인 것이었는지 확인하기 위해 역사를 되짚어 봐야 했다. 그것은 단지 나의 상상이었는지도 모르니까.

그 과정에서 나는 이 업계에 대해 전혀 알지 못했던 많은 것들을 알게 됐고, 변화를 겪으며 자기만의 흥미로운 사연을 갖게 된 동료들과 인터뷰를 했다. 많은 동료들이 같은 문제로 조용히 싸우고 있다는 걸 알 수 있었다. 여러 측면에서 우리는 정치적으로 대단히 논쟁적이고 독설로 가득한 많은 내용들을 그대로 전달해야 한다는 새로운 압력과, 거리를 유지해야 한다는 전통적인 개념 사이에서 어떤 방침을 따라야 할지 난감해하고 있었다.

당연히 나는 이 책이 지배적인 두 정당의 열혈 지지자들 중 어느 쪽도 이해시키지 못할까 봐 걱정된다. 어쩌면 민주당 지지자들이 공화당 지지자들보다 더 크게 화를 낼지 모른다. 레이철 매도의 사진을 표지에 실은 이유에 대해 부록에 설명했지만〔이 책의 영어본 표지에는 MSNBC의 시사 프로그램 〈레이철 매도 쇼〉를 진행하며 진보적인 정치 평론가로 평가받는 레이철 매도와 폭스의 뉴스쇼 〈해니티〉를 진행하는 숀 해니티의 사진이 같이 실려 있는데, 이 때문에 독자들의 많은 항의가 있었다〕, 분노를 가라앉히는 데 별 도움이 안 될 수도 있다. 어떤 방식으로든 MSNBC와 폭스를 비교하는 것은 용서할 수 없는 일로 간주될지도 모른다.

그러나 이 책은 한 쪽으로 치우친 논평이 아니다. 이 책의 주제는 독립적인 저널리즘이 단계적으로 폐지되고, 그 자리에 "양쪽" 정당 모두에 관해 정치적으로 첨예한 논쟁을 불러일으키는 프로그램을 편성하는 상황에 대해서다. 어느 "쪽"이 더 나은지 묻는 것은 의미가 없다. 어차피 어느 쪽의 접근 방법도 저널리즘이 아니니까.

폭스의 정치관이 더 유해하지만, MSNBC는 어느 한 정당에 충성스럽게 동조하는 시청자들을 위해 정치적으로 안전한 공간, 일종의 소비재 같은 무언가가 되었다. 지금 MSNBC를 틀면 민주당에 비판적인 내용을 보기 힘들 텐데, 이것은 우리가 폭스 시청자들을 향해 비난하던 지적 결함과 정확히 같다. 시청자들이 사태를 이해하도록 돕기 위해 어느 정당에도 동조하지 않는 강한 뉴스 방송사를 미국인들이 몹시 그리워할 날이 반드시 올 것이다.

한편 이 책은 공화당의 정치적 견해에 대한 나의 천성적인 반감에서 시작하는 터라, 아마도 보수주의자들은 여러 가지 이유에서 이 책을 싫어할 텐데, 할 수 없다. 각 정당의 정치 신념을 지닌 사람들에게 나는, 서로를 향한 우리의 경멸 중 얼마나 많은 부분이 진짜인지, 또 얼마나 많은 부분이 미디어가 만들어낸 산물인지 대화를 시작하도록 돕기 위해 이 책을 썼다고 말하곤 한다.

나는 오늘날 정치 관련 미디어가 경쟁하듯 쏟아내는 비난에 절망하면서, 내가 지난 수년 동안 인쇄된 활자의 형태로 뱉어낸 거침없는 모욕이 이런 새로운 태도를 구축하는 데 한몫하지 않았을까, 늘 생각한다. 더욱이 오늘날 미디어에서 이루어지는 토론에는 유머 감각이 자취를 감추어, 이제 우리는 사소한 사안에 대해서까지 심지어 서로 잘 모르는 사이임에도 불구하고 죽기 살기로 논쟁을 벌인다. 자기 아이 생일 파티에서는 예의를 갖추어 담소를 나눌 사람들이 트위터에서는 아무런 거리낌 없이 끔찍한 위협을 주고받는다. 제정신이 아닌 거다.

우리가 대의민주주의를 채택한 이유는 바로 우리를 대신해 다른 사람들이 독설을 퍼부으며 논쟁하도록 하기 위해서다. 지금은 다른 무엇보다 돈 때문에 이 제도가 부패되고 있는 게 사실이지만, 나는 왜 우리가 실제로 미국에서 쟁취한 이 사회서비스를 더 적극적으로 활용하지 않는지 궁금하다. 그 이유 중 대부분은 우리의 잘못, 다시 말해 언론의 잘못임이 분명하다. 그러므로 이 책은 우리가 느끼는 분노와 공포 중 얼마나 많은 부분이 진짜인지, 그리고 우리가 느끼는 혼란 중 얼마나 많은 부분이 돈을 위해 대중의 반응을 유도하려는 나 같은 이들이 만들어낸 것인지 가려낼 수 있도록 보수주의자와 진보주의자 모두에게 도움을 주려는 것이다.

　이 책이 물리적인 형태로 출간되면, 독자들은 책의 내용이 일정 기간 정기적으로 쓰인 것임을 알게 될 것이다. 각 장을 완성할 때마다 온라인에 발표했기 때문이다. 전자책으로 읽는 독자들은 링크가 여전히 활성화되어 있는 걸 발견할 것이다. 나중엔 독자의 환심을 사기 위한 신문 1면의 기만적인 헛소리들을 스톱워치로 시간을 재면서 교정하는 등, 내가 수년간 공들여 작업한 재미있는 기술들을 포함해 몇 가지 기능을 추가하면 좋겠다.

　그러나 당분간은 이 책을 단행본의 형태로 보아주기 바란다. 이 책은 최선의 모습일 땐 우리에게 정보를 제공하고 우리를 더 나은 시민으로 만들지만, 최근엔 우리 모두를 분열시키고 우리 삶을 비관주의와 불신으로 가득 채우는 비극의 도구가 되어버린 어느 업계를 다룬다. 이 업계를 바로잡기는 쉽지 않을 것이다. 그러나 이 업계로부터 우리를 보호할 수 있는 비결이 있다. 이 책에서 그 일부를 찾길 바란다.

서문

나는 미디어 업계에서 성장했다. 내 아버지는 70년대에 매사추세츠주에 있는 WCVB‑TV라는 방송사에 취직했다. ABC 방송사의 신생 계열사였다. 당시는 지방 텔레비전 뉴스의 전성기였고, 내 어린 시절은 결국 영화 〈앵커맨Anchorman〉과 많은 면에서 닮을 수밖에 없었다.

나는 격자무늬 정장, 끔찍한 수염, 영화에서 윌 페럴이 사용해 유행이 된 큼직한 마이크 로고와 수시로 맞닥뜨려야 했다. 구레나룻을 기르고 노란색 나비넥타이를 맨 아버지의 사진들이 있다.

더 심각한 사실은 채널 5〔영국의 지상파 민영방송국〕와 저널리즘이 내 성장기 정체성의 한 부분으로 깊숙이 자리 잡았다는 것이다. 야구 선수 배리 본즈에게 야구가 그럴 수밖에 없었던 것처럼 말이다. 나는 아버지가 하는 일에 완전히 매혹되었다.

아버지에게는 이른바 "전화 공격"이라는 의식이 있었다. 퇴근해서 밤에 집에 돌아오면, 아버지는 술 한 잔을 따른 다음 무필터 카멜 담배에 불을 붙이고 거대한 롤로덱스〔Rolodex, 회전식 명함 카드〕를 죽 훑어보다가 아무 이름이나 몇 개 골라냈다. 그런 다음 투박한 전화기의 다이얼을 돌려 사람들을 호출해 수다를 떨었다.

소년 시절, 그런 아버지의 모습을 지켜보면서 나는 한 가지 교훈을 배웠다. 즉 기사를 만들 때는 물론이고 만들지 않을 때에도 정보원은 관리해야 하는 관계라는 것. 사람들은 당신이 그들에게 무언가 건질 게 있을 때뿐만 아니라, 순수하게 그들 자신을 위해 그들 삶에 관심을 갖는다고 느낄 필요가 있다. 아, 그리고 또 하나. 특정한 한 가지 문제에 대해서가 아니라, 그들이 하고 싶은 이야기는 무엇이든 해달라고 요청해야 한다는 것.

이것은 또 다른 유치한 코미디 영화 〈제로 이펙트The Zero Effect〉에서 잘 보여준 수사 원칙이다. 영화에서 셜록 홈스를 연상케 하는 사립 탐정, 다릴 제로는 말한다.

특정한 무언가를 찾으려 하면 오히려 그걸 찾을 가능성이 아주 낮아져. 세상엔 아주 많은 것들이 널려 있는데, 넌 그중 한 가지만 찾으려 하고 있으니까. 닥치는 대로 찾다 보면 그걸 찾을 가능성이 아주 높아지지.

이 대사에는 링크 검색(이미 정해진 의견을 사실상 그저 확인하는 차원에서 하는 일종의 "조사")을 선호하고 대화를 기피하도록 길러진 현대의 저널리스트들에게 주는 교훈이 있다. 아버지는 보도는 단순히 말로 전달하는 것에 그치는 것이 아니라, 사람들이 하는 말에 기꺼이 놀라는 것이라고 내게 가르쳤다.

어린 시절에 나는 이 가르침과 함께 저널리즘 업계에 관한 많은 것들을 이해했다고 생각했다. 심지어 "오프 더 레코드"에 해당하는 모든 내용을 중학교 입학 전에 이미 섭렵했다. 마치 종교 교리라도 되는 것처럼 줄줄 꿰고 있었다. 나는 전문가가 다 된 줄 알았다.

그러다가 《여론 조작》을 읽게 됐다. 이 책은 1988년에 출간되었고, 나는 일 년 뒤인 열아홉 살에 읽었다. 가슴이 벅차올랐다. 다큐멘터리 영화 〈하트 앤 마인드Hearts and Minds〉(베트남 전쟁의 잔혹함에 관한 내용)와 〈얼음 위의 영혼Soul on Ice〉, 《짐승의 뱃속에서In the Belly of the Beast》,

그리고 《맬컴 X 자서전》 등의 책들과 함께 《여론 조작》은 내가 지금까지 배운 거의 모든 현대 미국 생활에 얼마간 기만이 녹아들어 있다는 걸 가르쳐주었다.

나는 에드워드 허먼과 놈 촘스키라는 두 학자이자 저자에 대해 전혀 아는 바가 없었다. 저널리즘에 관해 그토록 할 말이 많은 책을 저널리스트가 아닌 사람들이 쓰다니 조금 이상하다는 생각이 들었다. 이 사람들은 누구지? 그리고 어떻게 자기들이 이 업계를 잘 알고 있다고 주장할 수 있는 거지?

여전히 〈탑 건〉이 선풍적인 인기를 끌던, 조지 H.W. 부시 대통령의 재임 중반기인 80년대였다. 정치에서 성실함은 지극히 촌스러운 것이라는 취급을 받았다. 미국은 대단했고, 미국을 증오한다는 건 상상도 할 수 없었다. 나에게 놈 촘스키는 촌스럽고 고리타분하고 괴로울 정도로 지루한 딱 그런 사람으로 그려졌다.

그런데 책장을 펼치는 순간 그게 아니라는 걸 알게 됐다. 《여론 조작》은 엄청난 책이다. 공동 집필한 많은 책들, 특히 학술서들과 마찬가지로, 사실 이 책은 느리고 지루한 산문체로 되어 있다. 그러나 당시로서는 지적으로 대담했고 심지어 무모하기까지 했다.

책에는 온통 도전적인 견해들이 포진되어 있었다. 첫 장에서 저자들은 그들의 유명한 선전 모델Propaganda model을 배치하는가 싶더니 곧장 무서운 속도로 미국 정부의 기만들을 파헤쳤다.

책의 중심 견해는 미국에서는 검열이 공공연하게 이루어지는 것이 아니라 은밀하게 이루어진다는 것이다. 여론의 배후 조종은 "대체로 노골적인 개입에 의해서가 아니라", 허용된 사고(즉 "한계를 넘지 않는 범위에서 그 주변부를 아슬아슬하게 넘나드는")의 한계를 벗어난 "반대 의견과 불편한 정보"를 관리함으로써 이루어졌다.

이 기만의 열쇠는 언론에서 진행하는 격렬한 토론을 미국인들이, 매일, 본다는 것이다. 이런 토론은 이제 정치 선전은 없다고 생각하도록 미국인들을 기만한다. 《여론 조작》은 우리가 시청하는 토론이 연출된 것이라고 설명한다. 논쟁의 범위는 우리가 시청하기 훨씬 전부터 이미 조정되어 좁혀져 있다.

이 신중한 사기 수법은 미디어 산업 내부의 전 영역에 포진된 급소들을 지속적으로 끈질기게 감시함으로써 이루어진다. 이것은 우리가 평생 들여다봐도 절대 알 수 없는 교묘하고도 아주 이상한 과정이다.

당시 미국의 뉴스들은 비애국적인 기사 작성을 금지하지 않았다(지금도 마찬가지다). 소련 정치위원들처럼 졸렬한 태도로 빨간 펜을 손에 쥐고 정치적으로 위험한 기사들을 삭제하는 서툰 편집인은 없다.

대신 뉴스 회사들은 반대 목소리가 높아지는 걸 거의 100퍼센트 무의식적으로 그냥 피해버린다. 천성적으로 질문이 많은 사람들, 선동가들, 골칫거리들—그러고 보니 모두 기자직에는 장점들이다—은 특히 큰 회사일수록 상사들에 의해 제거된다. 한편 남의 말을 잘 믿는 사람들, 지적인 모험심이 부족한 사람들, 순종적인 사람들에게는 승진이 강력하게 장려된다.

나도 이 일을 하면서 알게 된 건데, 저널리즘 업계에는 꼴통들이 많다. 일종의 집단 사고가 발전을 거듭해 언론 기관의 상위층으로 침투하면, 상위층에서는 무의식적으로 만들어진 신호들을 아래 서열로 내려 보낸다.

젊은 기자들은 허용되는 행동과 그렇지 않은 행동을 일찌감치 배운다. 그들은 무엇이 "좋은 기사"이고 무엇이 아닌지를 근거보다는 냄새로 더 잘 알아보는 법을 배운다.

촘스키와 허먼은 이 감시 장치 policing mechanism를 "강력한 비난 flak"이라는 용어를 사용하여 설명한다. 강력한 비난은 "언론의 진술이나 프로그램에 대한 부정적인 반응"으로 정의되었다.

두 저자는 미디어 연구소The Media Institute나 반공주의를 표방하는 프리덤 하우스Freedom House 같은, 기업의 자금을 지원받는 두뇌 집단들이 잘못된 기사를 실은 언론 기관에 "서신, 전보, 전화, 탄원서, 소송" 등 온갖 종류의 압력들로 총공세를 퍼부은 예들을 제시했다.

잘못된 기사란 무엇이었을까? 여기에서 우리는 선전 모델의 또 다른 부분, 즉 **가치 있는 희생자와 무가치한 희생자**라는 개념을 배웠다. 허먼과 촘스키는 다음과 같이 전제를 밝혔다.

> 선전 시스템은 적국에서 학대받은 사람은 가치 있는 희생자로, 반면에 자신의 정부나 우방국에서 동일하거나 훨씬 가혹한 취급을 받은 사람은 무가치한 희생자로 일관되게 묘사할 것이다.

이 이론에 따르면, 레이건 재임 당시 공산주의자들에게 살해당한 폴란드 신부는 "가치 있는" 희생자였던 반면, 비슷한 시기에 미국의 후원을 받은 엘살바도르의 우익 암살단들이 신부와 수녀를 마구잡이로 살해한 사건은 덜 "가치 있는" 기사가 되었다.

허먼과 촘스키가 설명한 것은 비공식적인 사회통제 시스템으로, 이 시스템에서 정부의 선전 목적은 질보다 양이라는 접근 방식을 이용해 지속적으로 강화되었다.

곳곳에서 이의를 제기하는 목소리가 나올 수도 있겠지만, 미디어의 압도적인 제도적 권력(그리고 두뇌 집단이라는 하위 조직과 사기업 배후에 있는 정치인들)은 놀랍도록 좁은 정치적·지적 통로 한복판으로 시청자와 독자들을 안전하게 실어 날랐다.

그들이 제시한 예들 가운데 하나는 베트남으로, 미국 미디어는 베트남 "전쟁에 패배"한 것을 자책하는 광범위하고 자기부정적인 노력에 공모했다.

오늘날까지 남아 있는 터무니없는 전설은 CBS 앵커 월터 크롱카이트가 1968년에 2주간 베트남에 다녀온 후 전쟁을 위한 노력을 저해하는 핵심 인물이 되었다는 것이다.

크롱카이트의 유명한 "베트남 논설"은 "과거에 잘못된 판단을 한 낙관주의자들"을 조소했고, 곧 승리를 만끽할 거라는 군의 장밋빛 예견들을 거짓이라며 신랄하게 비판했다. 그리고 보다 품위 있는 행동은 현실을 직시해, 민주주의를 수호하기 위해 "우리가 할 수 있는 최선을 다했음"을 인식하고, 고국으로 돌아가는 것이라고 시사했다.

크롱카이트의 논설은 "논쟁"을 일으켰고, 그 논쟁은 지금도 계속되고 있다. 우파들은 언론 내 공산주의자들이 참견을 하더라도 우리는 계속 베트남에서 싸웠어야 했다고 주장한다. 진보주의자들의 견해는 크롱카이트가 옳았으며, 우리는 전쟁에서 "이길 수" 없다는 걸 몇 년 일찍 깨달았어야 했다는 것이다. 그랬다면 무수한 미국인의 생명이 희생되지 않았을 것이라는 생각이 지금까지 이어지고 있다.

여전히 이 두 입장은 이른바 미국 사상이 흐르는 "안전 항로"의 테두리를 명확하게 보여준다.

우리가 인도차이나반도 전역에서 대규모 학살을 자행했다는(그리하여 결국 3개 나라에서 최소한 100만 명의 무고한 민간인을 공습해 살상했다는) 더욱 추악한 진실은 그 시기 역사에서 이미 제외되었다.

우리는 베트남, 캄보디아, 라오스 같은 나라에서 벌어진 사건들을 둘러싼 고통스러운 국가적 화해, CIA의 지원을 받은 반공주의자들이 인도네시아 같은 지역에서 저지른 대학살, 심지어 아프가니스탄, 이라크, 시리아, 예멘 등 중동 지역에서 일어난 보다 최근의 참상들을 비중 있게 다루기보다, 민간인 사망이나 그 밖의 유혈 사태와 관련된 서사가 흩어져 사라진 뉴스는 대체로 무시한다.

최근 도널드 트럼프의 거짓말(그리고 그것들은 정말 거짓말이긴 했다)

을 대서특필한 것에 자화자찬한 언론은 "부수적인 피해" 같은, 정부가 만들어낸 부끄러운 완곡어법을 여전히 사용하고 있다. "민주주의는 어둠 속에서 죽어간다 Democracy Dies in Darkness"(《워싱턴포스트》가 2017년에 새롭게 내건 공식 슬로건)라는, 언론이 새로 내건 무뚝뚝한 슬로건은 아직 미 국방부에 전달되지 않았고, 아마도 그럴 일은 결코 없을 것이다.

테러와의 전쟁 시기에 언론은 가장 최근의 대규모 전쟁에서 패한 것에 대한 비난을 받아들여, 고국으로 돌아오는 관들의 사진(실제로 전쟁 중에 사망한 장면은 말할 것도 없고)을 더 이상 보도하지 않기로 합의했다.

또한 우리는 고문("강도 높은 심문"), 납치("용의자 송환"), 암살("치명적인 조치" 혹은 "분류 매트릭스")에 관한 기사들을 자진해서 축소하거나 가볍게 취급했다.

지금도 이런 기사들이 보도된다면, 불안을 조장하는 어조로는 거의 표현되지 않을 것이다. 사실 "민간인 사상자들"을 다룬 많은 기사들을 보면, "부수적인 피해"에 대한 뉴스가 적절치 않은 시기에 보도된다면 어떤 전쟁이든 우리의 승리를 향한 노력을 방해할 수 있다는 데 중점을 둔 내용이 함축되어 있다.

"민간인 사망 보도 이후 미군, 무장 세력과의 전쟁에서 공중 작전 방어를 위해 고군분투"는 미국 신문에서 전형적으로 볼 수 있는 헤드라인이다. 그런데 이 기사가 작성된 해 혹은 전쟁은 언제일까? 1968년? 2008년? 2018년일 수도 있다.

《여론 조작》에서 예견한 것처럼─오웰에게 고개를 끄덕여도 좋으리라─우리 같은 사회에서는 좀처럼 대본이 바뀌지 않는다.·

· 사실 이 기사는 2017년 《워싱턴포스트》에 실린 것으로, 우리의 "시리아와 이라크 공습 작전"에 대해 쓴 것이다.

내 발로 저널리즘 업계에 뛰어들 시기가 되었을 때, 나는 촘스키와 허먼의 진단이 대체로 옳았다는 걸 발견했다. 더욱이 이 학자들은 이라크 전쟁에서와 같은 향후 미디어의 기만에 대해 선견지명이 있음이 증명되었다. 그들의 모델은 총천연색 끔찍한 에피소드를 예견했다.

그러나 책이 출간된 1988년 당시엔, 미디어 산업이 이토록 엄청난 변화를 겪게 될 줄 허먼도 촘스키도 알지 못했다. 나중에 밝혀진 것처럼 《여론 조작》은 세 가지 거대한 혁명 직전에 출간되었다. 내가 이 책을 위해 촘스키를 만나 인터뷰 했을 때(〈부록 2〉 참조), 우리는 이러한 새로운 국면에 대해 논의했는데, 그중에는 다음과 같은 내용도 있었다.

1. 보수적인 라디오 토크 프로그램과 폭스식 뉴스 상품이 폭발적으로 증가했다. 이들 방송사들은 상업적 전략으로 "객관성"보다는 견해를 이용하면서, 소비자마다 각자의 정치적 신념에 맞는 매체를 갖게 되는 뉴스 환경의 원자화를 예시한다. 이것은 《여론 조작》 당시 지배적이던 세 방송망의 유사 독점하에서, 전 국민이 일반적으로 알려진 사실들을 논의하던 상황과 크게 거리가 있다.

2. 24시간 케이블 뉴스 방송사 도입은 뉴스 산업이 역점을 두는 부분을 이동시켰다. 기자들은 별안간 중요성보다는 속보와 신속함, 시각적 가능성을 가치 있게 여기도록 훈련받았다. 방송망의 "붕괴"—러시아 쿠르스크함 침몰 사건이나 아기를 우물에 던져 빠뜨린 사건 같은 자극적인 단독 기사를 밤낮없이 내보내는 현란한 보도들로, 내가 아는 TV 프로듀서가 "사탄을 위한 석탄 삽질"이라는 별명을 붙인 저널리즘 형태—는 과도한 뉴스 시청을 유도하기 위한 초창기 실례가 되었다. 24시간 사이클로 쉴 새 없이 전달되는 **지금 막** 들어온 소식들은 소비자들에게 새로운 종류의 불안감과, 하루 한두 번이 아니라 시시각각 무슨 일이 일어나고 있는지 알아야만 할 것 같은 중독적인 의존

성을 만들어냈다. 이런 구성 방식은 특히 2016년 선거에서 중요한 영향을 미쳤을 것이다.

3. 1988년에 막 시작된 인터넷이 크게 발전했다. 인터넷이 언론의 지형을 상당히 민주적으로 바꿀 거라고 기대했으나, 인쇄 및 방송 미디어는 당장은 소수의 디지털 플랫폼에 의해서만 유통되기 시작했다. 이 유통 시스템은 2000년대 후반과 2010년대 초반에 대대적으로 집중되었고, 이로 인해《여론 조작》시대에는 존재하지 않았던, 언론에 대한 직접적인 통제 메커니즘의 가능성이 열렸다. 더욱이 소셜 미디어의 발전은 1988년에는 상상도 할 수 없었던 방식으로 순응과 집단적 사고를 가속화하면서 "강력한 비난"의 요인을 1,000배는 더 강화시켰을 것이다.

아마도 가장 큰 차이는 뚜렷한 역사적 변화—소련의 붕괴—와 관련이 있을 것이다.《여론 조작》초판에 소개된 "선전 모델"의 핵심 중 하나는 미디어가 반공 사상을 조직화된 종교로 이용한다는 것이었다.

계속되는 냉전 서사로 언론은 반공주의를 이단 사상가들을 처부술 몽둥이로 이용할 수 있었고, 공교롭게도 이들은 종종 사회주의자였다. 심지어 언론은 사회주의자가 아닌 사람들을 단속하기 위한 몽둥이로도 반공주의를 이용했다(시간이 흐른 뒤에 나는 이 상황을 목격하게 되었는데, 바로 민주당 의원 하워드 딘이 당선 가능 후보가 되기에는 "너무 좌파적"이 아니냐는 질문을 하루에 열두 번씩 받았을 때였다).

그런데 베를린 장벽 붕괴와 소비에트 제국 해체가 반공 사상이라는 종교의 기세를 조금 누그러뜨렸다. 촘스키와 허먼은《여론 조작》의 2002년 개정판에 이 내용을 언급하면서 다음과 같이 제시했다.

소련의 붕괴와 사실상 전 세계적인 사회주의 운동의 붕괴로 반공 사상 강요는 아마도 약화되었을 테지만, 이것은 "시장의 기적…"을 믿는 더 큰 이념적 힘에 의해 쉽게 상쇄된다.

소련의 붕괴, 그리고 조직 원리로서 반공 사상의 약화는 미디어의 다른 변화들로 이어졌다. 《여론 조작》은 눈에 보이지 않는 비공식적인 통제 시스템이 어떻게 언론으로 하여금 전체 인구를 조직하여 특정 목표(주로 외교 정책 목표인)를 지지하게 만들 수 있었는지에 대해 중요하게 다루었다.

그러나 베를린 장벽 붕괴는 폭스 같은 방송사가 전개한 새로운 상업적 전략들과 결합하여 언론에 새로운 역학 관계를 만들어냈다. 과거에 미디어 기업은 가능한 한 가장 폭넓은 청취자층을 발굴했다. 전통적인 주요 일간지에서 사용한 따분한 삼인칭 목소리는 도덕적이거나 윤리적인 이유에서가 아니라, 한때 그것이 최대한 많은 독자와 시청자를 붙잡는다는 상업적인 목적 달성에 가장 효과적이라고 믿어졌기 때문이다. 언론은 무엇보다 산업이며, 따분한 삼인칭 표현은 한때 고급 마케팅 기법이었다.

그러나 《여론 조작》 출간 후 몇 년이 지나자 폭스 같은 새로운 거대 기업들은 구식 사업 모델에서 고개를 돌렸다. 오스트레일리아의 타블로이드 신문 장사꾼, 루퍼트 머독이 상업적 전략으로 정치 성향을 이용한 행위는 오늘날까지 미국 대중이 좀처럼 이해하기 힘든 파급을 가져왔다.

뉴스 산업은 수십 년 동안 "객관적인" 발표를 강조했는데, 이것은 실제로는 정치적 사안보다는 말투에 대한 것이었다. 취지는 전 계층의 잠재적인 뉴스 고객을 끌어들이기에 충분하도록, 뉴스를 읽을 때 수사적인 표현을 사용하여 말투를 부드럽게 조절해서 위협적인 분위기를 자아내지 않으려는 것이었다. 전통적인 앵커는 당신 딸의 안전한 데이트 상대처럼 보이고 들리도록 단조로운 목소리를 내는 마네킹이었다. **여러분**

안녕하십니까, 댄 래더입니다. 저는 지금 전두엽이 제거된 상태입니다. 오늘 리비아에서는…

머독은 이 틀을 부쉈다. 그는 새로운 소비자들에게 신랄하고 독선적이며 불쾌한 방송을 내보냈다. 그는 교외에 거주하는 백인들의 분노 쓰레기통을 자처하며 벌건 얼굴로 쉴 새 없이 지껄이는 빌 오라일리(또 한 명의 보스턴 출신 TV 전문가)를 사회자로 내세운 정치 토크쇼 〈오라일리 팩터 The O'Reilly Factor〉로 대성공을 거두었다.

다음 성공작은 옛날 뉴스를 패러디하는 형식으로 진행하는 〈해니티 & 콜메스 Hannity & Colmes〉였다. 이 프로그램에서 "진보주의자" 콜메스는 구시대 방송의 원형으로 성적인 분위기가 전혀 느껴지지 않는 소심하고 "안전한 데이트 상대"였고, 숀 해니티는 폭력배 조이 부타푸오코처럼 분장해서 콜메스를 줏대 없는 얼간이처럼 보이게 만드는 역할을 담당했다.

이것은 연극이지 뉴스가 아니었고, CNN의 〈크로스 파이어 Crossfire〉 같은 다른 토론 프로그램들처럼 전체 시청자를 장악하기 위해 설계되지도 않았다. 〈크로스 파이어〉는 유명한 두 전문가가 여러 사안에 대해 끝장 토론을 해서 가장 실력 있는 남자(그들은 대개 남자들이었다)가 이긴다는 정직한 싸움을 전제로 했다.

토론 프로그램의 원형인 〈크로스 파이어〉의 구성은 우익 논객 팻 뷰캐넌처럼 무대 한쪽 끝에 앉아 허풍을 떠는 사람 대 잡지 《뉴리퍼블릭 New Republic》의 편집장 마이클 킨슬리처럼 매가리 없는 진보주의자로 이루어졌다. 어느 날은 보수주의자가 이기게 두었고, 어느 날은 진보주의자가 승리를 기록했다. 프로그램은 정말 논쟁을 하는 것처럼 보였다.

그러나 촘스키와 허먼이 묘사한 것처럼, 〈크로스 파이어〉는 사실상 토론에서 허용 가능한 인위적인 양 극단을 형식화한 형태에 불과했다. 프로그램 참가자들 가운데 일부(이 쇼에서 잠시 "진보주의자" 역할을 담당했던 선구적인 미디어 비평가, 제프 코언 같은 사람들. 코언에 대해서는 잠시 뒤에 더 이야기하겠다)는 〈크로스 파이어〉가 선전을 위해 서로 짜고 치는 설정임을, 다시 말해 토론에서 "좌" 측에 있던 사람들이 해를 거듭할수록 점차 오른쪽으로 밀려가는 무대 위의 속임수였음을 깨닫게 되었다. 이것은 선전이었지만, 슬로 모션으로 진행되었다.

〈해니티&콜메스〉는 겉치레를 모두 벗어던졌다. 이 프로그램은 당시 대유행하던 빈스 맥맨 프로레슬링 쇼의 지적인 버전이었다. 폭스의 토론 프로그램에서 숀 해니티는 비열한 인간이었고, 콜메스는 베이비 페이스baby face를 한 착한 사람이었다. 레슬링 팬이라면 다들 알겠지만, 대부분의 미국 관중들은 베이비 페이스가 짓밟히는 모습을 보고 싶어 한다.

콜메스의 역할은 계속 궁지에 몰려 꼼짝 못하는 것이었고, 그는 이 역할을 잘 해냈다. 한편 해니티와 오라일리(라디오에서는 러시 림보)처럼 분노를 팔아먹는 우파 장사꾼들은 주로 장년층의 실패한 백인 시청자들을 재빨리 흡수했다. 언젠가 폭스 텔레비전 회장 로저 에일스는 "나는 55세 이상이 죽을 때까지 즐겨볼 수 있는 방송사를 만들었다."라고 자랑했다(지금은 에일스 자신이 사망했다.)

이것은 미디어의 새로운 모델이었다. 미디어는 폭넓은 범위의 평범한 대중을 목표 대상으로 삼는 대신, 이제 특정 대상들을 제한적으로 사냥하고 있었다. 케이블 TV의 확산으로 수백 개의 채널이 생겨났고 각각의 채널은 나름의 임무를 지녔다.

《여론 조작》이 밝힌 바와 같이, 모든 주요 케이블 채널들은 포획할 시청자를 찾아서 험난한 인구통계학의 바다를 항해하며 비슷한 고래 사냥에 나서고 있었다.

디스커버리 채널이 남자들을 끌어들였다면, 라이프타임은 "여자들을 위한 텔레비전"이었다. BET는 흑인 시청자들을 찾아다녔고, 젊은이들은 MTV의 표적 시청자였다.

이제 이 모든 것이 분명해 보이지만, 다른 채널들 전체에 확산된 이 "사일로" 효과〔silo effect, 사일로는 핵무기 등 위험물질을 저장하는 지하 저장고로, 조직의 각 부서들이 내부의 이익만 추구하는 현상을 말한다〕는 곧 뉴스 보도에 매우 중요하고도 새로운 요인이 되었다. 폭스는 오랫동안 보수주의적인 시청자들의 시장에 관여했다. CNN과 MSNBC 같은 경쟁 회사들은 거의 자동적으로 진보주의자를 자처하는 사람들의 본거지가 되었으며, 이런 식으로 훗날 가속화될 선별 작업이 시작되었다.

보도 업무에 새로운 역학 관계가 등장했다. 수세대 동안 새로운 연출자들은 몇 가지 이념적 요청들만 기억하면 됐다. 촘스키와 허먼이 훌륭하고도 상세하게 설명한 한 가지 요청은 "미국의 규칙들: 네이팜에 공격당한 시체들에 관심을 갖지 말 것"이었다. 우리는 가치 있는 희생자들을 보도하고 무가치한 희생자들은 무시했으며, 정치적으로 이것이 업무의 대부분이었다.

다른 뉴스들은 어떻게 보도되었을까? 90년대에 한 TV 프로듀서가 나에게 말했던 것처럼, "우리가 추구하는 전체적인 효과는 '그거 좀 이상하지 않아?' 같은 반응"이었다.

구청에서 지시했는데도 자기 집 잔디를 안 깎고 버틴 미시간주 남자 이야기 들었어? 이상한 사람이야! 로드아일랜드주 크랜스턴에서 드라이브스루 콘돔 가게 열었다는데? 어우, 그게 뭐냐! 오늘 O. J. 심슨 재판은 어떻게 됐지? 케이토 캘린〔O. J. 심슨 재판의 증인〕너무 이상하지 않냐! 근데 나 저 스웨이드 재킷 입은 변호사 마음에 들어! 야, 꼭 카우보이처럼 생겼잖아!

TV 경영자들은 《내셔널인콰이어러 National Enquirer》〔미국의 가십 주간지〕식의 흥미 위주 기사들을 쉴 새 없이 던져주면 미국인들이 만족해할 거라는 걸 알게 됐다(이것은 오늘날 밈 문화 방식에 잘 들어맞는다). O. J.의 유별난 재판 쇼를 처음부터 끝까지 보도하기로 결정한 《뉴욕타임스》는 멍청한 뉴스들로 뒤범벅인 공개적인 상업화의 봉인을 뜯었고, 이 일은 무엇보다 향후 도널드 트럼프가 당선 가능한 대통령 후보가 될 수 있는 발판이 되었다.

과거의 뉴스는 팍스 아메리카나의 최전선에서 하나마나한 사소한 소식과 생생한 긴급 보도가 뒤섞여 있었다. 온 가족이 둘러앉아 기분 상하는 일 없이 뉴스를 시청할 수 있었다(인터넷 이전 시대에 방송계의 중요한 원칙은 뉴스를 포함하여 방송되는 모든 프로그램은 광고만큼 강렬하거나 창의적이어서는 안 된다는 것으로, 필요에 의한 방침이었다). 과거의 뉴스는 온 가족이, 사랑스러운 엄마가, 정신 나간 우파 삼촌이, 체 게바라 티셔츠를 입고 방금 집에 온 성실한 대학생 조카가 소비하도록 기획되었다.

그러나 일단 우리가 특정 집단별 사일로로 조직되기 시작하자 방송사들은 시청자들을 유혹할 다른 방법을 발견했으니, 그들은 같은 무리 내에서 일어나는 갈등을 판매했다.

로저 에일스 같은 유형들은 가령 범죄를 저지른 이민자나 소수민족에 관한 기사로 방송 채널을 채워놓고 정신 나간 우파 삼촌의 관심을 사로잡았다. 이제 우파 삼촌은 자신의 구미에 맞는 뉴스들을 줄곧 내보내는 채널을 선택하게 될 터였다. 다른 방송사들도 마침내 체 게바라 티셔츠를 입은 대학생을 대상으로 영업에 나섰다. 각자의 방에서 서로 다른 채널을 시청하게 된다면, 우리는 말 그대로 서로를 증오하는 데 중독된 두 명의 시청자를 확보하는 셈이 된다.

여기에는 정치적인 요소가 있었지만, 꼭 그렇지만도 않았다. 애초에 이것은 상업이었다. 그리고 이 세계에 갇힌 기자들은 이내 자신들이 하는 일의 본질이 바뀌었음을 깨닫기 시작했다.

과거 뉴스 업무는 최대한 정직하게 사실을 보도하는 것이었다면(물론 허용 가능한 생각의 "안전 항로" 한가운데에서지만) 새로운 과제는 주로 오늘의 시청자가 내일도 돌아오게 만드는 것이었다.

우리는 분노를 팔았고, 주로 시청자가 듣고 싶어 하는 걸 줌으로써 그렇게 했다. 그리고 대개는 그렇게 하려면 우리의 시청자들이 미치도록 증오하고 싶어 하는 사람들에 관한 기사를 쏟아내야 했다.

사일로의 분노를 판매하는 것은 〈해니티&콜메스〉에서 개척한 월드 레슬링 엔터테인먼트WWE식 프로그램 편성보다 정교한 접근 방식이었다. 현대의 뉴스 소비자는 무엇이든 혹은 누구든 상관없이 오늘의 악당에 관한 자신의 편견을 확인해 줄 뉴스에 채널을 고정했다. 외국인, 소수자, 테러리스트, 클린턴 부부, 공화주의자, 심지어 기업까지.

이 시스템은 각 사일로에 내려온 뉴스가 간혹 전체 인구의 여론을 "조작"해야 할 필요를 방해하지 않도록 교묘하게 설계되었다. 이라크 전쟁 때 종종 그랬던 것처럼, 필요하면 지금도 우리는 펜 하나로 온 국민을 조종해 그들을 다시 꾀어낼 수 있을 것이다.

그러나 대체로 우리는 갈등을 판매했다. 90년대 초 우리는 가족을 체계적으로 분열시키고, 집단과 집단을 서로 반목하게 만들었으며, 갈수록 뉴스 소비를 "2분 증오 시간"〔조지 오웰의 《1984》에서 적의 모습을 띄운 텔레스크린을 보면서 모두가 매일 2분간 증오를 표출하는 시간〕의 소비자 버전으로, "안전한 공간"〔safe space, 본래는 정치적·사회적 차별이나 편견 등을 피할 수 있는 공간이나 환경을 의미하는 용어지만 이 책에서는 공통의 갈등과 반목 안에서 안전을 느낀다는 의미로 사용되었다〕으로 만들기 시작했다.

그런데 한때 결속을 도모했던 엘리트 집단 이익의 필요에는 이것이 어떻게 부응했을까? 이 업계에 발을 들인 후 첫 10년 동안은 그 답을 찾기가 쉽지 않았다. 오랫동안 나는 이것이 촘스키와 허먼 모델의 결함이라고 생각했다. 우리는 대체로 무의미하게 분열을 팔고 있는 것 같았다.

하지만 지금 와서 보니, 그런 무의미한 분열에도 이유가 있었던 것 같다.

뉴스 미디어는 위기 상황이다. 여론조사를 보면 대다수 인구가 더 이상 언론을 신뢰하지 않는다는 것을 확인할 수 있다. 촘스키는 이 사실에 절망하면서, 《여론 조작》은 독자와 시청자들이 미디어를 신뢰하지 않게 만드는 의도치 않은 결과를 가져왔다고 나와의 대담에서 언급한다(부록 2 참조).

무언가를 불신하는 데에는 여러 가지 방법이 있지만, 《여론 조작》을 읽고 미디어가 거짓을 유포한다고 생각하는 사람들은 책을 오독한 것이다. 《뉴욕타임스》 같은 신문들은 대체로 노골적인 속임수를 거래하지 않는다.

상업적인 뉴스 보도 중 압도적인 다수가 사실에 기반을 두고 있으며(나중에 이야기할 뚜렷한 한 가지를 제외하고), 이 산업에 종사하는 기자들 개개인은 일종의 원칙에 따라 매우 고집스럽게 사실을 고수하려는 경향이 있다(안타깝게도 이 책을 쓰는 동안 이 사실조차도 조금 바뀌기 시작했지만). 아직도 대부분의 기자들, 특히 현장 취재 기자들은 신뢰받아야 한다. 그들은 직접 발로 뛰면서 취재하려 애쓰고(주 의회 의사당이나 법원 등을), 국내 미디어에 대해 편협한 편견이 거의 없으며, 엘리트주의라는 꼬리표가 어울리지 않는다. 대부분은 기자들이 만들어내는 맥락이 문제다.

오늘날은 그 어느 때보다, 대부분의 저널리스트들이 허무주의적인 거대 회사들을 위해 일한다. 편집상의 결정은 정치적·재정적 고려사항이라는 유독한 혼합물에 의해 왜곡된다. 이런 압력들이 작용되는 방식을 이해할 수 없기에, 평범한 뉴스 소비자는 세계에 대해 정확한 사실을 얻기가 매우 힘들다. 이 책은 이런 왜곡에 대한 내부자 안내서가 되고자 한다.

현대 뉴스 산업을 뒷받침하는 테크놀로지는 정교하며 2단계로 작용한다. 먼저 당신의 기존 의견을 강화하기 위한 내용을 만들고, 당신의 소비 습관을 분석한 뒤, 그것을 당신에게 전달한다.

그런 다음 당신이 속한 독자층에 판매할 제품을 보유한 광고주들과 **당신**을 연결시킨다. 페이스북과 구글 같은 회사들이 이런 식으로 돈을 번다. 광고주들에게 그들의 잠재 고객이 인터넷에 있다고 알려주면서 말이다. 기본적으로 뉴스는 당신을 우리 안으로 유인할 미끼다. 그곳에서 스니커즈나 목욕 비누, 전립선 치료제, 혹은 당신과 동일한 연령·성별·인종·계급·정치적 신념을 지닌 사람들이 살 법하다고 여러 조사 결과들이 말해 주는 모든 물건들이 당신에게 판매된다.

당신의 인터넷 서핑이 거리를 걷는 것과 같다고 상상해 보라. 한 남자가 소리친다. "저 빌어먹을 진보주의자들이 오늘 무슨 짓을 했는지 들었어? 이쪽 골목으로 와봐." 당신은 진보주의자들을 증오하므로 그가 말하는 골목으로 내려간다. 기사를 읽다 보니 금 투자와 마트 카트를 판매하는(〈폭락이 다가오고 있다. **이런 억만장자들**도 이렇게 말한다!〉) 상점이 있다.

어쩌면 당신은 금을 살 수도 있고, 사지 않을 수도 있다. 하지만 골목 끝에 다다를 즈음, 어떤 사람이 얼굴이 시뻘게져서는 사실일지도 모르는 어떤 기사를 악을 쓰며 읽고 있다. 매사추세츠주의 한 대학에서 관리자들이 존 애덤스 동상을 철거했는데, 이유인즉슨 히스패닉 이민자의 심기를 "불편하게" 만들었다는 것이다. 야, 이거 정말 열받는걸!

그들은 오직 당신에게 들려주기 위해 이 기사를 뽑았다. 이것은 오직 당신을 위해 만들어진 진실의 문을 지키는, 카프카 소설에 나오는 문지기의 비유와도 같다. 길 건너 MSNBC 골목으로 들어가면 정 반대의 기사와, 다른 사람들에게 들려주기 위해 특별히 만든 상점들이 늘어서 있다.

이제 사람들은 "뉴스"로서의 뉴스가 아닌, 그저 개별화된 소비자 경험으로서의 뉴스, 즉 당신만을 위한 분노로서의 뉴스에 대해 이해하기 시작해야 한다.

이것은 보도가 아니다. 이것은 현란한 수사법으로 중독을 일으키고 당신의 마음에서 비非소비지상주의적인 문을 전부 닫아걸도록 설계된 마케팅 프로세스다. 이것은 정치적 원한을 품게 하는 것에서 그치지 않는다. 이것은 한 방향만 보도록 훈련받은 수많은 미디어 소비자들을 양산한다. 그들은 마치 역사 내내 철로 위로 끌려와 눈가리개를 뒤집어쓰고 한쪽 길만 바라본 사람들 같다.

곧 알게 되겠지만, 우리를 분열시키는 데에는 그만한 효용이 있다. 일반적으로 우리는 따로 분리되면 될수록 정치적으로 점점 무력해진다. 이것은 《여론 조작》에서 애초에 기술된 매스미디어의 기만의 두 번째 단계다.

먼저, 매스미디어는 지적으로 일정한 한계 안에 머무르도록 우리를 가르친다. 그런 다음, 허용 가능한 생각의 스펙트럼 위 다양한 영역에 놓인 각각의 우리 cage 안에 우리를 전부 몰아넣는다. 이렇게 해서 일단 안전하게 포획되고 나면, 우리는 스포츠팬들이 하는 방식대로 뉴스를 소비하도록 훈련받는다. 우리는 우리 팀을 응원하고, 나머지 팀은 모두 증오한다.

증오는 무지의 파트너이며, 미디어 종사자들은 이 두 가지를 모두 판매하는 전문가가 되었다.

나는 지난 30년 동안 일어난 기만적인 사건들―이라크 사태부터 2008년 금융위기, 2016년 도널드 트럼프 대통령 당선까지―을 돌아보면서, 언론 종사자들이 더 크고 더 파멸적인 진실을 흐릿하게 만들기 위해 점차 우리 안의 증오심을 이용해 왔다는 것을 발견했다. 독자와 시청자들이 더 중요한 문제를 보지 못하도록 막기 위해, 불합리한 가짜 논쟁들이 갈수록 계속 반복해서 사용되었다.

우리 미디어 종사자들은 진짜 반대 의견을 막기 위해, 가짜 반대 의견을 조작했다.

1. 미인대회: 2016년 선거에 대한 언론 보도

그들은 왜 우리를 싫어하는가?

언론에 종사하는 우리는 늘 이 질문에 직면한다. 근래에 저널리즘의 가장 큰 실패들 중 많은 부분이 자기 성찰을 하지 못하는 것과 관련이 있었다. 우리는 거울을 들여다보지만, 나라를 위해서든 우리 자신을 위해서든 부득이 그 안에 없는 것들을 보고한다.

9/11 당시 **우리**는 무고한 미국인이고, **그들**은 우리의 도움을 받는 타락한 중동 산유국의 이슬람교도라고 보도한 뒤, "그들은 왜 우리를 싫어하는가?"라는 의문에 어설프게 답을 찾으려 했다.

월스트리트 점령 시위가 일어나는 동안 우리는 이 일을 웃음거리로 취급해 놓고, 어째서인지 "그들은 왜 그토록 분노하는가?"를 뉴스 특집 보도로 공동적으로 보도했다. 당시는 사기성 짙은 금융 서비스 분야가 수백만 달러를 압류해 전 세계 부의 자그마치 40퍼센트가 증발된 뒤였다.

보다 최근에는, **그들은 왜 우리를 싫어하는가?**에 대해 납득하기 어려운 일련의 반응들 사이를 누벼야 했는데, 브렉시트, 2016년 버니 샌더스 대선 후보 경선, 그리고 도널드 트럼프 대통령 당선과 같은 주제를 다룬 기사들을 통해서였다.

우리는 무능함에서부터 고의적인 무지에 이르기까지 여러 이유들 때문에 번번이 모든 일을 망쳐놓았다. 특히 트럼프 관련 기사는 우리가 가진 가장 큰 약점들을 대량으로 노출시킨 산업 전반의 실패였고(나 역시 이 문제에 한몫했다), 2020년을 향하는 지금도 여전히 심각한 문제가 되고 있다.

그러나 우리를 가장 혼란스럽게 만든 기사는 우리 업계와 관련된 기사였다. 모두가 미디어를 증오한다. 그러나 미디어에 종사하는 누구도 그 이유를 이해하지 못하는 것 같다.

자주 인용되는 2016년 대선 직후 실시한 갤럽 여론조사에 따르면, 미국인의 20퍼센트만이 신문을 "상당히" 혹은 "제법" 신뢰한다고 답했다. 대부분의 전문 직종에서는 80퍼센트의 불신임도가 우려의 원인이 될 테지만, 기자들은 이 수치에 충격을 받지 않았다.

이것은 분명 도널드 트럼프가 우리에게 "국민의 적"이라는 꼬리표를 붙인 후로 미디어 산업이, 적어도 업계 상위 몇 곳은 기록적인 수익을 올리고 있다는 사실과 어느 정도 관련이 있다. "민주주의가 어둠 속에서 죽어가는" 시대에 많은 언론들이 마치 올바른 저널리즘의 길을 가고 있다는 증거인 양 영광의 훈장처럼 대중의 반감을 사고 있다.

트럼프의 위선, 치밀한 계획에 의한 추문, 그리고 한때 죽어가던 우리 업계가 엄청난 호황을 맞아 갑자기 활기를 띠고 수익이 상승하는 현상 사이의 뚜렷한 공생 관계를 문제 삼는 사람은 거의 없는 것 같다(심지어 트럼프 이전에는 사양길로 접어들 운명인 줄 알았던 인쇄출판 저널리즘조차 트럼프 시대에 상승 기류를 보였다).

2015년 초까지만 해도 우리는 이런 문제에 대해 전혀 걱정하지 않았다. 당시 시청률에서 알 수 있듯이 트럼프를 향한 볼썽사나운 관심은 이 폭도 같은 후보에게 수십억에 상당하는 무료 홍보를 제공했고 그가 후보 지명을 확보하도록 도왔다.

이후 트럼프가 순조롭게 후보로 지명되었을 때, 미디어 산업의 경영진들은 흥분을 감추지 못했다. 사임한 CBS의 멍청한 회장 레스 문베스는 트럼프가 "미국을 위해서는 좋지 않을지 몰라도 CBS에는 엄청 도움이 된다."라고 엉겁결에 내뱉고는 "돈이 굴러들어오니까."라는 말까지 덧붙였다.

이런 식의 발언들은 반언론적 행위에 대한 불만을 끓어오르게 하는 도화선이 되었는데, 이번에는 미 중부 지역("엘리트" 언론에 대한 혐오를 이미 기정사실로 받아들이던 지역)이 아니라, 도시에 거주하는 좌파 성향의 지식인들, 이를테면 언론의 홈 관중들이 들고 일어났다.

한 예로 상업 미디어의 전체 시스템에 주력한 시민운동가이며 변호사, 랠프 네이더를 들 수 있겠다. 네이더는 선거 보도는 언론사들이 "돈을 쓸어 담고 후보들에게는 무임승차권을 주는" 수익의 노다지로 변질되었다고 말했다.

제3당의 전 후보도 트럼프 같은 사람에게 향하는 지속적인 관심이 "이 과정을 비판할 수 있는 주요 인물들"을 포함해 다른 목소리들을 차단했다고 언급했다(아마도 랠프 네이더 같은 사람들. 일리 있는 주장임에도 불구하고 아무도 그의 말에 귀 기울이지 않았다).

인디애나주 예비선거에서 트럼프의 후보 지명 확정을 취재하고 돌아오자마자 네이더의 발언을 흥미 있게 지켜보았던 기억이 난다. 트럼프는 네드 크루즈를 상대로 승리를 거두었다. 크루즈는 트럼프 못지않게 냉혹하고 수구적인 정책 관점을 고수하기 위해 사력을 다했지만, 선거 운동에 관한 선정적인 미디어 보도 조작은 능력 밖의 일이었다.

크루즈의 부친이 존 F. 케네디의 암살을 도왔다는 혐의를 제기하며 트럼프가 대단히 창의적인 조치를 취한 후로 크루즈는 인디애나주에서 완패했다. 당시 언론의 분위기에서 크루즈는 아마도 트럼프가 기독교도 아이들을 잡아먹었다거나 레닌의 시체를 강간했다고 역으로 혐의를 제기하는 것이 **적절한** 대응이었을 것이다(민주당은 나중에 이런 방식을 노렸고 또 시도했을 것이다). 그러나 크루즈는 상황 판단을 제대로 하지 못한 채 사실상 JFK 혐의를 부인했는데, 당연히 이런 조치는 혐의 쪽으로 생각을 기울게 만드는 효과를 낳을 뿐이었다. "말도 안 됩니다." 그는 기자들에게 이렇게 말했다.

설상가상으로 크루즈의 부인 하이디는 남편이 당시 인기 있던 인터넷 밈, 조디악 킬러[60년대 후반에 샌프란시스코 일대에서 37명을 살해한 연쇄 살인마]냐는 〈야후!〉 기자의 질문을 받았다. 그녀 역시 진지하게 대답하는 실수를 저질러 더 많은 신문들의 헤드라인을 장식했다. 그녀의 대답은 이랬다. "남편과 결혼한 지 15년이고, 그가 어떤 사람인지 아주 잘 알기 때문에 그런 건 신경 쓰지 않습니다."

크루즈가 경선 사퇴를 공식 선언하던 2016년 5월 3일 밤, 나는 인디애나폴리스에서 열린 그의 비참한 "승리" 파티 현장에 있었다. 그 자리에 참석한 많은 기자들이 하이디의 대답으로 농담을 하고 있었다. 많은 기자들이 그녀의 대답은 "부정 아닌 부정"이었으며, "실제 조디악의 아내라도 정확히 그렇게 말했을 것"이라고 언급했다(이런 객관적이지 못한 논평은 나중에 실제로 많은 뉴스 보도로 이어졌는데, 곤혹스럽게도 내 논평도 포함되었다).

대통령 선거운동은 제정신이 아닌 황당무계한 리얼리티 쇼일 뿐이라는 주장은 그 시점부터 거의 완전히 사라졌다. 기자들은 이제 모든 우스꽝스러운 사태들을 공공연하게 즐기고 있었다. 선거 과정을 매일 업데이트하는 업무를 맡은 우리 중 대다수는 심지어 트럼프가 등장하기 이전에도 여러 차례 선거 기간을 거치면서 선거운동의 기괴한 상업주의를 당연하게 받아들였다.

잠깐 딴 이야기를 하자면, 한 세대 동안 선거운동 과정은 최소한 1년이라는 상당히 긴 기간이 걸렸다. 선거를 치를 때마다 선거운동은 점점 필요 이상으로 길어졌고, 실질적인 정책 토론을 점차 기피했다. 70년대와 80년대에는 후보 지명 과정이 밀실을 벗어나 보다 공개적으로 치러지면서, 워싱턴 기자들이 심사위원 역할을 맡는 일종의 엘리트 미인대회가 되었다.

트럼프가 등장하기 전에는, 2년간의 선거 보도는 사실상 일련의 테스트였으며, 그 목적은 "미스 정통 공화당" 혹은 "미스 정통 민주당"을 새긴 띠를 두를 순종적인 다수당 마네킹을 생산하는 것이었다. 이 역학 관계 안에 정치적·상업적 요소가 모두 담겨 있었다.

우리는 저널리즘 버전의 수영복 심사에서 습관적으로 후보들을 떨어뜨렸다. 데니스 쿠시니치는 "꼬마요정 같은" 외모로 괴롭힘을 당했고, 바비 진달 같은 사람들은 "대통령 할 사람처럼 생기지 않았다"는 저열하고 암호화된 표현과 함께 탈락되었다. 외모, 키, 심지어 운동신경을 찬양하는 순전히 고등학교식 천박함뿐 아니라 계급/인종/성에 관한 무수한 편견이 이 "대통령감"이라는 단어 하나에 뭉뚱그려졌다. 운동신경으로 우리를 안심시키기 위해 후보들은 당연한 듯 종종 옆길로 새는 잘 다듬어진 대본에 따라, 주변의 농구 골대에 골을 넣거나 풋볼을 던지면서 "휴식"을 취하는 법을 배웠다. 가장 최근에 입소문이 난 이 장르의 대표적인 예는 마르코 루비오인데, 그는 아이오와주에서 풋볼공을 던지다 아이의 얼굴을 맞히면서 끔찍한 하강 곡선을 탔다.

"최고의 뉘앙스" 대회(실제 정책 활동이 아닌, 정책 활동의 외형을 옹호하는 데 능숙한 후보에게 상이 수여되는)를 비롯한 그 밖의 테스트들은 존 케리 같은 사람들을 후보로 만들도록 도왔다. 그렇지만 정작 케리는 오늘날 "호감도" 테스트로 악명 높은 또 다른 터무니없는 기준에 의해 언론 테스트에서 떨어져 조지 W. 부시에게 **패**했다.

2016년 선거를 앞두고 전문가들은 이 모든 요소들을 공개적으로 찬양했다. 우리는 우리가 만든 지극히 낮은 정치권력 장벽을 자랑스럽게 여겼다. 우리는 "함께 맥주 한 잔 하고 싶은 후보"가 실제로 선거 과정의 공식적인 부분이 되었다며 쉴 새 없이 떠벌렸다. 우리는 버락 오바마도 이런 헛소리를 감수하게 만들었다. "대통령은 맥주에 대해 많은 이야기를 함으로써 '평범한 남자'로서 그의 모습을 더욱 돋보이게 했다."라고 2012년 NPR(무려 NPR이!)은 설명했다. 지난 선거에서 〈데일리비스트 Daily Beast〉 같은 매체들은 "맥주 주량"이 "호감도 올림픽 경기"의 승자가 되기 위한 핵심 요소라고 신이 나서 기술했다.

그러니 리얼리티 쇼의 스타이며 미인대회의 열혈 팬인 비호감 후보가 2016년 우리의 바보 같은 대선 축제 기간에 미국 전역을 휩쓸었을 때, 전반적으로 통찰력이 결여된 이런 상황을 지켜보는 것은 뜨악한 일이 아닐 수 없었다. 트럼프는 이 모든 보도의 죄악을 벌하기 위해 지옥에서 내려온 악마였다.

그는 미스 유니버스 대회에 몰래 들어가 방귀 소리로 〈천국으로 가는 계단 Stairway to Heaven〉 노래를 부른 코미디언, 토니 클리프톤 같았다. 그는 "뉘앙스"에 오줌을 갈겼고, 대선 기간 내내 "대통령"에 대한 우리의 가식적인 기준을 깡그리 무시했다.

사실 그가 이길 리 없다고 생각하는 동안에는 언론사 종사자들 대부분이 이 상황을 크게 즐겼고 심지어 그를 추켜세우기까지 했다. 치솟는 시청률과 엄청난 클릭 수에 들뜬 우리는 그의 우스꽝스러운 짓거리를 시시콜콜 신이 나서 보도했다. 하지만 이 농담이 바로 우리를 겨냥한 것이었다는 걸, 트럼프는 바로 우리의 엉터리 미인대회에 출전함으로써 선거에서 승리하고 있었다는 걸 이해한 사람은 거의 없었다.

그러나 트럼프가 대선 후보로 지명될 것이 확실해지자, 즉시 미디어에 대한 새로운 종류의 비난이 고개를 들기 시작했다. 이것은 공포 영화 〈낯선 사람에게서 전화가 올 때〉의 새로운 형태 중 하나였는데, 다시 말해 이 비난은 집안에서, 즉 우리 동료들 안에서 나온 것이었다.

《뉴욕타임스》의 니컬러스 크리스토프 같은 통념의 대사제들은 2016년 초 "나의 공유된 수치심: 미디어가 트럼프의 성공을 도왔다"는 식의 제목들로 기사를 내보내기 시작했다. 크리스토프는 업계의 상업적 역학 관계에 대해 잠시 이야기했고, 트럼프가 시청률의 "주요한 원천"을 제공했음을 인정했다. 그러나 결국 그가 말하고자 한 핵심 결론은 이것이었다.

> 우리가 트럼프의 미친 짓을 보도하지 말았어야 한다는 것이 아니라, 사실 확인 및 정책 제안에 대해 철저히 조사하는 방식으로 공격적으로 맥락을 제공했어야 한다는 것이다.

중요한 논의를 담은 크리스토프의 칼럼이 게재된 무렵, 오바마는 《뉴욕타임스》 최초의 흑인 여성 특파원 로빈 토너를 기리기 위해 시러큐스대학교에서 연설을 했다. 연설 내내 트럼프의 이름은 언급되지 않았지만, 내용은 분명 트럼프와 트럼프의 성공을 야기한 미디어의 역할에 대해서였다.

오바마는 이 문제에 깊은 감정을 품고 있었음이 분명했다. 트럼프의 역할이 악의적인 버서 운동〔birther campaign, 버락 오바마가 미국에서 태어나지 않았으므로 미국 대통령이 될 자격이 없다고 믿는 사람들의 오바마 대통령 반대 운동)을 추진하는 것이었음을 감안할 때 충분히 이해되는 상황이었다. 트럼프는 오바마가 인신공격을 하게 만든 몇 안 되는 인물 중 하나였다.

크리스토프처럼 오바마도 이익 추구를 위한 동기에 대해 언급했다. 그러나 그는 크리스토프보다 훨씬 깊이 들어가 미디어의 구조적 문제를 평가했고, 특히나 이런 암흑으로 우리를 이끈 것은 이익 추구에 눈이 멀어 의도적으로 어리석고 무분별한 갈등을 일으킨 우리 자신이라고 말했다. 개인적으로 나는 오바마가 워싱턴 기자들에 대해 그들이 얼마나 지독한 멍청인지 비난하지 않은 게 놀라웠다. 백악관 웹사이트에 맥주 제조법 따위를 올려놓기만 하면 기자들이 당신을 "평범한 남자"로 부르게 만들 수 있다고 말이다.

하지만 그는 우리가 본질보다 이익을 중요하게 여긴다며 우리를 집요하게 몰아세웠다. "당신들의 순이익이 감소하는 것과 하나의 사회로서 우리에게 해를 끼치는 것 사이에서 선택은 중요한 문제입니다." 그는 우리를 꾸짖었다.

궁극적으로 오바마는 다음과 같이 비판함으로써 크리스토프와 유사한 의견을 피력했다. "누군가에게 마이크를 쥐어주는 것으로 일을 잘한다고 할 수 없습니다. 일을 잘한다는 것은 조사하고, 질문하고, 더 깊이 파헤치고, 더 많이 따져 묻는 것입니다."

일부 전문가들은 트럼프의 부상이 미디어의 책임이라는 의견을 거부했다. 이 무렵 《가디언》은 이런 모호한 문제에 대해서 "사실 확인"까지 했다(그런 전제에 대해 어떻게 "사실 확인"을 하지?). 《가디언》은 미디어가 트럼프 현상을 일으켰다는 책임 문제에 대해 "의문을 제기할 만한 이유들"이 있으며, 트럼프를 찍은 유권자들이 미디어의 사실 확인에 도무지 주의를 기울이지 않은 것이 이런 이유들 중 하나라고 논평했다.

그러나 2016년 여름, "미디어"가 트럼프를 만들어냈다는 것은 우리 동료들 사이에 이론이 없는 확신이 되었다. 개혁은 당시의 표어가 되었다. 일단 점점 지독해지는 경합에서 호감도가 중요한 변수가 될지 모른다는 생각이 들기 시작하자, 내 동료들은 자신들이 만든 상투적인 표현인 "호감도"를 놀랄 만큼 신속하게 외면했다. 트럼프가 그의 경쟁 상대인 민주당 후보보다 실제로 훨씬 더 비호감이라는 게 거의 모든 여론조사에서 확인되었음에도 그랬다.

우리가 한 세대 동안 지나치게 호감도 요인을 강조해 왔으며, 그 과정에서 마이클 두카키스, 앨 고어, 존 케리, 밋 롬니 등 미련할 정도로 성실하고 따분한 후보들의 파멸을 도왔다는 사실에 대한 후회는, 그 특유의 성격대로 없었다("교수 같다"는 말은 지나치게 정책 중심적인 후보들에 대해 우리끼리 주고받는 부정적인 암호 중 하나였다).

후회는커녕 이제는 이 특정한 경쟁에서 "호감도"는 단지 문젯거리에 지나지 않는다고 단정했다. 왜냐하면(하나 골라보시라) 호감도는 실제로 힐러리에 대한 진실이 아니거나 혹은 성차별적이기 때문에, 아니면 우리 기자들이 헌신, 진지함, 일중독을 카리스마 부족이라고 착각했기 때문이다. 실제로 사람들이 힐러리를 좋아하거나, 좋아하지 않는다면 그건 잘못된 것이었거나, 혹은 우리가 그 사실을 보도한 것이 잘못이었거나 그랬다.

"유권자들은 그들의 정치인을 얼마나 좋아해야 할까?"《타임》은 이런 의문을 제기했다. 2006년에 이 잡지는 "그녀를 사랑하는가 미워하는가"(체크하시오)라는 표제 위로 힐러리의 거대한 흑백 사진을 배치했는데, 당시엔 이런 식의 분석이 세계를 위험에 빠뜨리는 어리석은 짓으로 간주되지 않았던 모양이다.

2012년에 시사주간지《애틀랜틱》은 "[1984년 이후] 모든 면에서 호감도가 높은 것으로 예상되는 후보가 선거에서 승리했다."라고 주장하면서, 오바마가 롬니를 앞서고 있음을 설명하는 긴 기사로 호감도에 대한 숭배를 강화했다. 그런데 2016년에 이 잡지는 같은 난欄에서 우리는 우리와 같은 수준에 있는 지도자가 아니라 "우리보다 월등히 뛰어난" 지도자를 원해야 한다고 밝히면서, 호감도는 도덕적으로 잘못된 요인이라고 일축했다.

이러한 변화 외에도, 선거 유세를 취재하는 기자들은 대중의 불쾌해하는 반응을 통해 잘못을 깨닫기라도 했는지 겸연쩍은 내용을 언급하기 시작했다. 그들은 트럼프에 대한 자신들의 접근 방식을 전부 바꾸어야 한다고 말하기 시작했고, 우리는 곧 그렇게 했다.

새로운 규정하에 "트럼프의 백만 시간One Million Hours of Trump"은 "트럼프(는 나쁜 놈!)의 백만 시간One Million Hours of Trump(is bad!)"이 되었다. 우리 기사팔이들에게 편리하게도, 이 새로운 격언은 이제 "그를 불러낸 것에 대한 책임"이 강화되었으니 트럼프 광신자에 대한 기사의 분량을 줄여서는 **안 되며** 오히려 늘려야 한다는 쪽으로 생각을 집중시켰다.

우리는 마이클 두카키스가 탱크에 탄 모습을 사진으로 찍는 걸 허락하는 바람에 역대 최고의 패자가 되었다는〔1988년 미 대선에서 민주당 후보로 출마한 두카키스는 '나약한 두카키스에게 국방을 맡길 수 없다'는 공화당의 주장을 반박하기 위해 탱크에 올라타는 이벤트를 연출했지만 탱크를 타고 빙글빙글 도는 바람에 오히려 조롱거리가 되었다〕말을 **여전히** 4년마다(심지어 가끔은 그 사이에도) 상기시키는 사람들과 동일한 사람들에게 앞으로 수년 동안 "책임감"에 대해 자주 듣게 될 터였다.

그해 늦은 여름 《뉴욕타임스》에 게재된 중요한 특집기사에서, 칼럼니스트 짐 루텐버그는 우리 기자들은 트럼프가 가한 역사적 위협에서 벗어나기 위해 시민으로서 의무를 다해야 한다고 주장했다.

트럼프는 "미국 최악의 인종차별주의적이며 국수주의적 경향에 따라" 연기하는 선동 정치가였기 때문에, 우리는 "지난 반세기 동안 이용해 온

교과서적인 미국 저널리즘을 내다버리고 우리의 경력에서 한번도 접근해 본 적 없는 방식으로 [트럼프에게] 접근해야" 했다.

루텐버그는 저널리스트들은 "객관성"의 밧줄을 벗어던지고, 공정성, 사실, 진실을 다시 정의해야 한다고 주장했다. 이제 우리는 "역사의 판단에 저항하는 방식으로…사실에 충실"해야 한다.

루텐버그의 칼럼은 트럼프에 대한 사실 중심 패턴이 그만큼 형편없었다 하더라도(실제로 형편없긴 했다), 사실에 기반을 둔 접근 방식에 왜 변화가 필요한지에 대해 전혀 설명하지 않았다. 나쁜 후보와 나쁜 정치인은 낡은 "객관성" 기준, 낡은 표현, 낡은 표제 아래에서도 형편없어 보였다. 그렇다면 우리는 무엇을 왜 변화시켜야 했을까?

루텐버그는 "우리가 갖추기 위해 늘 훈련받아 온, 진정한 저널리즘의 이상적인 형태인 균형"을 이를 악물고 포기해야 한다고 말했다. 왜지? 왜냐하면 "그가 공화당 대통령 후보인 만큼, 불균형은 [트럼프에게] 불리하게 작용할" 터이기 때문이다. 이 후보자를 철저하게 조사하고 그의 거짓말을 대대적으로 밝히는 등 점차 많은 노력을 기울이면 투표에서 그에게 해를 입히게 될 것이라는 이론이었다.

사실상 이 칼럼은 오늘날 악명 높은 공생의 씨앗을 심도록 도왔다. 루텐버그가 "균형"을 포기하라고 한 말의 실제 의미는 트럼프를 더 열심히 추적하라는 말이 아니라―우리는 이 책에서도 이미 그의 이름을 수시로 언급해 왔다―다른 편에 대한 철저한 조사를 덜 강조하라는 말이었다.

칼럼이 발표되자 트럼프는 자신의 편집증적 정치의 정당성을 입증하면서, 자신에게 편견을 갖고 있는 언론을 더 크게 비난할 명분이 생겼다. 거꾸로 보면 이 태도는 적어도 당분간이나마 《뉴욕타임스》 같은 신문의 핵심 독자를 결집시켰다. 루텐버그의 칼럼이 게재된 지 1년 후, 《타임스》는 겁에 질린 독자들에게 트럼프 당선이라는 비보를 전하는 영광을 차지하면서 2016년 4/4분기 구독자 수에서 이른바 "트럼프 효과"를 톡톡히 누렸고, 2016년은 디지털 결제 모델을 출시한 이래 최고의 해가 되었다.

그러나 2018년 여름 즈음 "트럼프 효과"는 사라졌고, 신문은 글자 맞추기 퍼즐과 요리 부문에서 가장 큰 디지털 성장을 경험하고 있었다. 그렇지만 몇 분기 성장을 위해 객관적 보도라는 오랜 세월 힘겹게 쌓아온 명성을 추락시켰다는 영광을 누렸다.

2016년 보도에서 트럼프의 영향으로 일어난 또 하나의 기괴한 변화는 투표와 관련된 것이었다. 우리는 점차 트럼프에게 유리한 데이터를 무시하고 클린턴의 압승을 암시하는 여론조사를 강조했다. 10월에 《뉴욕타임스》는 우리에게 클린턴의 "눈물겨운 완벽한 승리"를 기대하라고 전하면서 사실상 대선이 끝났음을 알리는 기사를 내보냈다. 신문들은 "안심할 것, 트럼프는 절대 이길 수 없으니", "도널드 트럼프, 파멸의 6단계" 같은 제목으로 대선 기간 내내 확신에 찬 예측과 인구통계학적 분석들을 가득 실었다.

이런 기사들은 결정적인 훈수를 두었다. 우리가 새롭게 취하는 적대적 태도의 표면적인 이유는 트럼프에 반대한다는 것이었다. 그러나 트럼프라는 위협적인 존재의 심각성을 충분히 보도하지 않은 것은 민주당에 전혀 도움이 되지 못했다. 아니, 오히려 그 반대였다. 허술한 데이터 보고는 클린턴 지지 기반의 약점이 개선 가능한지에 대한 관심을 약화시켰고, 심지어 어쩌면 한 명, 아니 천 명의 유권자를 무관심하게 집에 머무르게 한 이유를 만들었는지도 모른다.

반면 이런 기사들은 민주당 유권자들로부터 엄청난 클릭 수를 받았는데, 이것은 스포츠팬들에게 자기 팀이 죽 쑤고 있을 때조차 장밋빛 예측을 읽게 만드는 것과 동일한 원동력에 의해서였다. 분위기는 "옹호 보도"라기보다 차라리 젊은 남성 팬들의 맹목적인 팬심(스포츠 기사 같은 엔터테인먼트 장르에서 찬양 일색이기 마련인)에 더 가까웠다.

트럼프의 승리가 수백만 인구에게 엄청난 충격을 가져온 이유는, 주로 사회 통념과 집단 사고의 완충 장치가 되는 것이 목적의 전부였던 데이터 보고라는 장르의 이런 별난 특징 때문이었다.

2016년 대선 당일은 미국 저널리즘에 역사적인 타격을 가했다. 이것은 마치 우리가 이라크를 침공한 지 몇 시간 만에 대량살상무기가 없다는 걸 확인한 것과 같았다. 언론은 거의 즉시 새로운 통념을 결합시켜, 장래의 실수들을 장려하는 방식으로 보도의 실패를 해명했다.

촘스키와 허먼은 미군의 베트남전 패배에 대한 엘리트층의 반응이 우리에게 미국의 범죄와 정책 실패라는 현실을 외면하게 했을 뿐 아니라, 장차 침략과 점령의 무대를 마련한 역사 수정주의를 만들어냈다고 주장했다. 베트남전쟁 이후 기사는 "민주주의 과잉"—특히 미디어에서의— 이 패전을 초래했다고 비난했다. 승리의 전망에 대한 패배주의적 비난이 이길 수 있는 전쟁을 계속하자는 대중의 결심을 약화시켰다고 말이다.

그리하여 언론은 많은 "과도한 민주주의적" 실천들을 소심하게 단념했다. 우리는 전쟁터에서의 죽음, 고국으로 돌아오는 관 등의 장면을 더이상 보여주지 않았다. 교전 지역에서 취재하려면 미군 부대 소속으로 "파견"되어야 했고, 대부분의 전쟁 보도에 성조기가 나부끼는 장면을 관행상 내보내야 했다. 나도 이런 조건들에 따랐다.

같은 방식으로, 2016년 선거 이후에 사회적 통념은 트럼프 같은 사람조차 당선이 가능할 정도로 대통령 선거운동 과정을 타락시킨 언론 관행에서 사람들의 관심이 떠나게 만들었다. 이번 사태에 대해 제대로 된 평가가 있었다면 다음과 같은 사실에 초점을 맞추었을 것이다. 즉, 선거운동 보도가 유권자들에게 "대통령 선거"의 의미에 대해 아주 오랫동안 아주 거만하게 떠들어대면서, "뉘앙스"니 "맥주 주량"이니 하는 따위의 형편없이 멍청한 것들에 대한 충성 맹세를 받아썼던 바람에, 2016년에 접어들었을 때 유권자들은 우리에게 꺼지라고 말할 정도의 통찰력이 있는 정치인이라면 누구라도 기꺼이 응원할 자세가 되어 있었다는 사실 말이다. 이 모든 일의 숨은 의미는 맥주 주량이나 "호감도" 따위에 관한 우리의 호언장담은 중부 지역 유권자들에게 어떤 게 중요할지에 대한 워싱턴 기자단의 생각일 뿐이었다는 것이다.

대부분의 유권자들이 사실상 빚더미에 앉아 있고, 여러 가지 직업을 전전하고 있으며, 보험에 가입하지 못하고, 신용은 땅에 떨어진 데다, 알코올과 아편 중독 외에도 온갖 문제들과 힘겹게 싸우고 있다는 사실을 감안한다면, 어떤 후보가 오리 사냥을 위해 라이플총을 가지고 다니는 모습이 가장 폼 나 보이는가 하는 것이 유권자들에게 **정말** 중요한 문제라고 선거철마다 떠드는 것은 특권층 특유의 끔찍한 모욕이었다. 그러나 우리는 이에 대한 이해가 전혀 없었기 때문에, 4년마다 이런 모욕을 주는 데 전념했다.

이것이 트럼프의 매력에 큰 부분을 차지한 것은 분명했다. 그러나 이는 선거의 사후 분석에서 제외되었다. 대신, 우리가 선거 기간 동안 욕먹을 짓을 **충분히** 하지 않았다는 전설이 만들어졌다. 언론 재벌들은 미국이 정말 필요로 하는 것은 누가 적절한 정치적 선택이고 누가 그렇지 않은지에 대해 보다 직접적으로 알려주는 접근 방법이라고 결론을 내렸다.

조지 H.W. 부시에 대한 《뉴스위크》 표지 기사, "겁쟁이와의 싸움 Fighting the Wimp Factor" 같은 덜떨어진 메시지로 우리를 키운 이 전문가 계층은 트럼프 시대의 기자들이 어떻게 교훈을 배웠는가 하는 새로운 전설을 만들어냈고, 멍청한 포퓰리즘의 진지한 반대자라는 본연의 역할로 돌아갈 터였다.

예를 들어, 우리는 더 이상 "허위 진술" 같은 단어로 노닥거리지 않을 터였다. 새로 태어난 기자단은 헤드라인에 "거짓말"이라는 단어를 넣을 터였다. 우리가 그러지 않을 거라고 생각하면 가서 확인해 보라. 우리는 이제 거칠어졌다.

트럼프 **대통령**―우웩―시대로 접어들자, CBS 앵커 댄 래더 같은 인물은 "거짓말" 나팔을 불어댔다. 래더의 발언은 《뉴욕타임스》 편집국장 딘 바케이와 《월스트리트저널》 편집장 제라드 베이커가 이 "거짓말"의 사용에 대해 논의하면서 길게 불평을 늘어놓았던 〈미트 더 프레스Meet the Press〉〔NBC 방송의 인터뷰 프로그램〕에 대한 응답이었다.

결국 대부분의 주요 신문사와 방송사들이 금지된 단어를 허용하기로 결정하자 대대적인 격려와 칭찬이 쏟아졌다. 트럼프의 당선 가능성에 대해 2년 가까이 잘못된 해석과 거만한 일축으로 일관해 전체 저널리즘 업계가 일제히 얼굴에 똥칠을 당해도 모자랄 판에, 대통령 선거 당일 전국 각지의 신문사와 뉴스 방송사들은 별안간 권력과 맞서 싸우는 새로운 #저항 태세를 취하며 자기들끼리 뿌듯해하고 있었다(그나저나 트럼프 시대 전에 우리는 뭘 하고 있었을까? 그땐 권력에 도전하지 않았나?). 빌어먹을, 《워싱턴포스트》는 실제로 "민주주의는 어둠 속에서 죽어간다"는 새로운 슬로건이 정착된 과정을 **음악의 뒷이야기**식 특집 기사로 내보냈다.

바케이와 베이커가 텔레비전 방송으로 저널리즘의 미래에 관해 토론하던 때와 비슷한 시기에, 나는 2016년 대선의 교훈에 관해 버니 샌더스와 인터뷰를 하고 있었다. 그는 이런 표현을 사용하지 않았지만, 그가 이번 출마에서 가장 크게 배운 사실 하나는 아무도 〈미트 더 프레스〉에 조금도 신경 쓰지 않는다는 것이었다.

요즘 정치는 〈미트 더 프레스〉의 출연자가 누군지, 그들이 잘 하고 있는지로 통한다. "아, 그 사람 똑똑하고 괜찮던데." 그러나 정작 〈미트 더 프레스〉에 대해서는 아무도 관심이 없다.

샌더스는 대중과 엘리트 기관들 사이에는 격차가 있으며, 이제 언론은 확실히 엘리트 기관으로 간주된다고 말했다. "민주당이 나약해서도 아니고, 그들이 중상류층과 부유층에 의존하거나 거품 속 삶에 의존해서도 아닙니다." 그는 말했다. "사람들이 텔레비전을 켜면 나오는 미디어 때문이에요. 사람들은 그 안에서 자기들 삶이 반영된 모습을 보지 않습니다. 사람들이 보는 건 캐리커처예요. 일부 멍청이들 말입니다."

샌더스가 뉴햄프셔 예비선거에서 승리했을 때, 스티븐 콜베어가 자신의 쇼에 샌더스를 초대했다. 그리고 그에게 맥주를 권하고 안주로 땅콩을 먹게 했다. "삶은 땅콩을 좋아하시면, 사우스캐롤라이나에서 확실히 도움이 되겠어요." 콜베어가 말했다.

우웩.

트럼프가 당선되면서 개인적으로 나에게는 길고 긴 절망의 나날이 시작되었지만, 사람들이 짐작하는 이유들 때문은 아니었다.

2016년은 내가 《롤링스톤》에서 네 번째로 대통령 선거운동을 취재한 해였다. 지금까지 선거를 치르는 동안 나는 줄곧 상당히 특이한 입장을 취할 수밖에 없었다. "업계의 아이들" 모두가 별의별 이유를 들어 나에게 계속해서 딴지를 걸고 있었다. 2004년에 잡지 기사를 쓰기 위해 처음 유세 현장을 취재하던 날은 이름을 밝히지 않은 어느 기자가 《워싱턴포스트》의 하워드 커츠에게 전화를 걸어 불만을 터뜨렸다. 정말로 그랬다. 이유는 내가 불문율을 어기고 허락 없이 기자석을 촬영했다는 것이었다. 또 나는 케리의 공보관을 통해서도 다른 익명의 기자들의 불만을 "전달"받았다.

얼마 후 가십 전문 기자 맷 드러지가 케리에게 정부가 있다는 근거 없는 소문을 발표한 후 위에서 언급한 동료 취재 기자들이 케리의 반응을 확인하기 위해 케리를 뒤쫓았을 때, 나는 비행기에 오른 기자들에게 먼저 사실인지부터 확인하지 않고 소문에만 열을 올리느냐고 따지는 실수를 저질렀다. 기자들은 내가 다양한 수준의 분노를 드러내며 **우리 동료**에 대해 이야기하는 것을 배신 행위로 받아들였다.

그때 케리의 선거 전용기 기자석에서 한 기자가 나를 향해 손을 휘저으며 말했다. "어이, 씨발 여기 **접근 금지**거든."

그 사건 이후 케리 선거 캠프(드러지의 돌진에 희생자가 된)는 다른 기자들의 취재 요구에 응했고, 나를 무대 기술 담당자들과 다큐멘터리 제작자 알렉산드라 펠로시와 함께 비행기 뒷좌석으로 보내버렸다. 이 일은 선거 캠프와 기자단 사이의 이상한 관계를, 더불어 "뉘앙스"와 "호감도"에 관한 여러 정치적 불문율 속에서 선거 취재 기자들이 후보들에게 단련시킨 집단 감시 본능을 생생하게 드러낸 것이었다. 충격을 받아야 했을 테지만, 당시 나는 비행기 뒷자석에 처박힌 상황이 재미있다고만 생각했다.

나는 기자는 "선거 기사의 일부"가 아니며 따라서 모든 문제에서 제외되어야 한다는 핵심 견해에 동의하지 않았다. 그러나 이후 여러 차례 선거를 치르면서 "안전한 작업 공간"이 마련되지 않으면 우리의 임무를 수행할 수 없다는 주장을 받아들였고, 더 이상 동료들을 성가시게 하지 않았다.

하지만 2008년 이후에도 난처한 내 처지는 달라지지 않았다. 내 인쇄 일정이 다른 기자들의 일정과 크게 달랐기 때문에—나는 몇 주 혹은 몇 달에 한 번씩 기사를 전송하면 되었다—많은 시간을 서류 보관실에서 빈둥대며 보냈다. 프레드 톰프슨이나 마이크 허커비 등이 연달아 쉰 번은 떠든 똑같은 연설을 속보로 내보내느라 동료들이 하루에도 서너 번씩 등골 빠지게 일하는 모습을 몇 시간 동안 지켜보면서 말이다.

시간을 때우기 위해 나는 종종 독서를 하거나(아이오와에서는 《스포츠 일러스트레이티드》 페이지를 너무 소리나게 넘긴다며 선거 캠프 관계자들에게 핀잔을 들었다), 그보다 훨씬 멍청한 놀이를 했다(휴스턴에서는 루빅큐브나 가지고 논다고 욕을 먹었다). 그리고 마침내 기사 전송 시간에 안전하게 할 수 있는 활동은 아무것도 하지 않는 것뿐이라는 걸 깨달았다. 그래서 매번 예비선거 때마다, 우리가 지금 뭘 하고 있는 건가 생각하면서 몇 시간씩 멍때리며 가만히 앉아 있었다.

2012년에 나는 대통령 선거운동은 복합적이고도 상업적인 과정이라는 이론을 갖게 되었다. 비행기 안에서는 두 개의 사업이 나란히 진행되고 있었다. 후보들은 자금을 모금하고 있었는데, 주로 정책 공약을 대가로 대기업들로부터 현금을 끌어들이는 식이었다. 뒤편에서는 기자들이 특종과 시청률을 위해 필사적이었다.

이 두 개의 역학 관계 사이에서 가장 빨리 타협점을 찾은 후보가 지명을 받게 될 터였다. 자금 마련 능력이 탁월하고 미디어의 선거운동 리얼리티 쇼의 주인공으로 적합하다고 여겨지는("호감" 있고 "뉘앙스"가 느껴질 뿐 아니라, 지나치게 "좌파"이거나 "방어에 약하거나" 네이더나 론 폴 같은 "비주류" 정치를 옹호하지 않는) 후보라면 누구나 대선 출마가 허용되었다.

저널리스트와 후보들은 정치 파트너일 뿐 아니라 사업 파트너이기도 했다. 기자들에게 끊임없이 제멋대로 진실을 뜯어고치게 만든 업무 뒤에는 대량 판매라는 양상이 있었다. 정치인들은 심지어 사비를 들여서까지 자주 기꺼이 그들을 돕곤 했다.

2012년에는 모두들 오바마가 쉽게 이길 거라고 전망한 만큼, 오바마와 롬니의 대선 대결을 긴장감 넘치게 "판매하기" 어려울 게 예상되어 선거 취재 기자들에게 일찍부터 실망을 안겨주었다. 이것은 여론조사 때문이 아니라, 주로 우리가 2016년에 간과하게 될 비정량적 단서와 같은 종류의 단서들 때문이었다. 오바마의 선거 행사는 거대하고 요란한 반면, 롬니는 자기 주인 유타에서도 사람을 모으느라 애를 먹어 모든 공화당원들이 차차선책으로 선택할 인물로 여길 정도였다.

선거전이 한창일 때 나는 CNN에 출연해, 기자들은 단순히 시청률 확보를 위해 접전을 펼치고 있음을 보여주는 여론조사를 강행하고 있다고 큰소리로 말했다. 많은 사람들이 이 사실을 은밀히 말하고 있었는데, 나 혼자만 크게 떠들 정도로 멍청했던 거다. 유명한 민주당 고문 제임스 카빌은 그런 이야기를 사적으로 들은 적이 있다고 재빨리 말을 받으면서, "안일한 생각은 위험"하며 오바마도 패할 수 있음을 기억하라고 모두에게 충고했다.

얼마 후 우리는 전국의 민주당 측 전문가들이 말도 안 되게 어설픈 롬니를 경쟁자로 칭찬하는 놀라운 현상을 목격했다. 《인디펜던트》는 오바마를 "절름발이"라고 불렀고(선거 취재 기자에게 들을 수 있는 최악의 지적이다), "그가 즉석에서 농구 경기하는 모습을 본" 사람이라면 "[오바마가] 얼마나 승부욕이 강한지" 아는데, 오바마는 롬니를 상대로 그렇게 치열하게 싸우지 않는다며 분개했다(이처럼 모든 찌질한 판단들이 한데 뒤엉켜 있다. 마치 정치인이 농구 한판 하는 것만 봐도 실제로 모든 걸 알 수 있다는 듯이!).

한편 카빌은 롬니가 "전기톱을 가지고 왔다."면서 있지도 않은 그의 토론 기술을 칭찬했다. 또 다른 통념의 대사제이자 CNN의 자칭 "중도주의자"인 데이비드 거건은 "치열한 경합이 예상된다."고 선언했다.

물론 치열한 경합은 벌어지지 않았다. 오바마는 상대적으로 쉽게 이겼다. 그러나 롬니가 어찌어찌 유리한 지점을 포착해 이겼다 하더라도, 거건처럼 노회한 사람들은 눈물 한 방울 보이지 않았을 것이다. 백악관에 세금 감면과 기업담보 차입매수의 대가(모르몬교도 고든 게코처럼)〔고든 게코는 영화 〈월스트리트〉에 나오는 악명 높은 금융가인데, 월스트리트 출신인 롬니는 종종 이 별명으로 불린다〕가 있는 건 이런 대부분의 광대들에게 좋은 일일 터였다.

이것은 《여론 조작》에서 설명한, 날조되고 인위적으로 제한된 공론의 원칙을 궁극적으로 입증한 것이었다. 우리는 롬니와 오바마 사이의 차이가 상당히 크고, 많은 것이 위태로우며, 결과는 불확실한 것으로 이해하기로 되어 있었다.

그러나 사실은 모두가 결과를 알고 있었고, "위험한 안일함" 운운하며 요란하게 우는 소리를 내던 사람들도 은행이 지지하는 사모펀드의 거물이 버락 오바마를 대신하는 걸 본다 해도 대수롭지 않게 여겼을 것이다. 당시 오바마는 4년째 티머시 가이트너 같은 월스트리트의 아첨꾼들과 잭 루 같은 시티그룹 임원들에게 경제 붕괴 이후의 정책을 이끌도록 맡겼다.

2012년 이후 나는 이 모든 광기에 맞설 만큼 똑똑한 후보라면 누가 되든 잘 해낼 거라고 믿었다. 2016년 초 트럼프가 정확히 이 역할을 하는 걸 보았을 때, 나는 그가 대통령이 될 거라고 내다보았다. 나는 트럼프에 관한 첫 번째 논평 기사에서 그는 "누구도 막을 수 없을" 것처럼 보인다고 말했고, 다음과 같이 설명했다.

> 우리가 우리의 선거 과정을 사기성 짙은 역기능적인 무언가에 넘겨버렸음이 드러났다. 대충 머리 돌아가는 사기꾼이 돌멩이 몇 개 들고 선거판에 뛰어들어 첫 번째 문을 열고 곧장 걸어 들어가 단번에 이 판을 산산조각 내게 만들 정도로 말이다.

그리고 트럼프는 대충 머리 돌아가는 사기꾼이 아니다. 그는 평균보다 월등하다.

이 사실이 나를 만족시킨 건 아니었지만, 나는 사실을 직시했다. 트럼프의 선거운동에서 가장 충격적인 부분은 우리가 그에게 정상으로 향하는 길을 뚫기 위해 필요한 탄약을 제공하면서 지난 몇 년을 보냈다는 것이다. 트럼프가 엘리트들의 음모에 대해 말했을 때, 그가 100퍼센트 틀린 건 아니었으며 이 사실은 변하지 않을 터였다.

공화당 예비선거 기간에 그는 전통적으로 선거 유세 중에 좀처럼 거론하지 않는 내용들을 장황하게 이야기했다. 가령 후보들과 함께 자주 유세를 다니는 재정 후원자들에 대해서랄지. "젭 부시가 약값으로 경쟁을 붙일 것 같습니까?" 트럼프가 물었다. "그의 자금 조달 책임자가 우디 존슨이에요." 존슨은 주요 제약회사인 존슨앤드존슨의 회장이었다.

존슨과 상당수의 대형 제약회사 임원들은 전날 밤 공화당이 토론할 때 같은 장소에 있었다. 존슨앤드존슨은 이 토론에 특히 흥미를 느꼈는데, 무엇보다 2017년 약물 과다 복용 사망자 7만 200명의 절반 이하에 책임이 있다고 알려진 진통제 펜타닐을 만든 제약회사 얀센을 계열사로 두고 있기 때문이다.

트럼프는 이 문제를 언급하지는 않았다(사실 그는 뉴햄프셔주의 약물 문제는 "남쪽 국경 지대 전역"의 마약 밀매자들 탓이라고 노골적으로 비난했다). 그러나 그는 유권자들에게 정계의 실력자가 되는 과정을 엿보게 해주었다. 내가 기억하기로 주요 후보 누구도 토론 중에 같은 장소에 있는 재정 후원자들을 언급한 적이 없었다.

나는 트럼프가 부시를 상대로 사용한 전술과 동일한 전술을 클린턴에게도 사용했으리라는 걸 알고 이렇게 썼다.

노동자들의 당을 대변했지만 정작 노동자를 저버리고 대통령직을 거액의 뇌물수수 사업으로 만들어버린 사람, 워싱턴을 동부의 할리우드로 만들고 노조 간부들과 저널리스트들을 똑같이 스타에 목매는 신하로 만들어 철저한 조사를 피한 사람. 트럼프는 그가 팔아온 무분별한 음모론의 나머지 절반은 클린턴 부부에 대해서라는 걸 분명하게 보여줄 것이다.

모든 일에서 그래왔듯이 트럼프는 자신의 결혼식에 힐러리가 참석한 것을 선거 유세에 끌어들여 필요에 맞게 이야기를 만들었다. 힐러리 클린턴과 대선에서 경쟁을 치르게 된다면, 바로 트럼프의 조타실 안에서 정점을 찍게 될 것이다.

이후 트럼프는 클린턴이 "에너지가 훨씬 적을" 뿐 사실상 클린턴과 젭 부시가 기본적으로 똑같은 정치인임을 설명하는 데 중점을 두었다. 대선에서 그는 자신이 노동자의 친구라는 걸 강조하기 위해 북미자유무역협정 NAFTA과 환태평양경제동반자협정 TPP을 가차 없이 두드려댔다 (자동차 산업 노동자들이 지나치게 많은 보수를 받는다면서 자동차 공장은 노조에 적대적인 주로 이전해야 한다고 협박한 사람이 말이다). 그는 또 부시가 기업 후원자들과 끈끈한 협력 관계에 있다고 비난했던 것과 마찬가지로 클린턴 역시 사실 골드만삭스 같은 은행들과 인연이 깊다고 맹공격했다.

이 모든 전략은 효과를 거두었다. 다른 요인이 더 있었나? 인종차별과 성차별은 트럼프가 다른 무엇보다 애용한 거대한 주제였을까? 물론이다. 하지만 그는 **우리**가 벌이는 선거운동인 비행기 내 밀실 거래와도 노골적으로 충돌을 일으켰다.

그는 수 세대 동안 주류 공화당과 주류 민주당의 양극단끼리 신중하게 대통령직을 유지시켜 온 보이지 않는 감시 활동에도 반대했다. 의도했든 아니든 이것은 대단히 효과적이었다. 그리고 젠체하던 기자단의 공포는 트럼프 유권자들에게 주된 판매 요소였다.

내 동료들의 반응은 트럼프에 관해 어느 것도 인정하지 않겠으며, 기사를 쓸 때마다 트럼프의 입에서 나오는 몇 안 되는 사실에서 흠을 찾아내겠다는 것이었다. 진보적인 지역 방송사들은 갑자기 북미자유무역협정은 그렇게 나쁜 게 아니라고 말하기 시작했다. 정치인도 사람이고 돈을 벌어야 하기에 은행에서 연설을 하고 돈을 받는 것은 합법적이라는 말도 했다. 더욱이 4년 전 카빌 같은 사람들에게 들었던 "안일함"에 대한 경고와 동일한 경고들이 부재했다. 2016년 9월에는 카빌이 직접 나와, 공화당 의원들은 "대학 교육을 받지 않은 백인들"을 상대로 "잘못된 내기를 계속한다."라고 말하면서 선거는 거의 끝났다고 선언했다. 이 정치 고문은 대학 교육을 받지 않은 백인들…을 겨냥해 빌 클린턴을 백악관에 입성시킨 전적이 있다.

2016년 여름에 나는 위축되어 있었다. 나는 트럼프의 승리는 불가능하다는 여론조사 요원들의 설득에 넘어갔다. 많은 저널리스트들처럼 나역시 집회에서 본 것을 무시하기 시작했다. 하지만 그건 용납해서는 안될 큰 실수였다. 트럼프가 대통령이 되었을 때, 나는 내 업계의 속임수에 넘어갔다는 걸 깨달았다. 내가 몸담은 업계에서는 모든 경쟁이 박빙의 승부를 겨루고 있다고 전해왔다. 후보 중 한 명이 정치적으로 도저히 용납할 수 없는 경우 외에는 말이다.

나는 2016년 언론의 실패가 장기간의 자기 성찰과 재평가로 이어질 줄 알았다. 하지만 오히려 우리는 애초에 우리가 트럼프를 이기게 만들었던 엘리트 집단의 감시 행위에 기자들이 그 어느 때보다 전념하는 환경을 조성했다.

나에게 2016년 선거운동은 "사일로" 현상을 특히 극적으로 증명한 사례였다. 뉴스뿐 아니라 오락을 비롯한 모든 미디어 콘텐츠는 상당히 개별화된 집단 특성별 소비 행태에 맞춰졌다.

웃통이 벗긴 채 경찰에 진압당하는 경우가 아니면 수십 년 동안 TV에서 가난을 보여준 적이 없는 뉴스는 대통령 선거를 시청률을 끌어올리는 프로레슬링처럼 만들어버린 억만장자 트럼프에게서 최고의 수익성을 발견했다. 트럼프가 자기들 배를 엄청나게 불렸다며 혀를 내두르다들키자, 대형 미디어는 양자택일을 해야 했다. 그에 대한 보도를 줄이든지, 아니면 더 많이 보도해서 정당화할 방법을 찾든지.

우리는 후자를 선택했다. 우리가 사용한 수법은 공개적으로 적대적인 입장을 취하는 것으로, 이는 아마도 새롭고도 과감한 조치였을 것이다.

신문들은 이것은 윤리적/정치적 선택이었다고 말할 것이다. 아마도 경우에 따라서는 그렇게 말했을 것이다. 그러나 이것은 다른 무엇보다 사업상의 결정이었다. 그들이 인정하든 그렇지 않든, 대부분의 지역 방송들은 기본적으로 모든 뉴스 시청자들을 내주는 대신에, 절반을 이끌고 더 강하게 밀어붙이기로 결정했다.

트럼프의 승리는 불티나게 팔리는 상품을 미디어가 거부하지 못해서 이루어졌다. 이런 괴상한 일이 결국 처참한 결과를 낳았을 때, 우리는 트럼프를 팔기 위해, 덜 무책임해 보이는 새로운 접근법을 고안했다. 이런 새로운 환경에서 언론이 취할 수 있는 견해는 친親트럼프와 반反트럼프, 두 가지뿐일 것이다. 두 견해 모두 각각의 입장을 고수하는 곳에서 매우 잘 팔릴 터였다. 그러나 이것은 스포츠식 보도 패러다임—수십 년에 걸쳐 구축해 온—으로의 추락을 공식화했다.

2016년 이후 두 가지 데이터 보고가 눈에 띄었다. 하나는 미디어에 대한 신뢰도가 사상 최저치로 떨어졌음을 보여주는 여론조사들이었고, 다른 하나는 전례 없는 시청률이었다. 사람들은 우리를 덜 신뢰했지만 우리를 더 많이 지켜보았다.

이제 우리는 엔터테인먼트 업계의 수익을 잠식하고 있다. 10년간의 하락세를 마감하면서, 뉴스는 선거 기간 외에도 늘 쇼가 되었다.

무엇이 잘못된 걸까? 이 잘못은 언제부터 시작된 걸까?

2. 증오의 열 가지 법칙

아무거나 주요 일간지 한 장을 집어 들거나 텔레비전 뉴스 하나를 틀어 보자. 정치 성향은 상관없다. 폭스나 MSNBC도 좋고, 《워싱턴포스트》나 《워싱턴타임스》도 좋다. 거의 모든 기사가 어떤 항목들에 체크 표시를 한다는 걸 발견할 것이다.

이 항목들을 증오의 열 가지 법칙이라고 부르자. 통합과 순응이라는 현상이 더 많은 수익을 내던 몇 세대가 지나고, 이제 뉴스 미디어는 주력 상품으로 그와 정반대인 분열을 판매하고 있다.

우리는 어리석기 짝이 없는 콘텐츠도 판매하는데, TV 프로듀서인 내 친구는 이걸 **그거 좀 이상하지 않아?** 효과라고 부른다. 그러나 가장 만들기 쉬운 미디어 상품은 **어쩌다 일어난 이 재수 없는 일은 다른 사람 탓이**라는 것이다. 이 상품은 거의 무한대의 시장을 보유하고 있다.

내가 이런 상황을 잘 아는 건 그런 유의 콘텐츠를 많이 만들어봤기 때문이다. 그렇게 몇 년을 보내다 보니 독자들이 반사적으로 내뿜는 증오를 먹고 사는 것이 점점 찜찜해졌다. 나는 정말 충격적인 사건을 다룬 기사들만 선택해 씀으로써 이 찜찜함을 해결해 보려 했지만, 누구나 그렇듯 결국엔 주객이 전도되는 걸 느낄 뿐이었다. 최근 몇 년 동안 나는 나와 같은 경험을 한 다른 기자들로부터 연락을 받기 시작했다. 잠시 후 몇 사람의 이야기를 들어보자.

우리 모두의 공통된 문제는 이 업계의 상업적인 구조다. 우리는 수익을 위해, 특정한 방식으로 뉴스를 소비하도록 독자를 길들여야 했다. 독자들을 불안하게 만들고, 욱하고 화를 내게 만들며, 갈등에 중독되게 만들어야 한다. 게다가 독자들이 신문을 펼치거나 핸드폰이나 TV, 자동차 라디오를 켤 때마다 우리는 독자들에게 이런저런 억측들을 일으켜야 한다. 그런 것들이 없다면, 우리가 제공하는 대부분의 내용들은 비논리적이고 공격적으로 보일 것이다.

비결은 끊임없이 독자들의 식견을 좁히고 그들의 무력한 분노에 계속해서 부채질을 해대는 것이다. 이것은 《여론 조작》에서 설명한, 인위적으로 논쟁의 범위를 제한하는 것의 왜곡된 방식이다.

1980년대 중반 허먼과 촘스키의 논지는, 언론이 사람들을 공화당에서 민주당(대개 아이젠하워 대통령 당시의 공화당에 더 가까운 민주당을 포함해)에 이르는 좁은 범위의 정치사상에만 노출시킴으로써 대중의 통합을 "조작했다"고 강조했다. 사람들은 좁은 중앙 분리대에 머무는 한은, 논평란에 제시된 말끔하게 살균된 토론 형식에서는 결코 드러나지 않는 다양한 범위의 기본 원칙을 받아들였다.

그때와 지금은 무엇이 다른가. 우리는 이 중앙 분리대에서 익을 대로 익은 분열을 조장한다. 우리는 증오를 판매할 수 있다는 걸, 표현이 신랄할수록 더 잘 팔린다는 걸 발견했다. 그리고 이것은 더 큰 정치적 목적에 기여한다.

대중이 서로를 증오하느라 너무 바쁜 나머지 카메라 밖에서 일어나는 더 복잡한 재정적·정치적 과정에 분노하지 못하는 한, 대중 폭동 같은 위험한 사태는 거의 일어나지 않는다.

이것은 우리 언론이 일을 하는 이유도, 우리가 할 일도 아니다. 그러나 이것은 우리가 이런 식으로 운영하도록 허용되는 이유다. 사람들이 폭스든 MSNBC든 CNN이든 주요 방송사 TV를 시청하는 것으로 자신들이 사실상 정치적 지지를 실천하고 있다고 생각한다니, 놀라서 펄쩍 뛸 노릇이다. 권력을 쥔 사람이 정말 위험한 견해를 TV에 내보내도록 허락할 거라고 진지하게 믿는 사람이 있단 말인가? 요즘 뉴스는 시청자가 배역의 일부를 담당하는 리얼리티 쇼다. 채널마다 온통 아메리카 대 아메리카가 방송되는 것이다.

비결은 시청자들이 실제론 그저 우연히 다른 사일로에 있게 된 자기와 똑같은 다른 미디어 소비자들을 향해 옆으로 주먹을 날리면서, 위를 향해 주먹을 날리고 있다고 착각하게 만드는 것이다. 증오의 메커니즘은 시청자들을 한치 앞도 보지 못하게 만든다. 당신이 이 업계에 아주 오래 몸담게 되면 그 뉘앙스에 깊이 빠지게 될 것이다. 당신이 사람들에게 단순하고 강력한 생각들을 연속적으로 받아들이게 할 수 있다면 그들은 영원히 당신 편이 될 것이다. 증오의 열 가지 법칙을 살펴보자.

1. 의견은 단 두 가지뿐이다 ────────────────

허용 가능한 의견은 두 가지뿐이다. 공화당과 민주당, 진보와 보수, 좌파와 우파. 모두 우리가 어릴 때부터 주입받은 내용이다. 우리들 대부분은 대충 대학에 입학할 무렵에 평생 고수하게 될 정치적 정체성을 선택하게 된다. 이것은 순전히 이분법적인 사고로 파랑 혹은 빨강, 참 혹은 거짓, 0 혹은 1처럼 정치를 이분법으로 나눈다.

대략의 내용을 알고 싶다면 《뉴욕타임스》 칼럼 기사를 펼쳐보라. 사고의 범위가 제한되어 있다. 사회비평가 폴 굿맨의 혁명적 평화주의에 관한 연설은 실리지 않는다. 우리에게 자연과 다시 연결하도록 촉구하면서 일 중심적 생활에서 겪는 정신적 파산을 고발하는 소로의 목소리도 들리지 않는다. "모든 권력을 하나의 정당에 위임해 그대로 두면 나쁜 정부가 만들어지기 마련"이라는 트웨인 같은 사람들 말도 전하지 않는다. 우리에게 부자들, 권력자들, 잘난 체하는 인간들을 비웃게 해주는 앰브로즈 비어스나 조너선 스위프트 같은 작가들도 보이지 않는다.

폴 크루그먼과 닉 크리스토프 같은 사람들이 좌파를 대변하는 표준 대기자라면, 우파 쪽에서는 브렛 스티븐스나 로스 두댓의 글이 늘 올라온다. 《워싱턴포스트》에는 조지 윌과 맥스 부트가 있다. 주요 뉴스 방송사에서 말하는 "지적 다양성"이란 "양당의 누군가"를 의미한다.

당신은 이쪽 아니면 저쪽과 연결될 테고, 어느 쪽인지는 중요하지 않다.

2. 두 개의 사상은 영구적으로 충돌한다 ─────

70년대에 〈새터데이 나이트 라이브 Saturday Night Live〉에는 "포인트 Point/카운터포인트 Counterpoint"라는 농담을 주고받는 코너가 있었다. 그 프로그램은 제정신 가진 사람이라면 아무도 관심 없을 이슈를 놓고 댄 애크로이드와 제인 커틴이 으르렁대며 서로를 물어뜯는 광경을 내보냈다. 영화배우 리 마빈의 별거 수당에 대해 "토론"하다가 애크로이드는 끓어오르는 화를 참지 못하고 "제인, 이 무식한 창녀야!"라고 말해 버렸다. 이들의 익살은 아주 웃겼는데, 정상적인 인간이라면 정장을 차려입고 넥타이까지 맨 상태로 실생활과 아무 상관없는 이슈를 가지고 서로에게 욕을 퍼붓지는 않기 때문이다.

이런 익살은 머지않아 뉴스 환경에서 공식적인 부분이 되었다. PBS에서는 〈매클로플린 그룹 The McLaughlin Group〉 같은 정치토론 쇼를 시작했고, 이후 CNN에서는 〈크로스 파이어 Crossfire〉를 내보내 더 유명해졌다.

〈크로스 파이어〉는 정치는 싸움이며, 민주당과 공화당은 어떤 문제에 대해서든 결코 합의를 이루지 않을 뿐 아니라, 스포츠 같은 토론장에서 끝장을 볼 때까지 논쟁을 벌여야 한다는 생각을 강화시켰다.

초창기에는 팻 뷰캐넌("우파 출신")과 톰 브레이든("좌파 출신")이 구성상 매사에 아무런 도움이 안 되는 어리바리한 인물로 출연했다. 마치 인간들이 특정한 일들에 상식적인 반응을 공유할 수 있다는 듯이, "좌파"와 "우파"의 입장들이 기괴한 방식으로 합의를 이루는 에피소드들을 선보였다.

예를 들어, 쇼에서 브레이든과 뷰캐넌은 로커비 사건〔1988년 12월 21일에 런던을 출발해 뉴욕으로 향하던 팬아메리칸월드항공 소속 보잉 747기가 스코틀랜드 로커비 상공에서 공중폭발해 270명이 숨진 사건으로 뉴테러리즘의 시초로 여겨진다〕이 발생하기 전에 항공사 측에서 승객들에게 테러리즘 위협을 경고하지 않았다며 함께 맹비난했다.

그러나 이 쇼는 이내 절대 합의에 이르지 않는 구성으로 정착해 성공했다. 뷰캐넌과 브레이든은 종종 문화적 이슈에 대해 끝장을 볼 때까지 으르렁대곤 했다. 그들이 댄 래더와 당시 부통령이었던 조지 H. W. 부시와의 인터뷰가 적절했느냐를 놓고 토론하는 에피소드에서는 초기의 반언론 포퓰리즘을 예고하는 뷰캐넌을 볼 수 있다.

《여론 조작》이 완벽하게 예견한 이 쇼의 역학 관계는 "우파" 역할 배우는 항상 공격 태세를 취하고, "좌파" 역할 배우는 에피소드 내내 징징대며 타협을 구걸하면서 시간을 때우는 것이었다. 이는 청중에게 좌파 인간들은 기본적으로 나약하다는 메시지를 내보냈다.

저널리스트 제프 코언은 나중에 결국 〈크로스 파이어〉에서 사회를 보게 되었고, 그때의 경험을 《케이블 뉴스, 이제는 말할 수 있다Cable News Confidential》라는 제목의 굉장한 책으로 펴냈다. 그는 당시 상황을 이렇게 묘사했다. "진보주의자들은 주먹 날리는 법을 모르는 권투선수 같았다."

이후에 방영된 〈해니티&콜메스〉와 내가 출연한 적 있는 〈리얼 타임 위드 빌 마허Real Time with Bill Maher〉 같은 토론 쇼들 역시 진보주의자와 끊임없이 전쟁을 벌이는 보수주의자라는 연극적 형식에 의지했다.

미국인은 항상 저 멀리 어딘가에서 아시아의 적과 전쟁을 하고 있다는 전체주의적 사고로 시청자들을 길들였던 TV 시리즈 〈M*A*S*H〉와 마찬가지로(이것은 영화 〈매쉬 M*A*S*H〉의 감독 로버트 올트먼이 인기 TV 시리즈 〈M*A*S*H〉를 싫어했던 이유다), 〈크로스 파이어〉는 우리의 세계를 이원화된 정치적 지형으로 여기도록, 그리고 영원히 갈등에 빠져 있는 것으로 여기도록 우리를 훈련시켰다.

코언은 뷰캐넌과 코미디언 벤 스타인 같은 사람들의 반대편인 "진보주의자" 역할로 캐스팅되었다(그리고 코언은 스타인의 코맹맹이 소리가 알고 보니 그의 실제 목소리였다는 엄청난 발견을 유머러스하게 밝힌다). 그는 서로가 서로를 저격하는 구성 방식에 이내 답답함을 느껴, 적어도 한 회당 한 번은 "토론의 한계를 넓히기 위해 색다른 견해 말하기"를 자신의 목표로 삼았다.

그러나 결국 이 정도 목표를 달성하기도 상당히 힘들었다. 쇼는 정신적 지평을 확장하기 위해 기획되지 않는다. 쇼의 기획 의도는 두 가지다. 세계는 반으로 나뉘어 있다는 개념을 강화하는 것(코언은 이를 "둘, 그리고 오직 둘"의 메시지라고 부른다)과, 전투와도 같은 구경거리를 보여주는 것이다.

"이런 TV 토론 프로그램은 견해나 해결책, 이념에 대한 것이 아니라 그저 편파적인 비난과 한쪽에 유리한 사실을 열거하기 위한 것이다." 최근 코언은 이렇게 말한다. "나는 진지한 분석가나 저널리스트들(민주당

대 공화당의 협잡꾼과 당의 충성파들이 아니라)이 벌이는 진정한 좌우익 철학에 관한 토론을 즐긴다."

코언은 그의 책에서 고리타분한 농담 하나를 언급한다. **프로레슬링과 미국 상원의 공통점은 무엇일까? 둘 다 서로를 다치게 하는 척하는 과체중 백인 남자들이 지배한다는 것이다.** 그는 말했다. "케이블 뉴스의 지적 수준은 프로레슬링보다 한 단계 위다."

코언이 이 글을 쓴 게 10여 년 전이다. 오늘날 뉴스는 딱 이 프로레슬링과 같은 수준이다. 월드레슬링엔터테인먼트WWE의 연기자가 백악관에 있는 이유다. 이것은 궁극적으로 정치와 엔터테인먼트의 통합이며, 이 모든 것의 골자는 정기적으로 치르는 갈등 의식이다. 갈등 없이는 결과도 없다.

일단 시청자들이 "둘, 그리고 오직 둘"이라는 개념을 받아들이고 나면, 그들은 기본적으로 미디어에 사로잡히게 된다. 이제부터 사용되는 속임수는 단 한 가지, 혼란을 일으키는 서사 내용이 화면에 너무 자주 뜨지 않게 하는 것이다. 그래서:

3. 제도가 아닌 사람을 증오하라 ─────────

트럼프는 완벽한 미디어 상품일 뿐 아니라, 뛰어난 선전 메커니즘이다. 우리가 겪는 대부분의 문제가 제도에 의한 것인데도 대부분의 공개 토론회는 인격에 관한 국민투표가 되고 있다. 트럼프 문제에 관해 중립적일 수 있는 사람이 많지 않기 때문에, 우리는 독자와 시청자들에게 하루 종일 그가 있는 방향을 가리킨다.

그러는 동안 제도에 관한 방대한 문제는 무시된다. 우리는 수십 년 동안 꾸준히, 특히 탐사보도에서 시야를 좁혀왔다.

90년대 후반에는 기업의 주된 이해관계와 대결하기 위한 저널리스트들의 고도의 노력이 잇따랐다. 그 가운데 하나로 CBS의 시사고발 프로그램 〈60분〉은 대형 담배회사의 내부 고발자 제프리 위건드 박사를 섭외했다. 이 내용은 알 파치노와 러셀 크로 주연의 장편 영화 〈인사이더〉로 만들어졌다.

두 번째는 치키타 바나나 회사의 반노동 관행에 대해 전면적인 조사를 실시했던 《신시내티인콰이어러 Cincinnati Enquirer》이다(치키타 바나나 회사는 콜롬비아와 다른 나라들에서 지정된 테러 조직과 암살단들에게 수백만 달러를 지불하기도 했다).

세 번째 노력은 플로리다주 탬파에 있는 폭스 계열 방송사 WTVT-TV의 부부 리포터, 스티브 윌슨과 제인 에이크리다. 그들은 몬산토사와 이 회사가 소 성장 호르몬을 사용한 것에 관해 대형 폭로 기사를 준비했다.

세 건의 대대적인 폭로 기사 모두 실제로 소송을 당했거나 소송 협박을 받았고, 완전히 실패로 끝났다. 〈60분〉은 담배 회사 브라운앤드윌리엄슨에 소송당할 것을 염려해 그들의 정보원인 위건드를 속인 일로 유명한데, 이때를 기점으로 언론의 신뢰도가 추락했다. 이 시점 이후로 정보원들은 자신이 기자들과 상대하는 건지 기자들의 변호사들과 상대하는 건지 알 수가 없었다.

치키타 관련 기자들은 치키타사와 연락하기 위해 한 정보원에게 받은 보이스 메일 암호를 사용해 고발당했다. 이것은 암살단이 노동자를 위협한 것에 비하면 가벼운 범죄지만 결국 헤드라인을 장식했다. 해당 신문은 결국 치키타에 1,000만 달러를 지불해야 했다.

《여론 조작》에서 촘스키와 허먼은 우리가 베트남전에 패한 여파로 전쟁 저널리즘의 도덕성에 대해서는 꾸준히 논의했지만, 침입, 점유, 민간인 폭격 등과 같이 겉보기에 덜 중요한 주제는 거의 논의하지 않았다고 지적했다. 여전히 우리는 취재 기자들의 행동이 잠재적으로 도를 넘지는 않았는지 수시로 점검한다. 이것은 불법행위법 개혁과 같은 유형의 지나치게 과장된 논란이다. 치키타는 최악의 기업 부당행위에 관한 기사였지만, 문화적인 기억에서는 신뢰할 수 없는 저널리즘에 관한 기사가 되었다.

몇 년 뒤 《뉴요커》는 이 사건을 "치키타, 암살단을 위해 AK-47 소총 구입"이 아닌 "치키타 휴대전화 해킹 스캔들"로 묘사했다.

에이크리와 윌슨 부부는 폭스의 새 고용주들로부터 "우리는 이 방송사를 구입하기 위해 30억 달러를 지불했다. 뉴스 내용은 우리가 결정하겠다."라는 직설적인 말을 들은 뒤 해고되었다. 부당해고와 내부고발자 소송에서 패한 뒤, 에이크리와 윌슨은 자신들은 임무를 다했다는 이유로 해고당했다고 이의를 제기했고, 손해를 배상하라며 맞고소를 당했다. "결국 우리는 우리의 기사를 삭제하는 특권을 넘기기 위해 그들에게 대가를 지불했습니다." 에이크리가 분노하며 회상했다.

《여론 조작》이 출간된 지 몇 년 후 거대 복합기업들이 주요 미디어 매체 대부분을 사들였다. 보도 경험이 없는 방송사 책임자와 신문 발행인이 갑자기 흔해졌다. 이제 낭신이 중요한 기사를 내보내자고 요구하기 위해 상사에게 가면, 자동차 회사 임원이 타이어 폭발에 대비해 초냉각 장치가 옵션으로 설치된 자동차를 생산하겠다고 밀어붙이는 엔지니어를 쳐다보듯 당신을 돌아보는 누군가와 이야기하게 될 터였다. 이런 상황에서 대체 우리가 뭐 하러 고소까지 **당하려** 하겠는가?

가장 큰 매체들은 소송을 일삼는 대기업들을 상대로 대형 폭로 기사를 내봐야 이득이 없다는 걸 알게 됐다. 대기업들은 소송을 제기할 뿐 아니라 보복으로 광고를 끊을 게 분명하다(몬산토 사건에서 이것은 큰 고려사항이었는데, 폭스는 뉴트라스위트〔몬산토 계열사인 뉴트라스위트에서 생산하는 감미료 브랜드〕의 광고를 사용할 수 있는 22개 방송국을 가지고 있었기 때문이다). 그러니 뭐 하러 문제를 만들겠는가?

당시 뉴스 시청자들 역시 과거에 그랬던 것처럼 이런 식의 일을 가치 있게 여기지 않도록 길들여졌다. 대신 다른 것(더 보기 좋은 날씨 예보 그래픽, 유명인사에 관한 뉴스, 더 신속한 전달 등)을 팔기가 아주 쉬워졌다. 해외나 워싱턴에 자체 특파원을 파견했던 신문사와 방송사들은 차츰 사무실 문을 닫고 전화선에 의지했다. 아무도 크게 신경 쓰지 않았다.

대기업 뉴스 기관에서 일하는 기자들에게 전하는 메시지는 큰 상업적 이익을 겨냥한 긴 탐사보도가 딱히 금지되는 것은 아니지만, 당신의 상사가 열심히 장려할 만한 일은 아니라는 것이었다.

"내 경우가 그런 건지 혹은 이게 상식인 건지는 모르겠지만, 당신이 꼭 알아둘 사항이 몇 가지 있습니다." 에이크리는 말한다. "가령 플로리다에서 일하고 싶다면 디즈니에 관한 폭로 기사는 쓰지 마세요."

대신 "소비자를 겨냥한 보도"는 점점 더 쉬운 목표물에 초점을 맞추었다. "대신 당신이 얻는 것은 작은 베트남 식당에 관한 폭로 기사입니다. 그런 식당들은 절대로 반격하지 않을 테니까요." 에이크리는 말한다. 그녀는 목소리를 낮추어 소비자 보도 해설자의 목소리를 흉내 낸다. "자, 이제 **우리는 여러분을 …식당 문 뒤로 안내하겠습니다 ….**"

에이크리는 상사에게서 몬산토사에 관한 폭로 기사가 본인이 "묻히고" 싶은 "무덤"이 확실하냐는 질문을 받은 뒤로 다시는 TV에서 일할 수 없었다.

이런 이야기들이 중요한 이유는, 미디어 기업이 올바른 기사를 보도하지 않을 때 그들이 자체적으로 잘못된 기사를 분류하기 때문이다. 우리는 이것을 **가치 있는 목표물과 무가치한 목표물**의 원칙이라고 부를 수 있을 것이다.

가치 있는 목표물은 삼류 사기꾼, 쥐가 돌아다니는 음식점 주인, 배우, 운동선수, 리얼리티 쇼의 스타, 그 밖에 죄질이 가벼운 범죄자 들이다. 90년대에는 이 가치 있는 목표물 목록에 두 가지가 더 추가되었다. "공인된 정당 둘 중 어느 쪽"

에이크리는 이 혁신의 탄생을 지켜보았다. 그녀가 일한 초창기 폭스 방송사는 정치에 슬쩍 관심은 있었지만 아직 정치적 견해는 없었다. "주렁주렁 기다란 귀걸이에 어깨 뽕을 잔뜩 집어넣고 머리카락은 미친 듯이 부풀렸어요." 그녀는 웃으면서 90년대 초 자신이 일했던 폭스 마이애미 지사의 여성 앵커 복장을 묘사했다. "복장은 지나치게 과장됐지만 시각은 아직 편향되지 않았었죠."

폭스가 르윈스키 스캔들과 클린턴 대통령 탄핵으로 노다지를 캔 건 몬산토 사건 이후였다. 몬산토 기사의 삭제를 도왔던 신임 CEO, 로저 에일스는 빌과 힐러리 클린턴 부부를 악마 같은 히피 부부 이미지로 내보내 장년층 시청자들을 겁먹게 만들면 돈을 긁어모을 수 있다는 걸 알고 있었다.

힐러리는 **쿠키 굽는** 여자들을 폄하했지만 그동안 자기 남편은 바람을 피우고 있었다. 르윈스키와 스타 특별검사의 수사 보고서(착한 사람과 나쁜 사람이 등장하는 연속극과 함께 폭스를 부자로 만든 기사들)에 크게 힘입어, 폭스는 케이블 시장에 진입한 지 6년도 안 되어 업계의 정상에 올랐다.

폭스는 현대 뉴스 기사의 공식에 못을 박았다. 이제 보수 진영과 진보 진영이 의례적으로 싸움을 벌이는 케이블 버라이어티 쇼는 잊어라. 뉴스 환경 전체를 응원단으로 만들어서 안 될 건 없지 않나?

얼마 후 다른 방송사들도 폭스처럼 공개적인 정치적 편향을 받아들였다(그리고 그들이 그렇게 했을 때는, 편향의 반향이 달랐다). 그러나 비난 게임에 관해서는, 에일스에게 곧 많은 모방자가 생겼다. 그 이유는:

4. 모든 건 다른 누군가의 책임이다 ─────────

우리가 정치 뉴스 콘텐츠를 어떻게 만드는지 소개하겠다. 어떤 일이 일어날 때, 그 일이 무엇인지는 중요하지 않다. 도널드 트럼프가 브렛 캐버노를 대법관으로 임명한다. 허리케인이 푸에르토리코를 강타한다. 금융 시장이 폭락한다. 빌 클린턴이 성행위에 대한 위증죄로 탄핵된다. 시리아에 심각한 인도주의적 위기가 닥친다. 어떤 일이 됐든, 우리가 할 일은 그에 대한 내용을 만들어 아래 순서도에 따라 재빨리 기사로 보도하는 것이다.

> 나쁜 일이 일어남
> 이쪽 혹은 다른 쪽 당으로 책임을 전가할 수 있는가?
> YES(기사를 작성한다)
> NO(기사를 작성하지 않는다 – 5번 법칙 참조)

"논란이 많은 뉴스 보도"의 압도적인 다수는 단순한 당파적 서사를 뜨거운 쟁점이 되는 화제로 재빨리 분리할 때 만들어진다. 더 깊이 파고들려면 순서도를 계속 따라 내려가면 된다.

우리는 **쉬운** 이야기를 좋아한다. CNN의 정치해설가 브라이언 스텔터가 아무리 부인하고 싶어 해도, 이것은 트럼프가 뉴스 산업의 대단한 구세주가 된 또 다른 이유다. 트럼프와 관련된 묘사들은 하나같이 완벽하다. 아무리 교육을 받지 못한 시청자들도 쉽게 이해할 수 있을 만큼 쉽고(그럴 수밖에 없는 게, 대체로 트럼프도 그 내용을 이해해야 하기 때문이다), 노골적인 이분법적 방식으로 제작되어 제공된다.

"트럼프, 푸에르토리코를 강타한 허리케인으로 3,000명이 사망했다고 거짓말하다" 같은 보도는 거의 모든 대도시의 뉴스에 실을 수 있다. 시청자가 보수파라면 해석을 뒤집어 미디어가 어떤 식으로 도널드를 망가뜨리는지 따질 수 있다. "아니, 숫자를 거짓으로 보고한 건 민주당이었어!"라고.

가족을 헤어지게 만드는 트럼프의 국경 정책은 어떤가? 이 정책은 그야말로 강제수용소와 다름없는 비인간적인 정책이 아닌가?

우리 국경에 강제수용소를 둔다고? 그렇다니까. 일부 언론은 말한다. 하지만 트럼프는 말한다. 그거 오바마 정책이야! 진보주의 독자들이 선호하는 팩트 체크 사이트 〈폴리티팩트 Politifact〉는 말한다. 말도 안 되는 소리. 폭스에 출연해 오바마 행정부가 가족들을 수감하고 아이들을 떼어놓는 등 이른바 "논란이 많은" 정책을 강행했다고 "서슴없이 인정했던" 오바마 정권의 전 국토안전부 장관 제이 존슨은 말한다. 글쎄요, 뭐.

당신이 폭스 대신, "명백히 비인간적인" 행위에 대한 "소름끼치는" 묘사로 가득한 국토안전부의 새 보고서들을 보도한 MSNBC를 시청했다면, 그리고 그들의 목표 고객층에 속한다면, 아마도 당신은 처음 시작했던 그 자리로 바로 돌아와 트럼프의 잔혹한 정책에 분개할 것이다.

공중파 사용 권한을 받은 회사들은 적어도 반사회적이지 않은 비상업적 콘텐츠를 제작해야 한다는 공익 기준이 있던 시절, 혹은 기자들은 다양한 관점을 지닌 신뢰할 수 있는 대변자들을 찾아야 한다는 공정의 원칙이 있던 시절에는, 이 모든 오락가락하는 논쟁들이 일반적으로 하나의 기사 안에서 고려되었을 것이다.

기자의 임무 가운데 일부는 잘못된 질문을 제쳐두고 사실적인 상황만 설명하는 것이었다. 사안이 민감할수록 이 임무는 더 힘들었다. 이민자 문제는 만연한 불행과 고통에 대한 비난이 거의 언제나 전체 조직에 광범위하게 향하기 때문에 어느 한 명의 정치인이나 정당을 탓하기가 매우 어려운 기사의 전형적인 예다.

트럼프의 불법 이민자 "무관용 원칙"이라는 책략이 두드러지는 이유는 메시지를 전하기 위해 관료적 집행의 비인도적인 측면을 부각하는 것이 정책의 취지 중 일부로 보이기 때문이다. 더구나 이 책략은 정치적인 이유로 이민 반대 정서를 결집하기 위해, "그들은 강간범을 데리고 올 것이다." 같은 말을 해온 대통령에게서 나온 것이다.

그러나 이민자 아동이 트럼프 정부 훨씬 이전부터 관행적으로 부모와 헤어졌다는 것은 사실이다. 게다가 집행 시스템은 오래전부터 대부분의 비이민자들이 경악할 정도로 가혹하고 비인간적이었다.

또한 이 문제를 전적으로 미국의 국경 사무소가 일으킨 것 같지는 않다. 오늘날 불법 이민자 수는 줄고 있지만, 성인을 동반하지 않은 거의 7만 명에 이르는 아동이 수년간 남쪽 국경을 넘으려 시도하고 있다. 이 문제를 해결할 **좋은** 방법이 있을까? 양당의 행정 처리는 이 문제를 다루는 데 있어서 다양한 수준으로 실패해 왔으며, 그 방식은 거의 전혀 좋아 보이지 않았다.

정말 좋은 뉴스 기사들은 쟁점을 꺼내 독자들이 그것에 대해 열심히 생각하도록 만들기 위해 방법을 찾는다. 특히 독자 스스로 이 문제에 어떤 식으로 기여하고 있는지 생각하도록 촉구한다. 사람들이 "나는 **무엇**을 위해 투표했을까?"에 대해 생각하길 원한다. 대부분의 문제들은 초당적이며, 시스템과 관료주의에 의한 것이다. 그리고 우리들 대부분은 투표를 하든 하지 않든, 세금을 내든 내지 않든 대부분의 재난들을 조금씩 경험한다.

그러나 우리 미디어는 당신에게 그런 사고의 골목에서 방향을 틀게 만들고, 대신 어떤 사람이 무슨 나쁜 짓을 저질렀는지에 관한 이야기를 떠먹여 준다. 왜냐하면:

5. 어느 것도 모두의 잘못이 아니다 ——————————

사회 문제 유발에 양당 모두 똑같거나 거의 똑같이 관련될 경우, 우리는 대체로 그 문제를 취재하지 않는다. 아니, 이렇게 말하는 게 더 정확하겠다. 한두 명의 기자는 취재할지 모르지만, 결코 채택되지는 않는다. 뉴스 매체에 보도되지도 않고 아무런 화제도 되지 않는다.

과도한 군사 예산? 대중 감시? 적도 기니의 야만적인 음바소고 대통령과 그 가족들, 아랍 에미리트 연합, 사우디아라비아 같은 독재 정권에 대한 미국의 원조? 예멘이나 팔레스타인 같은 곳에서 자행되는 대리 국가의 잔혹 행위들에 대한 우리의 책임? 무인기를 이용한 암살 계획? 용의자 송환? 고문? 마약 전쟁? 복제 약품이나 재수입 약품에 대한 접근권 부재?

아니. 우리는 이런 내용의 기사를 보도하지 않는다. 적어도 그 사회적 파급력에 비례하는 정도로 보도하지 않는다. 이런 기사들은 팔리기가 힘들다. 그리고 기사의 판매 능력은 매우 중요하다.

노미 프린스는 골드만삭스의 임원이었다. 그녀는 2008년 금융 위기 전에 이 업계를 떠났고, 이후 수년간 모든 미국인의 중요한 정보원이 되어 은행이 어떤 일을 왜 하는지 내부자의 시각에서 설명해 주었다.

최근 몇 년 동안 그녀는 전 세계 중앙은행의 정책들에 점차 놀라게 되었다. 그녀는 화폐를 찍어내는 국가 권력을 남용해 엄청난 양의 가상 화폐를 금융 분야에 쏟아부은 유럽과 미국의 양적 완화 같은 프로그램에 온 관심을 집중했다. 그녀는 이것을 "[그] 은행 시스템들에 대규모의 유동성을 제공하기 위한 대대적이고 전례 없는 공동의 노력"이라고 일컬었다.

이런 정책들은 금융 분야를 위한 일종의 영구적인 복지 메커니즘으로 전 세계에 극적인 영향을 미쳐왔다. 이 정책들은 이미 심각한 재정적 불평등 문제를 가속화했으며, 은행 산업을 지속 불가능한 보조금에 중독되게 만들었다.

적어도 편집인의 입장에서 문제는 단 한 가지였다. 이런 기사는 어느 당의 과실을 내세워 판매할 수 있는 게 아니라는 것이다. "이것은 순전히 초당적인 상황이며, 그럴 때 일은 아주 개판으로 망가집니다." 프린스는 웃으며 말한다.

최초에 은행의 구제 금융을 허가한 부시 대통령 시대의 공화당에서부터 뒤이어 오바마 시대의 민주당에 이르기까지, 중앙은행 정책은 우리가 생각하기에 미국에서 허용 가능한 모든 범위의 정치사상의 지원을 받았다.

이 주제에 관해 프린스가 최근에 발표한 책 《공모 Collusion》는 "양쪽" 진영 모두 깊은 관심을 가져야 하는 전형적인 시스템 문제를 설명한다. 진보주의자들에게 이 책은 대단한 부자의 더러운 보조금에 관한 이야기인 반면, 보수주의자들에게는 자본주의의 타락에 관한 심오한 이야기다.

그러나 TV 관계자들은 프린스를 판매할 방법을 찾아내려 몸부림쳤다. 프린스는 방송을 시작하기 전에 걱정이 가득한 목소리로 그녀에게 질문을 던진 한 TV 사회자에 대해 이야기한다.

"그는 이렇게 묻는 것 같더군요. '당신이 진보주의자인지 보수주의자인지 도무지 모르겠습니다'라고요. 그래서 전 '잘 됐네'라고 생각했어요."

트럼프 시대에 프린스는 상당히 가파른 오르막길에 맞닥뜨린다. 그녀는 그 공모에 대해서는 다루지 않은 《공모》라는 책을 썼을 뿐 아니라, 지금은 트럼프의 직접적인 시각이 담기지 않은 주제에 관해 쓰고 있다. 그녀의 책은 중앙은행 문제들이 어떻게 브렉시트와 트럼프 둘 다로 이어지는 정치적 불안의 원인이 되었는지 분명하게 이야기하지만, 이것은 좌파 성향 미디어에서 인기 있는 주제가 아니다.

프린스는 자신은 결국 폭스에 더 많이 출연하고 있다고 생각한다. 현재 폭스는 트럼프가 2016년에 크게 효과를 발휘했던 "엘리트들의 음모"라는 맥락에서 연방준비제도에 대한 비판을 팔고 있다. 반면 전통적으로 좌파 성향의 미디어에서는 어쩌다 이런 주제에 전문적인 지식과 이해를 갖게 된 MSNBC의 알리 벨시를 제외하면 별로 흥미를 보이지 않고 있다.

벨시는 프린스와 인터뷰할 때, 그녀의 비판은 우익들이 종종 연준의 방식을 뒤흔드는 "비밀 결사대" 음모론과 다르다고 시청자들에게 분명하게 말했다. 그는 프린스에게 시청자들이 왜 이 사안에 관심을 가져야 하느냐고 물었다. 프린스는 은행들이 연준의 보조금으로 자사주를 되사 자산의 거품을 부풀리는 데 사용함으로써 위험을 초래하고 불평등을 가속화한다고 주장했다.

모든 내용이 중요했지만, 당파적인 시각은 딱히 없었다. 지적할 수 있는 한 가지 당파적 견해는 대부분의 주식시장 급상승은 경제의 혈관에 중앙은행이라는 마약을 투입하는 것과 관련이 있는데 이때 트럼프가 그 공을 자신에게 돌린다는 것이다. 그러나 더 큰 문제는 10년 이상 거슬러 올라가는 지속적인 증시 상승이다.

그럼에도 불구하고(그리고 벨시의 의도는 아니었을 것 같은데), 프린스와의 인터뷰 내용은 거의 전부 트럼프에 관해서였다.

트럼프는 정책 반영을 위해 연준의 개조에 착수한다.
트럼프는 연준에 영구적인 지문을 남길 것 같다.
저자의 말: 연준에 대한 트럼프의 조치는 전 세계를 황폐화할 수 있다.

"트럼프에 찬성하거나 반대하지 않으면 방송 시간을 얻지 못합니다." 프린스는 말한다. "뭐랄까, 둘 중 하나를 선택해야 하지요."

이것은 뉴스가 WWE처럼 변질된 것으로서, 덧붙여 말하자면 자신을 헤드라인에 끼워 넣기 위해 처음부터 무진 애를 써 온 트럼프에 의해 조장되었다. 문제는 이것이 그를, 그리고 정치 영역 전체를 다루는 상업 미디어에 엄청난 성공을 안겨주었다는 것이다. 반면 우리에게는 별로 좋지 않았다.

양당의 강력한 이해관계가 얽혀 위기가 초래된다는 개념은 오늘날 우리가 뉴스를 다루는 방식과 맞지 않다. 디보스 가문〔암웨이 창업자 가문으로 현 CEO의 부인 벳시 디보스는 트럼프 정권이 들어서면서 교육부 장관이 되었다〕 같은 보수주의자이자 고등교육을 받은 부당이득자들이,

민주당 의회 의원들이 수십 년 동안 추진해 온 비면책 채권 형태인, 한도액 초과 이용이 가능한 연방 학자금 대출로 자기 배를 불리고 있다는 내용을 기사로 내보내기는 어려울 것이다. 이것이 사실일지언정, 현대의 뉴스 청취자들은 일일이 따지지 않기 때문에 시장에 판매될 수가 없다. 이것은 다음과 같은 구성 방식에 차질을 빚게 한다.

6. 응원만 해, 생각은 하지 말고

2000년대 초, TV 방송사들은 수익성이 입증된 구성 방식으로 마치 스포츠 취재하듯 정치를 취재하는 법을 배웠다. 특히 대통령 선거는 스포츠 중계 보도처럼 재구성되었다. 방식은 완벽했다. 18개월 동안의 콘텐츠 일정, 프리 시즌(여론조사), 정규 시즌(예비선거), 플레이오프(본선거), 경기장 이벤트, 데이터 보고라는 하위 장르(세이버메트릭스〔sabermetrics, 수학적 통계 방법을 도입하여 객관적인 수치로 야구를 분석하는 방식〕의 스승 네이트 실버가 정치 취재에 완벽하게 어울리는 것은 결코 우연이 아니다).

TV 뉴스 방송사들은 예비선거, 토론, 선거일 밤, 그리고 오래지 않아 〈미트 더 프레스〉 같은 일요일 "토론" 쇼 등의 방송을 위해 시각적으로 현란한 "라이브 버라이어티" 스포츠 형식을 과감하게 베꼈다. 눈치챘겠지만 이 세트들은 미국프로미식축구연맹 NFL 선수들의 프리 게임 쇼와 섬뜩할 정도로 닮아 있다. 이유가 있다.

"패널들은 보통 두 명의 보수당 지지자와, 분명히 온건한 진보주의자이지만 그것을 인정하거나 어떤 사안에 대해서도 강력하게 옹호할 수 없는 두 명의 주류 언론사 기자/분석가로 이루어진다."라고 〈크로스 파이어〉의 전 사회자 코언은 말한다. NBC의 진행자 척 토드는 크리스 버먼〔스포츠 방송 진행자〕이고 제임스 브라운〔스포츠 방송 진행자〕이며 울프 블리처〔CNN의 간판 앵커〕다. 전문 토론자가 패널 한쪽에 서서 다양한 분야의 열정적인 지지자들에게 팀에 유리하거나 불리한 내용을 던진 다음(아나 나바로〔CNN의 정치평론가〕는 테리 브래드쇼〔배우 겸 미식축구 선수〕이고 스티브 마리우치〔미식축구 감독〕이며 밴 존스〔시사평론가 겸 작가〕다) 그들이 이 헛소리를 중재하면, 모두가 여기에 동의하고 이것은 모두 통념으로 정리된다.

2016년 선거에서는 거의 모든 스포츠 그래픽 관련 아이디어들이 차용되었다. 투표용 "경기 시작 카운트다운" 시계, "당선 확률" 추적기, "전문가들이 선택한" 차트, 대의원 수를 위한 "매직 넘버", 경기에서 득점 기록을 돕는 수많은 다양한 그래픽 장치 등이 등장했다. CNN 앵커 존 킹이 울프 블리처와 함께 "마법의 벽"에서 그가 작성한 지도를 만지작거리는 광경은 데이비드 카나 제일런 로즈 같은 전직 운동선수들이 풋볼 차트를 작성하거나, 재크 로〔ESPN 기자〕나 레이철 니컬스〔ESPN 기자〕같은 비전문가와 홀라후프를 돌리는 광경을 보는 것만큼이나 우리가 선거 방송에서 기대하는 장면의 일부가 되었다.

토론 방송에서 사용하는 상투적인 복싱 용어로 그랜드캐니언을 도배할 수 있을 정도다. 2020년 선거 기간도 살펴보자. 토론 기사에서 다음 단어 중 하나 이상을 얼마나 자주 읽거나 들었는지 생각해 보자. "스파링하다", "슬쩍 피하다", "잽을 날리다", "나가떨어지다", "때려눕히다", "쓰러뜨리다", "어퍼컷을 당하다", "허리 아래를 가격하다", "카운터펀치를 먹이다", "상대를 지치게 만들다", "뒤통수치다", "불시의 타격", "링 위에 오르다", "케이오 당하다" 등, 이 외에도 수십 개의 용어들이 사용된다. 이러다가 나중엔 토론 전에 체중을 재는 의식이 빠지면 충격을 받을지도 모르겠다.

실제로 방송사들은 이미 토론 쇼를 위해 체중을 재는 의식을 **행**하고 있다. 〈크로스 파이어〉의 전 진행자 폴 베갈라와 터커 칼슨이 보수주의 정치행동 회의 Conservative Political Action Conference에서 재회하는 극히 혐오스러운 특별 이벤트를 생각해 보자. 이 이벤트에서 아나운서는 두 사람을 이렇게 소개한다.

> CNN 정치 해설가로 다년간 경험을 쌓고 빌과 힐러리 클린턴 옆에 당당히 선, "큰 정부" 폴 베갈라! (이때 베갈라는 마치 나를 "큰 정부" 베갈라라고 불러주시오, 라고 말하는 듯 실제로 의기양양하게 두 손을 번쩍 들어올리며 "링" 안으로 들어섰다.)
> 우익 코너…〈데일리콜러 Daily Caller〉〔우익 성향 인터넷 매체〕의 설립자로 당당하게 선…"다 잘라버려" 터커 칼슨! (그러자 칼슨이 들어오고, 두 남자는 복싱 글로브를 옆에 늘어뜨린 채 자리에 앉는다.)

이런 모든 터무니없는 상황은 선거에 정치색을 없애고 선거를 전술, 자금 모금, 수사적 테크닉으로 이루어진 노골적인 시합으로 만드는 효과가 있었다(심지어 CNN은 토론에서 "정치적 점수를 매기는 데" 도움이 된다며 초점 집단의 실시간 전화 여론조사를 개척했다). 이것은 시청자들에게 정치에 관한 승자독식적 시각을 강화하기도 했다.

2016년에 우리는 정치란 타협을 수반할 수 있거나 수반해야 하는 행위라는 걸 전혀 알지 못하는 시청자 세대를 키웠다. 각자의 팀은 이기거나 졌고, 사람들은 그에 따라 충격을 받거나 정당성을 입증받는 기분을 느꼈다. 우리는 독자와 시청자 대신 팬들을 길들이고 있었다. 우리 편 정치인들이 대체로 상당히 기대에 미치지 못하기 때문에 우리는 더더욱 상대 편이 지도록 응원한다. 1퍼센트의 시대에 미국인이 된다는 건, 상상할 수 있는 즐거움이라고는 패트리어츠의 패배를 응원하는 게 전부인 제츠 팬이 되는 것과 같다. 우리는 상대 편을 증오한다. 그거 말고 달리 뭐가 있는가?

2004년 〈크로스 파이어〉에 존 스튜어트가 출연해 이 모든 상황에 대한 개인적인 견해를 드러낸 일은 유명하다. 이 코미디언은 칼슨(우익!)과 베갈라(좌익!)를 "편파적인 저널리즘"이라고 맹비난하면서 간단한 요구 한 마디로 그들을 꼼짝 못하게 만들었다. 그만 싸우고 상대 당 정치인에 대해 좋은 말 좀 해줘.

제법 똑똑한 칼슨은 이렇게 말을 받았다. "난 존 케리 좋아해. 존 케리한테 관심 많다고." 이 말은 그를 조금은 인간적으로 보이게 해주었다. 남은 시간 내내 스튜어트에게 케리의 "똘마니"라는 걸 인정하라고 들볶기 전까지는.

(칼슨이 장악하는 우익 미디어 업계의 주된 강박관념에는 해안 지대에 거주하는 모든 지식인들에게 그들이 민주당의 열혈 지지자라는 걸 인정하라고 강요하는 것이 포함된다. 그러나 그는 스튜어트에 대해서는 잘못 짚었다. 〈데일리 쇼Daily Show〉만의 특징, 이 방송의 웃음 포인트는 두 당을 모두 조롱했다는 것이다. 마침 당시 부시 행정부가 민주당보다 더 우스꽝스러웠을 뿐.)

한편 스튜어트가 베갈라를 향해 돌아서서 조지 W. 부시에 관해 덕담 한마디 해달라고 부탁했을 때, 베갈라는 겨우 이렇게 말했다. "곧 백수가 되겠지."

오늘날 시청자들은 여기에 환호성을 지르겠지만, 이것은 형편없는 대답이었다. 쇼의 구성상—코언의 말에 따르면 "쇼의 중심 성격"상—클린턴 참모 출신인 베갈라는 자신의 품위를 손상시켜서는 안 되었다. 심지어 나도 조지 W. 부시, 그의 가족, 그의 유권자들 등등에 대해 해줄 좋은 말을 생각할 수 있을 것 같다. 그러나 이 업계에서는 모두가 둘 중 어느 한 편이며, 공통된 의견을 절대로 찾지 않은 채 늘 싸움만 하고 있다. 만약 우리가 공통된 의견을 찾는다면, 모든 사람의 불신의 유예를 깨는 것이다.

7. 팀을 바꾸지 않는다

폴 베갈라와 터커 칼슨이 서로에 대해 좋은 말을 찾을 수 없었던 그 상징적인 순간은 이후로 모든 뉴스 보도에 흘러들었다. 한때 미덕으로 여겨지던 "균형"에 대한 개념은 완전히 왜곡되어, 속임수의 한 형태인 금기시된 무역 관행을 의미할 정도다.

시작은 폭스의 로저 에일스였다. 그는 "균형"의 전체 개념을 우익 언론 사이에서 자기들끼리 아는 농담으로 만들었다. 이것이 "공정하고 균형 잡힌"이라는 어처구니없는 슬로건이 보수당 지지자인 시청자를 끌어들이는 한편 진보주의자를 격분하게 만드는 데 그토록 효과를 발휘한 이유였다.

에일스는 이렇게 말하곤 했다. "뉴스는 배와 같다. 키에서 손을 떼면 배는 왼쪽으로 강하게 끌려간다." 이 말을 해석하면 이렇다. 전체적인 "균형"을 이루려면 반대 방향으로 힘껏 잡아당겨야 한다.

다시 말해 "공정하고 균형 잡힌"이라는 슬로건은, 표준적이고 단조롭고 객관적인 《뉴욕타임스》식 미디어는 **이미** 균형 잡혀 있다는 견해에 대한 강한 비난이었다. 이것이 상대 편에게 인기 있는 슬로건이 되기 20년 전에, 로저 에일스는 폭스를 홍보하기 위해 기본적으로 "거짓 균형"에 관한 논쟁을 이용하고 있었다.

최근 몇 년간, 특히 2016년 선거 기간에는 새로운 종류의 사상범을 설명하기 위해 소련의 용어처럼 들리는 일련의 용어들이 나타나기 시작했다. 기자들은 정치적 편견을 드러낸다며 우익 독자들로부터 항상 많은 비난을 받아왔다. 그런데 지난 선거에서는 이런 비난들이 대학 교육을 받은 진보 성향의 독자들에게서 나오기 시작했다. 그들은 "거짓 균형", "거짓 등가성", "기계적 중립both-sideism" 같은 용어를 내뱉기 시작했다.

2016년 후반, 《뉴욕타임스》의 공익 편집인〔public editor, 독자 입장에서 신문 기사와 논평을 분석, 비판하는 내부 감시인 제도〕리즈 스페이드는 "거짓 균형"에 관한 분노 가득한 편지들을 무수히 받기 시작했다. 주로 《뉴욕타임스》가 힐러리 클린턴의 이메일 관련 보도를 지나치게 많이 다룸으로써 클린턴 재단에 관한 의혹들을 정당화했다는 비난이었다. 그녀가 이 비난들에 대해 신문에 답을 할 필요가 있다고 생각할 정도로 상황은 도를 넘어섰다.

"거짓 균형 이론의 문제는 이것이 이성적인 사고로 위장한다는 것입니다." 그녀는 이렇게 말하면서 다음과 같이 덧붙였다. "비평가들이 정말 원하는 것은 저널리스트들이 그들 자신의 도덕적·이념적 판단을 후보자들에게 적용하는 것입니다."

그녀는 한 가지 가정을 덧붙였다.

> 저널리스트들이 트럼프가 러시아를 선동해 컴퓨터 해킹으로 미국 선거에 영향을 주게 한 것에 비하면, 클린턴이 개인 이메일 서버를 사용한 것은 경범죄라고 생각한다고 가정해 보자. 다음 단계는 무엇이 더 중요한지 대중이 혼란스러워하지 않도록, 온정주의적인 미디어가 클린턴의 이메일 사건을 가급적 덜 취재하는 것인가? 클린턴의 이메일 사건은 이왕이면 덮어야 하는 것인가? 이것은 미끄러운 비탈길 논증〔사소한 일 하나를 허용하기 시작하면 아주 심각한 일까지 허용하게 된다고 주장하는 논증〕이다.

스페이드는 "미끄러운 비탈길" 논증 또한 그 의미가 왜곡되고 있다는 사실을 몰랐을 것이다. 물론 이건 또 다른 문제지만.

스페이드가 "거짓 균형" 논쟁에 반박하고 있는 동안 《뉴욕타임스》는 내부적으로 중요한 변화를 수용하고 있었다. 트럼프 시대의 기자들에게 케케묵은 "객관성의 기준"을 재고하도록 요구하는 짐 루텐버그의 사설은 의미심장한 조치였다. 그는 스페이드가 다름 아닌 균형 문제로 독자의 관심을 끌기 시작한 8월에 이 사설을 썼다.

루텐버그는 우리는 "객관성의 기준"을 재해석해야 하며 이는 "역사의 판단에 저항하는" 방식이 될 것이라고 주장했다. 기본적으로 이것은 뉴스로서 가치 있는 기사라 할지라도 기사를 보도하기 전에 그 영향력에 관해 정치적 판단을 내려야 한다는 주장을 수용하기 위한 일종의 암호였다. 이것은 《뉴욕타임스》에 중요한 조치였을까? 내가 알기로 나는 그렇게 생각했고, 소수의 다른 기자들도 그랬다. 그리고 스페이드도 마찬가지였다.

"나는 그것이 중요한 조치라고 생각했습니다." 스페이드는 말한다. "그리고 그들은 그 문제를 전면에 내세우지 않았던가요?"

그들은 그랬다. "객관성의 기준"에 관한 루텐버그의 분명한 메시지가 미국 미디어 최고의 자리인 1면에 떡하니 실렸다. 이것은 신문이 무슨 생각을 하는지에 대해 많은 것을 말해 주었다.

트럼프가 당선된 후 스페이드는 터커 칼슨의 TV 쇼에 출연했는데, 많은 사람들이 이를 두고 용서할 수 없는 범죄라고 생각했다. 칼슨은 트럼프 당선 다음날 보도된 그의 승리에 관한 《뉴욕타임스》 헤드라인을 보란 듯이 펼쳐 보이며 방송을 시작했다.

민주당원들, 학생들, 그리고 해외 동맹국들
트럼프 대통령이라는 현실에 직면하다

물론 《뉴욕타임스》가 트럼프의 대통령 당선을 축하할 의무는 없지만, 이 헤드라인은 종래의 문체와 상당한 거리가 있었다. 이것은 보도라기보다 독자, 그러니까 특정 집단에 보내는 노골적인 신호였다. "우리 중 제정신 박힌 사람은 트럼프의 대통령직에 대비하라."

칼슨이 이것을 "지지"의 표현이라고 부르자, 스페이드는 반박하면서 더 교묘하고 어쩌면 더 불쾌한 무엇이라고 말했다. "뉴욕의 어느 특정한 범주 안에 속해 특정한 방식으로 세상을 보느라…의식하지 못하는 관점"이라고 말이다.

스페이드가 내밀려 한 화해의 손길을 칼슨이 받아들이지 않은 것은 TV의 보수주의자들이 늘 취해온 공격적인 방식의 대표적인 예였다. 칼슨은 오히려 계속해서 맹비난을 퍼부었다.

그는 기자들의 정치적 편견에 대해 스페이드에게 물었다. 스페이드는 신문 기자들은 공정하고 직업의식에 충실하기 위해 열심히 노력한다고 항변했지만, 칼슨은 코웃음을 쳤다. "그것이 사실이 아니라는 걸 내가 확실히 알지 않았다면 당신 말을 믿었을 거예요." 그가 말했다.

곧이어 그는 《뉴욕타임스》 온라인 뉴스 기자들이 작성한 트럼프에 반대하는 끔찍한 트위터 글들을 읽었다. 한 예로 리암 스택은 "선거인단은 트럼프 같은 인간의 취임을 막을 예정이었다."라는 글을 올렸다. "지금 장난해요?" 칼슨이 갑자기 고함을 시르며 말했다.

스페이드는 고개를 끄덕이며 말했다. "네, 내가 봐도 심하군요." 칼슨이 버럭 고함을 지를 만했다. 그도 그럴 것이 이 글은 친트럼프 성향들과 칼슨 같은 사람들에게 또 다른 용서할 수 없는 범죄로, 화젯거리를 던져주었기 때문이다.

그러나 스페이드가 말하려는 요점은 정치적 견해가 잘못되었다거나 진보 성향의 기자들이 너무 많다는 것이 아니었다. 오히려 그녀는 적어도 신문의 유서 깊은 기준에 따르면, 기자가 개인적인 정치적 견해를 공개적으로 발표하는 것은 적절치 못한 행동임을 말하고 있었다.

스페이드는 우리는 모두 개인적으로 정치적 신념을 가지고 있지만, "그것은 어디까지나 개인적인 것이어야 하며, 이는 저널리스트로서의 임무를 수행할 때 반드시 기억해야 할 사항입니다."라고 지적했다.

나는 "그녀가 얼마나 끔찍한지 보려면" 온라인을 검색해 봐야 한다는 동료들의 말에 칼슨이 스페이드를 인터뷰한 영상을 찾았다. 그리고 충격을 받았다. 나는 기자들이 오해했다고 생각했다. 스페이드는 이미 10년 전에 논란이 완전히 종식됐을 법한 견해를 지키고 있었다. 그것은 구닥다리 《뉴욕타임스》에서나 볼 수 있는 견해였는데, 어떤 면에서는 대단히 프로 기자다웠다.

소셜 미디어 이전 시대에 대부분의 기자들은 자신의 정치적 견해를 세상에 드러낼 필요가 없었다. 오늘날은 사실상 모두가 논설위원이다. 스페이드의 견해는 이것이 반드시 좋은 생각은 아니며, 기자와 《뉴욕타임스》 같은 신문 둘 다 우리가 과거에는 결코 걱정할 필요가 없었던 방식으로 편향에 대한 비난에 노출되어 있다는 것이었다.

이제 스페이드는 낭패감을 느끼며 그해 여름을 회상한다. 그녀는 후보자 도널드 트럼프의 팬은 아니었지만, 자신의 위치에서 그렇게 말할 수는 없다고 생각했다. 또한 "거짓 균형"에 관한 공개적인 토의가 위험하다는 것도 알았다.

이제 그녀는 말한다. "내가 벌집을 건드리고 있다는 걸 알았습니다. 그리고 어쩌면 벌들이 나에게 반격할 거라고 생각했어요." 하지만 그녀는 "그 가치를 지키기 위해 노력하면서" 원칙을 주장하는 것이 중요하다고 생각했기 때문에 위험을 마다하지 않았다. 그녀가 말하는 "그 가치"란, 적어도 자신들의 견해와 자신들이 취재한 화제들이 별개인 척이라도 했던, 과거 기자들이 지킨 아주 옛날 《뉴욕타임스》의 원칙을 의미했다. 그러나 새로운 환경에서 이런 걸 주장해 봐야 상대 편에 도움 되는 일을 한다고 오해나 받을 뿐이었다.

"'이런, 그 여자 공화당이로군'이라고 말하는 것은 논쟁을 숨기는 방법에 불과합니다." 그녀는 말한다.

《뉴욕타임스》는 결국 스페이드를 해고했을 뿐 아니라 그녀의 견해도 삭제했다. 오랜 경력을 쌓은 기자들조차 상당히 매몰찬 말로 그녀의 해고를 환호했다. 〈기즈모도〉는 그녀를 "무능력자"라고 불렀고, 〈데일리 비스트〉는 그녀가 "실패했다."고 썼으며, 〈슬레이트〉는 그녀의 "실패"를 받아들였다. 〈복스〉는 "그녀의 역할을 지우는 것이 개선으로 여겨질 만큼 실력이 형편없었다."라고 지적했다.

이것은 새로운 미디어 환경의 또 다른 특징이다. 이제 통념은 하룻밤 사이에도 완전히 방향을 전환할 수 있다. 기본적으로 스페이드는 업계의 기준이 된 지 채 1년도 안 되어 사라진 접근 방법("객관성")을 옹호했기 때문에 질타를 받고 있었다.

우리가 "객관성"으로 이해했던, 중립적으로 들리는 삼인칭 어조는 애초에 그 자체로 상업적인 전략이었다. 매스미디어가 선을 보인 초창기에는 대형 언론사들이 희소 시장에서 사업을 운영했다. 연방통신위원회가 방송사의 수를 제한하고, 신문사 배급망을 유지·구축하는 데 막대한 비용이 든다는 것은 대부분의 미디어 매체가 한두 개의 경쟁사만을 상대하고 있다는 것을 의미했다. 대형 일간지들은 어쩔 도리 없이 광고를 실어야 하는 지역 광고주들을 수두룩하게 거느렸다. TV와 라디오 방송은 짧은 광고 시간을 주고 거액을 청구할 수 있었다.

이것이 저널리즘에 의미하는 것은 무해함에 대한 강조였다. 한때 전국 뉴스의 10퍼센트 이상의 1차 자료였던 라디오 방송 해설자 로웰 토머스는 그의 첫 라디오 스폰서인 《리터러리 다이제스트 Literary Digest》가 그에게 모든 내용을 "중립적으로" 보도하라고 고집했다고 말한 적이 있다.

토머스는 오프닝 멘트 **"여러분 모두, 안녕하십니까!"**로 유명해졌다. "모든" 청취자에게 관심을 불러일으키는 것은 상업적인 성공의 본보기가 되었다(한때 "55세 이상"을 대상으로 하는 네트워크를 만들었다며 자랑하던 로저 에일스나, 민주당 지지자와 학생 그리고 해외의 지지자들을 겨냥한 《뉴욕타임스》의 헤드라인과는 대조적이었다). 그의 평소 목소리는 고르고, 침착하며, "흐트러지지 않아" 종종 풍자의 소재로 쉽게 이용될 정도 였다.

그러나 "객관성"이 원칙보다는 이익을 위한 것으로, 문체론적으로 바보 같고, 온갖 끔찍한 정치적 현실(역사적으로, 인종주의에서부터 국외에서 저지른 미군의 잔혹한 행위에 이르기까지)을 감추도록 편리하게 조작된 것이었다는 사실이, 객관성이 무가치하다는 의미는 아니었다.

무엇보다 "객관성"은 기자들에게 훌륭한 보호막이었다. 분명한 정치적 성향이 없다는 것은 정치인을 상대하기 위한 선행 조건이었다. 특정 정당의 지지자로 자신을 알리게 되면 독자들로부터 신뢰를 잃게 될 터였다.

"균형"은 과학을 부정하는 이들의 말까지 인용해야 한다는 의미가 아니었다. 이것은 주로 저널리스트들이 무언의 정치 동맹을 가까이 하지 않기 위한 방법이었다. 일단 그 구덩이에 뛰어들면 빠져나오기가 썩 쉽지 않다.

2년 전, "거짓 균형"에 관해 동일한 발언들이 쏟아지자 불안해진 나는 이렇게 의견을 밝혔다. "앞으로는 민주당의 비리를 보도하는 공화당 언론과 공화당의 비리를 보도하는 민주당 언론이 모범적인 예가 될 것이다."

이것이 현재 우리의 대략적인 위치이며, 아무도 이것을 나쁘다거나 역기능적이라고 생각하지 않는 것 같다. 이런 방식에서는(특히 페이스북 뉴스 피드 같은 개별화된 인터넷 유통 메커니즘을 고려할 때) 일반 사람들이 자기 "편"에 대한 경멸적인 보도를 더 이상(영원히) 보지 않으리라는 사실에도 불구하고 말이다.

상대 편이 무슨 생각을 하고 있는지 전혀 모른다는 것은 이제 더 이상 잘못으로 여겨지지 않는다. 이것은 필요한 요건인데, 그 이유는:

8. 상대 편은 그야말로 히틀러이기 때문이다 ———————

9/11 직후 폭스는 연일 케이블 시청률 상위권을 차지했다. 그리고 2002년 1분기를 시작으로 이후 15년 동안 연속 1위를 지켰다.

성공의 결정적인 요인은 9/11에 대해 보인 반응이었다. 테러 공격을 당한 후 미국은 겁이 났고 책임을 전가할 누군가가 필요했다. 폭스와 그 똘마니들은 이 분위기에 더할 나위 없이 기꺼이 편승했다. 그들은 진보주의자들에 대해 자기들이 봐도 지나칠 정도로 욕을 퍼붓기 시작했다.

대중의 사고에 영향을 미치는 주요 보수주의자들이 그들에게 말한 것처럼, 그들의 동료 미국인들은 그저 깨어 있는 척하는 겁 많은 아첨꾼이 아니었다. 그들은 알카에다와 적극적으로 공모했다. 그들은 살인자들이었다. 배신자들이었다. 단순히 잘못을 저지른 것이 아니라 악을 행했다.

폭스는 숀 해니티를 완벽한 보수주의자 성인 남성상으로 홍보했다. 이 재수 없는 허풍쟁이는 지적이지만 번번이 극적으로 패배를 당하는 역을 맡은 앨런 콤스Alan Colmes를 상대로 가짜 승리를 만끽하는 것으로 유명했다.

젊은 시절 친절하고 재치 있는 디스크자키로 피츠버그에서 베스트셀러 탑 40위 안에 들기도 했던 러시 림보와 달리, 해니티는 매력이 없었다. 윌리엄 새파이어나 빌 버클리처럼 박식하지도 않았고, 글렌 벡처럼 불안정한 폐인이었던 과거 이력으로 사람들에게 재미를 주는 것도 아니었으며, 서너 권 이상은 책을 읽은 게 분명한 마이클 새비지처럼 마르크스나 그 밖의 사상가들에 대해 유창하게 떠들 줄 아는 것도 아니었다.

해니티는 마르쿠제Marcuse와 큐컴버cucumber의 차이도, 프랑크푸르트학파와 프랑크푸르트소시지의 차이도 몰랐을 것이다. 그는 가짜 논쟁에서 이기고는 우쭐댔고, 끊임없이 공격성을 뿜어댔다. 9/11 이후 그가 특징적으로 사용한 공격적인 대사 중 하나는 진보주의자들이 테러리스트들과 결탁했다는 말이었다.

그는 2004년에 《우리를 악에서 구하소서 : 테러리즘, 독재주의, 진보주의 물리치기 Deliver Us from Evil : Defeating Terrorism, Despotism and Liberalism》라는 책을 출간했다. 이 책은 구태의연하게 쓰인 '네 이웃을 증오하라' 매뉴얼이었는데, 노골적인 표지에는 자유의 여신상 겨드랑이 아래 신중하게 3 대 7 가르마를 한 해니티의 머리만 동동 떠 있다.

책의 핵심 주장은 진보주의자들이 유해한 테러리스트의 존재를 인정하려 하지 않음으로써 그들 스스로 악행과의 연쇄 관계를 이루고 있다는 것이었다. 그들은 사담 후세인의 생포와 사형을 썩 만족스러워하지 않았는데, 솔직히 까놓고 말해, 겁쟁이들이기 때문이다. 그는 두 페이지를 꼬박 미루고 나서야 마침내 네빌 체임벌린〔영국의 총리로 독일에 대한 유화정책 때문에 제2차 세계대전이 발발했다고 비판받는다〕을 불러들였다.

많은 다른 책들도 비슷했다. 앤 콜터는 쓸데없이 두꺼운 대표작 《반역 : 냉전에서 테러와의 전쟁에 이르는 진보주의자들의 반역 행위》을 출간했다. 새비지의 실속 없는 노력의 결과인 《내부의 적 : 학교, 신앙, 군대를 향한 진보주의자의 공격으로부터 미국을 구하는 법 The Enemy Within : Saving America from the Liberal Assault on Our Schools, Faith, and Military》은 핵심어를 "적"으로 제시했다. 그는 나중에 《진보주의는 정신병이다 Liberalism Is a Mental Disorder》도 출간했다.

집에서 조용히 TV를 시청하노라면, 이런 말들을 계속해서 듣게 될 것이다. 미국인들은 자유기업 체제를 전복하고 독재정권의 정치적 정당성을 확립하려는 음모를 품고 살인을 자행하는 테러리스트들과 한통속인 수백만 명의 사람들에 둘러싸여 살고 있다고. 또한 진보주의자들은 임상적으로 정신이상자라고.

글렌 벡은 해니티가 꺼낸 네빌 체임벌린 이야기에서 힌트를 얻어 그 뒤를 이어 "당신의 이웃은 사실상 히틀러다" 운동을 개척했다. 이 점에서 벡은 굉장했다. 앨 고어는 히틀러였다. 오바마는 언제나 히틀러였다. 국립예술기금 NEA은 히틀러였다!("이것은 선전이다…당신은 '괴벨스'의 이름을 찾아야 한다"). 에이콘(ACORN, 빈민을 지원하는 진보 성향 운동 조직)은 히틀러였다. 구제금융은 히틀러였다(뭐, 사실 이건 약간 히틀러였다). 벡이 심지어 평화봉사단을 나치 친위대에 비유했을 때, 코미디언 루이스 블랙은 〈데일리 쇼〉를 웃기는 대환장 파티로 만들었다!

블랙의 표현대로, 한 단계뿐이라는 걸 제외하면 이것은 "케빈 베이컨의 6단계 법칙(여섯 명만 거치면 대부분의 사람들과 연결될 수 있다는 법칙)이니, 케빈 베이컨은 히틀러였다!"

같은 방송에서 벡은 파시스트와 공산주의, 히틀러와 스탈린이 전부 표적이라고 말할 정도로 혼합 은유에 열광적이었다. 그러나 그의 돈벌이 장치는 히틀러였다. 히틀러는 그에게 무수한 시청자를 안겨주었다. 그를 파멸시키기 전까지는.

벡이 버락 오비마는 "백인을 향해 뿌리 깊은 증오심"을 품고 있다고 말한 뒤, 폭스에서 그가 진행한 쇼는 2011년에 폐지되었다. 그로부터 2년이 안 되어 그는 자기가 분열을 일으켰다며 사과하고 다녔지만, 히틀러의 혈흔이 묻었을 냅킨 한 장쯤은 여전히 지닌 채였다.

히틀러부터는 더 이상 갈 데가 없다. 수사적으로 말하면 히틀러가 막다른 길이다. 이쯤 되면 논쟁은 끝이다. 그리로 가면, 당신은 이제 당신 시청자의 모든 도덕적 속박을 풀어주게 될 것이다. 그도 그럴 것이 도대체 히틀러를 죽이지 않을 사람이 누가 있겠는가?

당신은 우익 미디어가 이런 수사적인 표현들을 점차 확대하는 것에서부터 트럼프 시대의 미친 짓들까지 죽 직선을 그을 수 있다. 평화봉사단이 나치 친위대라는 걸 믿는 마당에, 저지시티의 무슬림들이 9/11을 응원하고 있었다는 것을, 리오그란데강을 가로지르는 성폭행 반대 벽을 설치하려 한다는 논리를 왜 의심하겠는가? 바보는 바보짓을 하는 법이거늘.

도널드 트럼프가 선거에 출마했을 때, 그는 고드윈의 법칙〔토론이 길어지면 히틀러에 비유하는 말이 나올 가능성이 높다는 말로, 90년대에 텍사스대학교 로스쿨 학생 마이클 고드윈이 PC 통신 게시판의 글들을 분석하여 붙인 이름〕을 의식하는 사람 누구에게나 심각한 문제들을 제기했다. 촘스키가 지적했듯이, 트럼프의 선거운동은 익숙한 권위주의적 선전이었다. "심지어 당신이 주요 엘리트들의 지지를 받는 동안에도 그들을 추적하라."

선거 연설에서 그는 역사학자들을 정신 바짝 차리게 만든 말들을 숱하게 남겼다. 그는 현대의 생활은 타락의 실패라고 역설했다(사생활이 천박한 소비의 전형인 남자의 입에서 나온 말이다). 그는 한때 그토록 자랑스러웠던 사회가 혼혈 암살범들에 둘러싸여 몰락했다고 말했다. "그들이 우리를 죽이고 있습니다." 그는 연설에서 이렇게 말했다. "그들은 우리를, 우리의 어리석음을 비웃고 있습니다…그들이 우리를 죽이고 있습니다."

우리는 국가의 가치를 회복하도록 도울 강한 힘이 필요했다. 그는 좌우파 이념 모두를 공격했다. 민주주의는 비민주적이고 귀족적인 조작된 속임수였다. 힐러리 클린턴과의 토론에서 그는 자신의 상대를 감옥에 넣겠다고 위협했는데, 이는 콩고의 모부투 대통령도 감동할 고난도의 연기가 아닐 수 없었다.

배운 사람이라면 누구나 유사한 점들을 알아보았을 것이다. 그러나 트럼프는 합법적으로 선거에서 이기고 있었고, 부패한 엘리트들에 관한 자신의 반복되는 후렴구가 청중에게 진실처럼 가 닿았다는 사실에 더욱 힘을 얻었다.

구제금융은 국민들에 대한 정치 계급의 이례적인 배신이었고, 그 결과 트럼프는 테드 크루즈와 힐러리 클린턴이 골드만삭스와 한패라고 지적해 점수를 얻었다. 보수단체인 시민연합 Citizens United은 정계의 대규모 뇌물수수는 적법하다는 식으로 말했고, 이 주제는 트럼프가 젭 부시, 테드 크루즈, 그리고 마르코 루비오를 때려눕히도록 도왔다.

그는 석유 재벌 코크 형제를 강하게 비난했고, 자신의 주요 반대자들을 팩〔PAC Political Action Committee, 기업들로 구성된 민간 정치자금 단체들〕을 위한 꼭두각시들이라고 저격했다. 곧이어 힐러리 클린턴에게도 같은 비난을 퍼부었다. 이 광대들은 다른 누군가의 돈을 위한 방패막이에 불과하다, 라고 트럼프는 유권자들에게 말했다. 나로 말할 것 같으면, 내가 **곧** 돈이라고.

모든 위대한 사기꾼들이 그렇듯 트럼프는 거짓을 팔기 위해 세부적인 사실에 의지했다. 트럼프를 취재할 때 기자들이 겪는 큰 어려움은 그의 성공을 설명하는 것이었다. 여기에는 그가 받은 수십억 원의 가치가 있는 공짜 보도를 시작으로 수백만 가지 이유가 있었다. 확실히 그는 인종차별에 의한 극심한 공포, 지위를 박탈당한 상실감 등을 계속해서 이용했다. 이것은 그의 대선 입후보 연설의 주된 주제로, 그는 우리가 바닥 깊이 가라앉았으며 이대로라면 절대로 이길 수 없을 거라고 강조했다.

수십 년간의 정책 실패로 닉슨 시대 이후로 실질 임금 증가가 거의 이루어지지 않은 것도 분명한 요인이었다.

상황이 복잡했다. 그렇게밖에는 말할 수 없었다. 트럼프 연합은 4Chan〔극우 성향 온라인 커뮤니티〕의 미치광이들과 교회의 중장년층 여성이 비슷한 비율을 차지했다. 미국에서 억울한 심정을 품은 사람은 누구나 트럼프를 찍었는데, 억울함이라는 감정은 그 범위가 굉장히 넓다.

위스콘신에서 내가 만난 한 유권자는 이렇게 말했다. "난 원래 투표를 안 하지만, 세상이 엿 같아서 트럼프를 찍을 거요."

2016년 봄인가 여름 어느 날, 나는 경제와 트럼프 유권자들을 결부시켜 언급할 때마다 역풍이 이는 걸 느끼기 시작했다. "경제 불안정"이라는 용어의 사용은 소셜 미디어에서 순식간에 밈이 될 만한 공격 요소가 되었다(소셜 미디어 세대에 이런 트렌드가 얼마나 빠른 속도로 호응을 얻는지 놀라울 정도다).

《워싱턴포스트》의 칼럼니스트 그레그 사전트는 "경제 불안과 분열을 향한 갈망이 느껴지지 않는가?"라며, 트럼프 유권자들의 과격한 슬로건을 인용했다. "벽을 쌓고, 다 죽여버리자.", "트럼프, 그 쌍년을 이겨라!", "그 여자를 죽여!"

이 모든 구호들은 클린턴이 9월에 "트럼프 지지자의 절반이 인종차별주의자, 성차별주의자, 동성애 혐오주의자, 외국인 혐오주의자, 이슬람 혐오주의자 등"인 것은 "개탄스러운 일"이라 생각한다고 말한 때와 거의 동시에 등장했다.

대부분의 선거 캠프 외부인들은 이 발언이 롬니의 47퍼센트 발언〔롬니는 서민층에 대해 "세금을 내지 않는 47퍼센트의 무임승차인"이라고 비하하는 발언을 했다〕과 유사한 정치적 실수라는 걸 인식했다. 조너선 앨런과 아미 파네스가 펴낸 책《충격: 힐러리 클린턴의 불운한 선거운동 Shattered: Inside Hillary Clinton's Doomed Campaign》에 따르면, 이 발언은 클린턴이 "낙선하게 된 첫 번째 실책"으로 그녀의 참모들 역시 그렇게 생각한다고 지적했다.

그러나 이 "실책"은 곧 언론에서 복음이 되었다. 그해 초 〈새터데이 나이트 라이브〉에서는 "트럼프에 찬성하는 인종차별주의자들"이라는 제목으로 조롱 섞인 촌극을 연출했는데, 만卍 자 무늬가 새겨진 완장을 두르고 KKK 후드를 뒤집어 쓴 트럼프 지지자들이 트럼프의 성공을 그럴듯하고 멋들어지게 설명했다.

트럼프는 당선 전부터 사실상 히틀러라는 통설이 있었다. "트럼프는 파시스트인가?"는 선거 직전 《뉴욕타임스》 서평란의 헤드라인이었다(여러 저자들이 "그렇다."고 말했다).

트럼프가 당선된 뒤, 러시아게이트와 관련하여 전혀 새로운 표현들이 공개되었다. 헤드라인에는 "반역자", "반역죄" 같은 단어가 흔하게 사용되었고 심지어 장려되었다.

샬러츠빌 폭동〔버지니아주 샬러츠빌에서 발생한 백인 민족주의 세력의 난동〕이후, 트럼프가 인종차별주의자를 차마 공개적으로 비난하지 못해서 대신 "양쪽 모두"에게 책임이 있다고 말했을 때, "백인 우월주의자", "백인 민족주의자"라는 표현은 트럼프 임기를 설명하는 일반적인 용어가 되었다.

트럼프에게는 이런 용어들을 적용할 수 있었다. 그는 이런 모욕적인 별명보다 더한 별명을 들어도 마땅하니까. 하지만 그의 유권자들은? 6,000만 명의 사람들을 **인종차별주의자, 백인 민족주의 반역자, 나치당원**이라고 희화화하는 것이 과연 타당한 일이었을까?

이른바 샬러츠빌 폭동의 속편들(하나는 보스턴 집회, 또 하나는 1년 후에 열린 워싱턴 집회)은 웃기는 해프닝이었다. 열두어 명의 정신병자들이 수천 명의 격노한 반인종차별 시위자들에게 둘러싸였고, 떼로 모인 기자들이 그 광경을 취재했다.

그러나 이 미치광이들이 모여 있는 섬뜩한 사진들은 사고 회로를 끄고 완전한 전투 태세를 취할 수 있다는, 새로운 당론을 위한 소모품이 되었다. 《보스턴글로브 Boston Globe》의 찰스 테일러는 만 자 무늬를 흔드는 한 남자의 소름끼치는 사진을 배경으로 한 칼럼에서 다음과 같이 간략하게 조롱했다.

> 트럼프 지지자들을 이해해 보기로 ─ 마치 이해할 심오한 뭐라도 있는 것처럼 ─ 결심한 사람들은 노동자 계급의 신참들이 어떻게 자신의 경제적 이익에 반하는 투표를 할 수 있는지 의아해한다. 그러나 그들이 한사코 보려 하지 않는 게 있는데, 노동자 계급에서 상류층에 이르기까지 모든 트럼프 지지자들이 자신의 주된 이익을 위해 표를 던졌다

는 사실이다. 즉, 미국의 정체성을 백인, 기독교인, 이성애자로 유지하기 위해서 말이다.

이 견해의 정당성을 논하기에 앞서, 이것이 무엇을 의미하는지 인식해야 한다. 지금 우리가 모든 트럼프 지지자들이 어떻게든 백인, 기독교인, 이성애자의 우월성을 유지하기 위해 작정하고 덤벼든다고 말하는 거라면, 이것은 트럼프 지지자들의 절반이 구제불능 인간쓰레기라는 힐러리 클린턴의 발언보다 훨씬 도가 지나치다.

이것은 논쟁을 단번에 끝장낼 의견이다. 이 안에는 **우리**와 **그들**이 있고, 그들은 히틀러다.

2016년에 기자들 사이에서 처음 이런 이야기를 들었을 때, 나는 그저 클릭 수를 늘리기 위한 미끼려니 생각했다. **물론** 인종 문제는 트럼프 성공의 주요 요인이었다. 배리 골드워터 시절부터 지금까지 거의 모든 공화당 정치인들은(그리고 그 이전에 남부의 모든 민주당원들도) 인종 문제를 논점의 중심으로 만들었다.

그런 호소들은 대개 다소 간접적으로 표현되었지만, 골드워터가 비난한 도시의 "약탈자"든 레이건의 "복지의 여왕"〔레이건은 1976년 공화당 대선후보 경선에서 '여러 장의 위조 신분증을 만든 흑인 여성(복지의 여왕)이 복지수당을 부정 수급해 캐딜락을 몰고 다닌다'는 발언으로 보수파를 결집해 4년 뒤 대통령에 당선되었다〕이든, 윌리 호튼〔재소자 윌리 호튼이 주말의 일시 출소 기간에 여러 차례 살인을 저지른 사건에 대해, 부시는 사형제도 반대자인 두카키스가 대통령이 되면 치안을 보장할 수 없다고 주장해 대통령에 당선되었다〕이든, 제시 헬름스〔반공산주의, 반자유주의, 반동성애, 반소수민족 우대정책 등을 펼친 강경 보수주의 정치인〕와 그의 "노동하지 않는 흰 손들"이든 메시지는 그렇게 미묘하지 않았다.

물론 트럼프는 그런 범위들을 훌쩍 뛰어넘었고, KKK나 나치주의를 포기하지 못하는 그의 미치광이 같은 행태는 확실히 우리 모두를 새로운 나락으로 처박았다.

그러나 인종차별주의가 트럼프 성공의 유일한 설명이라는 주장은 몇 가지 이유에서 의심스러웠다. 그 가운데 주된 이유는 어느 정당이든 (2016년에 공화당과 민주당 양당 모두 기성 정치세력들은 거부당했다, 경우에 따라서는 겹치는 이유로) 트럼프를 위한 전제조건을 만드는 데 기여한 책임이 완전히 사면되었다는 것이다.

트럼프 현상은 상황이 순조로운 나라에서는 나타나지 않는다. 사람들은 미래를 믿지 못할 때 기본적인 본능에 더 굴복한다. 이런 상황에 필요한 비관주의와 분노가 한 세대 동안 쌓여왔으며, 이는 전적으로 어느 한쪽의 문제만은 아니다.

트럼프에게 표를 던진 상당수의 사람들이 8년 전에는 오바마에게 투표했다. 그들 중 대부분은 선거에서 결정적이었다고 입증된 러스트 벨트 지역 사람들이었다. 그동안 이곳에서 무슨 일이 있었던 것일까? 트럼프는 끔찍한 병역 기피 기록과 존 매케인에서 후마윤 칸에 이르기까지 모든 참전 용사들에게 모욕을 주었음에도 불구하고 참전 용사들 사이에서 2대 1로 더 많은 표를 얻기도 했다.

"현 정권 교체를 위한 정책"에 관한 그의 화려한 언변이 최근 귀환한 참전 용사들에게 어떤 울림을 주었던 걸까? 데이터에는 그렇다고 나와 있었다. 이것이 결정적인 요인은 아니었는지 몰라도 많은 요인들 중 하나였을 것 같다. 이것은 선거 유세에서 그가 주력한 주제들 중 하나였던 만큼 상식이기도 했다. 트럼프는 참전 용사들에게서 표 냄새를 맡은 게 분명했다.

트럼프 현상은 정치와 언론에서 금기시한 문제(계급)와도 관련 있었다. 주로 미디어 업계에 진출하는 인문학부 졸업생들이 계급에 대해 생각할 때, 영웅적인 노동자나 혹은 대학시절에 배운 마르크스에게 영감을 받은 진부한 사상들을 생각하는 경향이 있다.

이것은 대부분의 전문가들이 계급을 비웃는 이유인데, 그들은 트럼프의 추종자들을 볼 때 〈노마 레이 Norma Rae〉〔방직 공장에 다니는 여성 노동자가 노동 운동에 눈뜨는 과정을 그린 마틴 리트 감독의 1979년 영화〕나 〈메이트윈 Matewan〉〔1920년 웨스트버지니아의 광산 마을 메이트윈에서 일어난 광산 노동자들의 노조 결성 과정과 투쟁을 다룬 존 세일스 감독의 1987년 영화〕 같은 영화를 연상하지 않기 때문이다. 오히려 그들이 연상하는 대상은 툭하면 쇼핑몰을 들락거리고 쓰레기 같은 영화나 좋다고 보는 데다 고상한 정치 언론은 질색하는 촌스러운 인물들이 수두룩하게 나오는 드라마, 〈못 말리는 번디 가족 Married with Children〉이다. 트럼프를 뽑은 사람들에 대한 우리의 해석은 마르크스보다 오웰에 더 가깝다. "사실 프롤레타리아 계급에 관해서는 거의 알려지지 않았다. 많이 알 필요도 없었다."

모든 것을 인종차별주의로 돌리는 것은 양당 체제를 위해 갖는 유용성을 넘어 다른 분야, 즉 뉴스 미디어에 도움이 되었다.

모든 트럼프 지지자들이 히틀러이고 모든 진보주의자들 역시 히틀러라면, 이것은 〈크로스 파이어〉를 자연스러운 결론에 이르게 한다. 쇼 "아메리카 대 아메리카"는 이제 "히틀러 대 히틀러!"가 된다. 시청률을 생각해 보라! 새로운 쇼는 투표를 하지 않은 1억 명을 완전히 무시하지만(이 수만으로도 거의 클린턴과 트럼프 양측 유권자들을 합한 것만큼 큰 집단이다), 이것은 선전의 일부다.

기권자들은 미국 정치계에서 단 하나의 가장 큰 요소이며, 그 수가 증가하는 것은 트럼프 현상과 마찬가지로 우리 제도에 중대한 폐단이 있음을 말해 준다. 그러나 그들은 TV에 나타나지 않는데, 그들이 "히틀러 대 히틀러" 쇼에 대한 우리의 불신을 유예하기 때문이다.

우리는 사람들이 복잡한 일에 대해 생각하길 바라지 않는다. 기권자들, 전쟁 피로, 제조업 붕괴, 연준의 정책 등 어떤 일에 대해서도 말이다. 2016년에 일어난 어떤 일에 대해서도 사람들에게는 책임이 없다. 그것은 전부 순전히 백인 민족주의라는 해악 탓이다. 보수당의 경우는 이와 정반대다. 《뉴욕타임스》의 내용은 아무것도 믿어서는 안 된다. 상류층 감세와 규제 완화의 영향에 대해 생각해서도 안 된다. 그저 자기 차선만 잘 지키면 된다. 당신은 전통과 핵가족을 파괴하고, 세금을 인상하며, 당신의 직업과 당신의 총을 빼앗고, 합법적이든 불법적이든 무슨 수를 써서라도 당신의 대통령을 제거하려 드는 결연한 적들에게 둘러싸여 있다는 걸 기억하라.

이것은 구슬을 몽땅 차지하기 위한 싸움이다. 오늘날 정치는 우리 편과 상대 편과의 싸움이며, 철저한 공격성을 지닌 쪽만 살아남을 수 있다.

9. 히틀러와의 싸움이라면 모든 것이 허용된다 ─────────

〈크로스 파이어〉에 관한 코언의 견해는 옳았다. 초창기 TV의 연출된 싸움은 그들의 성공을 위한 선전 전략에 의지했다. 방송사들은 건설적인 정치 활동을 장려하려 하지 않았기 때문에, 규제 완화에 미친, 인종 공격을 일삼는, 그리고 "좌파"로 위장하며 줏대 없이 의견을 철회하는 중도주의자를 흠씬 두들겨 패는 사나운 선수를 늘 "싸움"에 참여시켰다.

코언의 FAIR〔Fairness and Accuracy In Reporting, 코언이 1986년에 설립한 미디어 감시 및 비평 단체로, '공정하고 정확한 보도'라는 의미〕는 이 싸움이 어떤 식으로 작동하는지 설명하면서, "TV에 출연하는 미온적인 진보주의자들을 위한 현장 지침" 역할을 했다. 아마도 가장 유명한 "좌파 출신" 언론인 마이클 킨슬리는 한때 자신을 "미온적인 온건파"라고 설명하면서, "팻 뷰캐넌이 우파인 것처럼 내가 극좌파라니… 전혀 그렇지 않다."라고 덧붙였다.

앵커우먼 코키 로버츠는 〈디스 위크 This Week〉〔ABC의 시사 대담 프로그램)에서 "진보주의자" 역을 맡았는데, 그녀가 진보주의자 자격이 있다고 제시할 수 있는 근거는 NPR에서 일한 적 있는 여성이라는 것이었다. 그녀는 1994년 중간선거에서 대패한 빌 클린턴에게 이런 충고를 남겼다. "오른쪽으로 이동하세요, 이것은 누군가 오래전부터 그에게 했어야 할 충고입니다."

심지어 〈크로스 파이어〉는 걸프전 반대 시위자들을 "좌파" 행세를 하려 드는 "불량배들"이라고 부른 기업 로비스트 밥 베켈을 출연시킨 적도 있었다.

살면서 해본 경험이 이런 쇼를 본 게 전부였다면, 미국 정치의 주요 문제는 전술에 있다고 결론 내릴지 모른다. 왜 폴 베갈라는 터커 칼슨이 그토록 자신을 두들겨 패도록 내버려두는가? 그는 왜 이렇게 **쪼다** 같은가?

이런 쇼를 시청할 때, 당신은 항상 공격자와 배후 조정자를 보고 있었다. "우파"는 "실제" 정치적 의제를 대표하고 있으므로 더 자신감 있게 보였다.

터커 칼슨이 노조를 비난할 때 그의 비난은 진심이었다. 폴 베갈라가 노조는 "미국 전체를 대표하며 민주주의에 반드시 필요한 존재"라고 지껄였을 때, 그는 그런 사람이라 거침없이 횡설수설 늘어놓는 것처럼 보였다. 그는, 북미자유무역협정을 통과시키고 선거 자금 마련을 위해 민주당이 노조의 자금과 지지 기반에서 벗어나 대기업 자금으로 방향을 선회하도록 길을 개척한 행정부에서 일한 사람이었다.

이런 가짜 논쟁을 몇 년 지속한 후, 〈크로스 파이어〉의 배우가 되고도 남았을 트럼프가 등장했다(강력한 "낙태 찬성론자"였던 90년대 버전의 트럼프는 아마도 "좌파" 역할을 했겠지만).

오늘날 트럼프는 인종 문제에 관한 견해와 무역 예산 책정에 이르기까지 뷰캐넌과 상당히 일치하며, 비열한 인간 역할은 훨씬 잘하고 있다.

대부분의 진보주의자 미국인에게 선거는 과거의 〈크로스 파이어〉 에피소드처럼 진행되었다.

트럼프는 클린턴을 두드려 팼고, 아무리 수치스러운 행동이라 해도 철회하려 하지 않았다. 한편 클린턴은 예의를 차리려 노력했고, "개탄스러운" 등의 발언 같은 자신의 "실책"에 대해 사과했으며, 노력에 대해 아무런 보상을 받지 못했다.

몇 년 전 존 스튜어트는 〈크로스 파이어〉에 출연하면서, 많은 진보적인 TV 시청자들이 누군가가 해주길 오랫동안 기다려온 말을 했다. 칼슨을 쪼다라고 부른 것이다. 어찌나 통쾌하던지! TV가 보여줄 수 있는 위대한 장면이 아닐 수 없었다!

그러나 그건 그냥 TV가 보여줄 수 있는 대단한 장면일 뿐이었다. 더 통쾌한 볼거리를 만드는 것이 해결책은 아니었다. 해결책은 더 나은 정치적 견해를 갖는 것이었다. 혹은 더 현실적인 정치적 견해나. 연출된 싸움이 아닌 무언가를 말이다.

베갈라의 문제는 그가 나약한 인간이며 충분히 공격적이지 못하다는 게 아니었다. 그의 문제는 도대체 참을성이 없다는 것이었다. 스튜어트는 이런 식의 가짜 싸움이 어떻게 "미국에 상처를 입히는가"에 대해 더 광범위하게 지적했다. 이것은 교육적인 것도 아니었고, 어떤 의미 있는 방식에서 정치적인 것도 아니었다.

그런데 트럼프의 승리 후 또 다른 공감대가 형성되었다. 자유민주주의 미국은 덜 공손해야 했다. 사만다 비는 이방카 트럼프를 "무책임한 년"이라고 부른 선구자였다. 노쇠한 로버트 드니로는 시상식장에서 "엿 먹어라, 트럼프!"라고 말해 인터넷을 뜨겁게 달구었다(완전 박력 있었어! 왕년엔 권투선수 역할도 했잖아!).

이민자는 미국을 떠나라는 트럼프의 발언 이후, 워싱턴 D.C.의 한 음식점 주인은 백악관 대변인 세라 허커비 샌더스에게 음식 판매를 거부했고, 멕시코 음식점에서는 어느 시위자가 트럼프의 유령 같은 보좌관 스티븐 밀러를 "파시스트"라고 불렀다. 그러자 언론에서는 순식간에 "예의"에 대한 희극적인 논쟁이 촉발되었다.

정치인들은 이 논쟁에 뛰어들라는 요청을 받았다. 민주당 하원의원 맥신 워터스는 "멍청한 새끼들, 식당에서 애 좀 먹어보라지." 같은 생각을 지지한 최초의 부류에 속했다. 한때 "그들이 비열하게 굴어도 우리는 품위를 지킨다."라고 주장했던 힐러리 클린턴은 이제 진절머리를 느끼며 이 대열에 합류했다.

클린턴은 "여러분이 중요하게 여기는 것을 파괴하려는 정당에 예의를 지킬 수는 없습니다."라고 말했다. 그리고 민주당이 백악관을 탈환하는 날 "다시 예의를 갖추겠습니다."라고 덧붙였다.

얼마 뒤 언론은 사실 예의는 퇴행의 산물이며 파시즘에 대한 진정제라는 수사적 표현을 사용했다. 무례는 필요조건이며 결속의 표시였다. 《가디언》은 "빌어먹을 예의"라는 입장이었다. "트럼프 관계자들은 마음 편히 저녁을 먹을 수 없다. 아이들이 우리 cage 안에 있는 동안은."

과거엔 침착하던 미디어 업계 인사들과 선출 공무원들 모두 이윽고 선장처럼 공공연하게 욕설을 퍼붓는 것이 일반적인 광경이 되었다. 《하퍼스바자 Harper's Bazaar》는 오바마의 국경 정책에 대한 트럼프의 주장이 틀렸다고 말하는 것에 그치지 않고, "개소리"라고 말했다. 심지어 헤드라인에서도 "개소리"라고 실었다! 《하퍼스바자》에서 말이다!

캐버노 대법관 지명자 토론이 진행될 무렵, 미 상원의원석은 영화 〈좋은 친구들 Goodfellas〉(뉴욕에서 활동하는 이탈리아 마피아들에 대한 마틴 스콜세지 감독의 1990년 영화)의 세트장을 방불케 했다. 마지 히로노 민주당 상원의원은 척 그래슬리 공화당 상원의원에 대해 이렇게 말했다. "완전 개소리, 도저히 참을 수가 없군."

린지 그레이엄 공화당 상원의원이 밥 메넨데즈 민주당 상원의원에게 한 말, "그런 개소리밖에 할 말이 없겠지."(이 장면은 TV에 방송되었다.) FBI의 캐버노 수사에 대한 메넨데즈의 트윗, "수사는 개뿔."

이 모든 광경을 지켜보고 있자니 기분이 이상했다. 무엇보다 나는 언론에 욕설을 남발하는 걸로 유명했고, 내 글에서 욕설을 빼려고 수년간 노력해 왔기 때문이다. 나는 생각했다. **이젠** 괜찮은 거야?

곧이어 나는 더 거친 표현을 사용하려는 추세가 잘못된 삼단논법을 바탕으로 한다는 걸 깨달았다.

예의는 우리에게 아무런 도움이 되지 않았다.

무례한 도널드 트럼프가 이겼다.

그러므로 이기려면 무례해야 한다.

사실 이 세 가지 요소 중 어느 것도 서로 아무런 관계가 없다. 민주당 지지자들은 많은 이유로 2016년 이후 자취를 감추었고, 그들 중 극소수만이 어설픈 무례함을 장착했다.

트럼프는 무례했고, 이겼지만, 정신이 온전한 사람이라면 절대로 그의 본을 따르라고 충고하지 않을 것이다. 대선 기간 동안 나는 마틴 루터 킹 같은 사람은 트럼프에게 어떻게 반응할까를 줄곧 상상해 보았다. "우리는 더 많은 **욕**을 퍼부어야 한다."가 답은 아니었을 거라고 생각한다.

스티븐 밀러는 멕시코 음식을 평화롭게 즐길 권리가 있을까? 모르겠다. 아마 없을 것 같다. 이것은 세상을 깜짝 놀라게 할 만큼 중요한 문제인가? 그것도 아닌 것 같다.

무례함 운동은 정치와 관계가 없다. 그것은 돈과 시청자와 관계가 있다. 하루 수십억 개 콘텐츠가 버글거리는 초경쟁 미디어 환경에서 시청자와 독자를 얻으려면 죽기 살기로 일하지 않으면 안 된다.

하와이 민주당원은 어떤 헤드라인을 먼저 클릭할까? "밸러스트 수水

배출 조치, 하와이 연안 해역 보호할 수 없을 것"일까? 아니면, "마지 히로노가 개뿔도 관심 없는 11가지"일까?

지저분한 헛소리는 좋아요와 리트윗 수를 늘리고, 이제는 전체 구독자와 시청자를 열받지 않게 하기 위한 이념적 혹은 상업적 요건도 없는 마당에(더 이상 "여러분 모두, 안녕하십니까!" 같은 인사를 하지 않는다) 아무리 심한 악담을 퍼부어도 제지 따위 하지 않는다.

요즘 양당에서 엄청난 양의 상스러운 표현들이 공장 수준으로 쏟아지는 이유도 그래서다. 이것은 바로 이 순간에도 사만다 비가 인터넷에서 "쌍년"보다 더한 욕을 검색하는 이유이며, 2020년에 도널드 트럼프가 상대 민주당 지지자들을 향해 개새끼나 창녀라고 부를 때 겉보기에 독실한 기독교 신자들이 환호하게 될 이유이다. 그가 테드 크루즈를 잡년이라고 불렀을 때 뉴햄프셔에서 그들이 환호성을 지르는 모습을 내가 지켜보았던 것처럼.

비열함과 천박함은 정치적 결속뿐 아니라 청중의 결속도 다진다. 장벽을 함께 파괴하면 공모했다는 친밀감이 쌓인다. 트럼프 시대에는 이 결속이 정치와 언론의 목표가 일치하도록 돕는다.

문제는 이런 행동에 마땅히 있어야 할 바닥이 없다는 것이다. 케이블 TV는 결국 700개의 서로 다른 24시간 포르노 채널이 될 테고, 뉴스와 평론은 결국 점차 복싱 스타일로 바뀌어 경기 전부터 장황한 막말을 퍼붓고 욕설이 난무하며 노골적으로 폭력을 선동하게 될 것이다.

상대가 그야말로 히틀러라면, 결국 이런 일이 일어나고 말 것이다. 다른 무언가를 주장해 봐야 먹히지도 않을 것이다. 아메리카 대 아메리카로 시작한 싸움은 결국 배신자 대 배신자의 싸움으로 옮겨갈 테고, 결국 참가자들이 서로를 향해 죽일 듯이 분통을 터뜨리지 않으면 이 쇼는 팔리지 않을 것이다.

10. 우월감을 가져라 ———————————————

헌터 파울리는 몬태나에 근거지를 둔 젊은 작가다. 그는 당시에 주로 환경 문제에 대해 철저한 현지 조사에 착수하던 일간지 《몬태나스탠더드 Montana Standard》에서 수습사원으로 시작했다. 파울리는 "강력한 한 방이 저널리즘에서 유일하게 가치 있는 일 같아서" 이 직업을 택하게 되었다.

《몬태나스탠더드》에서 범죄 관련 특종 보도를 시작했을 때 파울리는 이 일을 맡았고, 어리석은 일을 저지른 가난한 사람들에 대한 이야기를 끊임없이 캐내도록 요구받고 있다는 걸 알게 됐다.

저널리즘에서 최악의 업무 중 하나인 지역 범죄 사건을 맡은 것이다. 파울리는 이내 꺼림칙해졌다. 그가 하는 일은 주로 경찰 대변인 같은 공무원에게 주에서 벌어진 하층민 체포 사건에 관해 상세한 내용을 전달받는 것이었다.

이런 걸 생각하는 사람은 거의 없지만, 언론은 체포된 사람의 이름과 개인 정보를 뉴스와 TV에, 그리고 가장 최악은 모든 이야기가 영원히 살아 있는 온라인에 꼬박꼬박 싣는다. 하지만 이 사람들은 유죄 판결을 받은 범죄자가 아니다. 단지 체포되거나 기소되었을 뿐이다.

"공보관 같은 사람에게 제3자 정보를 얻고 있었고, 그 사건으로 인해 가장 큰 피해를 입은 사람의 관점은 듣지도 않은 채 사건 내용만 정기적으로 싣고 있었습니다." 파울리는 회상한다. "그리고 이런 식의 범죄 보도에서 우리는 통상 가장 기본적인 조치조차 취하지 않습니다.… [가령] 2차 자료를 통한 확인조차 하지 않는 거지요."

"날마다 살인을 취재하지는 않았습니다." 파울리는 회상한다. "그냥 범죄가 많지 않았거든요. 약 살 돈이 없어 아무것도 걸치지 않은 채 거리를 달리거나, 파산 상태라 월마트에서 물건을 훔치거나 하는 거였지요."

때로는 아무 일도 일어나지 않는 밤도 있었다.

"그런 날은 편집장에게 이렇게 전했어요. '저, 아무 일도 없었는데요' 그러면 편집장은 말했죠. '그냥 아무거나 찾아봐'라고요. 편집장은 아무 일도 없는 상황에 대처할 여력이 없거든요."

파울리는 사람들의 체포와 관련된 정보를 온라인에 올리는 문제에 특히 갈등을 느끼기 시작했다. 그렇게 되면 그 사람들이 장차 직업을 구하는 데 어려움이 생길 뿐 아니라 여러 가지 측면에서 영향을 받게 될 터였다. 그는 몬태나주 뷰트에서 태어난 아이들의 혈액에 비정상적으로 높은 비율의 납 성분이 검출된 사건처럼 더 중요한 주제를 다루는 기사로 신문의 내용을 조정해 보려 했다. 하지만 그런 기사는 단박에 거절당했다.

"확실한 수사 보도를 세 건 연속 거부당했어요." 파울리가 말한다. 정점은 정신건강 감정을 받고 구류에서 풀려난 한 남자에 관한 기사를 보도한 뒤였다. 경찰은 이 남자를 난감한 모양의 문신 때문에 "거시기"라고 불렀다.

"거시기"의 기사는 인기를 모았고, 파울리는 이 일을 그만두어야겠다고 생각하기 시작했다. "절도가 비일비재하게 일어나고, 독자들이 그런 기사를 읽고 즐기는 걸 무척 좋아했음에도 불구하고" 그는 월마트에서 물건을 슬쩍하는 사람에 관한 기사들을 싣지 않는 등 직접 기사를 편집하기 시작했다.

그는 지난 일을 돌이켜 보면서 말한다. "세상에는 마땅히 비웃음당해야 할 사람들이 있습니다. 바로 정치인이라고 불리는 사람들이요. 하지만 이 사람들은 아니잖아요?"

파울리는 자신의 결정에 대해 《가디언》에 글을 게재하고 결국 저널리즘 업을 그만두었다.

파울리의 이야기에서 주목할 점은 이런 일은 드물다는 사실이다. 파울리는 한편으로는 계급과 인종에 대해 쓸데없이 두려움을 부추기고,

다른 한편으로는 사람들의 우월감을 조장하는 것과 주로 관련 있는 장르인 범죄 취재라는 게임에서 하필이면 가장 최악의 구석에 몰려 있었다.

그러나 그가 맡은 일의 핵심적인 역학 관계는 우리들 대부분이 하는 일과 크게 다르지 않았다. 우리는 주로 독자를 자극하는 일을 하고 있다. 우리는 독자들이 돌아오길 바란다. 분노는 웅변적인 징후의 일부지만, 의로움과 우월함 같은 감정도 다르지 않다.

우리가 뉴스 주제로 소아종양학 병동에서 일하며 매일을 보내는 사람을 **좋아하는** 것보다 케이시 앤서니나 O. J. 같은 끔찍한 사람을 훨씬 더 사랑하는 이유도 그래서다. TV에서 진정으로 영웅적이거나 이타적인 사람을 보여주면 대부분의 시청자들은 열등감을 느낄 것이다. 그래서 우리는 그런 사람들을 보여주지 않는다.

리얼리티 쇼의 전제도 이와 동일하다. 가장 인기 있는 프로그램은 천재 혹은 미덕의 귀감이 되는 인물에 관한 내용이 아니라, 끔찍한 부모, 저능아, 임신을 눈치채지 못할 정도로 뚱뚱한 여자, 방귀 뀌는 장면을 기꺼이 찍히고 싶은 사람, 성질 더러운 부자, 그 밖에 우리가 희한하다고 여길 만한 사람들에 관한 것이다.

멍청이들이 당나귀 정액을 들이키는 장면을 보여주면 더 많은 돈을 벌 수 있는데, 뭐 하러 기본적인 지리학이나 세계은행 구조조정 차관의 운용 방식을 알려주기 위해 역사상 가장 발달한 통신 기술을 이용하겠는가?

미디어 경험은 사람들의 에고를 키우고 보호하도록 설계된다. 그러므로 우리는 우리가 찾을 수 있는 최고의 찌질이들을 사람들에게 보여준다. 이것은 〈콥스COPS〉〔경찰을 소재로 한 폭스의 리얼리티 프로그램〕에서 〈프릭쇼Freakshow〉〔기형인들이 등장하는 서커스 쇼〕, 〈더 비기스트 루저 The Biggest Loser〉〔다이어트 과정을 방송하는 리얼리티 서바이벌 프로그램〕에 이르기까지 우리가 해온 거의 모든 성공적인 엔터테인먼트 상품의 기본 원칙이다. 이러다간 몇 년 안 있어 "1달러를 위해 무엇을 빨겠습니까?"라는 제목의 쇼가 나올지 모른다.

이런 역학 관계는 한동안은 연예계에 국한되었지만, 오래전부터 정치 관련 보도의 일부가 되었다. 1984년으로 거슬러 올라가, 공화당은 유권자들에게 민주당의 월터 먼데일은 "타고난 패배자"이므로 레이건에게 투표하라고 설득하고 있었다. 그런가 하면 "조지 맥거번"〔1972년에 민주당 후보로 대통령 선거에 출마했지만 리처드 닉슨에게 압도적으로 패했다〕이라는 이름은 "패배자"와 동의어가 되었고, 그로 인해 민주당 지도부 협의회 Democratic Leadership Council와 척 롭, 앨 프럼, 샘 눈, 그리고 빌 클린턴 같은 사람들이 만든 완전히 새로운 브랜드, "제3의 길" 정책이 탄생했다. 이 새 정책의 주요 원칙은 승리의 가능성을 열자는 것이었다.

언론이 따라붙기 시작했다. 우리는 조지 H.W. 부시에게는 "겁쟁이 Wimp Factor"라는 별명을 붙였고, 댄 퀘일에게는 "바보 bimbo"라는 꼬리표를 달았다. 정치인은 누군가를 맹렬하게 공격해야만 패배자가 되지 않을 수 있다는 생각과 마찬가지로, 당연히 이것은 선전이었다. 하지만 우리는 공격하지 않는 사람은 패배자라는 말도 독자들에게 전하고 있었다.

90년대 초에 《위클리스탠더드 Weekly Standard》는 공화당원들이 바라는 바는 퀘일이 "스피로 애그뉴〔Spiro Agnew, 닉슨 대통령 당시의 부통령〕처럼 이를 좀 드러내 보임"으로써 "그의 바보 이미지를 떨쳐버리는 것"이라고 보도했다.

애그뉴는 미국 정치 역사상 가장 불명예스러운 사람 중 하나로, 상상할 수 있는 온갖 정치적 부패를 난잡하게 이용하는 걸 넘어서서 도무지 무슨 뜻인지 이해할 수 없는 생각을 떠벌이는 허풍쟁이였다. 그러나 미국인의 의식 속에서 그는 패배자가 아니다. 그는 공격자다.

2000년대 초반 대통령 선거 취재단은 기본적으로 비행기 안의 엘리트 학생들 모임 같았다. 우리는 "패배자"를 대신할 여러 단어들을 만들었고, 어떤 후보가 이 범주에 속하는지 독자들에게 알리기 위해 새로운 방법을 모색하느라 무수한 시간을 보냈다.

작은 키에 매사에 진지하다는 이유로 비행기 안 기자석에서 끊임없이 조롱의 대상이 된 민주당의 데니스 쿠시니치에게는 "좌파의 사랑스러운 패배자"라는 별명이 붙었다. 이에 반하는 기사 유형은 주로 공화당원들의 비굴한 침묵에 관한 것이었다. 나는 "나의 친애하는 미친놈"이라는 제목으로 마이크 허커비에 관한 기사를 쓰는 등의 노력을 기울여 실제로 상을 받기도 했다.

파울리가 옳다. 정치인은 조롱당해 마땅한 대상이다. 그러나 승자와 패자에 대한 집착이 언론에 너무나 깊이 파고들어 이제는 이 업계의 중심 가치가 되어버렸다.

트럼프가 "승자"가 되어 대권을 잡고서, 가수 셰어부터 코미디언 리처드 벨저, 잡지 《베니티 페어 Vanity Fair》의 편집장 그레이든 카터, 방송인 로지 오도널, 시사평론가 조지 윌, 역시 시사평론가 미셸 몰킨에 이르기까지 많은 이들을 "패배자"라고 부르는 데 자신의 정치 경력 대부분을 쓴 것은 우연이 아니다.

트럼프는 자신이 다른 멍청이들과 달리 "승자"가 되었다는 간접 경험을 팔아대고 있다. 그의 공감 능력 부족은 자기애적·반사회적 인격장애의 증거로 종종 인용되는데, 그럴 수도 있겠지만 이건 닭이 먼저냐 달걀이 먼저냐의 문제다. 그는 늘 이런 식이었을까? 아니면 하고 많은 취미들 중에 하필 최악의 정치 매체에 중독되어 더 이렇게 된 것일까?

승자 중심의 보도를 하던 세대를 되돌아본다면, 트럼프 쪽으로 향하는 진화가 이해되기 시작할 것이다. 미국에서는 패배만 아니면 거의 무엇이든 용서할 수 있다. 그리고 우리는 기괴한 쇼를 너무 좋아한다.

언론에 관한 한 트럼프는 양쪽 세계―애그뉴와 같은 공격자의 세계와, 시청자들이 서로 상대 편을 깔보는 역겹고 기괴하며 야단스러운 괴물의 세계—모두에서 단연 최고였다. 미국 미디어에서 포르노 스타가 대통령에 대해, "헐, 나랑 섹스한 사람이잖아, 라고 혼자 중얼거렸죠."라고 말할 수 있는 상황보다 더 상업적인 상황은 없다.

톨스토이의 소설 《크로이체르 소나타》에는 한 남자가 파리에서 피니어스 테일러 바넘의 서커스를 보러 간 장면이 묘사된다. 이 남자는 1프랑을 지불하고 희귀한 "도롱뇽"이 있다는 천막 안으로 들어갔지만, 물개 가죽에 싸인 평범한 송곳니만 보고 나왔다.

밖으로 나왔을 때 남자는 깨달았다. 바넘이 군중에게 티켓을 더 많이 팔기 위해 자신을 이용한다는 걸.

> "들어가서 볼만한지 어떤지 이 신사에게 물어보세요! 들어와요, 들어와! 단돈 1프랑입니다."
> 그리고 당황한 나머지 나는 신기한 구경거리라곤 아무것도 없다고 차마 대답하지 못했다. 바넘은 나의 그릇된 부끄러움을 계산에 넣은 게 분명했다.

마찬가지로 우리도 사람들의 부끄러움을 계산에 넣는다. 우리는 우리가 제공하는 뉴스가 모욕적이고, 역겹고, 가치 없고, 딱히 정보를 전달할 생각이 없음을 사람들이 알고 있다는 걸 알고 있다.

그러나 사람들은 자신의 관점을 강화하도록 특별히 설계된 내용을 들여다보느라 매일 몇 시간씩 보낸다는 사실을 인정하기가 몹시 민망할 것이다. 사실 사람들은 두 배 더 많은 소비를 할지언정, 도전을 좋아하지 않는다는 걸 인정하지 않을 것이다. 톨스토이의 나약한 주인공처럼 사람들은 대가를 치르고서라도 자신의 부끄러움을 감추려 할 것이다.

사람들이 지역 범죄 사건 기록부를 읽거나, 혹은 〈피어 팩터 Fear Factor〉〔NBC에서 방영된 스턴트맨 게임 쇼〕, 〈당신의 아버지는 누구?

Who's Your Daddy?〕〔입양된 젊은 여성이 여러 남성 가운데 생물학적 아버지를 찾는 폭스의 리얼리티 쇼〕, 〈스완 The Swan〉〔외모가 추하다고 판정받은 여성이 수차례의 성형수술 등을 통해 파격적으로 변신하는 폭스의 리얼리티 쇼〕 등에 나올 법한 수염 기른 여자의 행동들을 시청해서 얻을 수 있는 우월감과 동일한 우월감을 어떻게 전달할 수 있을지 뉴스 기자들이 파악하기까지는 시간이 필요했다. 대부분의 정치 보도 이면에 숨은 의도는 사람들이 TV를 켜고 몇 분 안에 쯧쯧 혀를 차며 "저런 병신 같은 것들!" 하고 내뱉게 하는 것이다. 거기에서부터 "이런 빨갱이 환경운동자 새끼들!" 혹은 "저 히틀러나 쫓아다니는 괴물들!" 같은 말이 나오기까지는 순식간이다.

사람들이 이 모든 법칙들을 지키지 않는 한 우리는 그들을 그리로 데리고 갈 수 없다. 흑백 논리의 세계를 받아들이고 둘 중 하나를 선택하라. 사악한 어리석음에 둘러싸인 현실을 끌어안아라. 분노, 정의감, 그리고 똑똑해진 기분을 만끽하라. 패자를 증오하고 승자를 사랑하라. 도전을 받지 마라. 그리고 광고 시간엔 쇼핑도 좀 하고.

이제 완벽한 뉴스 소비자가 될 수 있다.

3. 평범의 교회

아주 유명한 미디어 관계자들―권위 있는 신문에서 영향력이 큰 자리에 앉은 사람들, 황금 시간대 방송 출연자들, 상원의원과 CEO들, 그리고 그 밖에 주요 의사결정권자에게 가장 먼저 상황을 전달받는 대변인들―이 실은 그렇게 똑똑하지 않다는 걸 알고 있는지?

내 말을 오해하지 마시길. 그들이 바보라는 의미가 아니니까. 이 업계에서 막강한 영향력을 행사하는 위치에 오른 사람들은 대개 최소한의 교양을 갖추고 있으며 생방송에서 익사하지 않을 만큼 두뇌회전이 빠르다.

하지만 이상하게도 고위직 정치인들과 마찬가지로 방송계 최고의 유명인들과 언론사 논설위원들은 결코 천재가 아니다. 그들은 놀라운 것을 말하거나 쓰는 일이 거의 없다. 그들은 눈부실 만큼 똑똑하거나 대단한 존재가 아니다.

사람들은 평균적인 신문 논설위원이라면 이케아 제품을 조립할 수 있을 거라고 믿을 텐데, 딱 거기까지다. 이 업계 종사자들이 더 똑똑했다면 뇌종양을 제거하거나 풍력발전용 터빈을 설계하는 다른 산업에 종사했을 것이다.

지적 **허세**로 가득했던 세대도 사라지고 있다. 《일리아드》를 읽고 바흐를 좋아한다는 걸 몇 주에 한 번 꼬박꼬박 상기시키고, 힐레어 벨록〔영국의 역사가이며 정치가〕이 파리에서 로마까지 걸어서 여행했다는 걸 사람들이 당연히 알 거라 기대하는 《뉴욕타임스》 시사평론가 윌리엄 사파이어나 BBC 방송 진행자 빌 버클리 같은 사람들은 더 이상 존재하지 않는다.

이 부류 최후의 생존자는 아마도 《워싱턴포스트》의 조지 월일 것이다. 그는 지식인들에게는 자신이 평범하다는 걸 납득시키기 위해 야구에 대한 글을 쓰고, 평범한 사람들에게는 자신이 지적이라는 걸 알리기 위해 바이런에 관해 쓴다. 한때 월은 비열함을 똑똑함이라고 합리화할 필요를 느낀 보수주의자들의 수호성인이었다. 트럼프가 이런 사람들을 가식적인 인간들이라며 신나게 조롱했을 때, 월은 자기 집단의 활동 범위를 잃었다.

이제 그는 한때 공화당의 투견으로서 자신이 사용했던 데니스 밀러식 멍청한 코미디언 역할을 완벽하게 역이용해, 일종의 민주당원으로 자신의 브랜드 이미지를 쇄신하기 위해 노력해야 했다(최근에 그는 트럼프에 대해 "거짓된 행동의 베수비오 화산 같은 인물"이라고 썼다).

그의 노력은 효과가 있었을지 모른다. 데이비드 프럼과 빌 크리스톨 같은 사람들도 유사한 이미지 쇄신 작업에 돌입했는데, 월보다 훨씬 열정을 바쳐 민주당 정통성의 발앞에 몸을 던졌다. 어쩌면 월도 꿋꿋이 버티려면 그들과 똑같이 해야 할지도 모른다.

이 모든 일들은 덜 치명적인 방식으로 조지 오웰의 《1984》와 유사하다. 이 소설에는 주인공 윈스턴 스미스의 동료인 사임이라는 언어학자가 등장한다. 윈스턴은 사임을 두려워하는데, 똑똑한 사임이 머지않아 자신의 비밀스러운 사상범죄를 감지할지 모르기 때문이다.

그러나 사임의 지능은 제한된 분야에만 한정된다. 그는 디스토피아적 선전 임무에 탁월하고, "뉴스피크"(Newspeak, 《1984》에서 사상을 통제하기 위해 사용하는 선전 언어)라는 끔찍하게 복잡한 언어에 통달해 있으며, 빅 브라더의 열렬한 지지자다. 오웰은 "그는 지적인 방식으로 유해한 정통파였다."라고 묘사했다.

비밀스러운 인간으로 발각될까 봐 두려움에 떨며 하루하루를 보내는 윈스턴과 달리 사임은 자신감이 넘쳤다. 그는 당을 깊이 신뢰했으므로 체포될 리 없었다.

그러나 감시의 도시 제1공대에서 어떤 면으로든 지나치게 똑똑하다는 건 일종의 위법이었다. 윈스턴은 사임이 조만간 증발될 거라는 사실을 알았다. 범죄는 잘못된 정치사상이 아니라 그야말로 지나치게 기능적인 두뇌를 갖는 것이었다.

언론에도 이런 요소가 있다. 이 업계에서 일하는 사람치고 어떤 면으로든 영리하거나 독창적인 사람은(부정적인 측면에서조차) 거의 언제나 마땅히 받아야 할 처벌의 요건을 충족한다. 그들은 어느새 더 따분하고, 더 평범하며, 더 멍청한 모습으로 바뀌고 있는 자신을 발견하게 된다.

그리하여 우리는 기본적으로 공격적인 메시지를 전달하는 것보다 이따금 빌 클린턴과 존 매케인 같은 사람들 흉내 내기에 더 열을 올리는 것처럼 보이는, 전직 베스트셀러 탑 40 디제이 러시 림보보다 더 바닥이 있음을 알게 된다.

림보는 사임이다. 그는 현대 우익의 탄생을 도왔고, 지적으로 그들만큼이나 대단히 유해하다. 그런데 바로 이것이 그의 발목을 잡는다. 그의 특별한 재능은 머리에서 나온 반면, 미디어 업계는 위장과 쓸개로 생각하는 사람들을 좋아한다. 이 업계는 진정한 사냥꾼보다 무리 지은 가축을 더 좋아한다.

러시는 조지타운대학교 학생 사만다 플레이크를 "매춘부"라고 불러 많은 동업자 관계를 잃은 후에도 여전히 오후 시간대 라디오의 거인으로 남아 있다. 하지만 이 업계에서는 적당한 반어법조차 문제를 일으킬 강력한 변수가 될 수 있기 때문에, 자신이 명석하다는 오만함, "그야말로 불멸의 미국 앵커맨"이자 "실수 없는" 인간이라는 어리석은 자화자찬─이 모든 문체론적 경박함─은 그에게 실패의 원인이 될 것이다.

다음으로 러시의 뒤를 잇는 사람은 다름 아닌 앨릭스 존스다. 존스는 방송 진행 기술만 있을 뿐 훨씬 멍청하고 자아성찰 능력도 떨어지는 또 한 명의 퉁퉁한 얼굴을 한 양아치다. 그러나 실리콘 밸리가 그의 접근을 금지하지 않았다 해도〔뉴질랜드의 이슬람 사원 총격 사건을 비롯한 혐오 범죄가 발생하자, 페이스북은 이념을 초월해 폭력과 혐오를 부추기는 개인이나 조직을 금지한다는 방침에 따라 팔로워 수가 많은 일부 인물들을 위험 인물로 간주하여 접근을 금지시켰는데, 이 가운데 앨릭스 존스가 포함되었다〕, 존스는 지나치게 불안정하고 잘못된 방식으로 자기중심적이라 어차피 파멸했을 것이다.

이 방면으로 더 적절한 본보기는 숀 해니티다. 그는 부정적인 신념일망정 그런 신념체계조차 없는 인물이다. 그는 부지불식간에 자신의 직업적 환경을 흡수해, 갑오징어가 색깔을 바꾸듯 시시각각 의견을 만들어낸다. 무비판적으로 조지 부시를 지지했다가 무비판적으로 도널드 트럼프(부시를 싫어하는)를 지지하는 방향으로 옮겨가는 그의 능력이 그를 슈퍼스타로 만드는 요인이다.

향후 30년 뒤에 해니티는 누구일진 몰라도 전前 아메리카합중국의 제국원수로부터 훈장을 받게 될 테고, 그때쯤이면 러시가 아니라 그가 "미국의 앵커맨"임이 확인될 것이다.

미디어 기관 자체가 되는 사람, 무수한 상과 명예 박사학위를 받으며 은퇴 시기를 보내는 부류의 사람은 개인적인 생각이나 관심사가 없는 사람이다. 우리는 전직 대통령들과 함께 찍은 액자 사진들과 유명인사들 생각으로 머릿속에 꽉 들어찬 사람을 원한다. 우리는 "나는 푸드 코트와 더할 나위 없이 행복한 사랑에 빠져 있기 때문에, 중독자가 크랙 코카인에 사로잡히듯 디저트 카페 시나본의 향기에 사로잡혀 있다."(NBC 뉴스 앵커, 브라이언 윌리엄스)라고 잡지 《퍼레이드Parade》에 고백할 수 있는 사람을 원한다.

오늘날 사람들이 데이브 샤펠과 존 스튜어트 같은 코미디언들을 공개 석상에서 볼 때, 그들이 마치 강제노동수용소에서 탈출한 것처럼 보이는 것은 우연이 아니다. 텁수룩한 수염, 멍한 눈빛, 자조적인 난해한 말들 등, 젠장할 어딘가에서 벗어나려는 필사적인 몸부림처럼 보이는 것 말이다. 세간의 이목을 끄는 미디어 직종에서 유머 감각이나 양심 혹은 둘 다를 갖는다는 건 빈센트 지간테〔목욕 가운과 슬리퍼 차림으로 그리니치 빌리지를 배회하는 것으로 유명한 마피아 두목. 기소를 피하기 위해 정신질환으로 위장한다는 의심을 받았는데 자신이 치매를 앓고 있다고 주장했다〕처럼 결국 까칠하게 수염을 기른 채 목욕 가운 차림으로 뉴욕이나 어디 먼 지역의 농장을 배회하게 되는 지름길이다.

3억 인구의 나라에서 의견을 선도할 장사꾼으로 우리가 선택하는 소수의 남녀는 거의 예외 없이 형편없는 작가들이다. 그들은 영감을 주지도, 이의를 제기하지도, 서정적인 표현을 하지도, 우리를 웃기지도 않는다. 돈이 차고 넘치는 미디어 기업들은 왜 군이 그들이 찾을 수 있는 가장 평범한 사람들을 고용하는 걸까? 어떤 부가적인 가치가 있는 걸까?

"통념conventional wisdom"이라는 용어를 만든 경제학자 존 케네스 갤브레이스는 그가 말하는 생각 없음non-thought의 유형에서 가장 중요한 두 가지 특징은 수용성과 예측 가능성이라고 강조했다. FBI 프로파일러들이 피해자 행동 분석을 통해 범죄의 가해자를 예측할 수 있는 것처럼, 독자와 시청자를 보고 어떤 관점이 그들을 가장 즐겁게 하는지 파악함으로써 대중적인 논평 기사가 되기 위한 모방 설계를 할 수 있다.

《뉴욕타임스》칼럼니스트 토머스 프리드먼과 그의 동료 데이비드 브룩스 같은 작가들이 완벽한 예다. 프리드먼의 주요 독자층은 뉴욕 상류층 시민과 국제적인 사업가들로, 그는 "자본주의는 놀랄 만큼 효과가 있다!"는 동일한 주제의 칼럼을 30년 동안 써왔다.

2002년에 〈슬레이트〉는 프리드먼이 왜 세계에서 가장 중요한 칼럼니스트인지에 대한 기사를 실었다. "그의 칼럼 내용이 효과가 있는 건 역사학자의 글 같아서가 아니라 광고 같은 느낌이 들어서다. 프리드먼의 모든 생각은 광고 문구로 표현될 수 있다." 데이비드 플로츠는 진심으로 칭찬하려는 의도에서 이렇게 썼다.

한편 브룩스는 《보보스》라는 책 전체에서 부유한 뉴요커들이 어떻게 소비자 취향의 정점을 이루게 되었는지를 다루었다. 브룩스의 버전이 "취향에 맞는 가구 구입에 대한 역사의 종말"이라는 점을 제외하면, 이 책은 프랜시스 후쿠야마의 저서 《역사의 종말》〔마르크시즘이 종언을 선언하고 자유민주주의적 평화가 역사의 종착점이라고 주장하여 90년대에 국제정치학계에 논란을 일으켰다〕과 같았다.

이 같은 주제들로 가득 찬 목록은 독자들—특히 상류층 독자들—이 논평란을 클릭할 때 결코 놀라거나 불쾌하게 여기지 않도록 설계된다. 유머는 기본적으로 인습을 타파하고 권력자조차 우습게 여기도록 독자를 길들이기 때문에 권장되지 않는다(적어도 다른 모든 사람들만큼 우스꽝스럽게 여기도록 독자를 길들이는데, 당연히 이것은 금기시되는 생각이다).

이 모든 내용 안에는 왜 칼럼니스트들은 잘못을 해도 결코 해고되지 않는가, 하는 자주 숙고하게 되는 수수께끼의 답이 있다. 일단 이것은 사실이 아니다. 칼럼니스트는 잘못하면 해고될 수 있다. 그러나 모든 칼럼니스트들이 다 같이 잘못하면 해고당하지 않는다. 돌이켜 보면 미국 언론의 많은 쟁쟁한 인물들이 수시로 터무니없는 잘못을 저지르고 있다는 걸 발견할 것이다. 그나마 한 가지 장점은 그들이 드러내는 잘못이 다른 모든 사람이 드러내고 있는 잘못과 같다는 것이다.

사람들에게 가장 자주 노출되는 논평은 개인적인 견해가 아니라 통념의 골자들을 종합한 것이다. 시장에서 검증된 이런 생각 없음의 형태는 아무리 지나치게 밀어붙여도 결코 처벌받는 일이 없다. 이에 대한 가장 강력한 예가 이라크 전쟁이었다(14장 〈주홍글씨 클럽〉 참조). 그러나 다른 예들도 아주 많다.

오늘날 사람들은 니컬러스 크리스토프와 러시 림보가 함께 이라크 전쟁이라는 북을 두드러댄 길 거의 애정 어린 시선으로 되돌아본다. 좋은 시절이었다고 말이다! 이 전쟁이 도저히 용서할 수 없는 살인적인 전쟁이었음에도 불구하고, 적어도 상위 언론사들 모두가 한동안 그렇게 목소리를 맞추었다.

계속되는 문화전쟁에서 두 진영이 서로 교차할 일이 결코 없을 것 같은 지금 같은 때엔, 상업 미디어의 사이비 좌파와 진짜 우파 사이의 이런 다정한 수사학적 협력이 불가능해 보인다.

단 이런 경우는 제외하고. 시리아 폭격(CNN의 정치평론가 벤 존스가 "그 순간 트럼프가 대통령이 되었다."고 공표했음을 기억하길)부터 가뜩이나 위태로운 도드-프랭크법〔오바마 정부가 2010년 7월 발표한 광범위한 금융개혁법안〕철회에 이르기까지, 심지어 트럼프의 공화당과 "주류" 민주당 사이에는 여전히 거대한 정치적 공통분모가 있다.

언론에 종사하는 우리가 분열을 상업화하는 방식—심지어 양당 협력이라는 분명하고도 중요한 영역에서까지도—의 전형적인 예로 2018년 7,160억 달러의 군비 지출 법안 통과를 들 수 있다.

이것은 엄청난 비용이었다. 민주당의 강력한 협력으로—상원에서 찬성 85표, 반대 10표로—820억 달러 증액된 트럼프의 한 해 국방 예산은 2003년이나 2004년 이라크 전쟁 군비 지출액보다 월등히 높았다.

2년간 1,650억 달러의 예산 증액은 이라크 전쟁 기간 연간 최고 지출액을 넘어섰고, 중국이나 러시아의 전체 국방 예산보다도 큰 금액이다.

그런데 국방 예산에 관한 기사는 어땠나? "트럼프, 국방 예산 관련 법안 서명, 그러나 법안명(존 매케인 국방수권법)의 주인공인 상원의원—존 매케인—은 끝내 무시"가 《워싱턴포스트》의 헤드라인이었다.

기사는 매케인이 사망하기 전에 실렸다. 《포스트》는 이 기사에 세 명의 기자(세 명이나!)를 배정해, 트럼프가 매케인을 제외한 다른 의회 의원 네 명의 "이름을 언급했다."고 비난하면서 트럼프가 매케인을 "자주 폄하했다."고 덧붙였다. 또한 굴욕감을 느낀 존 케리가 격노하며 내뱉은 말—"불명예스럽다."—을 인용했다.

《뉴욕타임스》, 《로스앤젤레스타임스》, ABC, 더 힐, CNN, CBS, AP 등이 이 기사를 이어서 보도했다. 존 매케인의 부인 신디 매케인은 트위터에도 글을 남겼다.

요약하면 이렇다. 민주당과 공화당은 위험한 신형 핵무기 개발 자금을 포함해, 이라크 침공 비용에 버금가는 어마어마한 규모의 선심성 예산으로 가득 채운 크리스마스 선물 목록을 작성하며 1년을 보냈다. 그러나 트럼프가 이 빌어먹을 것에 서명했을 때 헤드라인은 법안에 따라 붙는 이름의 주인공인 상원의원에 대해서는 한마디도 언급하지 않았다.

이것은 속임수다. 분열은 통념**이다**. 진짜 하는 일은 문화전쟁을 모든 이들의 세계에 중심이 되게 만드는 것이다.

이 문제를 더 쉽게 생각하는 방식은 통념에는 두 개의 쌍—이편에 한 쌍, 상대 편에 한 쌍—이 있다는 것이다. 미디어의 불공정한 사례에 대해 둘씩 쌍으로 생각하라. 한쪽에는 이편 글쟁이가 있고, 다른 쪽에는 상대 편 글쟁이가 있다. 한쪽 글이 다른 쪽 글보다 더 형편없을 수는 있겠지만, 중대한 이슈에 대한 그들의 거울 기사는 점증적으로 일관된 메시지를 만들어 간다.

사람들은 왜 우리를 싫어하는가?라는 문제, 대중이 언론을 불신하는 이유를 예로 들어보자. "진보적 편향" 문제의 대사제는 에미상 수상자이며 전 CBS 프로듀서인 버나드 골드버그다. 골드버그는 1996년에 "방송은 현실 검증이 필요하다"라는 제목의 《월스트리트저널》 사설을 시작으로 현대 보수주의자의 관점에서 본 진보 언론에 관해 글을 썼다.

진보적 편향이라는 종교의 최신 교리는 대부분 이 초기의 사설에서 찾을 수 있는데, 그는 이후 크게 성공한 최고의 베스트셀러 《뉴스의 속임수Bias》에서 이 내용을 아주 길게 설명했다.

불쾌한 논제를 수술로 도려냈다면, 그리고 그것을 극단적으로 자기중심적인 TV 방송의 성격에 관한 충격적인 진실 폭로로 재구성했다면 《뉴스의 속임수》는 정말 재미있는 책이 되었을 것이다. 몇 군데 수정을 거치면 "댄 래더의 참을 수 없는 개소리들The Unbearable Full-of-Shitness of Dan Rather"로 다시 쓸 수도 있고, 위대한 코믹 영화나 〈래리 샌더스 쇼 Larry Sanders〉〔가상의 래리 샌더스 심야 토크쇼를 무대로 한 시트콤〕 같은 성격의 장편 시리즈물 소재가 될 수도 있었을 것이다.

하지만 안타깝게도 그는 다른 길을 선택했다. 《뉴스의 속임수》의 기본 줄거리는 민주당 대선후보 조지 맥거번에게 두 번 표를 던졌고 평생단 한번도 공화당을 찍은 적이 없는 골드버그가 수년간 자신이 몸담은 CBS 방송의 진보 성향에 시달린 과정을 담고 있다.

골드버그의 인생을 바꾼 전환점은 아마도 플로리다에 거주하는 이웃사람—배관공 조〔오바마와 매케인의 대선 당시, 오하이오주의 배관공 조가 오바마의 세금 정책대로면 세금을 많이 내 사업체를 인수하기 어렵다고 하자, 매케인 측은 '배관공 조 같은 서민'에게 불이익을 주는 세금 정책을 개선하겠다고 홍보해 한동안 이 문제로 두 후보가 설전을 벌였다)를 연상시키는 제리 켈리라는 이름의 "전형적인 백인 남성" 건축업자—이 그에게 전화해 CBS 기사에 대해 불평을 터뜨린 순간인 것 같다.

켈리는 댄 래더가 진행하는 CBS 쇼 〈현실 검증 Reality Check〉을 시청하고 있었는데, 그날 방송에서는 대통령 후보 스티브 포브스와 그의 소득세 일률 과세 제안을 다루고 있었다. 기자 에릭 엔버그는 기사를 보도하면서, 일률 과세에 대해 어리석은 발상이라고 여기는 전문가 세 명의 말을 인용했다.

엔버그 자신은 "터무니없는" 같은 단어들을 사용해 이 구상에 대해 설명했고, "알바니아"에서 이 구상을 시험해야 한다고 제안한 익명의 경제학자 말을 인용하면서 보도를 마쳤다. 그러고는 히죽 웃으며 이렇게 덧붙였다. "지금까지 워싱턴 CBS 뉴스에서 에릭 엔버그였습니다."

쇼를 시청한 켈리는 골드버그에게 전화를 걸어 불평을 터뜨리며 말한다. "요샌 건방지고 잘난 체하는 인간들이 개나 소나 뉴스를 하나 봅니다." 골드버그는 허리케인 앤드루가 지나간 뒤에 켈리가 자기 집을 고쳐주어 "우리 가족을 구했다."고 말하면서, 켈리가 평범한 남자임을 강조하며 그가 했던 말을 그대로 옮겼다.

모르고 그랬는지 알고도 그랬는지 모르겠지만, 골드버그는 이 평범한 사람을 만화처럼 희화화했는데, 이것은 훗날 그가 "진보주의 언론들"이 하는 짓이라며 비난하게 될 바로 그런 일이었다. 《뉴스의 속임수》는 성실하고 선량하며 타의 모범이 되는 "조용한 다수"라는 상투적인 표현도 만들어냈다. 상류층 언론쟁이들의 꼴불견 속물근성에 조롱당하는 미국인 친구들(늘 친구란다)이라는 의미로 말이다.

1972년 이후 평생 이 업계에 몸담고 있어 저널리즘의 메커니즘을 속속들이 알고 있던 TV 프로듀서 골드버그가 옳았다. 〈현실 검증〉 쇼는 혹평을 받았고, 엔버그는 분명히 그의 보도를 시청한 이들을 놀리고 있었다.

그러나 엔버그는 제리 켈리 같은 평범한 사람들을 놀린 것이 아니었다. 그가 놀린 대상은 세상에서 가장 멍청한 인간 중 하나이며, 입안에도 달러를 잔뜩 쑤셔 넣었는지 완고한 얼굴에 빵빵한 뺨으로 소름끼치는 미소를 지으면서 코맹맹이 소리로 연설을 하는 타고난 억만장자 괴짜 스티브 포브스였다.

트럼프 시대 이전이었다면, 포브스가 **대통령에 출마하려는 가장 무모하고 무능한 부자 얼간이들** 대열의 선두였을 것이다. 그의 소득세 일률과세 제안은 세상의 제리 켈리들에게 상대적으로 더 많은 세금을 내게 하고 스티브 포브스들에게는 더 적은 세금을 내게 하려는 투명한 술책이었다.

골드버그는 이 부분을 생략했다. 이것이 이 이야기에서 유일하게 중요한 부분이라는 것이 안타까운데, 그가 나른 내용들은 다 잘 다뤘기 때문이다.

골드버그는 뉴스 업계에 거만한 멍청이들이 수두룩하다는 사실을 정확히 포착한다. 골드버그가 뉴스 업계의 진보적 편향성을 《월스트리트 저널》 사설에 고발하겠노라고 그의 동료이자 상사인 댄 래더에게 말하자, 래더는 분노를 터뜨리며 말했다. "자네 말을 듣고 있으려니 가슴 깊이 분노가 치밀어 오르는군." 그러면서 골드버그에게 자신은 젊었을 때 한 번도 아닌 두 번이나 해병대에서 복무했다는 걸 상기시켰다!

계속해서 골드버그는 래더의 휴가 기간 동안 오클라호마시 무라 연방정부청사 건물 폭파 사건이 일어난 에피소드를 이야기했다. 앵커였던 댄 래더를 다시 회사로 호출했지만, 그 사이에 누군가가 뉴스를 진행해야 했고 마침 코니 정이 있었다.

168구의 시신이 여전히 타고 있는 동안, 래더는 CBS에 나타나서는

"코니가 먼저 방송을 했다는 사실에 몹시 격분한 나머지" 언론계 친구들에게 전화를 돌려 정이 얼마나 이류 저널리스트인지를 오프더레코드로 몇 시간 동안 떠들어댔다.

이 모두가 기본적으로 "진보적 편향"이라는 종교의 창세기 1장 1절이다. 골드버그의 이야기는 뉴스인 척 위장한 논평들을 거의 꾸준히 내보내고, 래더처럼 자만심이 하늘을 찔러 비난의 기미가 아주 약간만 느껴져도 고함을 지르며 자기가 공인입네 떠드는 사람들로 가득 찬, 상위권 전국 네트워크 뉴스들에 관한 실화다.

이 이야기는 댄 래더에게 몹시 불쾌한 "엘리트" 역할을 주고, "개나 소나 뉴스를 한다."라고 말한 미천한 하청업자 제리 켈리를 노동자 계급의 피해자로 만든다. 그러나 이 모든 내용은 적어도 서른 살이 될 때까지 제 손으로 코 한번 푼 적 없었을 뼛속까지 귀족인 남자, 스티브 포브스의 정치적 견해를 팔기 위해 이용된다.

사람들은 이 불경한 삼위일체 안에서, 언론과 할리우드에게는 "엘리트" 역을 주는 한편, 기업 지배자층은 TV 카메라에 잡히지 않도록 보호해야 한다는 현대 보수주의의 전반적인 주장을 개략적으로 알 수 있다.

버나드 골드버그가 창시한 "진보주의 미디어"에 관한 논쟁은 거의 언제나 미디어 기관에서 요직을 차지하는 이들의 개인적인 정치 성향에 초점을 맞춘다. 그리고 그 수는 실제로 무시하기가 상당히 힘들다. 최근 《워싱턴포스트》에 실린 통계자료만 보더라도 기자들의 7퍼센트만이 현재 공화당원임을 알 수 있다.

내 아버지와 유사한 경로로 저널리즘의 길을 걸었던 골드버그는—아버지는 60년대에 러트거스대학교에 다녔다—그의 동료들이 선호하는 상위권 대학을 수시로 언급한다. 그러니까 예를 들면, 전 CBS 부사장 존 클라인은 "아이비리그 브라운대학교를 다녔다."는 식으로 말이다.

이것은 그가 정치적 위선을 비꼬며 자주 쓰는 말 중 일부다. 그는 "그들은 소수계 입학 우대 정책을 적용하는 학교를 좋아한다. 자기 자식들이 아이비리그에 입학하는 한은."이라고 꼬집어 말한다.

특히 전국적인 차원에서 뉴스 사업은 계급적인 의미에서 과거와 크게 다르다. 과거의 뉴스 사업은 신문사나 인쇄소의 사환으로 시작한 노동자 계급 사람들을 위한 직종이었다면, 요즘은 등록금이 비싼 대학 졸업자들이 거의 독점적으로 포진해 있는 그들만의 전유물이다. 그리고 대학 졸업 후에 이 업계에 뛰어드는 대부분의 사람들은 적어도 당파적인 관점에서 상당히 편파적인 정치적 견해를 갖고 시작한다.

〈컨서버피디아 Conservapedia〉〔사회정치적, 기독교적으로 보수적인 색채가 짙은 온라인 백과사전 사이트〕는 조지워싱턴대학교의 연구 결과에서 발췌한 통계자료를 인용한다. "2004년 대통령 선거에서 케리와 부시에게 기부한 예일대 교수의 비율은 150 : 3이었다. 프린스턴에서는 114 : 1의 비율을 보였고 하버드에서는 406 : 13이었다."

어느 정도 맞는 말 같다. 이런 의미에서 전국지는 문화적·정치적으로 거품이며 한동안 그래왔다는 골드버그의 생각은 정확하다.

그는 "닉슨에게 투표한 사람을 단 한 사람도 알지 못하기 때문에!" 맥거번이 닉슨에게 패배할 거라고 믿지 않는다고 했던 《뉴요커》의 영화평론가 폴린 케일에 대해 언급했는데, 동일한 역학 관계가 여전히 유효하다는 점에서 이 이야기는 트럼프에게 적용할 수도 있었겠다.

그가 생략한 내용은 이 모든, 대학을 졸업한 민주당 지지자들이 훨씬 광범위한 차원에서 사실상 전혀 다른 방향으로 흐르도록 보도를 지시하는 피도 눈물도 없는 거대 기업들을 위해 일한다는 것이다.

골드버그에게 초미의 관심사는 문화 전쟁이라는 쟁점들이 세상의 댄 래더들의 손에서 어떤 식으로 다루어지느냐이지만, 그는 완전히 오해하고 있다. 그의 "진보적 편향"에 관한 첫 번째 사설을 보도하지 않은 《뉴욕타임스》와 이 언론사의 부당한 행태에 관한 다음 문장을 예로 들어보자.

오트볼타의 경제 상황이나, 아제르바이잔의 레즈비언 선출직 공무원 당선, 혹은 피지의 사회적 약자 우대 정책에 대한 기사를 위해 신문 1면을 할애하곤 했던 세계에서 가장 중요한 이 신문은 한 네트워크 뉴스 기자가 취재한 미디어의 편향에 대해서는 단 몇 단락조차 실을 가치가 없다고 생각했다.

그런데 사실 우리는 기본적으로 아프리카에 대해 전혀 보도하지 않는다. 게다가 오트볼타는 버나드가 《뉴스의 속임수》를 쓰기 15년쯤 전에 이미 부르키나 파소로 국명을 바꾸었다. 요즘 상황은 정확히 어떤지 모르겠지만, 2007년에 아프리카에 지부를 둔 미국의 뉴스 방송사는 ABC가 유일했다. 그러니까 수십억 시청자를 위한 단 하나의 TV 지국인 것이다.

수많은 제3세계인이 죽어야 우리가 한 명의 미국인 사망자, 특히 상류층 미국인 사망자에게 전념하는 방송 같은 것을 할 수 있다고 여러 연구들이 지속적으로 제시하고 있다(그리고 이 업계 사람들 모두가 알고 있다).

지금까지 이 나라 언론에 관해 기록된 가장 추악한 통계 중 하나는 2004년부터 2008년까지 콩고에 대한 CNN의 보도이며, 이는 골드버그의 논지를 완전히는 아니지만 거의 입증한다. 당시 전쟁, 대량학살, 그리고 질병과 같은 문제들로 한 달 사이에 약 5만 명의 콩고인이 죽어가고 있었다. 이는 지난 몇 백 년 동안 일어난 심각한 인도주의적 재난 중 하나로 사망자 수는 2차 세계대전 사망자 수에 필적한다.

그러나 이 4년의 기간 동안 CNN의 〈앤더슨 쿠퍼 360° Anderson Cooper 360〉의 아프리카 편 44개 중 안젤리나 졸리나 곤경에 처한 고릴라가 나오지 않는 방송은 16개뿐이다.

제3세계 국가의 레즈비언들에 대해서는 잊어버리시길. 우리는 제3세계 국민들은 보도하지 않으니까.

골드버그는 그의 독자들에게 "진보주의 편향"은 중요하게 다루어지지 않는 내용이라고 일관되게 이야기한다. 그는 이것이 "네트워크 뉴스의 한계를 상당히 벗어난 주제"라고 말한다.

아무리 코카인 연기를 들이마셔도 이 문장은 사실처럼 보이지 않을 것이다. 네트워크 뉴스가 보도하지 않는 주제가 진보적 편향이라는 "한 가지 주제"뿐이겠는가? 전국의 언론이 매일 같이 간과하는 기사들이 무궁무진하다.

미성년자 노동, 채무 노예, 인권 유린(특히 미국 종속국들의), 화이트칼라 범죄, 핵무기나 농업 폐기물과 관련된 환경 위기, 군납 비리(지금까지 국방부는 6조 달러 이상의 국방비 지출 내역을 설명하지 못하고 있다), 기업 탈세 등 그 밖에도 다루지 않는 주제들이 수십 가지다.

과정을 다루는 기사는 어떨까? 평범한 미국인이 세계은행이 어떻게 운영되는지 알까? 독자들은 "구조 조정" 같은 용어들을 들어봤을까? 해외 민간 투자공사가 뭐 하는 곳인지 누가 알겠는가? 중앙은행은 무슨 일을 하는 곳이지? 법안은 의회에서 어떻게 통과되는가? 군대 병력은 어떤 방식으로 어디로 배치되는가?

평범한 미국인은 우리가 현재 149개 나라에 특수부대를 배치하고 있다는 걸(전 세계 75퍼센트에 해당하며, 그 수는 트럼프 재임 기간에 확대되었다) 알고 있을까? 우리가 8개 나라에서 계속 전투 작전을 진행하고 있다는 사실은?

이런 광범위한 보도 누락은 뉴스 회사들의 진정한 편향을 반영한다. 보병대 수준의 이 업계에서 일하는 이른바 "진보주의자들"은 매일의 뉴스 방송이라는 참호에 배치되어, 보도 지시를 받지 않는 중요한 기사들, 대개 본질적으로 복잡하고 제도적인 기사들에 좀처럼 관심을 갖지 않는다.

골드버그가 특별히 미는 "진보주의 편향"은 트럼프로 향하는 길에서 중요한 현상이었다. 그는 뉴스 업계라는 특정 집단에 관한 추악한 진실을 포착했고, 저널리스트들은 "엘리트"일 뿐 그들의 상사나 광고주는 아니라는 걸 주장하기 위해 이 진실을 이용했다.

트럼프는 이 주장을 진척시켰고 2016년에 선거 유세장에서 이용하기 시작했다. 그리고 이 주장은 이후로 그의 수사적 표현의 핵심이 되었다.

역설적이게도 골드버그는 "진보주의 언론"의 편향이 문제일 수 있지만 폭스도 나을 건 없다며, 몇 년 전—너무 늦게—빌 오라일리와 논쟁을 시도했다(사실 폭스가 100배쯤 더 나쁘지만, 시도했다는 점을 인정해 주자). 그는 "진보적인 언론사들은 진보주의의 실수를 가볍게 여길 테지만, 폭스 뉴스는 보수주의의 실수를 가볍게 여길 것"이라고 말했다.

당연히 오라일리는 이 간단한 논평 앞에서 멈칫했고, 그리하여 다음과 같은 대화가 이어졌다.

> 골드버그: 그래서 폭스는 보수주의 방송사가 아니다, 그게 당신이 우리에게 하려는 말입니까?
> 오라일리: 네, 한번도 그렇게 생각해 본 적이 없어요. 폭스가 보수주의 방송사라니요…나는 폭스가 전통적인 보수주의자들이 타 방송사에서 내지 못하는 목소리를 내게 해준다고 믿습니다.

빌 오라일리가 폭스가 "보수주의 방송사"임을 조금도 인정할 수 없다는 것은 저쪽의 혼란 혹은 어쩌면 냉소적인 편견이 얼마나 깊은지에 대해 사람들이 알아야 할 거의 모든 내용을 말해 주고 있다.

《뉴스의 속임수》에서 말하는 속임수—속이 빤히 들여다보이는 어리석은 짓임에도 편향성이 작용하는 이유—의 다른 일면은 실무에 있는 대부분의 저널리스트들은 그것이 어느 정도 사실임을 인정하기엔 자만심이 너무 강하다는 것이다. 우익에서는 우리를 유머 감각 없는 상류층 속물이라고 희화화하는데, 사실 우리는 그런 모습을 계속해서 입증해 보여주고 있다.

'사람들은 왜 우리를 싫어하는가?'라는 논의에 대해 현직에 종사하는 대부분의 기자들이 지지하는 주장은 다음과 같다.

1. 언론에 대한 불신의 대부분은 보수주의자들에게서 발견된다. 통계학자이자 여론조사 전문가이며, 정치에 관한 글을 쓰기 시작한 후로 어쩌다 보니 세상만사에 대해 고급 데이터로 접근하는 재판관이 된 전직 야구 통계 전문가 네이트 실버는 이 문제를 간단하게 요약했다. "공화당은 미디어를 엄청 싫어하고, 민주당은 미디어를 약간 싫어한다."

2. 불만스러운 공화당 지지자들은 도무지 현실에 대처할 수 없어서 몹시 속상하다는 식으로 생각이 흘러간다. 코미디언 스티븐 콜베어나 《뉴욕타임스》의 폴 크루그먼 같은 깨어 있다는 언론인들이 서둘러 똑같이 지적한 것처럼, 그 이유는 현실에서는 "진보적 편향성이 널리 알려져 있기" 때문이다.

3. 그러므로 일반 사람들은 사실상 우리를 싫어하지 않는다. 그들은 단지 현실을 싫어할 뿐이다.

우울하게도 이것은 저널리즘 특유의 흔한 수사적 표현이다. "사람들이 뭘 알겠어." 그리고 이것은 우리가 어떤 상황에 대해 제대로 된 설명을 하기 궁할 때 끄집어내는 말이다.

그들은 우리의 자유 때문에 우리를 싫어한다는 일명 조지 W. 부시즘〔이라크를 공격해 전쟁으로 문제를 해결하려는 부시의 태도와 그의 앞뒤가 맞지 않는 말실수에 대해 만들어진 용어〕은 미국의 중동 야심에 대한 이슬람 국가들의 적의를 해명한 것으로, 수년 동안 거의 의심 없이 받아들여진 이 장르의 전형적인 예다. 같은 해명의 다양한 버전들(클린턴의 "개 탄스러운" 논평의 속편들)이 트럼프 현상에 대해 그럴 듯한 설명이 되고 있다.

그런데 우리는 이 대답이 우리가 왜 비호감인가 하는 문제에 적용되는 걸 가장 자주 본다. 골드버그가 처음 대중에게 공개하고 트럼프 선거 이후 더 자주 공개된 이후로, 진보적 편향이라는 종교의 포착하기 힘든 출처를 찾아 중부 지역으로 수차례 원정이 이루어졌다.

2017년 말, 이 문제를 해결하기로 결심한 《워싱턴포스트》 기자 마거릿 설리번을 예로 들어보겠다. "미국을 다시 위대하게 만들자"는 트럼프 대통령의 슬로건을 지지하는 독자들의 비열한 욕설에 지친 설리번은* 분노의 편지를 보낸 트럼프 지지자, 대니얼 헤이스팅스에게 답을 하기로 결심했다.

헤이스팅스는 설리번에게 워싱턴 D.C., L.A., 뉴욕의 미디어 거품을 떠나 "미국의 심장부를 방문하라. 식당이나 벼룩시장에 가라. 사람들과 대화를 나누어라. 그런 다음 돌아와 악의나 기만 없이 보도하라⋯."라고 요구했다.

설리번은 우선 불쾌해했고 결국 이렇게 말했다. 그런 불평들은 이미 실컷 들었다고. "나는 2017년에 이스탄불, 모스크바, 심지어 파리에서 연설하라는 초대까지 마다하고, 대신 애리조나, 앨라배마, 위스콘신, 인디애나, 그리고 펜실베이니아 소도시를 방문한 사람이다."라고 썼다.

이처럼 대단한 희생이 헤이스팅스 같은 사람들의 성에 차지 않았다는 사실에 짜증이 난 설리번은—나는 진즉 파리 여행도 걸렀는데 말이야!—마침내 독자의 도전을 받아들였다. 그녀는 결국 뉴욕주 앵골라를

• 설리번은 총으로 위협을 받았고, 어느 독자에게는 칼로 가슴을 도려내겠다는 말을 들었으며, 저질스러운 욕설도 들었다고 보도했다.

"미국의 중심" 현장으로 결정했다(지도에서 이곳은 펜실베이니아주 이리와 뉴욕주 버펄로 사이에 작은 얼룩처럼 보이는 지역으로, 내 생각에 이곳이 선택된 이유는 탐탁지 않은/세상 어디에도 없을 누추한 장소라는 워싱턴 D.C. 기자의 완벽한 구상 때문인 것 같다).

헤이스팅스의 제안대로 설리번은 서민층 삶의 맥을 짚어보기 위한 노력의 일환으로 꼬박 6주 동안 그곳의 "식당과 벼룩시장, 피자 가게"를 돌아다녔다.

"진짜" 사람들과의 연결을 증명하려면 이처럼 자기 나라로의 인류학적 탐험을 조직할 필요가 있다는 어느 국내 뉴스 기자의 경외심 가득한 유머에 영향을 받은 건 결코 아니었지만, 어쨌든 설리번은 노력했다. 그리고 여러 가지 결론을 가지고 돌아왔다.

그녀는 소셜 미디어에 드러나는 기자들의 비난조와 거만한 어조가 아마도 독자들의 심기를 불편하게 했을 거라고 인정했다. 하지만 그녀가 내린 결론의 대부분은 비난의 손가락을 다시 독자들에게 향하게 하는 것이었다.

그리고 그녀는 이때 만난 제이슨 카라는 이름의, 마이크 저지 감독 영화의 캐리커처 같은 한 남자에 대한 유독 불쾌한 예를 간단히 소개했다.

> 위스콘신주 그린 베이에 거주하는 제이슨 카와의 대화는 더욱 최악이었다. 오네이다 부족〔뉴욕주 중부에 거주하는 북미 원주민〕 출신인 이 중년 남자는 뉴욕 서부에 사는 여자 친구를 방문하고 있었다. 키뱅크 주차장에서 "본 투 칠 Born to Chill" 티셔츠 차림으로 포드 F-150 소형 트럭 운전석에 앉은 카는 자신은 언론 보도가 기껏해야 대기업의 심사와 검열을 받는 "인형극"처럼 보인다고 나에게 말했다.
> 그는 미국 정부가 9/11 공격에 책임이 있고, 2012년 코네티컷 샌디훅 초등학교에서 벌어진 총기 난사 사건은 미리 계획된 것이라는 등

의 음모론을 믿는다.

음모를 조장하는 〈인포워스Infowars〉 같은 사이트의 엄청난 팔로잉 수
로 분명하게 알 수 있듯이 [카의] 믿음은 결코 혼자만의 것이 아니기
에, 나는 고개를 가로저으며 대화를 그만두었다.

설리번은 후하게 평가하려 애썼다. 그녀는 카가 "통례가 아닌 예외"라
고 썼다. 그리고 이렇게 덧붙였다. "그러므로 그의 불만은 내가 수차례
반복해서 마주친 다른 일들만큼 신경 쓰이지 않았다. 무관심하달까… ."
그리하여 그녀는 다음과 같은 핵심 결론을 내렸다.

> 상당히 많은 사람들이 실제로 뉴스에 관심을 갖거나 크게 흥미를 느
> 껴 뉴스에 귀를 기울이는 것이 아니라, "미디어"에 대해 막연하게 불
> 평하면서 만족해했다. 책임감 있고 정보에 밝은 시민이 된다는 개념?
> 그런 건 매우 드물었다.

사람들은 관심이 없다, 라고 그녀는 결론을 내렸다. 독자들은 배움이
될 일을 하지 않을 것이다. 무지의 순환에서 벗어나기엔 그들은 너무 게
으르다. 그들은 그저 무책임하고 나쁜 시민일 뿐이다.

나는 이 기사에서 카의 정치적 견해에 정확하게 공감이 되지는 않지
만, 그의 머릿속에서 어떤 생각이 지나가고 있을지 알 것 같다. 카는 "평
범한" 사람을 발견하기 위해 초대장과 지도가 필요한 설리번을 만난다.
그리고 뭐라고 딱 꼬집어 말할 수는 없지만, 그녀가 자신에게 잘난 척하
고 있다는 걸 감지한다. 그는 자신의 정신 나간 신념 체계를 그녀에게
퍼붓고, 그녀는 고개를 끄덕이며 노트에 그것을 받아 적은 다음 집으로
돌아가, 사태를 제대로 이해하기엔 그곳 사람들은 너무 게으르다는 식
의 글을 쓴다.

내 경험상 보수주의자들이 기자들을 싫어하는 주된 이유는 우리를 위선자로 여기기 때문이다. 우리는 우리가 어떤 계급에 속한다는 생각, 혹은 우리 종족만의 신념을 갖고 있다는 생각을 거부한다. 때때로 위선은 그들이 보아온 모습에서 드러난다. 백인만 거주하는 안락한 교외 소도시의 중심지에서 인종차별에 격분하고, 이따금 푸에르토리코 정원사에게 팁을 쥐어주거나 공화당을 지지하는 배관공을 고용하는 상류층 진보주의자의 모습에서 말이다.

그러나 그 가운데 많은 부분이 접근 방식과 말투와 관련이 있는데, 마이크 로이코나 잭 뉴필드 같은 과거의 칼럼니스트들이 노동자의 언어로 글을 쓰는 걸 창피하게 여기지 않았던 것과는 달리, 우리는 드러내놓고 전문직 분야의 독자들을 위해 글을 쓰고 그들을 찬양하고 있다.

그러나 그보다 더 중요한 문제가 있다. 작가로서 누군가를 설득하는 데 실패한다면 그것은 언제나 작가 본인의 잘못이거나 혹은 그렇게 생각해야 한다는 것이다. 어떤 독자들은 다른 독자들에 비해 다가가기가 더 어렵다며 자신을 위로할 수는 있겠지만, 커뮤니케이션 업계에 종사하면서 의사소통에 실패한다는 건 개인적으로 해결해야 할 문제다.

사람들은 정보를 알아내기엔 너무 게으르기 때문에 미디어를 싫어한다는 말은 **그들은 우리의 자유 때문에 우리를 싫어한다**는 말의 언론 버전이다. 또한 이 업계 내부의 표준적인 사고방식이며, 사실상 고전적인 멜 브룩스〔미국의 코미디언이자 배우 겸 감독〕 농담의 재미없는 버전일 뿐이다.

폐하, 농민들이 반란을 일으키고 있사옵니다!

과연 맞는 말일세, 워낙 형편없는 인간들이니!

트럼프의 당선은 설리번식 집중 취재를 촉발했다. 한 가지 진전이 있다면, '농민들이 반란을 일으키고 있사옵니다'의 덜 노골적으로 불쾌한 버전인 이른바 "미디어 문맹"이 학계와 언론 비평계 내부에서 사람들 입에 오르내리기 시작했다는 것이다. 이 이론에 따르면, 미디어에 대한 증오는 사람들(즉, 멍청한 보수주의자들)이 출처의 타당성을 판단하는 데 어려움을 겪는 디지털 시대의 "혼란"에서 유발되었다.

물론 "미디어 문맹"이라는 개념에는 폭스가 교육받지 못한 사람들을 호도하기 위해 설계된 대단히 악랄한 오보 플랫폼이며, 그건 두말할 나위가 없다는 생각이 얼마간 수반된다. 그러나 우리는 마치 놀라운 일이라는 듯 정기적으로 그런 기사를 싣는다.

《워싱턴포스트》조차 폭스가 미국 대통령의 진술을 수정을 거치지 않은 채 그대로 방송했다는 걸 기사로 내보내는 지경에 이르렀다.

대체 그들이 왜 대통령의 진술을 바로잡겠는가? 그들은 뉴스 산업에 종사하지 않는다. 그들은 미디어 소유주의 우파적 사고를 전파하는 한편 분노한 시시한 늙다리들에게 광고를 팔아먹는 일에 종사한다. 이 사실을 지적하지 않는 이유는 단 하나, 시청자들이 다른 TV 방송사의 비즈니스 모델은 뭔지 궁금해하게 만들 수도 있기 때문이다.

그럼에도 불구하고 **사람들은 왜 우리를 싫어하는가?**라는 질문은 뉴욕대학교의 제이 로젠 같은 저명한 언론 비평가들이 트럼프가 주도하는 "저널리스트를 향한 증오 운동"을 거론하면서 일단락되기 시작했다. 우리 저널리스트들을 "국민의 적"이라고 부를 정도로 반언론 정서를 고조시키겠다는 대통령의 결심은 옆길로 빗나갔다.

기존의 반언론 정서를 호소하고 수십 년 동안 이어져 온 선거보도 관행을 조롱함으로써 한때 선거에서 승리를 이끌었던 바로 그 자리에서, 이제 트럼프는 상의하달식 혐오 운동의 수장으로 묘사된다. 그는 나일강의 발원지가 되고 있다. 이제 이 모든 일에 우리는 아무런 책임이 없다!

2016년 이전에 저널리스트들은 자신들의 직업에 대한 신뢰도가 하락하고 있음을 알아차렸고, 가끔 그 이유를 궁금해했다. 이따금 우리는 기자들 개개인의 진보적 정치 성향이 요인임을 인정했다.

업계 내에서는 전 세계를 누비는 우리의 근사한 라이프스타일을 독자들이 질투한다는 말도 나왔다. 대량살상무기 사태, 래더가 보도한 부시의 주 방위군 복무 특혜 의혹, 내가 일하는《롤링스톤》의 버지니아대학교 집단 성폭행 기사 오보 논란은 이따금 신뢰 상실의 한 원인으로 언급되었다.

아주 드문 경우지만, 우리는 브렛 파브〔NFL의 스타 쿼터백〕의 은퇴 결정이나 케이시 앤서니〔유흥에 방해된다는 이유로 2살배기 딸을 살해한 미혼모〕 재판 같은 사건들을 마치 워터게이트나 달 착륙처럼 취재하려 드는 우리의 억지가 어쩌면 우리를 문제 삼는 대중의 능력에 영향을 주었을지 모른다고 생각할 때도 있었다. 내 경험상 기자는 사람들이 취기가 돌기 전에 미리 술에 취해 있어야 했다.

그러나 2016년 선거 이후로 "사람들은 왜 우리를 싫어하는가?" 하는 의문을 대부분의 기자들은 경우 전적으로 트럼프와 연결했다. 독자들도 마찬가지로 완고해졌다. 우리는 더욱 더 흑백 주장에 매달리게 되었다.

골드비그의 주장대로 미디어가 진보라는 사이비 종교 집단이거나, 설리번이 묘사한 대로 시청자가 스스로 정보를 알아내야 할 의무를 거부하는 답 없는 무식쟁이거나 둘 중 하나다.

어느 쪽 해석도 정확하지 않다. 무엇보다 언론은 일종의 사업으로, 치즈버거나 팬티를 파는 것만큼이나 상업적이다. 우리는 콘텐츠를 판다. 그리고 우리가 파는 것보다 팔지 않는 것이 훨씬 중요하다.

폭스나 CNN이 대중에게 보여주지 않는 광대한 삼라만상을 훑어보고 싶다면, 가끔 미국 언론 감시 단체인 "검열 프로젝트Project Censored"의 검열 내용을 정독하면 된다. 공상과학 영화나 디스토피아 영화에서처럼 어떤 재해가 일어나면 ― 예를 들어 허리케인이 닥친다든지 ― 우리는 사회에 대한 확실하고 결정적인 사실들만 듣는다.

허리케인 카트리나로 인해 사람들은 한동안 도시 빈민 문제를 생각하지 않을 수 없었다. 허리케인 플로렌스로 인해《뉴욕타임스》와 그 밖의 언론들은 마침내 오래전부터 건강을 위협했던 기업형 돼지 농장에서 가축의 배설물이 쌓여 만들어진 유해한 거름 웅덩이에 주목해야 했다.

정치에서와 마찬가지로 "좌파"와 "우파" 미디어인 MSNBC와 폭스 사이에는 중첩되는 영역이 상당히 많다. 겉으로 보기에 상반되는 정치적 성향에도 불구하고 두 채널 모두 똑같이 광고를 수용하는 시청자들이 필요하다.

그러므로 둘 중 어느 채널도 멕시코 노동자들이 당신 아이의 장난감을 만들기 위해 일당 70페소〔한화로는 약 1,600원〕를 받고 일하는 마킬라도라 산업〔멕시코 등의 국가에서 값싼 노동력을 이용하여 조립 가공 및 수출업을 하는 외국 기업에게 혜택을 주는 제도〕에 관한 기사로 당신을 거북하게 만들지 않을 것이다. 방송 중간에 광고로 나가는 값싼 햄버거로 만들어질 소에게 먹이기 위해 전 세계적으로 숲을 개간하고 있다는 정보를 전달해 시청자를 불안하게 만들지도 않을 것이다.

뉴스 시청 시간 동안, 훌루〔Hulu, 미디어 스트리밍 서비스〕에서 영화를 내보내는 동안, PGA 투어 중계가 나가는 동안, 그리고 US 오픈 테니스 대회에서 서브를 넣는 로저 페더러의 뒤편에서, 시종일관 웰스 파고 은행과 체이스 은행 광고를 내보내는 사이에 은행 구제 금융을 다루는 내용으로 시청자를 지루하게 만드는 일은 어느 방송사도 좀처럼 하지 않을 것이다.

다른 이유들로 어느 채널에서도 보도하지 않는 다양한 내용의 기사들이 있는데, 그중 대부분이 군대나 국제 금융 기관에 관련된 것이다. 반대로 모든 채널에서 안전하게 보도할 수 있는 한 가지 기사는 우리가 서로를 얼마나 미워하느냐이다. 이런 기사는 어떠한 제도적·상업적 금기도 위반하지 않는다.

이것이 아마도 당신이 투표했을 한 사람을 포함한 85명의 상원의원, 터무니없는 1,600억 달러 군비 증액 승인이 "트럼프, 법안에 서명하는 동안 매케인 무시"가 되는 이유다.

현대 언론에서는 독자들이 기사를 볼 때쯤이면 번번이 합의가 불화로 바뀌어 있다. 우리의 광고주들이 독자들을 맥도날드 같은 또 다른 중독에 빠지게끔 일러줄 수 있도록, 우리는 독자들을 갈등 기사에 탐닉하게 만든다.

완벽한 비즈니스 모델이다.

4. 평범의 대사제들이 선거를 치를 때

나는 지난여름 MSNBC, 블룸버그, ABC의 정치 전문기자이며, 저서 《게임 체인지》로 유명한 마크 핼퍼린과 존 하일먼의 협력 관계가 깨졌다는《워싱턴포스트》기사를 읽고 마음이 씁쓸했다.

핼퍼린의 성추행 스캔들 때문에 하일먼은 이제 자신의 오랜 동료와 함께 일하길 거부하고 있다. 그로 인해 두 사람은 더 이상 대통령 정책에 대해 잘못된 판단을 하는 것으로 많은 돈을 벌 수 없게 될 것이다.

하일먼과 핼퍼린은 한때 미국 통념의 신뢰할 수 있는 나침반이었다. 그들은 진실이 무엇이든 반대로 향했고, 전국의 언론들은 대개 그들을 따랐다. 그들은 자신들이 만들어낸 정치 서사들에 대해 논평하는 기술,

즉 그들이 쓴 글에 대해 기자들이 쓰고, 그 글에 대해 다시 또 글을 쓰는 식의 훌륭한 관행을 완성했다.

이 두 사람을 증오-미디어 사업의 선구자로 만든 것은 단순한 게으름을 비하 캐리커처와 결합시킨 그들의 방식 때문이었다. 그들은 유권자들을 워싱턴 정치 전략의 손에 놀아나는 멍청이로 묘사하는 관행을 소중히 간직했고, 객관적이지 않은 지어낸 논평 하나로 18개월 동안 "롬니의 중도파 돌진은 성공할까?", "후보자 아무개는 [이런저런 일을] 극복할 수 있을까?" 같은 기사들을 만들어내는 기술을 완성했다.

물론 당신이 선거를 취재하고 있다면, 정치인들이 주장하는 내용이 무엇인지 조사할 수 있을 것이다. 그들의 재정적 후원자가 누구인지 확인할 수 있고, 그 후원으로 정책적으로 무엇을 얻을 수 있는지 물을 수도 있다. 그러나 이것은 독자들이 자신들의 투표가 현실 생활에 초래하는 결과를 인식하는 것이 가장 바람직하다는 가정을 전제로 한다.

이것과 다른 길은 대충 아무 말이나 지어내는 것이다. 수사학적인 목표 하나를 정한 다음, 그 목표물을 맞히는 사람은 누구고 맞히지 않는 사람은 누구인지 쓰면서 몇 년을 보낸다. 당신은 한 발자국도 움직일 필요가 없다.

"어느 후보와 함께 맥주를 마시고 싶은가?"라는 악명 높은 문구를 기억하는지? 기본적으로 이 문구는 2000년에 조지 W. 부시를 당선시켰다. 핼퍼린과 하일먼이 만든 문구는 아니었지만 그들이 만든 것과 다름없었다.

기자들이 지난번에 트럼프를 "맥주 테스트"의 승자로 공표한 것에 죄책감을 느낀 후로, 이 진부한 문구는 이제 사장되었을 것이다(2016년 2월, 〈슬레이트〉는 트럼프에 대해 "이 남자 옆으로 술집 의자를 당겨오지 않을 사람이 누가 있겠는가?"라고 물었다). 그러나 이 문구는 트럼프라는 과속 방지턱에 부딪치기 전, 다섯 차례 대선을 거치는 동안 참혹한 피해를 확산시켰다.

2000년에 경선이 시작될 무렵 여론조사를 보면, 경제에서부터 사회 보장제도 보호, 교육, 대법원 판사 임명, 의료비 관리에 이르기까지 거의 모든 사안에 대해 유권자들은 앨 고어가 더 잘할 거라고 생각했다.

그해에 부시는 대선에 뛰어들기 위한 이슈를 찾으려고 정말 열심히 몸부림치고 있었다. 아무도 기억하지 못하겠지만, 사실 부시는 군대를 세계의 경찰로 이용하지 않겠다는 군사 실용주의자로 출마했다!

그해 공화당 전당대회에서 콘돌리자 라이스는 미국의 군대는 "세계의 911이 아니다."라고 말했다.

당시에 앨 고어는 새로운 세계의 현실은 "통제 불능 상태가 되기 전에 우리가 위협에 맞서길" 요구할 거라고 주장하고 있었다. 그의 자격 유무를 떠나 고어가 이길 거라는 조짐이 역력했다. 그러다 결정적인 세 번째 대선 토론 전에 뜻밖의 일이 일어났다.

맥주 회사 샘 애덤스가 여론조사를 의뢰했다. 부시와 고어, 둘 중 어느 후보와 함께 앉아 맥주를 마시겠습니까? 3퍼센트 차이인 40:37퍼센트로, 미국인들은 앨 고어보다 회복 중인 알코올 중독자와 함께 맥주를 마시겠다고 가까스로 결정했다.

그렇다. 이 광기는 무료 홍보 기회를 얻을 방법으로 토론 방송을 노려야겠다고 생각한 맥주 회사의 홍보 행사에서 시작되었다. 기자들은 획기적인 여론조사에 열광했다. "맥주 테스트"는 그들이 뭐라고 표현해야 할지 몰라 수년간 고심해 온 무언가의 약칭이 되었다.

수십 년 동안 우리는 굴욕적인 마라톤을 통해서, 오후 토크쇼에서 난처한 가족의 비밀을 털어놓게 함으로써, 심야 토크쇼에서 데이비드 레터먼과 제이 레노 같은 사람들과 대본에 쓰인 대로 신랄한 말을 주고받게 함으로써, 그리고 〈새터데이 나이트 라이브〉 같은 코미디 쇼에 출현해 스스로 조롱거리가 되게 함으로써 대통령 후보를 내놓았다.

우리는 그들이 대통령이 되는 것과 아무 관련 없는 온갖 종류의 활동들에 대해 진지하게 기사를 쓰는가 하면, 그들의 비겁함과 미디어가 시키는 대로 전부 따라 하는 그들의 적극성에 관한 많은 질문들에 답했다.

우리는 또한 선거전에서 쟁점이 되는 정책을 체계적으로 제거하고 후보의 임무를 점차 비하하면서, 대통령 후보들을 기자들이 요구하는 것은 무엇이든 하는 바보로 여기도록 유권자들을 길들였다.

그들은 햄버거 헬퍼 상자처럼 생긴 의상을 입고 진흙탕 강물 속으로 얼굴부터 들이밀면서 신나하는 바보천치들의 쇼인, 일본의 괴상한 게임 쇼 〈타케시의 성 Takeshi's Castle〉 참가자들 같았다.

맥주 테스트는 대단한 전리품이었다. 2004년 주요 뉴스 기관들은 이 여론조사를 진지한 지표로 정기적으로 의뢰하고 있었다. 여론조사 기관 조그비에 따르면 그해 부시는 샘 애덤스의 테스트를 재탕해 57퍼센트의 유권자를 확보함으로써 존 케리를 완패시켰다. 전통이 탄생했다.

기자들은 맥주 테스트를 무척 좋아하는데, 이것이 정치 외에 다른 무언가에 대한 선거를 할 방법이기 때문이다. 맥주 테스트는 우리에 대한 선거를 하는 아주 좋은 방법이기도 하다.

수백만 명의 군중이 《타임》지 문을 쾅 닫으며 "우리는 좋은 맥주 친구가 될 대통령을 원한다."라고 요구한 적은 없었다.

아니, 이 아이디어는 맥주 회사에서 나왔고, 어쩌다 보니 기자들이 그것을 좋아한 것이다. 이것은 유권자들에 대한 우리의 희화화된 생각을 자극했다. 유권자들은 머리 빈 멍청이니까, 우리가 음료나 시리얼을 팔기 위해 이용하는 마케팅 기법과 동일한 기법을 이용해 정치인을 뽑도록 길들일 수 있다고 말이다. 이런 종류의 테스트들 덕분에 우리는 더 이상 정책에 대해 쓸 필요가 없었다.

핼퍼린과 하일먼은 정책적 입장에 대해 별다른 언급을 하지 않고도 대통령 선거전에 대해 단숨에 수천 단어를 쓸 수 있었다. 그들은 샘 애덤스 맥주 광고를 보고 탐사 보도에 대한 아이디어를 떠올리고는, 완벽하게 평범한 후보를 찾기 위해 배후에서 게릴라전을 치르는 정치 전략가들의 이야기를 책 전체에서 대대적으로 다루었다.

그들은 선거운동에 관한 크고 두꺼운 책 두 권을 펴냈다.《게임 체인지》(2008년 선거전과, 매케인이 부통령 후보로 맥주 테스트의 여주인공인 세라 페일린을 "신의 한수"로 선택했지만 실패한 내용)와《더블 다운 Double Down》(부제는 게임 체인지 2012, 표지에 포커 칩이 그려져 있는, 오바마가 밋 롬니의 매력을 넘어서기 위해 고군분투하는 내용)으로, 그들은 이 책들에서 "호감도"라는 진부한 표현을 무수히 남발했다. 다음은《더블 다운》의 내용 중 일부다.

> 학력 수준이 높은 오바마 지지자들은 여러 달 동안 롬니에 관한 여론조사와 초점 집단 인터뷰를 했다. 그들이 발견한 사실은 유권자들은 서류상으로는 롬니를 좋아했지만—성공한 사업가, 주지사, 가정적인 남자, 교단과의 친밀함—그에게 다각적으로 다가갈수록 호감을 덜 갖게 된다는 것이었다…조엘 베넨슨〔오바마의 여론조사 담당 보좌관〕의 조사에 따르면, 유권자들의 90퍼센트가 미트에 대해 여러 가지 의견을 갖고 있었다. 즉, "나 같은 사람들에 대한 관심" 항목에서 그의 순위는 최악이었는데…
>
> 재선 출마자의 고위 전략가는 한 기자에게 말했다. "당신이 피츠버그에 살고 손톱 밑에 때가 끼어 있다면 누구와 맥주를 마시고 싶겠습니까? 밋 롬니 하고는 아닐 겁니다. 아마 당신은 '젠장, 롬니와 마시느니 그 흑인 남자하고 마시겠다'고 생각할 거예요."

핼퍼린은 다른 기자들에게 자신을 정치 엘리트들의 제사장으로 선전했다. 그는 자신이 "현대의 정계를 구성하는 선거 컨설턴트들, 전략가들,

여론조사 요원들, 전문가들, 그리고 저널리스트들"로 이루어진, 국가가 어디로 향하는지에 관한 "내부 정보"에 정통한 집단인 이른바 "500인 일당Gang of 500"에 대해 속속들이 알고 있다고 주장했다.

또 한 명의 저널리스트는 "내 연락처에 있는 사람들" 따위의 말을 했을지 모른다. 이 "500인 일당"은 핼퍼린에게 끊임없이 "내부 정보"를 알려주고 있었는데, 대개는 후보자들의 장단점에 대해 그의 멍청한 대가리로 지어낸 줄거리 같다는 인상을 주었다. 핼퍼린 이상으로 정치인들에게 〈타케시의 성〉의 장애물 코스를 넘게 할 수 있는 사람은 없었다. 정치를 티셔츠 크기의 진부한 이야기로 축소하는 핼퍼린과 하일먼, 둘을 묶어 정치 저널리즘의 스킵 베일리스〔ESPN의 입이 거칠기로 소문난 스포츠 해설가〕라고 할 수 있다.

나는 2007 - 2008년에 이런 현상을 가까이에서 목격했다. 당시 나는 〈성범죄 전담반Law & Order〉〔NBC의 드라마〕에 출연한 전직 배우이자 공화당 상원의원 프레드 톰프슨의 선거운동을 취재해야 했다.

톰프슨은 아이오와주에서 버스 투어를 돌면서 전국 미디어에 자신을 대통령 후보로 소개했다. 그러나 그가 첫 연설을 시작하기 전부터 벌써 버스 안에서는 기자들이 한쪽으로 치우친 의견들을 무수히 쏟아내고 있었다. 나는 처음 한 시간 동안 들은 세 가지를 적어보았다.

1. 톰프슨은 힐러리 클린턴을 이길 수 있는 유일한 후보다.
2. 톰프슨은 레이건이다.
3. 톰프슨은 대통령이 되기엔 너무 "에너지가 적고 게으르다."

톰프슨에 대한 객관적인 관점들도 있었다. 그는 미국의 상원의원이었으며, 심각하게도, 오랜 기간 핵무기 회사들은 물론이고 아이티의 독재자 장 베르트랑 아리스티드, 테네시 저축대부조합에 이르기까지 모두를

대변한 로비스트였다. 그의 아내는 유니언카바이드〔화학, 석유화학 제품
및 관련 제품을 생산하는 미국 기업〕에서 달콘실드〔심각한 부작용을 일으
킨 여성용 피임기구〕 제조사에 이르기까지 사실상 지구상 모든 기업의
악인들을 변호한 홍보 및 로비 회사, 버슨마스텔러에서 일했다.

그러나 버스에서 내가 들은 말은 톰프슨이 차기 레이건이 될지 아니
면 불운한 게으름뱅이가 될지 여부에 대한 기자들 사이의 논쟁이 전부
였다. 마치 두 가지는 양립할 수 없다는 듯이 말이다.

당시 나는 이런 의견들 대부분이 "프레드 톰프슨을 위한 새로운 역할"
이라는 제목으로 핼퍼린이 초기에 쓴《타임》기사에서 비롯했다는 걸
알지 못했다.

핼퍼린은 "톰프슨은 로널드 레이건과 자주 비교되며, 이 비교는 적절
하다."라고 썼지만, 이렇게 덧붙였다. "비평가들은 그의 인내심에 의문을
제기한다. 그는 부담스러운 일정을 거부한다는 평판을 듣고 있다."

그해 여름은 "그는 게으른가 그렇지 않은가?"라는 기사들로 넘쳐났다.
핼퍼린의 기사 이후 일주일 뒤〈슬레이트〉는 "게으른 프레드"에 대해 쓰
면서 이렇게 덧붙였다. "프레드 톰프슨은 후보로 지명되기엔 너무 게으르
지 않은가?" 이어서《마더존스 Mother Jones》는 "프레드 톰프슨: 충분히
보수적이지 않은가? 아니면 그냥 게으른 것인가?"라는 기사를 실었다.

폭스의 칼 캐머런은 "지각쟁이" 프레드에 관한 8월 보도에서 톰프슨
이 골프 카트를 타고 다녔다며〔유세현장에서 발로 뛰는 모습을 보이지 않
아 게을러 보인다는 의미〕 비난을 퍼부었다.《뉴리퍼블릭 New Republic》
은 톰프슨이 충분히 "야심"이 있는지 미심쩍어했고 그의 직업윤리에 의
문을 제기했다.

언론은 게으름이 중요한 때가 언제인지, "열심히가 아니라 영리하게
작업"하기 위해 일정을 짤 줄 아는 정치인을 인정해야 할 때는 언제인지
선택적으로 결정한다. 예를 들어, 지미 카터는 매우 열심히 일했지만 레

이건은 뛰어난 대표자였다는 것이 일반적으로 용인되는 지식이었다.

이 문제에 관해 가장 솔직한 견해는, 미디어에 종사하는 우리는 어떤 정치인이 열심히 일하는지 어떤지에 대해 거의 아무것도 모른다는 것이다. 전설적인 "풀 그래슬리 full Grassley"—아이오와주 상원의원 척 그래슬리의 공약으로, 자기 주의 99개 카운티를 전부 방문하겠다고 했다—와 같은 묘기를 보기는 쉽지만, 공개석상에 모습을 드러내지 않는 동안 무슨 일이 일어나는지는 알 수 없다.

나는 후보들이 아주 잠깐 얼굴을 비치는 일정으로 기자들에게 이 문제에 대해 합격점을 받는 걸 본 적이 있다. 존 매케인이 좋은 예인데, 2008년 선거운동 초반에 매케인은 낮에 두어 번 해외참전용사회 홀에 들러서 농담 좀 하다 오면 된다고 생각했다. 핼퍼린 같은 사람이 이것을 문제로 드러내지 않았다면 아무도 눈치채지 못했을 것이다.

정치 베테랑 프레드 톰프슨은 핼퍼린을 비롯한 다른 미디어 종사자들이 자신에 대해 "게으름뱅이" 깃발을 들어 올렸으며, 그가 이 깃발에 대고 경례를 하기 전까지는 이 영향력에서 벗어나지 못하리라는 걸 잘 알았다.

첫 번째 버스 투어를 시작했을 때, 이런 이유에서 그는 자신의 대중적인 이미지를 조정했다. 그는 스포츠팬들의 비난이나 베일리스 스타일의 비난에 반박하라고 에이전트가 공들여 써준 대사를 주워대는 프로선수 같았다. 조시 고든이 클리블랜드에서 직업윤리〔금지약물 복용 혐의〕로 비난받은 지 몇 년 후, 뉴잉글랜드 패트리어츠 리시버로 새로 트레이드되면서 "열심히 뛸" 각오가 되었다고 말한 것이 비슷한 예가 될 것이다.

톰프슨도 "열심히 일하고 있으며" 필요하다면 하루 종일 선거운동을 할 각오가 되어 있다고 우리 모두에게 말했다. "제게 모두 맡기십시오." 그는 소탈하게 선언했다. 그의 보좌관들은 기자들을 "개인" 채팅창에 붙잡아 두고는(그들은 모든 기자들에게 꼭 이렇게 했다), 몇몇 필자들의 주장과 달리 자기들 후보는 연설 후에도 딴 데 달아나지 않고 늦게까지 남아서 유권자들과 이야기를 나눈다고 밝혔다.

얼마 뒤, 아이오와주 토론회에서 공화당 후보들은 기후변화가 현실이고 인간이 야기한 문제임을 믿는지 손을 들어달라는 요청을 받았다. 톰프슨은 "나는 손으로 쇼를 하지 않겠다."라고 딱 잘라 말했다. 다른 후보들은 환호했다. 그의 태도는 잘못되었고 제정신이 아니었지만, 적어도 그는 "눈에 띄었고", "소극적"이지 않았다(이런 부분들은 또 다른 비난의 대상이었다).

그리고 난데없이, 진심으로, 언론은 프레드 톰프슨을 따뜻하게 대하기 시작했다. 그는 "새로운 활기를 불어넣는"(즉, 더욱 공격적인) 메시지를 들고 선거 유세에 나섰다. 그는 불법 이민을 비난했고, 이민 개혁이 이루어지기 전에 국경을 안전하게 지켜야 한다고 말했다. **괘씸한** 테러리스트들이 우리의 결심을 시험하고 있기 때문에 우리는 이라크에서 끝까지 버텨야 한다고 말했다.

내가 두 번째로 톰프슨의 유세장을 따라갔을 땐 버스 안 대화 내용이 지난번과 달라졌다. 나는 "내가 생각했던 것처럼 따분한 사람이 아닌걸.", "사람들이 〈성범죄 전담반〉을 엄청 좋아해." 같은 말들을 들었다. 그의 태도는 사실상 트럼프의 가벼운 예고편이었지만, 공개적으로는 모두가 깊은 인상을 받았다. 그는 정말로 레이건이 될지도 몰랐다!

그리고 이것은 효과가 있었다. 어느 정도는. 아이오와주 전당대회가 가까웠을 때, CNN 기자 데이나 배시가 버스 투어를 취재하며, "[톰프슨은] 자신의 부적을 찾았는가?"라는 질문을 던졌다. 그리고 이렇게 썼다.

그의 선거운동을 지켜보는 것은 야망이 없다는 비난을 떨치기 위한 한 후보의 노력을 목격하는 것이다.

그의 열변은 그 어느 때보다 강렬하다. 자신이 왜 대통령이 되어야 하는가에 대한 그의 주장은 그 어느 때보다 통렬하다.

이 정사情事는 톰프슨이 본 모습으로 돌아가는—그것도 핼퍼린 앞에서!—치명적인 실수를 저지르기 전까지 몇 주간 지속되었다. 아이오와주 웨이벌리라는 작은 도시에서 톰프슨은 도보 여행을 건너뛰었고 소방모자 쓰기를 거부했다. "내가 모자에 대해 우스운 원칙이 있어서."라고 그는 말했다.

현장에 기자가 몇 명 없었다는 사실에 흔들렸을지도 모른다. 하지만 그 자리에 있던 두 기자는 CBS의 핼퍼린과 로저 사이먼이었다.

이후 "프레드 톰프슨의 게으른 하루"라는 헤드라인이 나왔고, 후보는 유명인사가 되었다. 《뉴리퍼블릭》의 마이클 크롤리는 최근 톰프슨의 선거운동 전반을 다루면서 "게으르다는 비난을 떨치기 위한 것"으로 보인다고 지적했다. 이제 이 임무는 공식적으로 실패했다.

크롤리는 이렇게 썼다. "프레드에게 보내는 메모: 이것은 어리석고 천박한 과정이다. 그렇지만 당신은 이와 싸울 수 없다." 그렇다. 당신들은 이 사실을 받아들여야 한다. 이것이 우리가 도널드 트럼프를 얻게 된 과정이라는 것을.

그해에 톰프슨이 과학을 부정하고, 낙태를 반대하고, 출입국 관리를 강화해야 한다고 더 **열정적으로** 주장했더라면 대선 후보로 지명되었을지 모른다. 그러나 대신 그는 "비난받을 만큼 게으르다"는 선고를 받고 선거전에서 물러났다.

이것은 전문가들이 사용하는 기본적인 방법이다. 사람들은 "게으른 프레드"나 "겁쟁이"(부시 1세), "지루한 인상"(고어) 같은 밈을 만들어놓고, 후보가 당선되려면 이런 비난에서 벗어나야 한다고 주장한다. 정치인이 비난에서 벗어나려 애쓸 만큼 충분히 고분고분해지면, 사람들은 그가 "잘 해내고 있다."거나 "활기를 되찾았다."고 떠들기 시작할 테고, 후보는 기적처럼 언론의 호평을 받기 시작할 것이다.

대표적인 예가 2012년이었다. 기자단에 속한 모두가 밋 롬니를 상대로 한 이번 선거에서 오바마의 승리를 믿어 의심치 않았다. 그러나 상황을 흥미진진하게 만들기 위해 우리는 스토리라인을 만들기 시작했다.

예를 들어, 롬니와 오바마의 첫 번째 토론 이후 오바마는 "방어적"이고 "활기가 없으며" "미덥지 않다"는 말이 나왔다. 당시 내가 일하던 뉴저지주 지역 신문 《스타레저 Star-Ledger》는 오바마는 "질문에 답하는 데 너무 열중한" 나머지 "결정적인 한 방"이 부족했다고 지적했다.

토론 후 오바마는 기자들에게 그들의 의견이 옳다고, 자신이 "너무 예의 발랐다."고 말한 뒤 다음 토론에서는 반드시 더 많은 한 방을 날리겠다고 약속했다.

나중에 하일먼과 핼퍼린은 토론이 이루어질 때마다 자신의 "호감도"를 되찾기 위한 오바마의 몸부림에 대해 이야기했다. 앵글 그라인더에서 불똥이 튀듯 진부한 표현들이 마구 튀어나왔다. 이 대통령은 이번에도 손톱 밑에 때가 낀 피츠버그 철강 노동자가 함께 맥주를 마시고 싶은, "차라리 그 흑인 남자와 마시겠다."의 그 남자가 될 수 있을 것인가?

이 보도 2인조가 전하는 바에 따르면, 오바마의 보좌관들은 확신이 없었다. 실제로 그들은 존 케리에게 롬니 역할을 맡기고 여러 차례 모의 토론을 실시한 일에 대해 이야기했다.

대통령은 케리에게 다각적인 측면에서 공격을 받았고 조목조목 철저하게 반박했다. 그는 메시지를 신랄하게 몰고 가는 대신, 자꾸 구구절절 설명을 했다. 미래를 향해 시선을 던지는 대신, 과거 일로 논쟁을 벌였다. 타운 홀의 질문자들과 따뜻하게 관계를 맺는 대신, 유독 따분한 기자회견을 하고 있는 것처럼 대수로운 질문이 아니라는 듯 거드름을 피웠다.

케리가 이민자 문제에 대답하는 동안, 오바마는 조금 전 답변이 끊긴 것에 대한 보복으로 갑자기 그의 말을 잘라버렸다.

사무실에서 선거참모 데이비드 액셀로드와 데이비드 플로페는 아연
실색했다. 오바마의 여론조사 담당 보좌관 조엘 베넨슨은 "믿을 수 없
다."고 중얼거렸다.

나는 생계를 위해 이 일을 하지만, 이런 입장들을 이해할 수가 없다.
아마도 오바마는 첫 번째 토론에서 지나치게 소극적이었던 모양이다.
그런데 이제 그가 연습 토론에서 가짜-롬니의 말을 가로막는데, 그의
수석 보좌관 데이비드 액셀로드는 무슨 이유에서인지 "아연실색"하고
있다⋯대체 이유가 뭘까?

그리고 "설명"하는 것과 "신랄한 메시지"를 던지는 것을 구분하는 경
계는 무엇인가? 오바마는 공격을 조목조목 반박하지 **않기로** 되어 있었
던가?

대선 토론은 또 하나의 그럴싸한 속임수다. 대선 토론은 복싱 심판 역
할을 하는 TV 토론 해설자들의 반응이 중요한 판정 요소가 된다. 어떤
경우 토론에서 후보자에 관한 중요한 사실들이 드러날 것이다. 가령, 제
럴드 포드가 루마니아와 유고슬라비아 같은 나라들이 소련의 위성국이
라는 걸 몰랐다는 사실이 드러났던 때처럼 말이다.

또 어떤 경우 시청자들은 토론을 시청하면서 한 명의 후보에게 더 깊
은 인상을 받게 될 것이다. 그런데 경기 후에 기자들이 터무니없는 장면
을 내보내 서사를 바꿔버린다. 전형적인 예는 2000년에 시청자들이 고
어의 승리를 예상했을 때였다. 부시가 연설하는 동안 고어가 한숨을 내
쉬는 장면을 공화당이 반복 영상으로 만들어 광고로 내보내기 전까지는.

이것은 고어가 **카메라에 잡히지 않을 때** 한 행동이었다. 고어는 이 사
실을 알기 전에, CBS 앵커 케이티 커릭에게 한숨을 쉬는 것이 "대통령
다운 행동"이냐는 질문을 받고 있었다. 이 교전에서 고어의 패배는 공공
연한 전설이 되었다(그런데 토론에서 "패배"한다는 게 무엇을 의미하는가?

토론이란 나중에 더 중요한 선택에 대비해 숙고할 정보일 뿐이지 않은가?) 고어는 나중에 뉴스 미디어가 18시간 내에 자신의 운명을 바꿀 수 있었다는 사실에 경악을 금치 못했을 것이다.

이런 기사들은 "언론의 힘(개소리를 결정적인 요인으로 만드는)"을 말하는 덜 직접적인 방식, 즉 "매체의 힘"을 강조하기 때문에, 한때 우리는 이런 기사들을 무척 좋아했다. 조지 H.W. 부시가 토론 중에 자기 손목시계를 본다고 해서 이성적인 사람이 신경을 쓸까? 아무도 신경 쓰지 않을 것이다. 그러나 그런 사진들이 5,000번씩 노출되고 그것이 중요하다는 말을 들으면 신경 쓸지도 모른다.

오바마와 롬니의 토론에서 가장 중요한 시험은 아마도 오바마가 그의 "예의 발랐던" 첫 번째 시합을 극복할 수 있을지에 대해서였다. 하일먼과 핼퍼린은, 과거 수차례 위기 상황이 닥칠 때마다 언제나 잘 대처해온 것은 정치인으로서 오바마의 큰 장점이므로 이번에도 그럴 거라고 썼다. 그들은 "지독한 압박을 받을 때마다 오바마는 경기 종료 버저가 울리기 직전에 두 발을 내딛고 풀쩍 뛰어올라 3점 슛을 날렸다."라고 썼다.

농구에 대한 비유를 제외하면, 기본적으로 그들은 2012년 판 〈록키 3〉의 줄거리를 덮어씌우고 있었다. 위대한 챔피언이 아주 오랫동안 천하태평하게 지내다 정상의 자리에서 추락하지만 심드렁한 표정이다. 그는 중요한 재시합에 맞추어 "호랑이 눈빛"을 되찾을 것인가?

마이클 블룸버그는 결국 이런 식의 분석을 위해 이 광대들에게 일 년에 100만 달러를 지불했다.

핼퍼린과 하일먼은 오바마 정권 4년 차에 《더블 다운》을 출간했다. 2008년에 인신보호권 부활, 의약품 재수입 허용, 군대 본국 귀환에 중점을 두고 출마했던 이 정치인은 전혀 다른 방향으로 대통령직을 수행했다. 그는 우리에게 많은 정보를 주었다.

첫 임기 중에 오바마는 부패한 월스트리트에 막대한 재량권을 위임했고, 무인기를 이용한 은밀하고 소름 끼치는 암살 프로그램을 확대했으며, 기밀 유지 및 분류에 대한 대통령 권한을 크게 넓히는 한편, 유례없이 많은 수의 기밀 누설자(저널리스트까지)들을 기소했다.

핼퍼린과 하일먼은 이런 내용들을 완전히 무시했다. 그들은 2012년 선거운동에 관한 내용의 도입부에서 오바마에 대한 기록은 거의 언급하지 않았다. 정책에 대한 한 줄 설명은 이랬다. "변화는 언제 왔는지도 모르게 서서히 다가왔다." 그러고는 오바마가 재선 시기에 맞추어 어떻게 마법 같은 3점 슛을 되찾았는지에 대해 386쪽에 걸쳐 책에 담아냈다.

더 큰 규모의 기자단들이 이 패턴을 따랐다. 오바마가 2차 토론 방송에 출연해 더 많은 "산소를 공급받아" "혹독한 비판을 가하며" 연신 "한 방에 한 방을" 날리자, 헤드라인마다 그가 "활력을 되찾고" 다시 승리의 길로 돌아왔다고 발표했다. 이런 종류의 논평의 요지는 이슈 외의 다른 차원에서 유권자들과 가까워지고 "공격성"과 "야심"을 드러내는 정치인을 추어올리는 것이다.

수십 년 동안 우리는 "전문적"이거나 "지루"하거나 "질문에 꼬박꼬박 답하는 것"은 부정적인 측면이라고 독자와 시청자들에게 말해 왔다. 따라서 우리는 이런 특성을 지닌 정치인들에게 당연하다는 듯 맹공격을 퍼부었고, 그 바람에 오바마 같은 똑똑한 사람들이 "정중한 태도"를 보인 것에 사과해야 했다.

그러므로 최근 하일먼—둘 중 혼자서만 여전히 경력을 유지하고 있다—이 여자들 가랑이를 움켜쥐고, 소리가 들리는 범위 안에 있는 모든 사람들에게 폭언을 일삼는 자에게 백악관을 맡긴 것에 경악한다며 충격을 받았다고 공언하는 것은 우습기 짝이 없는 노릇이다.

트럼프는 이런 인간들이 한때 찬양했던 모든 자질을—본질보다는 쇼맨십을, "설명"보다는 직접적인 개입을, 과도한 공격성을, 그리고 "승리"에 대한 집착을—구현한다.

당연하게도, 핼퍼린과 하일먼은 트럼프의 승리에 대해 "게임 체인지 III"을 출판하기로 계획했다. 소문에 따르면 그들은 2017년 초 몇 개월을 백악관에서 보내며 트럼프의 당선에 관해 자못 흡족한 이야기들을 입수했다고 한다. 그리고 선거운동 초반에는 다 죽어가는 블룸버그 TV의 시사프로그램 〈외람된 말씀이지만 With All Due Respect〉을 살려내고자 시청률을 위해 트럼프 측근으로부터 정보를 뽑아냈다.

시간을 거슬러 올라가면, 당사자인 트럼프와 함께 TRUMP라고 선명하게 새겨진 대형 잠보니〔아이스링크 표면을 고르는 자동차〕를 타고 맨해튼 울프먼 아이스링크 주변을 돌고 있는 하일먼과 핼퍼린을 볼 수 있다. 정장을 차려입은 두 얼간이는 트럼프에게 곧 출연할 〈세터데이 나이트 라이브〉 방송을 앞두고 긴장이 되냐 따위의 고난도 질문들을 소심하게 던졌다. 그들은 "방송을 앞두고 기분이 어떠십니까?"라고 묻고는 이렇게 덧붙였다. "스케이트를 타나요?"

하일먼은 메긴 켈리〔폭스 뉴스 앵커, 트럼프는 켈리에게 공격적인 질문 공세를 받은 후로 그녀에게 여성 혐오적인 발언을 일삼았다〕부터 동료 기자 서지 코발레스키〔《뉴욕타임스》 기자, 트럼프는 연설에서 장애가 있는 그를 흉내 내며 모욕적인 발언을 했다〕에 이르기까지 모두에 대해 1년여 동안 말도 안 되는 논평을 쏟아내더니, 선거를 몇 주 남겨두고 트럼프 출마에 대해 이 모두가 4차원 비즈니스 체스〔4차원 세계는 아무도 볼 수 없는 만큼 트럼프의 복잡한 전술 역시 일반 대중이 알 리 없다는 의미의 인터넷 밈〕였는지도 모른다는 대단한 해석을 내놓았다.

"그가 지금 하고 있는 일들은 이것이 끝난 뒤 또 다른 투기사업을 통해 돈을 벌 수 있는 반클린턴 연합을 만들기 위해 아주 아주 비밀스러운 ―그리고 어느 정도 사악하기도 한―방식으로 계획된 것일까?"

당시 핼퍼린의 경력은 성추행 혐의로 끝장이 났다. 펭귄출판사는 책 계약을 취소했고, 하일먼은 지구상에서 가장 크게 분노하는 트럼프 반대자로 재빨리 이미지를 쇄신해야 했다. 나중에 동료 방송인인 NBC의 유명인사(그리고 한때는 트럼프 탄원자로서도 동료였던) 조 스카버러에게 트럼프에 대한 질문을 받았을 때, 하일먼은 이런 단어를 사용해 트럼프를 설명했다. **아주 비열하고, 어느 계층에도 속하지 않는 인간···완전히 쓰레기 같은 놈···역겹고···수치스럽고, 우스꽝스럽고, 고집 센···**

하지만 책 계약이 여전히 진행되었다면 그는 어떻게 나왔을까?

유권자들이 트럼프를 뽑은 데에는 애초에 하일먼과 핼퍼린 같은 멍청한 인간들 책임도 있다. 사람들은 속물 같은 취재 기자를 상대로 정치인들이 어리석은 잔꾀를 부리는 걸 지켜보는 것에 신물이 나, 제일 먼저 배짱 좋게 상황을 뒤집어엎은 정치인에게 압도적인 수의 표를 던졌다. 이 사태는 전적으로 그렇게 해서 일어났다. 젠장, 트럼프는 이런 멍청이들을 잠보니에 태우고 돌아다닌 것이다.

세상의 하일먼들은 오바마를 "록키"로 캐스팅하고 유권자들에게 맥주를 같이 마시고 싶은 사람을 뽑으라며 수년 동안 선전하더니, 이제 와선 침통한 모습으로 꾸미고 나온다. 그러고는 시민으로서 진지하게 의무를 다하려 하지 않는 얼간이들이라고 유권자들을 비난하고 있다. 그러면서 우리는 의아해한다. 왜 사람들은 우리를 싫어하지?

5. 더 많은 사제들 : 여론조사자들

도널드 트럼프는 현대 역사에서 "당선 가능성"이 가장 적은 대통령 후보였다. 심지어 린든 라로슈〔러시아게이트라는 용어를 만든 경제학자로 민주당의 단골 대선 후보〕보다도 훨씬 가능성이 적었다.

트럼프는 거의 모든 유권자들을 고통스러울 만큼 불쾌하게 만들었다. 그는 여성, 라틴계, 이슬람교도, 장애인, "흑인", 참전용사, 아시아인의 화를 돋우었다〔그는 중국에 대해 "우리는 거래를 원한다!"〔트럼프는 대선 유세에서 아시아인들은 인사도 하기 전에 "우리는 거래를 원한다."면서 다짜고짜 협상부터 하려 든다고 조롱했다〕라고 갈라지는 목소리로 소리를 질렀다).

그는 아이오와주 전당대회 전에 아이오와 시민들에 대한 이런 글을 리트윗했다. "#옥수수에 #몬산토가 너무 많아서 뇌에서 이슈를 만들어 내는 거야?" 곧 있을 전당대회 여론조사에서 벤 카슨이 트럼프를 앞지르고 있다는 결과를 받아본 뒤였다.

다시 말하지만, 트럼프는 아이오와주 전당대회 전에 아이오와, 몬산토, 그리고 **옥수수**를 맹비난했다. 뿐만 아니라 그는 대통령 후보다운 모습, 행동, 발언에서 우리가 기대하는 모든 것을 위반했다. 욕설을 퍼붓고, 자신의 페니스 크기를 자랑하고, 여성의 생리현상을 비하했으며, 그러는 동안 무수히 많은 주요 "당선 가능" 확인란에는 아무런 표시가 되어 있지 않았다.

흔히 결정적인 요소라고 간주되는 특징, 즉 "경기 전략"이 그에게는 없었다. 게다가 간통을 저지르고 성경에 무지한데도, 선거인단이 종교를 소중하게 여긴다고 알려진 지역에서 예비선거에 출마했다.

모든 상상할 수 있는 통념의 기준에서 보았을 때 트럼프는 가능성이 없었다. 심지어 데이터 분석 기자들은 그가 이길 수 있다는 의견에 코웃음을 쳤다.[*]

국민 예언가(인터넷 매체 〈기즈모도〉는 그를 이렇게 불렀다)가 된 전직 야구 통계의 대가 네이트 실버는, 트럼프는 공화당 후보 경선에서 이기는 것보다 "매컬리 컬킨과 함께 영화 〈나 홀로 집에〉에 카메오로 다시 출연하는 것(아니면 NBA 결승전에서 뛰는 것)"이 더 가능성이 크다고 말했다.

그런데 어찌된 일인지 그가 이겼다. 이로써 "당선 가능성"이 아무 짝에도 쓸모없는 것임이 증명되었고, 선거 분석의 한 형태로서는 영원히 사장될 판이었다.

- 나는 2015년 8월 공화당 후보 경선에서 트럼프가 이길 거라고 **공공연하게 장담**했지만 본선거에서는 예측이 크게 빗나갔다.

물론 그렇게 되지는 않았다. 당선 가능성은 엉터리 과학수사의 저널리즘 버전으로 명맥을 유지하고 있다. 이것은 과학수사의 일종인 악명 높은 "탄환 비교 분석"과 유사한데, 범죄 현장에서 발견된 탄환과 용의자를 연결하기 위해 한때 이용했지만 조작된 것임이 밝혀졌다. 이것은 연금술과도 유사하고, 과학성을 따지자면 닭 뼈로 점을 치는 정도에 불과하지만, 그럼에도 불구하고 현실 세계의 중요한 결정마다 관례적으로 영향을 미친다.

"당선 가능성"은 한 번 어떤 일이 일어났으니 이후에도 계속해서 일어날 거라고 말하는 전문가들과도 같다.

2000년 대선처럼 치열한 선거를 예로 들어보자. 이 선거에서 무당파 유권자들이 뒤늦게 조지 W. 부시 쪽으로 가서, 통계적으로 거의 동률을 이뤘다.

그해에 대한 흥미로운 통계적 관찰은, 촘스키가 이 선거전에 대해 언급한 내용과 좀 더 비슷했을 것이다. 촘스키의 견해는 거대한 표본 크기에서는 한 가지 상황에서만—즉, 화성의 대통령을 뽑는 것처럼 사람들이 아무렇게나 표를 던지는 경우에만—동률이 예상된다는 것이었다.

미국 선거는 도무지 이해가 되지 않을 만큼 놀랍도록 폐쇄적이다. 인구의 10퍼센트가 부의 90퍼센트를 차지하는 나라에서, 사람들은 이 굉장한 부자들이 영원히 소수의 유권자일 거라고 예상한다. 그렇지 않은 것이 이상한 일이다. 하지만 전문가들은 이런 문제에 대해 좀처럼 의견을 말하려 하지 않는다. 대신 우리는 곁다리만 건들 뿐이다.

2000년부터 취재 내용은 어떤 상황이 닥칠 때 무당파 유권자들이 어떻게 행동하느냐 하는 것이었다. 전문가들은 부시의 뒤늦은 돌진에 대해 논평 대신 통계 법칙을 인용했다. **치열한 선거전에서 부동층은 도전자를 향해 몰려드는 경향이 있다.** 이것은 한동안 "인컴번트 룰"(incumbent rule, 투표 전날까지 지지 후보를 정하지 못한 부동층은 재선에 도전하는 현직 대통령보다 도전 후보에게 표를 몰아준다는 법칙)이라고 불렸다.

4년 뒤 인컴번트 룰이 다시 거론되었는데, 2004년 대통령 선거를 앞두고 도전자 존 케리에 비해 낮은 지지 수준을 보인 조지 W. 부시에 대해 우려를 표하기 위해서였다.

그런데 부시가 승리하자, 이 인컴번트 룰에 무슨 일이 일어났느냐며 갑자기 모두가 의아해하기 시작했다. 일부에서는 민주당 여론조사 전문가 마크 멜먼의 말을 인용했는데, 그는 이렇게 주장했다. "우리는 전시戰時에 현직 대통령을 낙선시키지 않는다."

그러자 이 격언에 다른 격언이 추가되었다. 그리고 두 격언 모두 통념이 되었다. **치열한 선거전에서는 현직자를 외면하는 경향이 있는데, 전시가 아니라면 그렇고, 전시에는 그렇지 않다.**

기자들은 이렇게 "선거운동 법칙들"을 쌓아 올렸다. 우리는 선거전을 시작할 때마다 커다란 고깔모자를 쓴 연금술사가 되어, 법칙들의 미로 안에서 각 후보들이 승리의 경로를 찾을 수 있을지 알아보려 크고 두꺼운 책들을 샅샅이 들여다보았다.

비결은 유권자들이 자신의 생각 대신 다른 사람의 눈을 통해 정치 뉴스를 해석하도록 설득하기 위해 여론조사를 이용하는 것이었다. 당신은 X라는 후보의 정책을 더 좋아할지 모르지만, 선거에서 이기길 원한다면 "여론조사에 따라"(이런 소극적인 목소리를 사용하는 것이 핵심이다) Y라는 후보에 투표해야 한다.

그러나 "여론조사에 따라"는 종종 "우리 의견에 따라"의 변형일 뿐이다. 이른바 일반인의 말 인용은 대개 기자의 의견에 동의한 첫 번째 사람인 것과 마찬가지로.

과거 선거에서는 "여론조사에 따라" "당선 가능성이 있는" 후보는 "상대 당 의견에 동의"할 줄 알고, "재정적으로 보수적이며"(어떤 의미로든), "방어력이 약하지" 않고, 일부 일신상의 특징―자녀가 있는 기혼자, 이성애자, 큰 키에 호감형, 종교가 있고, 가급적 군대에 복무한 경험이 있는—을 지닌 사람이었다.

예나 지금이나 정당과 그들의 주요 기부자들은 이 모든 확인란에 표시된 후보들에게 돈을 던진다. 이 사람은 사실상 가장 유력한 우승 후보가 되는 것이다. 이제 선거운동을 취재하는 기자들도 이 노선을 따라가면서—나는 이런 경우를 여러 번 보았다—장래의 유권자들에게 이 후보의 유력한 "당선 가능성"에 대해 언급하도록 재촉한다.

이런 점에서 특히 이슈가 되는 인물이 존 케리였다. 케리를 따라다닌 기자들은 마치 펄펄 끓는 기름통에서 죽었다 깨어난 것 같은 기분이 들었을 것이다. 이 남자는 지루함의 끝판왕이었다. 그는 자신이 왜 대통령 선거에 출마하고 있는지 전혀 알지 못했다.

선거운동에서 케리가 유일하게 즐거워 보일 땐 "오렌지 야구"를 할 때였다. 오렌지 야구는 선거운동을 위해 비행기를 탈 때 앞쪽에서부터 기자석 복도까지 오렌지를 굴리는 게임이었는데, 선거운동 전용기의 베테랑들은 이것이 오랜 전통이라고 설명했다(낸시 레이건 여사도 이 게임을 무척 좋아했다고 한다). 하지만 케리는 그들이 경험한 어떤 후보보다 많은 오렌지를 굴렸다.

비행기가 이륙하고 있으면, 케리는 그 커다란 머리를 통로 쪽으로 기울이고는 멍하게 씩 웃으면서 카펫 위로 오렌지를 떨어뜨렸다. 비행기가 위를 향해 속도를 높일 때면 오렌지도 죽죽 속도를 올려 통로를 따라 날아가서는 자고 있는 기자의 얼굴에 먼저 튀거나 아무것도 모른 채 주방에서 일하고 있는 스튜어디스를 강타했고, 그렇지 않으면 비행기 뒤편에 쌓아놓은 카메라 장비들에 부딪치곤 했다. 그럴 때마다 케리는 항상 미소만 짓고 있었다.

"재미"는 곧 섬뜩해졌다. 특히 여자 기자들은 이 모든 것을 몹시 불쾌하게 여겼다. 케리의 선거운동 팀이 그에게 필요한 내용을 알려주려 애쓰는 모습이 역력했지만, 케리는 그놈의 오렌지에 온 정신을 집중했다. 힌 비행기 안에서 우리는 동시에 두 가지를 생각해야 했다.

이 인간은 왜 그랬을까? 우리가 케리에 대해 아는 것이라고는 그가 존 에드워즈(계층 문제에 대해 "지나치게 분노"했다)와 하워드 딘("너무 진보적"이었다)보다 "당선 가능성"이 높을 것으로 예상된다는 것뿐이었다. 그리고 이것은 결국 "당선 가능성"을 위한 선거였다. 2004년엔 당선 가능성보다 더 중요한 건 없다고들 입을 모았다.

그런데 우리는 그의 당선 가능성을 어떻게 알았을까? 비행기에 있는 모두가 그렇게 말했기 때문이다. 그해, 케리와 그의 "당선 가능성"에 관한 기사는 그야말로 수천 건이었다.

이후 《뉴욕타임스》의 정치평론가 맷 바이는 2004년을 다음과 같이 요약했다. "올해 선거운동에서는 당선 가능성 자체가 이슈가 되었다."

케리의 비행기에서 오렌지 게임이 끝나면, 기자들은 "당선 가능성" 기사에 써먹을 소재를 찾기 위해 급히 서둘렀다. 그리고 어쨌든 케리의 지지자들로 가득한 유세장에서 "케리가 부시를 이길 수 있다고 생각하십니까?" 같은 질문들을 던졌다.

"오, 그럼요. 그가 부시를 이길 수 있다고 생각해요." 질문을 받은 사람들은 이렇게 대답하곤 했다. 그러면 다음 날 아침에 사람들은 이런 기사를 읽기 마련이었다.

뉴햄프셔주 홀로그램시의 존 Q. 딩글해트 씨는 백악관에서 민주당을 보길 원하며, 존 케리가 그 소원을 이루어줄 사람이라고 생각한다. "나는 그가 부시를 이길 수 있다고 생각합니다."라고 딩글해트 씨는 말한다.

여론조사 기관과 전문가들이 똑같이 케리를 "부시를 이길" 후보로 만들었다. 갤럽은 예비선거 직전에 이렇게 밝혔다. "뉴햄프셔주의 승리를 위해 만반의 준비를 갖춘 케리는 부시를 이길 최고의 후보로 여겨진다."

그해에 치른 또 다른 예비선거에서 전국의 선거 취재 기자단은 출구조사에서, 마음에 드는 정책을 발표한 후보와 "조지 부시를 이길" 후보 중 누구에게 더 관심이 있느냐고 유권자들에게 물었다.

그리고 갑자기, 전에 없이, 당선 가능성이 선거전의 강력한 이슈가 되었다. 2000년에 출구조사에 응답한 뉴햄프셔 유권자들이 후보를 선택한 주된 이유로 "11월에 이길 가능성이 가장 높아서"를 꼽은 것은 7퍼센트에 불과했다.

2004년에는 세 배에서 다섯 배나 많은 사람들이 당선 가능성을 주된 이유로 꼽았다. 아이오와주에서는 놀랍게도 유권자의 50퍼센트가 이것을 주된 관심사라고 언급했다. 이제 우리는 빌어먹을 이 문제를 거론하지 않고 있었다.

머지않아 케리가 예비선거에서 승리를 얻으면서 우리가 만들어낸 말들이 우리에게 되돌아오기 시작했다. 《워싱턴포스트》는 다음과 같은 기사를 내보냈다.

> 페어팩스에 거주하는 은퇴한 의료업 관리자 패트리샤 코언은 다음과 같이 말했다. "나는 대부분의 민주당원들이 그에게 투표하는 이유와 같은 이유로 케리에게 투표했다. 그는 조지 부시를 이길 수 있다."

이 현상은 다른 후보에게는 역효과를 나타냈다. 기자들은 사람들을 괴롭히곤 했다. "다른 후보가 이길 가능성이 더 높아도 에드워즈에게 투표할 건가요?"

혹은, "쿠시니치가 선거에서 이길 가능성이 없을 것 같은데 괜찮습니까?" 나는 뉴햄프셔주 예비선거 몇 개월 전인 2003년 8월과 9월에 기자들이 사람들에게 이렇게 묻는 걸 자주 들었다.

실제로 하워드 딘은 2003년 11월 한 온라인 질의응답에서 다음과 같은 질문을 받았다. "'나는 딘의 정책을 좋아하지만 그는 부시를 이길 수 없을 것 같다'는 일반적인 비판을 어떻게 해결하시겠습니까?"

"당선 가능성"에 관한 전반적인 질문은 주로 이런 뜻이다. a) 이 분야에 당선 가능성이 가장 높은 후보가 있다. b) 정책 차원에서 당신에게 호소하는 후보가 있다. c) 이 후보들은 동일인이 아니다.

오늘날까지 사람들은 이것을 사실이라고 믿는다. 전 세대의 유권자들은 자신의 견해를 대변하는 정치인은 "당선 가능성"이 없을 거라고 여기도록 길들여졌다.

대부분의 사람들은 자신의 표가 버려지는 걸 두려워하기 때문에, 언론에서 가능성이 없다고 말하는 후보에게는 아예 접근하지 않을 것이다. 특히 현직 대통령이 끔찍한 인물일 때, 유권자들은 자신의 이익과 양심에 투표하지 않을 것이다. 사실 그들은 그렇게 하지 않는 것이 시민의 의무라고 생각한다.

이 속임수는 정치적 소수 집단에게 가장 큰 효과를 발휘하는데, 이들은 더 많은 다수의 의견이라고 들은 대로 투표하도록 길들여졌다. 꽤 최근까지, 당신이 비백인이거나 여성, 미혼, 무자녀, 혹은 동성애자라 해도 "여론조사에 따라" 실제 가능성이 있는 이성애자 백인 후보들 중에 선택해야 한다는 말을 통상적으로 들었을 것이다.

비전통적인 정치 신념을 지닌 사람이라 하더라도 이 역학 관계는 여전히 적용된다. 무정부주의자, 사회주의자, "포퓰리스트"(이 단어는 거의 모든 것을 의미할 수 있다), 민족주의자, 환경운동가, 심지어 자유주의자(피터 틸〔페이팔 창업자이자 IT 업계의 거물로 트럼프 지지자〕이나 코크 형제 같은 부류가 아닌, 론 폴〔공화당 의원이지만 이라크 전쟁에 반대하는 등 공화당 내에서 비주류에 속한다〕 같은 부류)의 경우, "여론조사에 따르면" 사람들은 당신이 원하는 후보를 선택할 준비가 되어 있지 않다는 말을 듣게 될 것이다.

이 효과가 워낙 강력해서 2008년 선거전 초반에 버락 오바마는 흑인 유권자들을 상대로 충분히 기량을 발휘하지 못했다. 오바마는 많은 흑인 교회에서 초기 지원을 받지 못했고, 존 루이스 같은 아프리카계 미국인 민주당 의원들 역시 처음에는 그를 가까이하지 않았다.

이는 오바마가 실력 없는 후보라서가 아니라, 바로 "가능성 있는" 후보였기 때문이었다. 소문에 따르면 아프리카계 미국인 유권자들은 그가 후보자로 지명받을까 봐, 그래서 공화당에 패할까 봐 정말로 걱정했다고 한다.

"그들은 오바마를, 그리고 a)와 b)의 내용을 몰랐기에, 승산이 없다고 생각했어요." 제시 잭슨은 말했다. "흑인 유권자들은 비교적 보수적이고 현실적입니다."

마침내 흑인 유권자들이 오바마를 향해 움직이기 시작할 정도로 그해에 오바마가 충분한 가능성을 확보했을 때, 별안간 새로운 당론이 나왔다. 라틴계 유권자들은 힐러리 클린턴을 보호하는 새로운 "방화벽"이라고 말이다.

"방화벽 firewall"이라는 표현이 무분별하고 모욕적임은 두말할 나위가 없다. 이 표현은 후보자 지명은 가장 유력한 후보로 간주되는 사람의 몫이며, 도전자들은 해로운 세력이라고 암시한다. 이 경우, 역사적으로 라틴계 유권자들이 흑인 후보들을 불신했다는 점이 클린턴에게 가장 큰 희망이라는 말은 캘리포니아(화재 fire가 다소 큰 이슈가 되는 지역)의 예비선거 전에 공공연하게 주장되었다.

"지금까지 라틴아메리카계 유권자들은—나는 이 말을 매우 신중하게 하고 싶다—흑인 후보를 기꺼이 지지하려는 의욕을 크게 보인 적이 없다."라고 클린턴의 여론조사 전문가인 세르히오 벤딕센은 《뉴요커》에서 밝혔다. 이후 보수적인 정치평론가 로버트 노박은 이렇게 요약했다.

"클린턴은 라틴계 방화벽을 걸고 도박을 하고 있다."

안타깝지만 "여론조사에 따르면"이라는 속임수는 노동 계급에도 효과가 있다. 매년, 심지어 예비선거에서조차 노동조합들은 "당선 가능성"이라는 선전을 믿기 때문에, 노동자와 관련한 이력이 좋지 않은 후보들을 지지한다.

간혹 작은 지역들은 확실한 친노조 후보를 지지하겠지만, 전국 지도부들은 석연치 않은 구석이 더 많아도 당선 가능성이 가장 유력한 후보에게 강력한 지지를 보낼 것이다. 2015-2016년에 샌더스와 상대했던 클린턴의 경우가 그랬다.

그러나 대규모 노동조합이 그들의 이익에 반하는 투표를 하는 것은 늘 제기되는 주제다. 나는 2003년에 뉴햄프셔주 화이트필드에서 열린 미국 노동총연맹 산별 노조 협회의 AFL-CIO 컨퍼런스에서 이를 확인했다.

이 행사에서 각 민주당 후보는 노조의 표를 달라고 호소했다. 미주리주의 리처드 게파르트와 오하이오주의 데니스 쿠시니치 두 사람은 오랫동안 노조 친화적이었다. 이 정치인들은 노조에 가입한 노동자들의 모든 희망 목록을 이행했다. 게파르트는 전국 AFL-CIO에서 100퍼센트 신뢰도를 얻었고, 무엇보다 북미자유무역협정과 세계무역기구 WTO의 폐지를 요청한 쿠시니치도 마찬가지였다.

하지만 노조는 결국 케리를 지지하기로 결정했다. 케리는 중국 최혜국 대우에 찬성표를 던진 바 있었고, 북미자유무역협정의 충실한 옹호자였으며, 포괄적인 무역 정책을 강력하게 신봉했는데, 이것은 모두 노동계가 전통적으로 반대해 오던 정책들이다.

"우리는 식탁에 놓을 좌석 하나가 필요합니다." 노조원 중 한 명이 나에게 한 말인데, 이 말은 노조에 도움은 되지만 당선 가능성은 없는 민주당 의원보다는 노조와의 관계는 약하지만 당선 가능성이 있는 민주당

의원을 지지하는 것이 더 낫다는 걸 의미했다.

노동계가 리처드 딕 게파르트처럼 평생 동안 노동자를 옹호한 의원을 지지하지 않았다면, 대학생들은 쿠시니치에게 표를 던졌을까?

어쨌든 쿠시니치는 대학생을 성인으로 대하고 평화부 Department of Peace와 같은 이상적인 정책을 수용한 유일한 후보였다. 다른 후보들이 깜찍한 이름("딘의 아이들 Deanie Babies", "리버만의 팬들 Liebermaniacs")이 새겨진 티셔츠를 나누어 주거나 핫도그를 무료로 주어 "젊은층"을 자기 편으로 끌어들이려 했다면, 쿠시니치는 정 반대의 길을 걸었다.

더럼에 있는 뉴햄프셔대학교에서 쿠시니치는 너무 쉬운 내용으로 연설길 거부하고 융, 바버라 마르크스 허버드, 토머스 베리, 그리고 인본주의 사회학자 모리스 버먼 같은 사람들을 인용했다.

쿠시니치는 민주당 의원들 사이에서 몇 년 뒤에나 큰 인기를 끌게 될 이슈들을 미리 공개하면서, 자신의 선거운동은 군비 지출과 외국 개입에서 벗어나 교육과 의료에 더 많은 투자를 하는 등, 국가의 우선순위를 바꾸는 문제에 중점을 둔다고 말했다. 그는 자리에 앉아 토론장을 열었고, "가두연설"을 일종의 집회로 만들었다. 이 자리에서 사람들은 자신의 사생활, 우울증, 약물 중독 등을 포함해 모든 종류의 문제들에 대해 대화를 나누었다.

쿠시니치는 마침내 기립 박수를 받았다(그와 게파르트가 둘 다 AFL-CIO 컨퍼런스에서 그랬던 것처럼). 그러나 나중에 그에게 투표할지 고려라도 해보겠다고 말한 학생은 거의 없었다.

"[쿠시니치는] 개인적으로 제가 대통령에게 원하는 모든 걸 가지고 있어요." 데이비드 윌메스라는 한 대학원생이 나에게 말했다. "하지만… 케리나 에드워즈 같은 사람이 대통령이 되어야 하지 않겠어요?"

왜?

"글쎄요." 그가 말했다. "대통령은 아무래도 키가 큰 사람이 되어야 할 테니까요."

나는 이 대화 내용을 쿠시니치에게 말했다. 그는 한숨을 쉬며 사람들이 자신의 신념과 선호에 따라 투표하는 법을 배울 때까지 정치는 "반향실과 유사하게 될 겁니다. 그런 곳에서는 일관성을 찾아볼 수 없지요."

"일관성이 없다"는 말은 거의 어느 누구도 자신이 개인적으로 가장 좋아하는 후보에게 표를 주지 않는 세대의 현대 미국 정치를 정의한다.

중하위층 공화당 유권자들은 여전히 억만장자를 위한 감세 조치를 지지한다. 노동계는 노동계에 반하는 정책에 투표한다. 도심의 소수집단 유권자들은 형기를 연장하고 거리에 더 많은 경찰력을 투입하겠다고 공약하는 후보들을 지지한다. 저소득층 의료보장제도의 지원으로 전동 휠체어를 타고 다니는 사람들은 "무상 지원"을 받는 소비자들을 비난하는 후보들에게 박수를 보낸다.

그러나 선거 전문 기자들 가운데 이런 사실에 눈살을 찌푸리는 사람은 극히 드물었다. 여론조사가 예측 능력을 멈출 때까지는, 정확히 말하면 2016년에 유권자들이 여론조사의 기대를 저버리기 시작하면서 미디어 산업 전체가 혼란에 빠지기 전까지는 말이다.

네이트 실버를 비난하고 싶지는 않다. 무엇보다 나는 〈베이스볼 프로스펙터스Baseball Prospectus〉〔야구 통계 전문 웹사이트〕의 열렬한 팬이었다. 또 하나, 여론조사에 관한 그의 글들은 언제나 흥미진진하고 재미있다. 내가 보기에 그는 더 큰 속임수의 희생자였다.

"당선 가능성"은 기본적으로 과학의 인정을 추구하는 통념이었다. 여론 분석 웹사이트 fivethirtyeight.com이 현장에 등장했을 때, 선거 전문 기자들은─내가 듣기로─자신들이 지어낸 견해들이 마침내 데이터에 의해 인정받고 있다고 생각했다. 나는 특히 2008년 선거전 후반부에 있었던 세라 페일린〔매케인 대통령 후보와 함께 부통령으로 출마했다〕에 대한 논쟁을 기억한다.

기자들은 갈피를 잡지 못했다. 페일린은 맥주를 같이 마시고 싶은 후보일지는 몰라도, 알다시피 그녀는 결코 공직에 어울리는 사람이 아니었기에 그녀를 취재하는 많은 사람들을 곤란하게 만들었다. 이 모순을 어떻게 해결하지? 보통은 "맥주" 후보를 축하하면 되지만, 이젠 어떻게 해야 하지?

당시 실버는 기사를 쓰면서, 위기 상황이 닥치면 당연히 부통령이 대통령직을 수행한다고 설명했다. 어쨌든 대통령이 사망했다 치자. 그땐 "비전"보다 경험이 중요하다. 스포츠 용어로 말하면, 긍정적인 전망보다는 메이저 리그에서 뛸 준비가 된 선수를 원하는 것이다.

실버는 이렇게 썼다. "미국인들은 세라 페일린에게 동정심을 느낄 수도 있고, 그녀가 함께 맥주를 마시고 싶은 사람이라고 믿을 수도 있을 것이다. 그러나 결국 매케인의 백악관 입성에 해를 끼친 인물임을 여전히 잊지 못할 것이다."

기자들은 안도의 한숨을 쉬었다. 이런 특별한 상황이 예외일 뿐, "맥주 테스트"는 여전히 좋은 방법이었다! "우리가 그동안 맥주에 대해 했던 모든 말들은 부적절하고 무책임했다."고 아무도 나서서 말하지 않아도 되었다.

실버는 두 차례 선거에서 거의 완벽에 가까운 예측을 한 뒤—2008년과 2012년 선거전에서 100개 주 중 99개 주를 정확히 예측했다—선거 전문 기자들에게 신의 경지로 들어 올려졌다. 선거가 끝난 후 "범생이들의 승리 Triumph of the Nerds" 같은 기사는 그를 "위대한 승자"로 묘사했다.

문제는 실버의 예측이 수많은 멍청한 선거 보도와 어리석은 통념에 의해 왜곡된 행동을 하는 유권자 세대에 기반한다는 것이다. 혹시라도 유권자들이 우리의 말을 무시한다면, 모든 데이터는 하룻밤 사이에 무용지물이 될 터였다.

그런데 그 일이 2016년에 벌어졌다. 당시 실버는 대통령 선거운동 서사들의 통일장 이론에 대해 개략적으로 설명했다. 그는 선거운동에는 여섯 개의 단계가 있으며, 각각의 단계가 도널드 트럼프의 파멸을 예고한다고 주장했다.

그 단계는 이랬다. 무한 자유경쟁, 철저한 검증, 아이오와주와 뉴햄프셔주, 선별 작업, 누적 대의원 수, 최종 단계.

2016년 선거에 접어들면서 통념의 힘이 약해지고 있다는 단서들이 나오기 시작했다. 예를 들어, 여론조사 기관인 퓨리서치센터의 2015년 설문조사에서 "당선 가능성"에 대한 관심이 하락했음을 알 수 있었다. 개인적으로 나는 여론조사보다는 선거운동, 특히 공화당 선거운동에서 꺼져버리라는 말을 듣는 횟수가 점점 많아지고 있다고 느끼면서 이 사실을 인식하고 있었다. 다시 말해, 이제 언론은 누가 "당선 가능성"이 있고 누구는 없는지 사람들에게 말하기 전은 고사하고, 질문도 하기 전에 벌써 외면당하고 있었다.

문제는 "당선 가능성" 같은 언론의 헛소리를 사람들이 더 이상 귀담아 듣지 않을 때 무슨 일이 일어날지 언론에 종사하는 사람 누구도 전혀 아는 바가 없었다는 것이다. 이런 상황에 대한 데이터가 전무했다. 우리는 이제 막 그걸 알아가려는 참이었다.

트럼프는 실버의 "6단계"를 무너뜨렸다. 그는 아이오와주를 빼앗겼고 심지어 언론의 기대에도 미치지 못했지만, 전혀 흠이 되지 않았다. "선별 작업" 기간 동안 그는 박차를 가했다. 실버의 예측대로, 공화당은 "최종 단계"에서 그를 막기 위해 사실상 할 수 있는 모든 걸 다 했지만, 오히려 그것이 트럼프의 후보 지명을 도왔는지 모른다. 당시 공화당 유권자들은 공화당의 기득권층을 싫어했는데 이를 표현할 수단으로 트럼프를 이용했기 때문이다.

어차피 공식적인 지지가 부정적인 마당에, 긍정적이 아니라, 트럼프가 확보한 지지율이 5퍼센트 미만이라 해도 그에게 해가 되지 않았다. 따라서 이른바 "기득권층의 예비선거"는 변수가 되지 않았다.

실버는 결국 "통념"이 여론조사를 오염시켰음을 인정했으며, 이것은 크게 칭찬할 만한 일이었다. 그는 반대 방향으로 너무 치우치는 상황에 대해 경고했는데, 기본 입장은 "여론조사는 통념에 맞추려 할 수 있으며, 그 결과 더 잘못될 수 있다."는 것이었다. 2017년의 일이었다.

2016년 선거전 기간 동안 이미 실버의 관점은 크게 바뀌어 있었다. 선거가 다가왔을 때 그는 트럼프에게 29퍼센트의 당선 가능성을 점치고 있었는데, 다른 모든 후보들보다 높은 수치였다.

여기에는 모두를 위한 중요한 교훈이 있었다. 아니, 있었어야 했다. 정치는 늘 스스로를 야구 경기처럼 이야기하지만("인사이드 베이스볼"(inside baseball, 머리를 써서 교묘하게 진행하는 경기)은 자신이 그런 경기를 하고 있다고 생각하는 사람들이 선호하는 용어다), 정치는 야구가 아니다. 야구에서 타자는 투수가 삼진율이 높다는 말을 들었다고 해서 고의로 삼진을 당하지 않는다.

데이터 저널리즘은 통념을 확인한다. 이 두 가지가 결합될 때 문제가 생긴다. 두 개의 장르는 발정난 개들만큼이나 떼놓기 힘들 수 있다. 심지어 트럼프에 관한 예측이 대대적으로 실패한 후에도 이 위태로운 결합의 결과물—"당선 가능성"—은 여전히 신나게 돌아다니고 있다.

2018년 여름, 유력한 민주당 후보에 관한 《뉴욕타임스》 기사는 밋 롬니와 존 케리 같은 사람들에 관한 과거 기사들을 똑같이 반복했다. 우리는 엘리자베스 워런과 버니 샌더스 같은 극단주의자들을 경계하고 더 온순하고 더 "중도주의자"에 가까운 인물과 함께하라는 말을 들었다.

샌더스 의원의 정책 아이디어를 명백히 지지하지만, 그럼에도 불구하고 당내 다수는 그가 80대에도 맹렬히 활동해 트럼프 씨를 내쫓을 만큼 폭넓은 호소력을 갖게 될지 회의적이다….

샌더스 의원과 동년배인 75세 바이든 의원은 올 가을 차별화된 메시지를 시험하기 위해 준비 중이다…바이든 의원은 양당 모두에게 찬사를 바치고, 트럼프 씨의 선동적인 조롱에 초연하라는 신호를 보내는 등 샌더스 의원과 워런 의원보다 온화한 인상을 주었다.

《워싱턴포스트》의 마이클 셰러도 유사한 주장을 했다.

2020년을 노리는 다른 상원의원들과 마찬가지로, 워런은 일련의 고비용 정책 제안들을 지지해 당내 일부 의원들을 불안하게 만들었다….이 때문에 일부 공화당 의원들은 워런이 2020년에 출마하는 것을 환영한다는 신호를 보내왔다. 트럼프의 전 보좌관, 스티븐 배넌은 워런을 "민주당이 내세울 수 있는 가장 약한 후보"라며 일축했다.

선거철에 어떤 종류의 "당선 가능성" 기사를 보게 될지 예측하는 가장 쉬운 방법은 후보들의 분야를 살펴보고 배후에서 로비 자금과 홍보비를 많이 받은 후보가 누구인지 확인하는 것이다.

이런 후보들은 당선이 유력하다고 기술될 것이다. 나머지 모든 후보들은 "여론조사에 따라" 취급 받게 될 것이다. 언론 판 쓰레기 과학에 주의하시길.

6. 보이지 않는 예비선거:
혹은 당신이 선거 결과를 결정하기 전에
우리가 결정하는 방식

이것을 선거 저널리즘 태초의 거짓말, 즉 조작적인 정치 보도의 "뱀과 사과" 이야기라고 부르겠다. 이것은 매번 선거철이 시작될 때마다 당신을 응시한다. 당신은 보통 이것을 그래픽으로 보게 될 것이다.

폭스는 **결정은 당신**이라고 외친다. ABC의 슬로건은 **투표로 당신의 목소리를 내십시오**다. CNN은 **미국의 선택**이라는 표현을 선호한다.

언론은 선거에서 **당신**의 존재를 최대한 강조한다. 당신의 참여가 반드시 필요합니다! **당신**이 선택해야 합니다! 우리는 결과를 표로 나타낼 뿐입니다!

그러나 방송사들은 실제로는 이 말을 믿지 않는다. 가장 큰 인쇄 매체의 가장 우수한 선거운동 분석가들도 대부분 이 말을 믿지 않는다.

선거가 실제로 무엇인지, 혹은 무엇이어야 하는지에 대한 다양한 분석을 찾기 위해 전문가적 시각의 많은 연구가 필요하지는 않다. 진정한 슬로건은 이럴 것이다.

어느 정도는 당신이 결정합니다!

혹은,

2020 : 당신이 결정합니다. 우리가 결정한 뒤에.

아래 글은 2015년 초 네이트 콘이 《뉴욕타임스》에서 도널드 트럼프가 절대로 후보자 지명을 받을 수 없는 이유에 대해 주장한 글의 일부다. 이상한 표현이 없는지 찾아보자.

풀뿌리 보수주의자들과 진보주의자들은 분개할 일일지 모르지만, 나를 포함한 많은 분석가들은 대통령 후보자 지명 결과가 당의 엘리트층에 의해 윤곽이 잡히거나 심지어 결정된다고 주장한다.

당의 엘리트층들이 선거 결과를 결정한다는 생각에 왜 "풀뿌리 보수주의자들과 진보주의자들"**만** 분개하겠는가? 모든 사람들이 말도 안 되는 일이라고 생각하지 않을까?

슬프게도 그렇지 않다. 대부분의 선거운동 분석가들은 선거철을 유권자들을 조종하는 능력에 대한 국민 투표로 간주한다. 우리가 "당의 엘리트층"이 선거 결과를 결정한다고 이야기할 때 실제 의미는 언론과 두 정당, 그리고 기업 기부자 같은 기관들은 그들이 원하면 누구에게든 결코 넘을 수 없는 장애물을 세울 수 있다는 것이다.

콘은 이것을 다음과 같이 설명한다.

당의 반대는 훨씬 심각하다. 영향력 있는 미디어 비평가들은 한목소리를 낼 테고, 충분한 자금을 지원받는 반대자들은 무수한 광고비를 쏟아부으며 공격을 예고할 것이다. 풀뿌리 지지자들과 슈퍼 팩〔super PAC. 팩PAC은 개인과 단체의 기부 금액, 기부자의 신상과 지출 내역, 지출 총액에 제한을 두는 반면, 슈퍼 팩은 별도의 팩을 구성하여 기존의 규제들을 우회하면서 후원활동을 한다. 주로 억만장자들로 이루어진 슈퍼 팩은 캠프에는 소속되어 있지 않고 외곽에서 지지 활동을 하며 합법적으로 무제한 모금이 가능하다〕들이 폭넓은 지지가 부족한 상황을 어느 정도 보상할 수 있겠지만, 더 광범위한 반대를 극복하지는 못할 것이다. 엘리트층의 목소리는 너무도 강하고 영향력이 크다.

도널드 트럼프는 예나 지금이나 늘 예외자임을 염두에 두고, 이 과정이 일반적으로 어떤 식으로 작용하는지 살펴보자.

매번 선거철이 끝나면, 컨설턴트 기업과 낭 기관(예를 들어 공화당 전국위원회 같은) 지도부들은 선거 과정에서 잘못된 점은 무엇인지, 해결할 방법은 무엇인지 비공식적으로 이야기하게 될 것이다. 이렇게 해서 나온 의견들은 이제 선거 "사후 분석" 혹은 "선거 후 보고서"라는 기안을 작성하는 등 공식 절차를 통해 다각도로 논의될 수 있다.

예를 들어, 2012년 이후 공화당은 민주당과의 격차를 좁히기 위해 이민자 정책을 완화해야 한다고 확신했다. 밋 롬니의 패배에 관한 공화당 전국위원회 보고서는 "우리는 포괄적인 이민 개혁을 수용하고 옹호해야 한다."는 내용을 포함해 그들이 필요하다고 생각한 총체적인 개혁들을 설계했다.

다음으로는 실제로 워싱턴에서 요직을 맡고 있는 몇 백 명이 함께 머리를 맞대고 어떤 후보에게 차기 선거 자금을 지원할지 조용히 결정할 것이다. 결정된 후보는 마침내 몇 억 달러의 자금을 통해 언론의 도움을 받아 기선을 제압하게 된다.《뉴욕타임스》는 다른 기사에서 이 과정을 다음과 같이 기술했다.

> 지지와 기부는 대체로 후보에 대해 미디어의 긍정적인 관심을 끌고, 그러고 나면 여론조사에서 후보의 지지율은 대개 증가하기 마련이다. 이렇게 증가한 지지율은 더욱 긍정적인 미디어의 보도로 이어지고, 그 결과 더 많은 지지와 기부가 일어나고, 경쟁자들은 이 경쟁에서 하차하게 된다.

이것이 이른바 "보이지 않는 예비선거"다. 이 용어는 2009년에 여러 교수들이 쓰고 시카고대학교 출판부에서 펴낸《정당이 결정한다 The Party Decides》에서 나온 말이다.

이 책을 쓴 네 명의 저자는 의사결정이 밀실을 떠나면서 현대 정치에서 정당은 점차 무의미해졌다는 주제를 다루었다.

여기에는 역사가 중요하다. 1968년 3월, 당시 대통령 린든 존슨은 무엇보다 반전反戰을 주장하는 도전자 유진 매카시를 상대로 한 뉴햄프셔주 예비선거에서 부진한 성적을 거둔 것에 망연자실했는지, 갑자기 재선 출마를 포기하기로 결정했다. 그러자 당 기득권층의 선택으로 부통령 휴버트 험프리가 그를 대신해 출마하기로 했으나 예비선거에 공식적으로 참여하기엔 너무 늦었다.

따라서 선거전은 결국 실제로 후보자 명단에 오른 두 후보—유진 매카시와 바비 케네디〔존 F. 케네디의 동생〕—와 명단에 오르지 않은 한 사람, 험프리 사이에서 치러지게 되었다. 케네디는 전당대회 전에 암살되었다.

그해 여름 시카고에서 열린 전당대회에서 민주당 지도부는 예비선거에서 다른 두 후보가 승리했음에도 불구하고 1차 투표에서 험프리를 후보로 지명했다. 당시 지도부는 지지표를 확보하지 못하고도 대의원들을 여전히 통제할 수 있었다.

민주당 유권자들(특히 반전을 주장하는 젊은 유권자들)의 분노를 잠재우기 위해 험프리는 특유의 방식대로 메피스토펠레스식 계약을 맺었다.

험프리는 그해 후보자 지명을 받게 되었지만, 장차 선거제도를 개혁할 위원회를 만들기로 합의했다. 이후 맥거번-프레이저 위원회는 유권자들이 투표를 통해 내리는 결정과 대의원들의 결정을 보다 공식적으로 연결함으로써 실제로 유권자들의 손에 더 많은 힘을 싣는 "선언 대의원"〔전당대회에서 자신의 주에서 가장 많은 표를 받은 후보에게 표를 던지기로 선언한 대의원〕 제도를 만들었다.

《정당이 결정한다》의 저자들은 우리에게 비밀을 알려준다. 맥거번-프레이저 위원회는 사실 당 지도부와 기부자들의 권리를 박탈하지 않았다는 걸! 실제로 그들은 여전히 많은 것들을 통제한다는 걸!

그들은 "보이지 않은 예비선거"란 과거에도 지금도 예비선거 이전 기간을 말하며, 이 기간에 당 지도부들은 "유권자들이 참여하기 전에 현장을 철저히 조사하고 선별해서, 선택된 한 명의 후보자를 지지하는 연합체를 결성하고, 자신들의 결정을 비준하도록 유권자들을 동요시킨다."라고 주장했다.

계속해서 저자들은 결정적인 요인이 되어온 사전 예비선거의 자금과 지지에 대한 예를 무수히 열거했다. 2000년에 빌 브래들리와 앨 고어는 똑같이 형편없는 선거운동을 펼쳤지만, 고어는 당의 82퍼센트 지지와 더 많은 자금을 확보했고 따라서 승리를 차지했다. 같은 선거운동에서 조지 W. 부시는 사전에 지명된 또 한 명의 후보였다. 1984년에는 먼데일이, 1996년에는 밥 돌이 그랬으며, 그 밖에도 많은 예들이 있었다.

《정당이 결정한다》은 우리 민주주의에 대한 불쾌한 은유로 가득하다(고의로 그런 건 아닌 것 같다). 유독 이해하기 어려운 한 부분에서, 저자들은 "식당 게임"이라는 것에 대해 설명한다.

> 그런데 여기에는 보이지 않는 예비선거에서 일어날 수 있는 일을 더 정확하게 포착하는 코디네이션 게임이 있다. 우리는 이것을 식당 게임이라고 부른다….
>
> 많은 사람들이 식사 장소를 조율하려 애쓰고 있다고 상상해 보자. 다수가 같은 식당에 가면 가격 할인 같은 혜택을 받게 될 것이다. 동시에 모두들 각자가 선호하는 각기 다른 종류의 음식을 먹을 수 있는 식당에 가고 싶어 한다. 순수주의자라고 할 수 있는 일부 손님은 다른 손님들보다 훨씬 까다롭다.

 참고: 당신이 미국 선거운동의 역학 관계에 대해 논의하고 있다면, "순수주의자" 혹은 "순수성" 같은 용어를 피할 수 없을 것이다. 이것은 가령 전쟁에 찬성하는 후보를 뽑지 않는 반전 유권자처럼, 자신이 선택하는 후보를 뽑아야 한다고 주장하는 사람들을 기술하기 위해 만든 용어들이다. 잘난 체하는 인간들! 식사에 빗댄 정치에서 순수주의자는 식탁 위의 음식을 먹으려 하지 않는 성가신 고객일 뿐이다. 저자들은 결국 24시간 식당 대신 "생선 전문 식당"을 선택하는 유권자 – 고객에 관한 길고 특이한 논의로 들어간다.

> 식사를 하려는 사람들이 계속 메뉴를 선택하는 동안 생선 전문 식당이 많은 다양한 사람들을 계속해서 끌어 모은다면, 생선 말고 다른 음식에 대한 선호도가 강한 손님조차 이 식당에서 괜찮은 식사를 할 수 있겠다고―그리고 단체 할인도 받을 수 있겠다고―판단하게 될 것이다. 이 식당 게임은 다양한 조건에서 다양하게 펼쳐질 것이다. 식사를 하려는 사람들이 배가 몹시 고픈 상황이라면, 얼마 전에 배불리 먹

었을 때보다 식당에 빨리 모여들 것이다. 마을에 좋은 식당이 하나뿐인지, 많은지, 하나도 없는지도 중요한 변수가 될 것이다….

생선 전문 식당이 무엇을 대변하는지는 잘 모르겠지만, 기본적으로 저자들은 생선보다 다른 음식이 먹고 싶은 많은 사람들이 특정한 환경에서는 생선을 먹게 될 거라고 시사하려는 것 같다.

당신은 결정한다(생선을 먹기로.
꼭 생선이 먹고 싶은 건 아니지만). 2020!

《정당이 결정한다》의 저자들이 제시하는 또 다른 비유는 후보자 지명을 받기 위한 출마는 피겨 스케이팅과 같다는 것이다.

스케이트 선수들은 수행해야 할 점프와 회전의 종류와 횟수를 결정하지 않는다. 수행의 수준도 결정하지 않는다. 무엇보다 그들은 심판을 선택하지 않는다. 심판은 대회의 규칙과 판단 기준을 적용하기 위해 더 큰 규모의 피겨 스케이팅 단체가 선정한다. 스케이트 선수들은 자기 자신이나 그들의 코치, 심지어 경기장의 관중들을 즐겁게 해서가 아니라, 심판들과 그들이 대표로 있는 내부 관계 단체를 즐겁게 함으로써 승리한다….

요컨대 스케이트 경기는 **자기 자신을 즐겁게** 하기 위한 것이 아니다. 그것은 스케이팅 내부 관계 단체의 요구와 욕구를 충족시키기 위한 것이다. 수업은 끝났다. 구내식당은 이제 생선을 제공하고 있다.

이 이상한 책이 출간되었을 때 많은 기자들은 큰 충격을 받았다. 선거 운동에 관해 글을 쓰는 사람들은 곧 은근히 잘난 체하면서 "보이지 않는 예비선거"에 대해 말하길 좋아하게 되었다. **차단 선 뒤에서 무슨 일이 벌어지는지 알려줄게!**

이 이야기들에 숨은 섬뜩한 의미―당신이 누구를 뽑을지 결정하기 전에, 이미 누군가가 당신의 투표를 결정한다―는 거의 언급되지 않았다.

2016년에 젭 부시는 공화당의 "보이지 않는 예비선거"에서 승리했다. 이것은 선거전이 시작되기 전에 거의 공식적으로 알려진 사실이었다. 롬니의 2012년 재정위원장이었던 스펜서 즈윅은 2015년 2월에 "대통령 선거에 출마하길 진지하게 원하는"(즉, 내 기부 명단에서 거액의 돈을 빼내고 싶은) 사람은 누구든지 젭 부시와 정책적으로 "비슷한" 노선에 서야 한다고 말했다.

5개월이 조금 지난 뒤, 부시는 팩PAC의 자금 1억 1,400만 달러를 확보했다고 발표했다. 2015년 봄, 반대편의 힐러리 클린턴 역시 "보이지 않는 예비선거"의 결정적인 승자로 선언되었을 때 거의 같은 과정이 전개되었다.

기자들은 "보이지 않는 예비선거"의 승자에 대해 당선 가능성이 더 높은 더 현명한 선택이라고 묘사하는 경향이 있다. 지역에 따라 당이 승인한 후보를 거부하는 유권자들은 "보호구역에서 벗어난" 혹은 "고집 센" 같은 말로 묘사될 것이다.

데이비드 프럼―한때 신보수주의자 부시의 연설문 작성자였으며, 현재 민주당 지식층의 사랑을 한 몸에 받고 있는―은 기부자들이 점찍은 후보들을 공화당 유권자들이 계속해서 거부한 2008년과 2012년 선거전 상황을 이야기했다.

물론 과거 공화당이 총애하던 거물급 인사들도 난관에 부딪친 적이 있었다. 2007-2008년에는 루디 줄리아니가 자폭했고, 2012년에는 공화당 의원들이 유력한 대체 후보들―릭 페리, 허먼 케인, 뉴트 깅리치, 마지막으로 릭 샌토럼—을 열심히 밀었으나 밋 롬니가 후보로 지명되어 선거 과정에서 혼선을 빚었다.

그러나 줄리아니는 엘리트 계층 기부자들이 똑같이 혹은 거의 똑같이 흡족하게 여기는 두 경쟁자, 밋 롬니와 존 매케인에게 밀렸던 것이고, 2011 - 2012년에는 누구든 "롬니가 아닌" 후보가 1위를 유지한 기간은 최장 6주였다. 두 시기 모두 당이 총애하는 인물에 대한 저항은 사회적·종교적 보수주의자들 사이에 집중되어 있었다.

2016년 선거 기간에는 저항의 양상이 달랐는데….

역설적이게도 선거 이후 약 2년쯤 지난 2018년 11월에서 12월 무렵은 기자들이 이 과정에 대해 매우 솔직하게 밝힌 시기다. "보이지 않는 예비선거"와 누가 승자인지에 대한 당시의 기사를 얼마든지 찾아볼 수 있다(그나저나 왜 이렇게 매력적인 이름으로 지은 걸까? "기득권층 예비선거"라고 할 수도 있었을 텐데. 아니면 기부자 예비선거나 밀실 예비선거라든지).

NBC는 2020년 민주당 유망주들을 다룬 기사에서 "보이지 않는 예비선거가 시작되고 있다."라고 발표했다. 기사에는 혐오스럽고 터무니없는 표현들이 공책 몇 권을 채울 만큼 가득하지만, 언제나 사랑스러운 전 공화당(그리고 현 민주당)의 저격수 데이비드 브록의 말을 표본으로 살펴보자.

> "다른 후보들에게 던지는 첫 번째 질문은 어디에서 자금을 구할 것인가 하는 것이다." 기부자들과 자주 대화를 나누며, 기라성 같은 민주당 단체들과 슈퍼 팩들을 운영하는 자금 모금의 탁월한 실력자 데이비드 브록이 말했다. "어디에서 자금을 구할 것인가 하는 질문에 답할 수 없다면 당신은 성공할 수 없을 것이다."

이것은 지난 선거에서 자신의 후보인 힐러리 클린턴이 트럼프보다 두 배 가까이 더 많은 자금을 확보했음에도 불구하고 패배한 상황을 목격한 남자의 입에서 나온 말이다.

"보이지 않는 예비선거"는 2016년 내내 선거 전문 기자들의 핵심적인 신념이었다. 트럼프가 그 논지를 무너뜨린 그해에 트럼프는 당 지도부의 이견을 무릅쓰고 후보자 지명을 받은 게 아니다. 당이 인정한 후보인 부시가 전혀 경쟁력이 없었다.

이것은(반대편 버니 샌더스의 의외의 선전과 함께) 정치 엘리트층이 유권자들에게 미치는 영향력이 심각하게 붕괴되었음을 의미했다. 그러나 언론은 이 문제를 정면으로 다룬 적이 없다.

오히려 일반적인 의견은 트럼프 사건을 일종의 일탈로,《블룸버그》의 조너선 번스타인이 "보이지 않는 예비선거"에 대한 글에 썼던 것처럼 기상악화 정도의 사건으로 취급하는 것이었다.

> 지금은 당 관계자들―정치인, 선거 전문가, 활동가, 기부자 등―이 실제로 영향력을 발휘할 때다. 그들은 후보자 지명을 통제하거나 통제하지 않을 수 있다(트럼프에도 불구하고, 나는 그들이 대체로 통제할 수 있으리라 생각한다). 그들은 분명 후보자 지명에 영향을 미칠 수 있다….

이 모든 내용의 요점은 대부분의 경험 많은 선거 전문 기자들은 기부자와 당 지도부가 선호하는 인물과 자금이 당의 후보를 선출하는 데 중요한, 그리고 결정적인 역할을 한다는 사실을 잘 알고 있다는 것이다.

그러나 일단 선거운동이 시작되면 밀실에서 나온 이야기를 계속 끄집어내는 것은 서사를 망치게 된다. 그러므로 "보이지 않는 예비선거"에 관한 기사들은 일찌감치 자취를 감추는 경향이 있다.

이때쯤 되면 올해 이런저런 단체에 속한 유권자들이 실제로 어떤 결정을 내릴지에 대한, 객관성이 결여된 논평들이 들려오기 시작할 것이다. 기부자는 잊어라! 이제는 중산층 엄마들의 해! 복음주의 신자들의 해! 총기 소지자들의 해! 백인 노동 계층 아버지들의 해! 밀레니얼 세대의 해! 밀레니얼 세대 여성들의 해! 중산층 사무직 아빠들의 해(진심)! 이다.

이런 기사들은 "보이지 않는" 배우들로부터 관심을 돌리고 당신이 결정하는 그곳으로 당신을 돌아오게 하도록 설계된다. 대통령 선거일을 2년 앞둔 어느 날, 워싱턴 D. C. 모노클 레스토랑〔오바마가 자주 찾은 국회의사당 인근 레스토랑〕의 점심 테이블에서 수표책을 꺼내는 19명의 억만장자들이 아니라.

이 일의 후반부에 오면 선거가 진행될수록 본선거의 거센 분열을 선전함으로써 후보자 지명 대회의 비밀스러운 성격이 감추어진다.

우리가 빨강〔공화당〕 대 파랑〔민주당〕 증오의 온도를 끝까지 높일수록, "보이지 않는 예비선거" 같은 초반 과정을 생각하는 유권자들은 줄어든다. 그리고 우리에게는 상황을 뜨겁게 덥힐 방법들이 얼마든지 많다.

7. 뉴스 미디어는 프로레슬링을 어떻게 흉내 내는가

2015년 초 버지니아에서 대니얼 리처즈Daniel Richards라는 서른다섯 살의 프로레슬링 선수는 깜짝 놀란 표정으로 도널드 트럼프를 지켜보았다. 그는 자신과 똑같은 사람을 보고 있다는 걸 소름끼치도록 잘 알고 있었다.

"그는 내가 하는 행동을 똑같이 하고 있었습니다."라고 그는 말했다. 나중에 리처즈는 "혁신적인 진보주의자"로 불리며 경쾌하고 과장된 동작의 레슬링 대표주자로 명성을 얻을 터였다. 그는 힐러리 클린턴의 얼굴이 선명하게 새겨진 티셔츠를 입고 주로 애팔래치아 지방 전역의 작은 경기장에 들어서서, 팬들에게 "여러분은 자신의 경제적 이익에 불리한 쪽에 투표하고 있습니다!" 같은 말을 외친다.

시골의 강경파 군중들은 열광한다. 리처즈는 예나 지금이나 비열한 악당 역할을 맡는다. 프로레슬링은 악당 대 영웅, 업계 용어로 악역heel 대 "선역"(베이비 페이스baby face 또는 페이스face)이라는 핵심 구성에 따라 진행된다.

이런 구성 방식을 바탕으로 수많은 줄거리가 탄생한다. 동료가 동료를 배신하고, 선역이 악역으로 "변하며", 깃발이나 여자를 위해 싸우기 위해 적과 하나가 된다. 그러나 모든 이야기는 악당이 군중을 향해 불쾌한 소리를 내지르며 성큼성큼 링 안으로 들어서서 경기장 안을 뜨겁게 달구는 것으로 시작된다.

"악역의 임무는 열기를 높이는 것이지요." 리처즈는 말한다. 리처즈가 TV에서 트럼프를 보았을 때, 그는 자신이 보고 있는 것이 무엇인지 당장에 알아차렸다. "그는 옛날 월드레슬링엔터테인먼트WWE의 예능인이었습니다." 그가 말했다.

그러나 한 가지 다른 점이 있었다. "순수한 악역은 모든 사람에게 야유를 받길 원해요." 리처즈는 말한다. "트럼프는 좌파를 자극하는 말을 했지만, 그가 하는 말 때문에 우파 사람들이 그를 사랑하게 될 거라는 점에서 독특하지요."

그는 잠시 말을 멈춘 뒤 덧붙였다. "그러니까 그는 악역이지만, 자기 근거지에서는 선역으로 인기를 얻는 겁니다."

악역의 조롱은 고상한 체하는 반응을 불러일으키기 위해 설계된다. 선역은 간혹 얼굴을 향해 기습적인 발길질이 다가올 거라는, 관중은 전부 다 아는 사실을 전혀 예상하지 못하고 있다는 듯 순진하게 품위를 지키면서 도발에 반응한다.

늘 선동을 일삼는 트럼프는 선거전 초반에 젭 부시와 그의 멕시코 출신 배우자 컬럼바를 조롱했다. 그는 플로리다 주지사가 "자기 아내 때문에 멕시코 불법 이민자들을 좋아한다."라고 암시했다.

젭은 직접 관여하길 거부했다. 그는 "아내가 자랑스럽다.", 트럼프의 발언은 "완전히 부적절하며 공화당의 견해를 반영한 것이 아니다."라고만 말했다.

《폴리티코 Politico》는 트럼프에 젭이 미온적으로 반응한 것을, 1988년 토론에서 "아내 키티 두카키스가 성폭행과 살해를 당한다면…"이라고 시작하는 질문에 마이클 두카키스가 CNN의 앵커 버나드 쇼를 제대로 비판하지 못한 불명예와 비교했다.

미국 정치에서 두카키스와의 비교는 대단히 치명적이다. 그러나 이번엔 더 심했다. 그 무렵 젭은 어머니 바버라 부시와 함께 어느 방송에 출연했다. 악역에 충실한 트럼프는 그에게 아직도 "엄마"가 필요하냐며 비난을 퍼부었다.

부시는 이번에도 피해 입은 귀족처럼 반응했다. 그는 어느 토론회에서 "63년 전, 태이나시 고개를 들어 엄마를 보았을 때 나는 복권에 당첨되었다."라고 말했다. "우리 엄마는 내가 아는 가장 강한 여성이다."

"그럼 엄마가 출마하면 되겠네."라고 트럼프는 비꼬았다.

이것은 유치한 막말이었지만, 리처즈는 순수한 레슬링의 관점에서 트럼프의 수를 읽을 수 있었다. "나는 트럼프가 정말 싫어요." 그는 말한다. "하지만 그의 말에 모두가 웃을 수밖에 없었어요. [부시는] 이런 상황에 대처할 준비가 되어 있지 않았습니다."

레슬링에서는 관례상 악역이 규칙을 깨고, 관중은 선역이 반격하길 기대한다. 주먹으로 때리는 것은 WWE에서 오랫동안 "불법"이었지만, 악역들은 늘 펀치를 날리고 있었다.

"선역은 악역이 펀치를 날리기 전까지 절대로 주먹을 휘두르지 않을 겁니다." 리처즈는 말한다. "하지만 반격하지 않으면, 아무도 그를 지지하지 않을 거예요."

이 일이 젭에게 일어났고, 트럼프는 MSNBC의 〈모닝 조 Morning Joe〉에서 "나를 더 세게 밀어붙이고 나서 사과할 줄 알았지."라고 말하며 젭의 패배를 기뻐했다. 번역하면 이런 뜻이다. 이런 쪼다를 봤나!

레슬링에서는 정말로 극적인 상황이 펼쳐지지만, 그건 연극으로 꾸민 극적 상황이지 스포츠 같은 것이 아니다. 관중이 어떤 대본에 어떻게 반응할지 결코 알 수 없다. 좋은 놈과 나쁜 놈 역할은 미리 정해질 수 있지만, 관중은 누가 역할을 더 잘 수행하느냐에 따라 이쪽 혹은 저쪽 연기자에게 더 크게 반응을 보일 수 있다.

악역과 선역이 함께하는, 흔히 말하는 회색지대 같은 것이 있다. "이따금 야유가 환호성이 되기도 하지요." 리처즈는 설명한다.

리처즈는 전형적인 악역인 "스톤 콜드" 스티브 오스틴을 말한다. 1996년에 스톤 콜드는 열렬한 복음 전도사 같은 얼굴의 "더 스네이크" 제이크 로버츠를 패배시켰다. 오스틴은 로버츠를 채찍으로 후려친 뒤 그를 링 밖으로 내몰면서 한마디 했다. "거기 앉아서 복음이나 해설해 보시지." 그가 말했다. "어디 시편에 대해 말해 봐, 요한복음 3장 16절에 뭐라고 나오나. 오스틴 복음 3장 16절에는 내가 네 엉덩이를 후려갈긴다고 나오는데."

"'Austin 3:16'이라고 새긴 티셔츠는 레슬링에서 가장 잘 팔리는 티셔츠가 되었습니다." 리처즈는 말한다. "오스틴은 너무 유명해져서 선역으로 바꿔야 할 정도였죠."

관중은 착한 악당을 사랑한다. 랜디 오턴 같은 허세 쩌는 대왕 찌질이 타입이 가슴 근육을 불룩거리며 링 한가운데에 우쭐대고 서있을 때 관중은 환호하며 난리를 친다. 그런데 이건 트럼프가 갖고 있는 또 하나의 전문 분야다(가슴 근육 말고 우쭐대는 짓). 트럼프의 끊임없는 돈 자랑은 링 위에서 "크로치 촙"(crotch chop, 양손으로 가랑이를 향해 X 자를 만드는 퍼포먼스)을 해 보이는 걸 정치에 적용하는 것과 다름없다.

리처즈는 곧장 유사한 점을 알아보았다. 그러나 민주당에서는 거의 아무도 이 사실을 알아차리지 못했고, 특히 기자단은 전혀 발견하지 못했다. 어떤 면에서 이것은 직무상 과실이었지만—이렇게 대중적인 현상을 모르고 있었다는 것은 변명의 여지가 없다—또한 위험을 입증한 것이기도 했다. 기자들이 자신들이 익히 알려진 비즈니스 모델에 빠져들고 있다는 사실을 전혀 알아차리지 못했으니 말이다.

1987년까지만 해도 레슬매니아〔Wrestlemania, WWE의 가장 큰 행사로 평소 보기 힘든 특별한 내용으로 경기가 펼쳐진다〕는 디트로이트의 실버돔에서 회당 93,173명의 고객을 끌어들였다. 이 장르는 수십 년 동안 대단한 인기를 이어왔다. 그러나 정치부 기자들 중 레슬링 경기를 본 적이 있는 사람은 거의 없었다. 그들은 WWE를 잘 모르는 것과 마찬가지로 트럼프를 이해하지 못했다.

2015년 늦가을, 트럼프가 여론조사에서 다시 상승세를 타기 시작했을 때, 선거 유세장에 《나의 투쟁》이나 《미국 정치의 피해망상 양상 The Paranoid Style in American Politics》〔《미국의 반지성주의》의 저자인 리처드 호프스태터의 저서〕을 들고 다니는 기자들이 목격되기 시작했다. 그들은 과거에서 정치적 유사점을 찾고 있었다.

그들은 전 레슬링 선수이며 레슬링 프로듀서인 에릭 비쇼프가 이제는 사라지고 없는 월드챔피언십레슬링(빈스 맥맨이 WWE를 설립하면서 업계에서 밀려났다)에 대해 쓴 저서, 《논란은 돈이 된다 Controversy Creates Cash》를 읽었어야 했다. 비쇼프 자신은 유명한 악당 역을 했다. 그의 책은 레슬링이 팬들의 흥미를 끌고 돈을 벌기 위해 어떤 식으로 도발과 가짜 서사를 이용하는지에 대한 현장 안내서다.

그는 이렇게 썼다.

레슬링 경기를 보면 눈에 들어오는 장면은 꽤나 단순해 보인다. 뭔가 싸움을 벌일 만한 문제가 있다는 가정하에 두 사람이 싸우는 상황을 연출해 무대에 올리는 것 같다…링 위에 제3의 인물을 끌어들이기 위해 동원한 기술과 술책은 실제로는 우리 눈에 보이지 않는다. 링 위에 오른 제3의 인물은 바로 관중이다.

관중의 참여가 없다면, 팬티 바람으로 서로를 패대기치는 깡패들과 아무 의미 없는 이야기만 링 위에 덩그러니 남게 될 것이다. 큰 소리로 고함을 지르는 관중의 존재는 이 쇼에 정당성과 힘을 부여한다. 그러므로 모든 것에서 관중의 에너지를 만들어내느냐가 관건이 된다. 그 에너지가 없다면 악당도 영웅도 있을 수 없다.

챔피언이 언제 패배를 맛볼지, 굴욕을 당할지, 혹은 악역으로 변할지 등을 결정하기 위해서는 정교한 기술이 필요하다. 이 역학 관계를 다루는 것은 기획자들의 특권이자 신중하게 지켜야 할 영업 비밀로, 케이페이브라고 불린다.* 맡은 역할에서 벗어나거나 속임수를 용인하는 등, "케이페이브를 어기는 것"은 레슬링에서 큰 죄악으로 여겨진다.

비쇼프의 설명처럼 문제는 사업에는 언제나 진짜 악당들이 필요하다. 영웅이 없으면 군중을 모을 수 없고, 극악무도한 악당이 없으면 영웅을 탄생시킬 수 없다. 그렇지만 영원히 악당이고 싶은 사람은 아무도 없다.

간혹 나는 정말 노련한 사람들에게서 이런 면을 본다. 그들은 나쁜 놈이 되길 원하지 않는다. 그들은 야유받길 원하지 않는다. 그러나 이야

---

* "케이페이브 kayfabe"라는 용어는 "업무상 비밀 엄수"라는 의미로 사용되는 순회 공연단의 속어에서 비롯한 것으로 여겨진다. "가짜 fake"의 피그 라틴 Pig Latin〔boy를 oybay라 쓰는 것처럼 맨 앞의 자음을 어미로 보내고 그 뒤에 ay를 붙이는 식의 어린이들 말장난〕형태("ake - fay") 혹은 "가짜다 be fake"라는 표현에서 유래되었을 것이다.

기가 성공하려면, 악당이 있어야 한다. 우리는 사람들이 정말 싫어하는 특징을 가져야 한다. 아니면 최소한 그런 척 연기해야 한다. 우리는 거짓말쟁이, 사기꾼, 밀고자, 겁쟁이가 되어야 한다. 그리고 팬들은 그것을 믿어야 한다.

트럼프는 타고난 악당이다. 거짓말쟁이, 사기꾼, 비겁한 인간, 그리고 가장 최근에는 배신자까지. 열거된 이 단어들은 이제 그를 묘사하기 위한 헤드라인에 사용되고 있다.

트럼프는 일명 "억만장자들의 대결"이라는 이벤트로 2007년 레슬매니아에서 경기를 펼쳤는데, 이때 WWE의 창립자 빈스 맥맨을 상대로 "시합"을 겨루어 자존심을 지켰다(두 사람 모두 경기를 위해 파트너 선수를 고용했다).

경기에서 악역이 링 안으로 들어오라고 재촉했다. 트럼프는 맥맨의 시끄러운 수다에 지쳐 그에게 덤벼들어 태클을 걸었고, 머리와 얼굴 뒤편을 수차례 가격해 싸움에서 "이겼다"(이런 대회에 익숙하지 않은 사람들에게는 트럼프와 맥먼이 실제로 "싸우는 것"으로 보였다). 트럼프는 자기 역할을 완벽하게 수행했고, 레슬매니아 팬들—미국이 어떤 곳인지를 보여주는 가장 적절한 샘플인—은 그를 사랑했다.

갈등이 있어야 재정적으로 풍성해지는 정치 저널리즘 업계에 트럼프 같은 관심종자들을 밀어 넣을 때, 우리가 얻는 것은 결국 WWE 대회다. 이 업계는 알리 지〔영국의 코미디언으로. 어이없는 질문으로 웃음을 유발하고 어리석은 척하는 언변으로 인기가 높았다〕와 레슬매니아의 잡종으로, 악당 배역은 정말 잘 속는 기자들을 버팀목으로 이용한다. 드라마는 **어느 정도** 가짜였지만, 수익과 정치적 결과는 진짜였다.

* * *

2015년 12월 말, 트럼프는 격정적인 드라마를 꾸며낸 덕분에 대선전을 휘어잡았다. 미시간주 그랜드래피즈 연설에서 트럼프는, 힐러리 클린턴이 버니 샌더스와 토론하던 중에 잠시 자리를 비우더라면서 마구 화를 냈다.

그는 클린턴이 토론하다 말고 사라졌다면서 이렇게 말했다. "나는 그녀가 어디 갔는지 안다. 구역질 나서 말하고 싶지도 않다. 너무 역겨워서 말하지 않겠다. 너무 역겹다."

그러더니 갑자기 화제를 바꾸어, 2008년 대선 때 버락 오바마를 상대한 바람에 힐러리가 완전히 "좆됐다"고 말하는 것이었다.

좆됐다니! 그가 정말 그렇게 말했어?

기자단 전체에 황급한 적색 경보가 울렸다.

《워싱턴포스트》와 《뉴욕타임스》 모두 자정 전에 "좆됐다"에 관한 기사를 실었다. 《뉴욕타임스》는 "트럼프, 저속한 말로 클린턴 비난" 정도로만 내보내 그나마 적절히 수위를 지켰다. 《워싱턴포스트》는 트럼프의 발언을 빌미로 "페니스"나 "큰 페니스" 같은 표현을 최대한 많이 사용해서 장차 많은 신문들이 갈 길을 열어주었다.

"그녀는 승리가 유력했고, 그리고 그녀는 좆됐다."라고 말하면서, 트럼프는 커다란 페니스를 의미하는 저속한 명사를 동사로 바꾸어 말했다.

아침이 되자 다른 많은 선거운동 단체에서 공식 논평을 냈다. 클린턴 선거 캠프는 예상대로 "이 같은 모멸적인 표현은 모든 여성에게 굴욕감을 느끼게 한다."라고 비난했다.

몇 시간 뒤, 트럼프는 이 뉴스를 트위터에 올려 인터넷을 뜨겁게 달구었다. 그는 이렇게 올렸다. "역시 #주류언론은 정직하지가 않아. '좆됐다'는 상스러운 말이 아님. 내가 힐러리는 '좆됐다'고 말한 건 그녀가 완패를 당했다는 의미였음."

이것은 영화 〈웨인즈 월드Wayne's World〉에서 마이크 마이어스의 상투적인 대사, "괄약근은 뭐라고 말해?" 같은 것이었다. 트럼프의 트위터 글은 자기 대신 기자들이 즉시 저속한 표현을 반복하도록, 심지어 자기 대신 이 표현을 퍼뜨리도록 하기 위해 철저히 계산된 것이었다.

몇 시간 만에 〈데일리콜러〉가 아마도 본의 아니게 다중적 의미를 지닌 문장으로 이 논란에서 트럼프 편을 들었다. "트럼프는 '좆'을 더 세게 밀어붙이고, 베테랑 저널리스트들은 그의 뒤를 받쳐준다."

한편 《워싱턴포스트》는 그 일이 있던 날 밤, "도널드 트럼프의 '좆되다'는 말의 어원학적 연구" 같은, 고심한 흔적이 역력한 분석 기사를 싣고 있었다. 상상력이라고는 발휘할 줄 모르는 허세 작렬하는 독특한 성격의 이 신문은 벤저민 프랭클린과 하버드대학교 교수 스티븐 핑커 두 사람의 말을 어찌어찌 인용했다. 핑커를 인용한 문장은 이렇다.

"신문 1면의 헤드라인을 쓰는 사람들은 'defeat(패배시키다)'의 의성적 유의어를 찾기 위해 종종 단어들을 샅샅이 뒤져본다. 가령 drub(대패시키다), whomp(결정적으로 패배시키다), thump(완패시키다), wallop(참패시키다), whack(강타하다), trounce(격파하다), clobber(두들겨 패다), smash(박살내다), trample(짓밟다), 그리고 오바마가 즐겨 사용하는 말 shellac(철저히 쳐부수다, 사실 이 단어는 schlong(남근)과 약간 비슷한 소리가 난다) 등."

모든 칼럼이 "좆"에 열중하느라 다른 주제에는 관심을 갖지 않았다. 트럼프의 "좆되다" 발언 직전에, 버락 오바마는 정부가 개인 데이터에 더 많이 접근하도록 허용하는 역사적인 법안, 사이버보안정보공유법에 서명했다. 후쿠시마 재앙은 수백 톤의 방사능 오염수를 여전히 해양으로 흘려 보내고 있었다. 검색엔진이 선거에 미치는 영향력을 제대로 이해하지 못하고 있다고 주장하는 새로운 연구 결과도 발표되었다. 신문들도 장차 이 문제에 많은 관심을 갖게 될 테지만, 지금은 아니었다.

모두들 "좆"으로 무척 즐거워하고 있었다. 상황이 계속 이런 식으로 흐르도록 트럼프는 이튿날 밤 10시 47분에 트위터에 다시 글을 올렸다. "내가 힐러리 클린턴은 오바마에게 좆됐다고 말한 건, 크게 패했다는 의미였음. 그건 미디어도 아는 사실. 정치에서 자주 쓰는 말이니까!"

이제 그의 의도가 투명해졌다. "그녀는 좆됐다."에서 "힐러리는 좆됐다."로 바꾸더니, 이 말에 대해 몇 시간 더 생각한 다음, "힐러리 클린턴은 **오바마에게** 좆됐다."로 바꾸었다.

이 마지막 반복 어구는 너무나 분명하고도 끔찍한 은유적 함의가 담겨 있어서 큰소리로 떠들 필요조차 거의 없었다. 그러나 트럼프를 반대하는 사람들과 미디어에서 튀어보려는 사람들은 어쨌든 반복해서 이 문제를 거론했다.

다음 날 아침인 12월 23일, 힐러리의 지지자이며 최고의 미디어 전투견인 데이비드 브록이 방송에서 트럼프가 한 말을 되풀이해 짖어대고 있었다. 브록은 "오바마에게 좆된 힐러리"는 "인종차별적 발언"이며 오바마를 "흑인 강간범"으로 만들었다고 말했다.

CNN은 여전히 유력한 공화당 후보 크리스 크리스티를 찾아가 논평을 부탁했다. 크리스티는 "좆됐다"는 표현에 대해 "많이 생각"해 보았지만 "이 문제에 대해 이야기하고 싶지는 않다."고 매우 심각한 태도로 말했다.

《포브스》는 "도널드 트럼프와 '좆'에 관한 핵심 정리"라는 제목의 기사에, 기자 수전 애덤스가 《바보도 이해하는 이디시어 학습 안내서 Idiot's Guide to Learning Yiddish》의 저자인 랍비 벤저민 블러치와 인터뷰한 내용을 실었다. 랍비는 "우리 공동체에서는 그런 말을 삼가주십시오."라고 말했다.

어쨌든 애덤스는 질문을 했다. 랍비는 **좆**은 페니스를 의미할 뿐 아니라 "'내가 라커룸에 있었는데, 세상에, 거기서 그의 그것을 보았다'처럼 유독 커다란 신체 부위를 묘사하기 위해 사용된다."는 말로 질문에 답했다.

이쯤 되면 거의 길버트 갓프리드〔미국의 배우이자 코미디언으로 9/11 참사나 일본 재난 등 중요한 사건을 희화화하고 비꼬아 구설수에 자주 올랐다〕급 설정이었다. 트럼프는 데이비드 브록에게 버락 오바마를 "흑인 강간범"이라고 말하게 했고, 《포브스》의 여성 기자에게는 랍비가 라커룸의 좆들에 감탄하는 인터뷰를 하게 만들었다. 떠돌이 외판원과 헛간만 있으면〔길버트 갓프리드는 시골 헛간에서 하룻밤 묵은 외판원에 관한 야한 농담을 했다〕 완벽했다.

트럼프는 뉴스 매체 안에 거대한 공짜 홍보 기계를 만들어놓았고, 이 기계는 그가 무슨 짓을 하는지 전혀 파악하지 못하는 것 같았다. 아니면 다 알고도 상관하지 않든지.

"그들은 이런 문제에 쉽게 속는 호구들이었습니다." 리처즈는 말했다. "그들은 트럼프가 필요로 하는 산소를 공급하고 있어요. 그가 하는 일에 곧장 먹이를 대주고 있는 거지요."

그가 하는 일이 무엇이었을까? 트럼프의 출마는 떠들썩한 선전활동으로 시작한 것 같았다. 언론은 선거의 이 단계에서는 이 후보를 무시할 자유가 있었다. 적어도 그의 입에서 나오는 온갖 허튼소리로 거대한 고층빌딩을 지을 필요는 없었다.

그러나 프로그램 인지도를 높이려는 게임 쇼 진행자와, 비즈니스 모델 특성상 갈등을 먹고 성장하며 종종 실제 사건에 굶주렸던 상업적인 뉴스 미디어 사이에서 시너지 효과가 나타났다. "지루한 고어 Gore Bore" 문제나 "겁쟁이 Wimp Factor"에 대한 확신 없는 논평 기사를 쥐어짜며 몇 년을 보내던 기자들은 이제 여성 경쟁 상대를 향해 "좆"이니 뭐니 떠드는 진짜 유력 대선 후보를 갖게 된 것이다. **이게 웬 횡재야!**

크리스마스 다음 날―이 모든 미친 짓이 벌어진 지 불과 닷새 후―

NPR은 "올해의 단어" 목록을 만든다면 "좆되다"를 넣겠다고 했다. 그러는 동안 트럼프는 용케도 이 모든 사태를 빌 클린턴에 대한 국민투표로 바꾸어놓고 있었다. 당시 빌 클린턴은 이 문제에 불쑥 끼어들어, "좆되다"라는 표현은 트럼프의 "강한 성차별적 경향"을 설명하는 것이라고 언급하는 실수를 저질렀다. 트럼프는 돌아서서 클린턴의 여성 편력에 대해 맹비난을 퍼부었고, 심지어 "적"의 출판물들까지 물어뜯었다. 2015년 12월 28일자 《워싱턴포스트》의 기사—"트럼프가 옳다: 웃음거리가 된 빌 클린턴의 추악한 성 역사"—는 큰 성공을 거두었다.

보도에서는 고소해하는 분위기가 태연하게 드러났다. CNN의 특집 방송들은 이디시어 전문가들과 인터뷰하면서 〈지붕 위의 바이올린〉풍 옛날 컨트리 음악을 배경에 까는 등 제작에 만전을 기했다. 모든 기사마다 형편없는 말장난들이 난무했다.

전문가들은 순전히 재미로 인쇄 매체에 좆을 반복해 쓰기 위해 렉시스〔LexisNexis, 미국의 기사, 공공 기록 등 각종 문서 검색 데이터베이스〕에 몰려들어 "좆되다"의 이전 용례를 검색했다. 〈데일리비스트〉가 "당나귀〔민주당의 상징〕에 좆된 상대들"에 대한 2007년 〈지미 키멜 라이브 쇼〉의 촌극을 언급한 것처럼 말이다.

트럼프는 《워싱턴포스트》와 《뉴욕타임스》를 레슬링계에서 말하는 이른바 "더트 시트dirt sheets"〔레슬링 잡지의 이름으로 '더러운 바닥'이라는 의미〕로 만들었다.

《더트 시트》는 한때 레슬링계의 가십과 비방, 조롱을 내용으로 해 레슬링 팬들에게 배포된 작은 책자였다. 간혹 레슬링 선수들의 사생활 가십도 소개되었다. 기사 수록 기준이 엉망진창이라, 선수들은 그들에 관한 잘못된 내용에 불평을 터뜨리기 일쑤였다. 그러나 어쨌든 이 잡지는 과대선전 메커니즘으로 톡톡히 효과를 발휘했다. 그리고 트럼프와 함께 우리는 어딘가 구린 이 구성 방식을 국내 최고의 선거운동 보도 매체에

이식했다.

외교 정책에 이르기까지 트럼프의 전반적인 행동 기준은 전형적인 악당 역할이었다. 그는 "우리는 더 이상 승리를 차지할 수 없다."라고 말하곤 했다. "지금까지는 승리가 우리 것이었지만, 이제는 그렇지 않다."

그는 미국을 비난했을 뿐 아니라, 군중을 무력한 분노 속으로 몰아넣기 위해 설계된, 우리의 나약함과 퇴보에 대한 긴 설교들을 늘어놓으며 미국을 조롱했다.

이것은 악역을 맡았던 외국인 레슬링 선수 세자로가 릭 플레어에게 말한 내용과 아주 비슷하다. "미국, 한때는 당신이 아무리 위대했어도 지금은 **아무것도** 남은 게 없지. 갚지 못할 술집 외상 장부를 제외하면 말이야!" 한편 워싱턴의 "엘리트층"에 대한 트럼프의 혹평은 "더 락" 존슨과 스티브 오스틴 같은 레슬링 선수들을 평범한 이들의 영웅으로 드높인 레슬링 "기업"에 대항하는 장광설을 흉내 낸 것이었다. 트럼프는 바로 여기에서 "포퓰리스트"로서 자신의 역할을 도용했다(그가 《나의 투쟁》에서 뭔가를 배웠다면 이렇게까지 티가 나진 않았을 것이다).

이 전방위적인 미친 짓을 보도한 덕분에 2015-2016년에는 케이블, TV, 인터넷 뉴스 전체가 눈부시게 성장했다. CNN, MSNBC, 폭스만 보더라도 트럼프는 2016년 광고 매출을 2012년에 비해 167.4퍼센트 상승시키는 호황을 이끌었다.

선거운동을 보도하는 기자들은 완벽하게 진지한 표정을 지으며 충격에 빠진 해설자 연기를 했는데, 자신들이 뭘 하고 있는 건지 정말 몰랐기 때문인 것도 있다. 그들은 프로레슬링을 "보도하는" 적절한 방법은 그것을 보도하지 않는 것임을 결코 이해하지 못했다. 결국 그건 전부 개소리다.

"다른 누군가에게 이것은 일주일치 뉴스 기삿감이었을 겁니다." 리처즈는 말한다.

* * *

트럼프가 선거전 주변을 배회하는 기간이 길어질수록, 레슬매니아의 관중들은 점점 그의 편을 들기 시작했다. 그들은 《워싱턴포스트》 같은 신문에서 가짜 분노를 꿰뚫어볼 수 있었다.

어쨌거나 그자가 온 미국을 상대로 힐러리 클린턴은 버락 오바마 때문에 "좆됐다"고 생각하게 만들어서는 안 된다고 판단한다면, 이런 말을 5만 번씩 반복해서는 안 된다. 당신 딸이 관계된 일이라도 이런 표현을 헤드라인에 싣겠는가? 천만에. 그러나 신문 판매를 위해서라면, 혹은 데이비드 브록의 경우처럼 트럼프의 부정적인 면을 건드려서 정치적으로 점수를 얻길 원한다면 그렇게 할 것이다(우리는 이런 이유로 클린턴 선거 캠프가 적수인 트럼프를 위해 기도하고 있었다는 걸 나중에 알게 됐다).

비쇼프는 그의 책에서 악역은 얼마 후 열광적인 환영을 요구하기 시작하는데, 이것은 잘못된 행동이라고 언급했다. 그는 이렇게 쓴다. "당신은 사람들이 당신을 증오하길 원해야 한다. 그들은 당신에게 똥을 던져야 한다."

그러나 트럼프는 야유와 함께 환호를 요구하기 시작했다. 그는 무수한 야유와 환호를 동시에 노리고 있었다. 그가 공화당 전당대회에 들어서는 모습은―클리블랜드 Q 경기장 안으로 하얀 조명이 비치는 복도를 느긋하게 걸어가는―나에게 악당의 풍모를 한껏 자랑하던 저 유명한 순간, "스콧 홀〔레슬링 선수〕의 퇴장"을 상기시켰다.

그해 말, 제트기를 활주하며 요란하게 앨버커키 연설회장에 도착하는 장면은 렉스 루거가 헬리콥터를 타고 와서 사모아섬의 거인 요코주나를 들어 매치던, WWE 대회에서 열두 번도 더 보았던 장면을 상기시켰다.

그런데 그가 이겼다. 제작에 뭔가 착오가 생긴 것 같았다. 트럼프는 지기로 되어 있었다. 심지어 그는 지고 싶어 하는 것 같았다. 대본대로라면 그래야 했다. 그는 너무도 끔찍한 악당이었기에, 정상적인 상황이라면 군중들은 20점 차로 그를 이기기 위해 흰 망토를 걸친 아무 바보들을 불러 모아 싸우러 보냈을 것이다.

유감스럽게도, 트럼프는 후보 한 명과 충돌해 그녀를 꼼짝 못하게 밀어붙일 수 있었다. 이것은 진짜 승부가 펼쳐진, 보기 드문 WWE 쇼였다.

* * *

프로레슬링은 보기보다 정교하다. 인물과 서사의 기승전결에 따른 미묘한 문제들을 다루는 데는 많은 주의가 필요하다. 스테로이드제를 제외하면, 이것은 영감에 의해 이루어지는 일종의 예술 형태로, 음유시인과 순회 도덕극을 상기시키는 스포츠와 엔터테인먼트의 혼합 장르다. 일단 이 세계를 접하고 나면 동작 하나하나가 굉장한 의미를 지닌다.

그러나 이것을 국가의 정치나 저널리즘의 모델로 삼는다면, 하느님 맙소사다.

나중에 밝혀진 사실이지만, 이것은 대단히 효과적인 사업 방식이다. 이후 트럼프가 "가짜 뉴스"라는 새로운 보완물을 발명해 악당 역할에서 빠져나오려 애쓰는 동안("그는 언론을 이용해서 선역이 되려 하고 있어요."라고 리처즈는 비꼰다) 언론은 착한 정치/나쁜 정치에 몰두하고 있었다.

트럼프는 자신의 영향권 안에 있는 모든 것을 WWE처럼 만드는 경향이 있다. 이는 선거 유세장에서 빛을 발했다. 젭 부시와 마르코 루비오, 힐러리 클린턴 같은 사람들은 싸움을 위해 나름의 전술로 고군분투하지만 번번이 부족한 기량만 증명될 뿐이었다.

그러나 언론은 트럼프가 한때 사용하던 방식과 같은 완전한 추문, 드라마, 분열을 일으키는 "열기"를 통해 이익을 얻는다. 2016년 이후 기자들이 "트럼프를 불러내라"는 독자의 압력에 굴복하기 시작했을 때, 그들은 기꺼이 트럼프와 함께 링에 올랐다.

이제 최고의 기자들은 트럼프와 1마일 이내에 있을 때마다 으레 손가락질을 하며, 꼬박꼬박 분노의 영웅으로 행세한다. 예를 들어, CNN의 베테랑 기자 짐 어코스타와 트럼프 대통령이 대치하는 장면은 WWE 미공개 촬영본에서 바로 꺼내온 것 같다.

트럼프 대통령 임기 초반은 악당과 영웅의 홍보 활동이 되었다. 선역은 밥 뮬러〔러시아게이트를 수사한 특별검사〕였다. 이것은 중요한 내용이었지만, 이에 관한 철저한 조사 역시 사실상 정치적·법적 의미와 관련 없는 방식으로 신문 판매에 이용되었다. 뮬러는 악을 정복하는 영웅, 희망의 상징으로 발탁되었다. 뮬러, 봉헌의 촛불이 되다! 뮬러, "크리스마스에 내가 원하는 건 오직 당신뿐"이라는 주제로 〈새터데이 나이트 라이브〉 쇼에 출연하다 등. 확실한 건, 우리는 로런스 월시〔레이건 행정부의 정치 스캔들 '이란-콘트라 사건'의 특별검사〕의 경우엔 이런 상황을 한번도 본 적이 없다는 것이다.

트럼프 시대에 정치 보도는 점차 인물과 서사 문제에 초점을 맞추게 되었다. 냉소주의자라면 이것이 바로 트럼프가 원하는 방식이라고 말했을 것이다. 그는 자신이 주장하는 세금 감면이나 규제 철폐와 같은 계획들이 미치는 영향에 대해 탐구하는 대신, 리처드 블루먼솔 민주당 상원의원에 대해 "다낭 딕"〔다낭의 얼간이 정도의 의미. 블루먼솔은 대표적인 반트럼프 민주당 의원으로, 트럼프는 그가 베트남에 가본 적도 없으면서 베트남 전쟁에 참전했다며 국민들을 속였다고 조롱했다〕이라고 트위터에 올려 언론의 이목을 집중시켰다.

나는 이것이 그렇게 단순한 문제가 아니라고 생각한다. 트럼프 시대는 모든 정치 미디어를 WWE를 위한 공간으로 옮겼고, 따라서 대부분의 기사들은 트럼프와 언론과의 진행 중인 애증관계로 향하는 관문이 될 뿐이다. 언론은 트럼프의 교묘한 악행뿐 아니라 다른 **모든 것**을 모른

체한다.

악당 대 영웅 서사를 바탕으로 하는 모든 보도 전략―그리고 이것은 우익과 "진보" 미디어 둘 다의 특징이 되고 있다―의 문제는 이것이 담당 기자를 꼼짝 못하게 만든다는 것이다. 당신이 일하는 신문이 어떤 인물을 악역으로 구축해 놓았는데, 이 인물이 진실을 말하거나 정의로운 일을 한다면? 당신이 지지하는 좋은 사람 중 한 명이 악역으로 변한다면? 어떻게 해야 독자의 기대를 저버리지 않고 그 사실을 인정할 수 있겠는가?

악당과 영웅의 역할이 대본에서 조금도 벗어나지 않는 WWE 같은 통제된 오락물에서는 이런 문제가 없다. 그러나 현실은 언제나 케이페이브를 위반한다.

* * *

2017년 10월, 퓨리서치센터는 트럼프와 관련된 새로운 기사들을 연구한 결과 몇 가지 흥미로운 사실을 발견했다.

"진보" 매체 및 "다양한 관점"을 지닌 매체(CNN, ABC, CBS, NBC가 "다양한 관점"을 지닌 걸로 간주되었다)가 우파 성향의 매체보다 트럼프의 트윗을 포함해 트럼프 관련 기사를 다루는 비중이 더 높았다. 사람들은 〈브라이트바트Breitbart〉나 〈데일리콜러〉에서보다 《폴리티코》, 〈복스〉, 〈슬레이트〉, CNN에서 트럼프의 트윗을 더 자주 읽을 것이다.

fivethirtyeight.com 사람들은 그 이유를 제시했는데, 정치부 기자 클레어 멀론Claire Malone은 이렇게 썼다.

이쯤에서 우리는 독자들에게 저널리즘 비즈니스 모델에 대해, 그리고 조사를 수반하는 보도가 얼마나 더 많은 비용이 드는지에 대해 말해야 하지 않을까? 왜냐하면 솔직히 나는 이 점이 고려되어야 한다고 생각하기 때문이다.

이것은 사실이다. 조사를 수반하지 않은 기사 쪽으로 재정 지원이 몰리는 경향이 있다. 트럼프의 트윗에 대해 농담 1,200자를 끼적이는 것은 멕시코 마킬라도라 공장으로 비밀리에 기자를 파견하는 것보다 비용이 덜 든다. 하지만 이것이 우리가 전자를 하고 후자를 하지 않는 이유는 아니다.

우리가 이런 보도를 하는 이유는 신속하고 멍청한 기사가 여전히 더 나은 순익을 보고할 터이기 때문이다. 비용을 고려하지 않더라도 말이다. 일반적으로 진짜 악은 제도적 탐욕과 부주의라는 형태로 드러나며 기분을 침울하게 만든다. 사람들은 아주 끔찍한 내용이 담긴 기사를 결코 즐기지 않을 것이다. 그리고 실제로 그렇다. 우리가 이방카 트럼프의 몸짓 언어 분석보다 플린트시의 수돗물 오염 문제에 시간을 덜 할애하는 이유도 그래서다. 사람들은 플린트시의 위급한 수돗물 사태를 "기꺼이 싫어할" 수가 없다. 하지만 훌륭한 악당 연기는 좋아할 수 있다.

캐릭터는 팔린다. 현실은 별로 잘 팔리지 않는다.

악당과 영웅의 세계에 익숙해지자. 그 중간은 별로 없으니까.

8. 뉴스 읽기와 흡연은 어떻게 비슷한가

뉴스는 중독성 있는 상품이다. 담배와 마찬가지로 이 상품은 당신의 건강에 매우 부정적인 영향을 줄 수 있다. 거의 예외 없이, 뉴스는 당신을 더 외롭게, 더 불안하게, 더 불신하게, 더 우울하게 만들 것이다.

우리는 고의로 이렇게 한다. 심지어 기자들 중 일부는 우리가 무엇을 하고 있는지 알고 있다.

당신이 버거킹에서 더블 와퍼와 프렌치프라이를 주문할 때, 계산대의 누구도 당신에게 조깅을 중단하고 샐러드와 사과를 그만 먹으라고 말하지 않는다. 그러나 아마도 계산원은 그게 결과가 될 것이라고 짐작할 수 있을 것이다.

우리도 마찬가지다. 우리가 감정 조작 사업에 종사하고 있다는 걸 우리는 알고 있다. 우리가 당신이 현실에서 벗어나 자기 파괴적인 습관을 들이도록 길들이고 있다는 걸 우리는 알고 있다.

평생 뉴스를 따라가며 살다 보면, 대부분의 고객들은 자신이 무언가에 휘말리고 있다는 걸 깨달을 능력을—대개 영원히—잃어버릴 것이다. 뉴스에는 경고 딱지가 없다. 있다면, 아마 이렇게 쓰여 있을 것이다.

뉴스는 소비재입니다.

당신이 이 책에서 아무것도 얻을 게 없다 해도, 이것만은 기억하길 바란다.

몇 년 전 나는 한 가지 요령으로 나를 단련시켰다. 기사를 클릭하기 전에, 담뱃갑이나 사탕 껍질에 언론 기관 이름이 선명하게 새겨진 걸 상상하는 것이다(가령 "MSNBC 읽으러 밖에 좀 나갔다 와야겠다." 같은).

이처럼 흡연과 뉴스의 유사점은 소비의 의식에서 시작된다.

특히 휴대전화 시대에 두 상품을 소비하는 것은 특이하고 사적인 일이며, 즐거움을 꾀한다.

청바지에서 단단한 금속 재질의 전화기를 꺼낼 때, 당신은 흡연자가 부드러운 마분지로 만든 말보로 상자를 빼낼 때와 동일한 흥분을 느낀다. 내 전화기 커버 뒷면에는 와플 무늬가 새겨져 있다. 나는 눈을 감고도 그 느낌을 정확하게 알 수 있다. 당신도 눈을 감고 만져보라. 나와 똑같이 느낄 수 있을 것이다.

담배는 당신의 폐를 겨냥하기 전에, 냄새와 촉감, 소리로 먼저 당신을 포섭한다. 커피 향과 비슷한 향, 돌돌 말린 종이의 바스락거리는 느낌, 불을 붙여 타오를 때 나는 쉭 하는 소리.

뉴스를 읽을 때도 마찬가지다. 전화기 전원 버튼의 옴폭 파인 원의 느낌은 기분 좋은 감각을 준다. 화면을 위아래로 스크롤할 땐 엄지손가락으로 라이터를 켜는 것과 비슷한 촉감이 느껴진다.

당신이 선호하는 뉴스 매체 로고의 밝은 색상은 쿨 담배의 친근한 민트 그린이나 럭키 스트라이크 담배의 붉은 원처럼 마음을 진정시키도록 디자인된다.

클릭하면 마법이 시작된다. 페이스북을 성장시킨 전 부사장 차마트 팔리하피티야는 2017년에, "도파민에 의한 단기 피드백 회로"를 먹이로 삼는, 사회적으로 파괴적인 상품을 팔아 성장을 도운 것에 죄책감을 느낀다고 말했다.

냅스터의 설립자이며 한때 페이스북의 동료 경영진이었던 숀 파커도 유사한 말을 하면서, 좋아요와 다른 보상들을 통해 얻는 "도파민에 의한 작은 희열"에 대해 이야기했다. 그는 이 경험이 인간의 "취약성"을 이용하도록 설계된 것이라고 말했다.

대부분의 교육받은 사람들은 중독이 인터넷을 이용할 때 일반적으로 생기는 위험이라는 걸 잘 안다. 구부정한 자세로 핸드폰만 들여다보는 개인은 현대 예술과 비평에서 일종의 밈이 되었다.

그러나 이것을 뉴스와 연결시키는 사람은 거의 없다. 솔직히 인터넷 중독은 뉴스의 소재가 되는(그리고 한동안 소재가 되었던) 어리석은 소비자 경험에 새로 추가된 버릇에 불과하다.

상품을 소비하는 것이 아니라 진실을 읽고 있다고 인식하게 만드는 것은 상업 미디어의 첫 번째 기만이다. 보수적인 브랜드나 진보적인 브랜드 모두 마찬가지다. 두 경우 모두, 주목을 끄는 기사, 정신적으로 자극을 일으키는 기사가 상품이 된다.

미디어의 핵심적인 상업 활동은 사람들 눈앞에 떡하니 붙어 있는 광고이지만, 당신 또한 구독료를 지불하거나, 그보다 흔치 않은 일이지만 신문 가판대에 돈을 낼 수 있다. 뜻하지 않게 당신의 개인 데이터를 넘겨주는 것 또한 소비자 가격에 반영될 수 있다.

그러나 어느 경우든, 당신은 기사를 읽거나 보도를 시청하는 경험의 대가로 무언가를 지불하고 있다.

모든 광고 관계자들은 당신이 읽거나 시청할수록 더 많은 돈을 번다. 그러므로 이 사업은 당신이 계속 스크린에 집중하도록 설계된다. 이것이 뉴스 사업의 두 번째 기만이다.

당신은 그렇게 많은 뉴스를 시청할 필요가 없다.

당신은 우리가 당신을 흔들어대는 모든 끔찍한 문제들에 대해 뭔가 조치를 취할 수 있는 정치적 힘이 전혀 없을 것이다.

인간의 뇌는 전 세계를 들썩일 충격적인 뉴스를 받아들이도록 만들어지지 않았다. 우리들 대부분은 내면의 평화를 찾고 사랑하는 사람들을 위해 행복을 지키는, 보다 일상적인 문제들로도 충분히 골치가 아프다.

우리는 이 사실을 잘 알지만, 어떻게 해서든지 계속해서 당신을 자극한다. 사실 끔찍한 소식의 엄청난 양과 당신이 현실적으로 그것을 위해 할 수 있는 게 별로 없다는 무력함 사이의 긴장감은 이 업계 소비자 전략의 일부다.

우리는 당신이 정보를 얻는 것만으로도 그 자체로 모종의 행동을 하는 것이라는 착각을 일으킨다. 그러므로 죄책감을 씻어내기 위해—세상이 미쳐가고 있는데 아무것도 할 수 없다는 데에서 오는 자괴감과 불편함을 없애기 위해—당신은 계속해서 뉴스에 채널을 고정할 것이다.

뉴스 기사가 논리적으로 그리고 사회적 중요도에 따라 선별된다 하더라도, "사실 하루 종일 뉴스를 시청할 필요는 없다."는 원칙에는 변함이 없을 것이다. 그리고 뉴스 기사는 그렇게 선별되지도 않는다.

우리는 당신에게 정보를 제공하지 않는다. 사실은 못한다.

역설적인 경고: 세상에서 가장 중요한 뉴스 기사는, 평범한 뉴스 소비

자는 뉴스를 이해할 수 없다는 것이다.

독자들을 비꼬는 것이 아니다. 세계가 너무나 복잡해진 나머지 대부분의 심각한 이슈들은 비전문가들이 이해하기가 어렵다.

"경제"를 예로 들어보자. 일반 시민은 돈에 대해 기본적인 개념을 갖고 있다. 가진 것보다 많이 써서는 안 된다, 빚은 갚아야 한다, 등등. 그러나 파생상품이 무엇인지 아는 사람이 얼마나 될까? 금리 스와프에 대해서는? 경매 방식 채권에 대해서는?

아이들이 노는 스케이트장 비용을 지불하는 데 사용된 공채 발행 과정은 늪이었다. 어쩌나 복잡한지, 돈을 훔치기 위해 발행 과정을 조작한 은행원들을 연방 검사들이 불시에 덮치려고 시도(했다가 실패)했을 때 검사들은 필요한 용어를 익히기까지 거의 10년이 걸렸다.

나는 2010-2011년에 도드-프랭크 금융개혁법에 대해 취재했다. 상원과 하원은 파생상품 청산을 위한 새로운 지침을 제시하기 위해 일하고 있었다. 그들은 나로서는 도부지 이해할 수 없는 용어를 사용하면서, 증권거래소가 주식 거래를 결제하는 방식으로 스와프 거래를 결제하는 메커니즘을 구축하기 위해 애쓰고 있었다.

그러나 선출된 사람들 중 파생상품 청산에 대해 아는 사람은 단 한 사람도 없었다. 한두 명이 이 사안에 대해 대충이나마 아는 직원을 두었을 뿐이었다. 수업이 없는 사이에 자진해서 시간을 낸 한두 명의 학자들을 제외하면, 법안을 이해할 수 있는 사람은 유급 로비스트들이 유일했다. 스와프 시장의 불투명성이 2008년 금융 위기의 주요 요인이었기 때문에 이 문제는 대단히 중요했다.

자, 이제 무서운 이야기를 해보겠다. 현대 경제 구조는 일반 소비자들이 접근하기 어려울 뿐 아니라, 공공 정책을 수립하는 사람들도 접근하기 어려울 수 있다. 관련 산업에 종사하는 CEO들조차 이해하기 어려운 경우가 다반사다(AIG는 부분적으로는 경영진들이 자기네 회사의 금융상품을 이해하지 못해서 침몰했다). 에너지부터 의학, 환경과학, 핵무기 보유에 이르기까지 거의 모든 분야에는 이와 유사한 복잡한 문제들이 있다.

언론에 종사하는 우리가 독자들에게 솔직했다면, 우리는 이렇게 말했을 것이다. 세상이 너무도 복잡해서 여러분은 제대로 정보를 얻을 거라 기대할 수 없을 겁니다. 우리가 몇 가지 핵심은 전달할 수 있지만, 그게 전부예요.

혹은 우리가 우려하는 마음에서 제대로 행동했다면, 독자들이 복잡한 분야들의 기초 지식을 기르도록 하는 일을 급선무로 여겼을 것이다.

그러나 우리는 이런 것들이 팔리게 만들지 못했고, 그래서 다른 소재들을 찾는다. 대부분의 저널리스트들은 실패한 인문학 전공자들이다. 문학 학위자는 우리 분야에 흔하다(나도 문학을 전공했다). 우리에게 뭔가 전문 분야가 있다면 이야기를 만드는 것이다.

그것이 우리가 주로 하는 일이다. 우리는 독자들에게 복잡한 문제에 대한 최신 정보를 제공하려 애쓰기보다, 드라마 기법을 사용해 캐릭터와 스토리라인을 구축한다.

그런 기사들에 대해 말한다면,

우리는 정체성을 판다.

"진보 미디어"를 혐오하고 두려워하는 사람들을 위한 성서인 《뉴스의 속임수》에서 버나드 골드버그는 언론이 노숙에 관심을 갖기로 대충 결정한 80년대 후반과 90년대 초반의 특이한 에피소드를 살펴본다.

골드버그는 노숙에 관한 26개 뉴스 기사와 103개 공중파 TV 보도를 조사한 연구 내용을 예로 들며, 분석가 로버트 릭터의 말을 인용했다.

릭터의 결론은 이렇다. "25개 가운데 하나의 출처만이 노숙의 원인을 정신 질환, 약물이나 알코올 남용, 혹은 기술이나 동기 부족과 같은 노숙인 본인의 개인적인 문제 탓으로 여겼다. 나머지 96퍼센트는 그들의 곤경에 대해 사회적 혹은 정치적 환경에 책임이 있다고 제시했다⋯."

요컨대 골드버그의 불만은 기자들이 노숙을 개인적인 실패로 여기는 사람들과 충분히 인터뷰하지 않았다는 것이었다. 그의 견해가 옳다. 나는 그를 역시나 멍청한 인간이라고 주장할 테지만, 엄밀히 따지면 그의 말이 틀린 말도 아니다.

일반적으로 말하면, 노숙은 늘 심각한 문제였다. 현재 노숙인 수는 로널드 레이건이 대통령이 되던 당시보다 약 세 배가 높다. 골드버그는 제법 적절한 질문을 던졌다. 방송사들은 왜 그 전이나 후가 아닌 하필 그때 이 문제로 난리를 떨었을까?

다른 이유들 중에서도, 레이건 시대에 노숙에 대한 보도는 "탐욕은 좋은 것"이라는 생각이 만연했던 시대를 비난하기 위한 인기 있는 수단이었기 때문이다. 이 사안에 대해 이야기한다는 건 이 문제에 관심이 있다는 걸 보여주는 방법이 되었다.

브렛 이스턴 엘리스는 《아메리칸 사이코》에서 이런 상황을 풍자했다. 미친 살인마 패트릭 베이트먼은 "스페이스"라는 고급 레스토랑에서 식사를 하다가, 뉴스가 자기에게 세상 모든 일에 관심을 가지라고 요구한다며 연설을 늘어놓아 비싼 음식을 앞에 둔 모두를 방해한다.

머리에 무스를 잔뜩 바른, 베이트먼의 동료 은행가이자 친구인 티머시 브라이스는 "스리랑카 대학살 문제에 대해 어떻게 생각하나⋯스리랑카에 대해 아는 게 있긴 하냐, 시크교도들이 이스라엘 사람들을 얼마나 많이 살상하고 있는지 알고는 있냐⋯." 같은 질문으로 테이블에 앉은 손님들에게 시비를 건다.

기본적으로 모든 사람이 뉴스를 읽는다. 그러나 당연히 대부분의 사람들은 뉴스 내용에 대해 아무것도 아는 게 없다.

아무튼 베이트먼은 그의 말을 정정하며("이봐, 브라이스, 스리랑카보다 훨씬 중요한 문제들이 있다고.") 세상을 바로잡기 위해 "우리가" 해야 할 일들을 나열한다.

"우리는 노숙자들을 위해 음식과 쉼터를 제공해야 해." 그는 무표정하게 말한다.

베이트먼의 올리브 피플스 안경과 허브 민트 마스크 팩처럼, 노숙자에 대한 관심은 걸치고 다닐 또 하나의 유행일 뿐이었다.

나중에 베이트먼은 노숙자와 그의 개를 재미 삼아 죽이는데, 나는 많은 뉴스 소비자들도 그럴 거라는 의심이 든다. 그러나 대부분의 시청자들은 미디어에서 일하는 우리 같은 사람들이 노숙자에 대해 떠들기를 멈추는 순간, 거의 즉시 이 문제에 대해 잊어버렸다.

놀라운 우연의 일치인지, 노숙자 보도가 감소한 시기는 보행자 통행에 방해된다는 이유로 뉴욕과 같은 대도시 공무원들이 그들을 집단 검거해 "문명화된" 지역으로부터 강제로 내쫓기 시작한 때와 정확히 일치했다. 눈에서 멀어지면 마음에서도 멀어지기 마련이니까.

《아메리칸 사이코》는 미국인이 생각하는 개성이란 구입하는 물건을 중심으로 형성된다는 것을 보여주는 책이었다. 우리는 내면은 미친 괴물일지 모르지만, 겉으로는 좋은 소비자 취향을 갖기 위해 열심이다. 대부분 거울을 볼 때 자기가 보고 싶은 모습을 보듯, 우리는 뉴스를 읽을 때 읽고 싶은 기사를 읽는다는 걸 엘리스는 알고 있었다.

폭스와 MSNBC의 주된 차이점은 그들의 시청자들이 각기 다른 개인 신화를 선택하고 있다는 것이다. 다시 말하지만 이것은 소비자의 선택이다. 이것은 진실이 아니라, 진실을 빙자한 **상품**이다.

폭스의 시청자는 노년층이고 백인이며 겁이 많은 경향이 있다. 그들은 붕괴된 제국의 마지막 수호자, 반달족에 포위된 로마인이라는 말을 듣기 위해 채널을 고정한다.

폭스는 넥시스에서 튀어나온 기사들을 보도하면서, 문화와 관련된 악당들의 표준 목록, 대개 진보주의자, 페미니스트, 무신론자, 이민자, 테러리스트, 후원금을 구걸하는 여러 정치 후원단체들을 크게 다룬다.

진보적인 유명인이 엉뚱한 말을 하면—2초에 한 번꼴로 일어나는 일이다—곧바로 방송에 나온다(이들에게는 리나 더넘 실수담 아카이브가 있다).

폭스는 기본적으로 '가장 위대한 세대'〔톰 브로커의 책 제목 'The Greatest Generation'에서 따온 용어로, 1900년과 1924년 사이에 태어나 대공황과 제2차 세계대전을 겪고 미국의 전후 부흥을 이끈 세대를 일컫는다〕를 위한 영원히 끝나지 않을 것 같은 슬래셔 영화〔끔찍한 연쇄 살인이 벌어지는 공포영화〕다. 유일하게 다른 점은 크리스탈 호수 캠핑장〔영화 〈13일의 금요일〉의 배경〕에 마르크스를 줄줄 읊는 괴물이 튀어나온다는 것뿐. 최근 안티파〔Antifa Anti-Fascist Action, 극우에 맞서는 미국의 극좌파 집단〕는 훌륭한 비난거리가 되었다. 한동안 폭스는 신흑표당〔New Black Panther, 미국의 흑인 극좌파 과격 단체〕으로부터 내용을 빼내려 애썼다.

그런가 하면 MSNBC의 시청자들은 세상에서 가장 하찮은 칭찬, 즉 도널드 트럼프보다 도덕적으로 우월하다는 칭찬을 사발로 들이마시기 위해 채널을 고정한다. 최근 이 방송사는 마이클 플린〔트럼프 행정부 당시 국가안보 보좌관〕, 마이클 코언〔트럼프 기업의 부회장이며 트럼프의 개인 변호사〕, 폴 매너포트〔트럼프의 정치 컨설턴트〕에 관한 분량으로 꽉꽉 채운 심심한 도덕극이 되고 있다.

그들이 이런 모델을 사용하는 게 이번이 처음은 아니다. 두 채널의 보도 공식은 시청자들을 겁먹게 만든 다음 극소량의 안전과 결속력을 제공하는 것이다. 이 안전과 결속력은 마찬가지로 두려움에 떠는 사람들을 화면에 띄우는 방식으로 제공된다. 그리고 두 채널의 보도 공식에는 안도감을 주겠다는 약속이 동반된다.

뉴스는 예측 불가능할지라도 시청자는 소비자 기대를 갖도록 장려된다는 점은 매우 중요하다. 하다못해 스포츠팬들도 자주 실망을 예상하는데, 오늘날 뉴스 시청자들은 그렇지 않다.

우리는 안전한 공간을 판매하고 있다.

담배 사업에서 가장 큰 죄악은 고객의 기대를 저버리는 것이다. 모든 담배가 마찬가지일 것이다. 카멜에 불을 붙였는데 딸기 맛이나 펠리컨 똥 맛이 나면, 당신의 뇌는 결코 그 브랜드를 용서하지 않을 것이다.

그래서는 안 되지만, 오늘날 뉴스 사업은 이와 동일한 방식으로 일하고 있다.

기자들은 독자와 시청자에게 관심을 촉구해야 한다. 당신은 지난해에 썩지 않는 플라스틱 병에 들어 있는 코카콜라 1,100억 개 중 한 병을 구입했는가? 그랬다면 지금 그것이 어디에 가 있을지 사진을 보겠는가?

당신이 뽑은 정치인이 공약을 어겼는가? 당신이 납부한 세금이 외국의 여성과 어린이를 폭탄으로 공격하는 데 사용되었는가? 우리가 전쟁 중이라는 걸 알고는 있는가?

트럼프 같은 사람에게 까다로운 질문을 하는 CNN의 짐 아코스타 같은 사람의 행동이 기자의 "용기"라는 것이 오늘날 널리 퍼진 믿음이다. 그러나 아코스타의 시청자는 도널드 트럼프를 싫어하는 사람들이다. 아코스타가 자기 트위터 팔로워들과 맞붙거나, 사장 제프 주커의 면전에 대고 트럼프 광신자들이 자기들 모두에게 막대한 수익을 올리게 해주었다고 말하는 날, 나를 깨워라.

우리는 시청자에게 관심을 촉구하지 않는다. 내가 아는 한 TV 기자

- 이런 행동은 살해당한 저널리스트들이 있는 나라에서 더 용감하다. 블라디미르 푸틴에 대해 조사한 안나 폴리트콥스카야와 유리 셰코치힌을 포함해 내가 아는 기자들처럼.

는 어느 가난한 개발도상국에서 벌어진 살인사건을 취재했다. 그러나 이 기사는 편집되었고, 보도국장은 전형적인 호감형에 옷 잘입고 학벌 좋은 북동부 지방 출신 기자에게 주요 유명인사와 인터뷰를 진행하도록 지시해 단독 보도로 내보냈다.

이유는? 가난하고 말주변 없는 사람들은 시청자, 특히 돈 많은 시청자(즉, 광고에 반응할 수 있는 가처분소득이 있는 사람들)를 불안하게 만든다고 생각하기 때문이다. 가난을 비웃거나(〈허니 부 부 Honey Boo Boo〉〔어린이 미인대회 출신 알라나 톰프슨과 그 가족의 생활을 보여주는 리얼리티 프로그램으로 성폭행 등 충격적 장면들을 여과 없이 방영했다〕), 경찰차로 범인을 추적할 때(〈캅스 Cops〉)가 아니면, 우리가 TV에서 가난을 보여주지 않는 이유다.

마찬가지로 우리가 시청자의 정체성을 도널드 트럼프를 경멸하고 두려워하는 사람, 그가 곧 대통령직에서 물러나길 간절하게 소망하는 사람으로 설정한다면 우리는 그것을 뒤집을 수 없다.

그래야 시청자들이 계속해서 MSNBC로 돌아오기 때문이다. 방송들이 최근 러시아게이트를 보도하는 모든 형식은 90년대 후반 MSNBC가 클린턴과 모니카 르윈스키 스캔들로 수익을 올렸던 선구적인 방식과 다르지 않다.

사람들은 MSNBC가 반트럼프 방송사라는 지금의 틈새 시장을 발견하기 전까지 전통적으로 형편없는 언론사에 불과했다는 사실을 잊고 있다. MSNBC는 1996년 7월에 설립되었으며, 1998년이 다가올 무렵만 해도 이 채널에 주파수를 맞춘 가구는 몇 십만에 불과했다. 그러다가, 전직 NPR 시청자 비평 프로그램 담당자 얼리샤 셰퍼드 Alicia Shepard의 말처럼, "방송 내내 주야장천 르윈스키만" 보도하기로 결정했다.

당시 뉴스 방송 〈더 빅 쇼 The Big Show〉의 사회자 키스 올버먼은 거의 매일 밤 르윈스키 기사만 계속해서 틀어대는 〈위기의 백악관 White House in Crisis〉이라는 심야 프로그램을 진행하기 시작했다.

크리스 매슈스가 진행하는 MSNBC의 또 다른 프로그램 〈하드볼 Hardball〉은 숨 가쁜 구성을 확대했고, 르윈스키 시기에는 밤 11시에 재방송을 시작했다. 최고의 시청률을 기록한 프로그램은 전부 클린턴 스캔들에 관한 것이었다.

1998년에 올버먼의 시청자는 148퍼센트 증가했다. 〈하드볼〉은 1997년 25만 2,000가구 가구에서 55만 9,000가구 가구로 늘었다. 대부분의 전통적인 미디어들도 유사한 방식을 취했다. AP는 사건 첫해에 모니카게이트에 관해서만 장장 4,109개의 기사를 보도했고, 스물다섯 명의 기자들이 근무 시간 내내 이 기사에만 매달렸다.

상위 3개 방송사는 1998년에 이 주제에 1,931분을 할애했는데, 이 시간은 이후의 7개 주제를 합친 것보다 많았다(그리고 이후 경제 붕괴에 주요한 영향을 미치게 될 1998년 기사, 즉 투자 은행과 예치 은행, 보험업을 분리하는 글래스-스티걸법 Glass-Steagall Act 폐지에 대해서보다 훨씬 많았다).

지금과 마찬가지로 토크쇼마다 대통령이 곧 물러날 거라는 예측이 무성했다. 운명의 1998년 1월 마지막 주에 ABC의 샘 도널드슨은 "[클린턴의] 대통령 임기가 얼마 남지 않은 것 같다."라고 말했다.

이것은 순전히 조작이었다. 감정적으로 취약한 시청자들에게 기대를 불러일으키는 것, 곧 엄청난 뉴스를 듣게 되리라는 가능성을 열어두는 것. 이 모든 것은 사람들에게 매일, 시시각각, 계속해서 기사를 확인하지 않고는 견딜 수 없게 만들었다.

폭스는 이런 모든 방법을 취했을 뿐 아니라 여기에서 한 걸음 더 나갔다. 미안한 기색 하나 없이 클린턴의 최후를 응원하는 동안 줄곧 르윈스키에 대한 기사를 뽑아냈다.

선정적인 사건을 이용해 돈이나 벌어보려는 다른 언론사와 달리, 폭스는 클린턴을 공개적으로 악당으로 칭했고 기사의 모든 인물을 난도질했다. 심지어 모니카 르윈스키는 "평범한 아가씨"인가 혹은 "자극을 찾아다니는 어린 색녀"인가를 묻는 여론조사도 실시했다.

공공연하게 편을 가르면서 폭스는 소비자를 끌어 모으기가 유리해졌다. 어떤 시청자들에게는 폭스의 방송이 저널리즘이라기보다 단합대회에 더 가까웠다. 어떤 일이 벌어지든 폭스는 항상 예측 가능한 견해, 당황스럽지 않은 견해를 가질 터였다.

한편 키스 올버먼은 MSNBC를 떠나 스포츠계에 복귀했는데, 이후 자신이 진행하던 〈위기의 백악관〉에 대해 정신적으로 "헛구역질"을 일으키는 방송이었다고 주장했다.

작가 데버러 태넌의 말대로, 이 새로운 모델은 "편 가르기 싸움"이었다. 르윈스키 사건에서 언론 매체들은 클린턴 부부에 찬성하거나 반대하기 시작했고, 사람들은 채널을 켜기도 전에 무슨 내용이 보도될지 알고 있었다.*

모니카게이트 이후 얼마 지나지 않아, 폭스는 1위의 자리를 차지해 15년 동안 그 자리를 유지했고 2016년 한 해에만 23억 달러의 수익을 올렸다.

나는 폭스가 순 거짓말쟁이는 **아니**라고 말하는 바람에 친구들과 충돌이 일었다. 물론 이 방송사는 진실과 모호한 관계를 맺고 있지만, 내용의 많은 부분은 사실상 정확하다. 다만 아주, 굉장히 선별적이다. 그리고 어떤 사실들을 보도하기로 선별할지 예측이 가능하다.

---

* 이런 이유 때문에 르윈스키 사건의 진짜 스캔들—나중에 우리는 이것을 #미투 #MeToo 문제로 이해하게 되었다—이 대부분 보도되지 않았다. 상습 성추행범로저 에일스가 운영하는 보수주의 방송사 폭스는 당연히 이런 시각에 전혀 관심이 없었다. 친클린턴, 반폭스 경향의 미디어 역시 점차 이 문제를 다루려 하지 않았고, 대신 특검 수사와 이후 탄핵의 합법성에 초점을 맞추었다. 이 사건에 대한 대중의 견해는 "그는 왜 탄핵을 당했는가?"라고 묻는 크리스 록의 의견으로 요약되었다.

폭스의 도를 넘은 보도 중 최악은 논평이다. 가령 숀 해니티는 핼러윈이 아이들에게 동냥을 가르친다고 말했고, 브라이언 킬미드는 미국인은 "계속 다른 종, 다른 민족과 결혼한다. 스웨덴 국민들이 순수한 유전자를 가지고 있다."라고 말했으며, 글렌 벡은 오바마에 대해 "이 대통령은 스스로를 백인에게 뿌리 깊은 증오심을 갖고 있는 사람으로 계속, 계속, 계속해서 노출해 왔다."라고 말했다. 폭스는 기후변화 같은 문제의 과학적 합의를 분명하게 부인하고, 미국의 신념 체계 안에 끔찍한 기만들을 도입해 왔는데, 그 가운데 버서birther 논쟁이 가장 눈에 띈다.

그러나 이 방송사의 고정 수입원인 보도 내용은 그런 선을 넘을 필요가 없다. 폭스는 주로 그들의 브랜드와 그들의 선전 목적과 일치하는 실제 사건들을 선택하고 그런 기사들을 반복해서 보도한다. 이런 보도의 단골 소재는 미국인 여행자가 제3세계에서 잔인하게 살해되거나 불구가 되거나 납치됐다는 내용이거나, 혹은 살인사건이 일어났는데 용의자가 이민자라는 내용 등이다.

예를 들어, 케네스 스타 특별검사의 빌 클린턴 성추문 수사 보고서에서 위증, 사법 방해, 혼외정사 가능성을 점치며 몇 년을 길길이 날뛰던 그 폭스가 도널드 트럼프가 포르노 스타들을 돈으로 매수한 것과 관련된, 어찌 보면 유사한 이야기에 대해서는 별안간 죽은 듯이 침묵을 지키고 있다. 사람들은 자기 팀에 관한 나쁜 소식을 듣기 위해 폭스에 채널을 맞추지는 않으니까.

시간이 흐르면서 폭스는 방송을 엉망으로 만들어도 시청자들은 눈치채지 못하거나 개의치 않는다는 걸 알게 되었고, 그러자 이제는 사실상 과거보다 훨씬 허술하게 방송을 만든다. 이런 의미에서 폭스의 교훈은 이 업계에서 일하는 모두를 두렵게 만들어야 할 텐데, 왜냐하면 폭스의 사업 모델 중 많은 것이—정치적인 콘텐츠까지는 아니라 하더라도—일반적인 관행이기 때문이다.

2016년 여름, 나는 여타 미디어의 시청자와 독자들이 자기들 "편"이 곤란해질 수 있는 서사로부터 영구적으로 도피하는 방식으로 언론이 곧 분열될 거라고 예측했다.

당신이 어느 미디어 브랜드의 소비자라면, 여론조사는 당신에게 2018년 초 트럼프가 5점을 앞서며 대중의 관심을 얻고 있다고 말해 줄 것이다. 다른 브랜드를 선택할 경우, 미국인의 38퍼센트만이 트럼프를 선택할 계획이며 그는 심각한 어려움에 봉착해 있다는 소식을 듣게 될 것이다. 장차 어떤 일이 일어나든 당신은 당신이 원하는 기사를 접하게 될 것이다.

러시아게이트로 인한 공황 상태가 한창일 때 당신이 어떤 브랜드를 선택했다면, 트럼프 대통령직의 "종말의 시작"에 관한 기사를 자주 접했을 것이다. 다른 브랜드를 선택했다면, 공화당 상원의원의 뜻밖의 협력이 수반되지 않는 한 기본적으로 트럼프를 조기 퇴임시킬 법적 수단은 없다는 기사를 읽었을 것이다.

나는 이 업계에서 일하지만 누굴 믿어야 할지 모르겠다. 이런 상황은 과두정치에서 서로 다른 파벌에 충성하는 뉴스 매체들의 제각기 다른 기사들로부터 단편 단편들을 모아 짜깁기해야 비로소 진실이 드러나는, 제3세계 국가들의 정세를 연상시킨다.

회사들은 수익을 위해 정서적 의존성을 키우고 있다. 비결은 상대 편 독자와 시청자에 대해서는 항상 부정적으로 보도하지만, 내 편에 대해서는 절대로 그렇게 하지 않는 것이다. 그들이 나쁘다는 건 곧 당신은 좋다는 의미이며, 이 사이클은 끊임없이 회전하면서 단단하고 충성스러우며 의존적인 추종자를 만든다.

2016년 퓨리서치센터의 여론조사에 따르면 상당히 유사한 수—민주당 58퍼센트, 공화당 57퍼센트—의 양당 의원들이 상대 당 의원들 때문에 "좌절감을 느낀다."라고 말했다고 한다.

조사 결과 공화당 의원의 52퍼센트가 민주당 의원들을 "옹졸하다"고 믿는 한편, 민주당 의원의 70퍼센트가 공화당 의원들에 대해 그렇게 생각하는 것으로 나타났다.

우리는 사람들이 이런 패턴을 깨뜨리도록 권장하지 않는다. 우리가 권장하는 게 있다면, 갈등과 독설, 우월감에 사람들을 중독시키는 것이다. 그리고 이것은 효과가 있다. 미디어 회사들은 알고 있다. 두려움과 불신은 흡연보다 훨씬 고치기 힘든 습관이라는 걸.

9. 두려움을 조장하기 위한 전략들 :
모든 사회의 적들이 여기에 있다

60년대에 스탠리 코언이라는 남아프리카공화국의 사회학자는 얼핏 지엽적으로 보이는 주제에 집중했다.

그는 영국 그레이트브리튼섬의 해변 유원지들에서 충돌을 일으키는 "모드족"과 "록커족"에 대한 헤드라인을 볼 때마다 흥미를 느꼈다. 이들에 대한 기사는 단숨에 전국, 그리고 전 세계의 이목을 사로잡았다.

1964년에 모드족과 록커족은 아직 완전히 구별되지 않았고 집단의 정체성도 구체적으로는 거의 정해지지 않았다. 개략적으로 말하면, 록커족은 웨이브 머리에 오토바이 폭주족 같은 미국 패거리들의 패션을 따라했다(듣는 음악은 서로 달랐지만). 모드족은 머리를 짧게 깎거나 수염을 밀었고, 소울, 스카, R&B 음악을 들었으며, 맞춤옷을 선호했다. 나는 한때 모드족에 속했던 사람으로부터 믿을 만한 정보를 들었는데, 그들은 복장은 주로 "파카, 벤셔먼 셔츠, 랭글러 진과 재킷, 닥터 마틴 등…을 애용했고, 록커족의 소형 미니바이크와 달리 스쿠터를 탔다."고 한다. 60년대 영국 매체들의 주장에 따르면, 이 두 젊은 패거리들은 새로운 형식의 음악에 정신이 황폐해져 일탈을 일삼고 영국 휴양지를 훼손하고 있었다. 피해자들은 해변에서 전통적인 휴가를 즐기는 영국의 중상류층이었다.

코언은 "모드족 대 록커족"이 처음으로 충돌했었던 사건들을 면밀히 검토하면서, 실제 이야기와 타블로이드 신문에 기술된 내용이 얼마나 일치하는지 확인했다. 그중 하나는 1964년 부활절 기간에 잉글랜드 동쪽 해안에 위치한 클랙턴이라는 소도시에서 일어났다. 당시 클랙턴은 축축한 날씨에 80년 만에 가장 추운 기온을 기록하고 있었다. 상점 주인들은 줄어드는 관광 수입에 화가 났고, 지역의 젊은이들(도시는 런던 이스트엔드 출신 아이들의 소굴이었다)은 식당들이 자기들을 받지 않을 거라는 소문에 투덜대고 있었다. 1964년 부활절 주말에 이들 패거리 중 몇 명이 거리에서 서로에게 돌을 던졌다. 해변의 오두막 두 채가 파손되었다. 한 젊은이가 허공에다 출발 신호용 피스톨을 발사했다. 몇 명이 체포되었다.

대단한 기삿거리는 아니었다.

그러나 언론은 생각이 달랐다. 이런 일이 일어난 후 월요일, 《뉴욕타임스》를 제외한 런던의 모든 신문이 클랙턴 사건을 1면에 실었다. 헤드라인은 이랬다.

스쿠터 패거리들에 테러당하다
젊은이들 도시를 부수다—가죽 재킷을 입은 97명 체포
폭도들 해변을 침입하다—97명 체포

코언은 다른 충돌들을 검토하기 시작했고 패턴을 알게 되었다. 그는 이렇게 썼다.

그 뒤에 일어난 여러 사건들이 화요일에 비슷한 내용으로 보도되었고, 내무장관은 수사를 실시하거나 단호한 조치를 취하도록 '촉구'되었다는(누가 촉구했는지는 대개 정확하게 명시되지 않았다) 보도들과 함께 여러 사설들에 거론되기 시작했다… .

잇따른 보도는 특히 동기에 대한 이론들로 바뀌어 폭도들은 "들뜬", "악평에 도취된", "파괴 욕구에 미친" 등의 표현으로 묘사되었다. 사건에 대한 보도는 현지의 반응뿐 아니라 경찰과 법정의 움직임에 대한 설명으로 이어졌다. 각각의 연속된 사건들에 대한 언론 보도는 유사한 순서를 보여주었다.

오래지 않아 기사들은 전 세계에 알려졌다. 미국, 캐나다, 오스트레일리아, 남아프리카 외에 여러 나라들에 기사가 보도되었다. 벨기에에서는 "영국 해안의 웨스트사이드 스토리"라는 캡션 위로 소동이 일어난 현장 사진이 게재되었다.

언어에 예리한 관찰자인 코언은 기사들이 "사실이라기엔 지나치게 정형적"이라고 느꼈고 일부 기사에서 조작의 냄새를 맡았다. 그러나 코언은 타블로이드 신문 기자들이 자칭 모드족과 록커족이라는 이들에게서 따낸 "인터뷰들"이 조작된 것임을 증명할 수 없었다.

더욱 철저히 연구를 마친 후, 코언은 중앙 일간지 보도에 부정확한 내용이 훨씬 많다는 사실을 발견했다. 지방 일간지가 더 정확했다.

그는 지방 일간지에 대해 이렇게 썼다. "보도 내용이 더 자세하고 구체적이었을 뿐 아니라, 현지인 모두가 해안 지구 인근에 댄스홀이 하나

뿐이라는 걸 아는 상황에서 '해안 지구 인근의 모든 댄스홀이 부서졌다'는 식의 진술은 피하고 있다."

코언은 다른 문제들을 발견했다. "모드족"과 "록커족"은 늘 좀비처럼 몽롱한 상태로 휴양지로 넘어오는 "부유한 젊은이들"로 묘사되었다. "부유한" 패거리들이라는 우화는 부분적으로 어느 기사―코언이 확인한 바에 따르면 사실인―때문에 더 많은 주목을 받게 되었다. 기사 내용은 충돌에 가담했다 체포된 청년 중 한 명이 자신의 벌금 75파운드를 수표로 지불하겠다고 제안했다는 것이다. 이 되바라진 청년에게 당좌예금 계좌가 없었고, 단지 현지인을 자극하려는 이유에서였다는 내용은 보도되지 않았다.

모드족 대 록커족의 충돌은 마게이트와 브라이튼이라는 해안가 도시의 악명 높은 사건들에서 최고조에 달했다. 코언이 확인한 것처럼, 이 때문에 세상이 떠들썩할 만한 일은 아무것도 일어나지 않았다. 사실 현지인들은 관광객의 왕래가 늘었다며 충돌 사건에 대해 호의적으로 말했다.

더욱이 지역 방송은 《데일리미러 Daily Mirror》의 선정적인 헤드라인, **거친 청년들 마게이트를 '박살내다'**로 유명해진 마게이트의 피해액이 자그마치…400파운드〔한화로는 약 62만 원〕라고 보도했다.

점잖고 고지식한 영국 가정에 통제 불능 젊은이들이라는 서사가 계속 살아 있게 하기 위해 신문들은 야근을 마다하지 않았다. 모드-록커 충돌 사건과 조금이라도 연결된다 싶은 이야기는 관련성이 적어도 신문에 실렸다.

예를 들어 1964년 5월 18일자, 《더블린이브닝프레스 Dublin Evening Press》는 다음과 같은 제목의 기사를 실었다.

테러의 온상이 된 영국 휴양지. 모드족, 공원에서 신체 훼손된 채 발견

보도된 인근 휴양지의 "충돌" 전날, 버밍엄 공원에서 흉기에 찔린 채 발견된 20대 초반 청년에 대한 기사였다. 이 청년이 "모드"족으로 의심을 산 유일한 단서는 그가 "모드족 스타일의 재킷"을 입은 모습으로 발견되었다는 것이 전부였다.

전국적으로 격분이 일기 시작했다. 전국의 입법자들이 "악의적 손해에 관한 법안"을 제정하기 위해 달려들었고, 젊은이들이 만드는 음악과 영화에 반대하는 캠페인이 우후죽순 늘어났다.

주요 신문 어디에서도 감히 이 위협을 가볍게 여기는 사설을 싣는 곳은 한 군데도 없었다. 사설들마다 점점 더 강도 높은 다양한 행동이 요구된다는 주장이 자주 동반되었다.

성령강림절〔부활절 이후 일곱 번째 일요일〕 사건 이후,《이브닝아거스 Evening Argus》는 신문사 앞으로 온 스물세 통의 편지를 게재했는데, 일곱 명이 체벌을 제안했다!는 내용이었다. 이들이 요구한 체벌은 "폭도들에게 소방호스, 최루가스, 중노동, 태형, 장기징역형을 도입할 것"과 "이 범죄자들에게 마을 거주를 금할 것" 등이었다.

아마도 가장 중요한 문제는 가끔 똑똑한 작가가 되는 것 말고는 도덕이나 다른 분야의 기술이 거의 전무한 사람들로 직원을 구성하는 타블로이드 신문들이 두 집단 모두에게 사용할 비인간적인 상징 언어를 만드는 재주에 통달하기 시작했다는 것이다.

즐겨 사용하는 욕설은 "거친 녀석들"이었지만 곧 다른 표현들이 따라붙었다. "해충", "범죄자 패거리", "혐오스럽고 막돼먹은 불량배들"(《데일리익스프레스》), "겉멋만 잔뜩 든 다혈질의 저능아 청년들"(《데일리스케치》), "추잡한 무리들"(《데일리텔레그래프》), "미련하고 어리석은 패거리들…유인원처럼 세상에 대응하다"(《이브닝스탠더드》)

코언은 가장 흔하게 사용되는 표현이 **따분함**과 **부유함**이라는 것을 발견했다. 이런 표현들은 청년들이란 그저 게으르고 마약에 찌든 버르장머리 없는 괴물들이라고 철석같이 믿는 목표 독자들의 신념 체계에 영향을 미쳤다. 사실 모드족과 록커족은 둘 다 거의 교육받지 못한 노동자 계층이었다.

코언은 1972년에 이 모든 내용을 기술한 책《사회의 적들과 도덕적 공황 Folk Devils and Moral Panics》을 출간했다. 그리고 결과적으로 **도덕적 공황**은 사전에서 영구적인 자리를 차지하게 되었다. "사회의 적들"은 코언이 이런 즉각적인 광기의 표적들을 일컫는 말이었다.

코언은 기자가 아니지만, 저널리즘을 움직이게 만드는 많은 기술들을 알아차렸다.

크리스토퍼 놀란 덕분에 이제 대중 독자들은 마술사들이 평범한 표적 대상, 전환, 명성이라는 기본 전제, 다시 말해 평범한 무언가를 특별한 것으로 바꾸겠노라는 약속〔놀란 감독의 영화 〈프레스티지〉에 나오는 마술의 법칙〕에 의지한다는 사실을 알고 있다. 관객에게 평범한 실크해트를 보여주고 그 안에서 토끼 한 마리를 꺼내는 식으로 말이다.

모드족과 록커족에 대한 광적인 관심을 조사하면서, 코언은 타블로이드 신문의 보도 방식이 이와 유사한 전제를 바탕으로 한다는 사실에 주목했다.

기자들은 평범한 삶을 묘사한 다음 좋지 않은 영향에 의해 그것이 파괴되고 일그러지는 과정을 보여주었다. 불안감을 조성하는 보도는 미래에 생길 수 있는 문제들을 은연중에 암시해 독자들을 피포위 심리〔siege mentality, 항상 적들에 둘러싸여 있다고 믿는 강박관념〕와 유사한 심리 상태 속으로 몰아넣었다. 그리하여 독자들은 기사가 보도되길 기다리도록 길들여졌다. 더 많은 폭력, 더 많은 사회 혼란, 더 많은 헤드라인에 대해서 말이다.

이런 일련의 상황들은 또 다른 사회학자 레슬리 윌킨스가 "일탈 확대 순환"〔Deviancy Amplification Spiral, 초기의 작은 일에 꼬리표를 붙이고 과잉 반응을 보임으로써 의미를 확대하여 도덕적 공황으로 이끈다는 가설〕

이라고 여기는 것으로 이어졌다.

이것은 "조작된 문제들로 사실상 사람들을 미치게 만드는 것"의 학술 용어였다. 가령 이런 식이었다.

1. 낮은 관용성

그리하여

2. 더 많은 행위를 범죄로 규정하게 되고

그리하여

3. 범죄에 대해 더 많은 조치를 취하게 되며

그리하여

4. 일탈을 더욱 멀리하게 되고

그리하여

5. 순응하는 집단들에 의해 일탈에 대한 관용성이 낮아지며

그리하여 다시 2번으로 돌아간다.

이런 방식의 순환에 의해 사람들은 작은 사건을 순식간에 국가적인 테러 사건으로 과장할 수 있었고, 이 과정이 언제 끝날지는 신만이 알 수 있었다.

* * *

이 모든 연구는 획기적이었고, 70년대 초반부터 전 세계 사회학자들과 학계 연구자들의 생각에 영향을 미쳤다.

그러나 논설위원들과 보도국장들의 의식에는 크게 파고들지 못했다. 그들은 기회만 되면 언제든 도덕적 공황으로 계속해서 수익을 올렸고, 독자와 시청자들에게 수십 년 동안 똑같은 악마의 사이클을 달리게 했다.

미국의 뉴스 소비자들은 수많은 최악의 예들을 기억할 것이다.

냉전 후기의 활기 없는 시기에 《타임》과 《뉴스위크》 같은 겉만 번지르르한 싸구려 잡지들은 "사회의 적"이 침입할 가능성을 우리에게 끊임없이 납득시키려 애썼다.

논설위원들은 알고 있었다. 병원 대기실 의자에 몸을 파묻고 앉아 잡지를 읽는 중년의 목표 독자는 한때 그토록 사랑스럽던 자식들의 변화에 혼란스러워하는 자신에게 공감해 줄 친구를 간절히 찾고 있다는 걸.

우리 조니가 왜 갑자기 과묵해졌지? 혹시 마약 때문일까? 아니면 본드? 음악? 요즘 애들 성적 경향이 몹시 걱정스럽던데?《뉴스위크》를 펼쳐서 답을 찾아봐야겠어!

이 주간지는 수십 년 동안 10대: **섹시하고 통제 불능한 세대**라는 표지 기사를 주기적으로 반복한다. 잘 생각해 보면, 우습게도 그런 노력의 일선에는 대개 10대 여자 청소년의 엉덩이가 눈에 확 띄는 자리에 배치되어 있다는 걸 알게 될 것이다.

10대의 임신은 또 다른 인기 주제가 되었다. 부모들이 놀라 까무러치게 만들기 위해, 잡지들은 임신 후기에 공포에 떠는 표지 모델을 여덟 살 이상으로는 보이지 않게 만들 것이다.

갑자기 냉담해진 당신 자녀의 이해할 수 없는 뇌, 엉덩이를 흠씬 패주고 싶은(코언 연구에서 "체벌"의 내용을 기억하시길) 당신 자녀의 폭군 같은 기질, 그리고 당신 자녀가 라이플 소총을 휴대하는 잠재적인 대량 살해범일지 모른다는 우려는 당연히 또 다른 인기 주제들이다.

과거에 도덕적 공황은 "무언가가 당신의 천사 같은 청년들을 타락시키고 있다"는 주제와 관련 있을 가능성이 컸다.

80년대 초반 "던전 앤 드래곤Dungeons and Dragons"에 대한 공포가 한 예다. 우리 중 일부는 어이없는 공포 영화 〈메이지스 앤 몬스터스Mazes and Monsters〉를 기억할 만큼 나이가 많은 사람도 있을 것이다. 이 영화는 미국이 가장 신뢰할 수 있는 도덕적 공황의 대표적 인물, 톰 행크스의 초기작이다.

이 공황 상태는 대개 준비된 법적 해결책을 수반했다. 티퍼 고어〔엘고어 전 부통령의 부인〕가 주도한 "학부모 대중음악 검열 위원회 Parents Music Resource Center"가 헤비메탈 음악의 가사에 길길이 흥분하는 모습은 모드–록커족을 향한 공포의 80년대식 재탕이었다. 다행히도 해결책은 별 것 없었다. 경고문을 부착하는 것으로 끝났다. 오늘날 똑같이 말도 안 되는 일이 일어났다면, 헤리티지 재단〔미국 보수파의 정책 연구 단체〕이사회는 아이튠즈iTunes와 협력해 도덕적으로 위협을 가하는 음악을 조용히 삭제했을 것이다.

기자들은 도덕적 공황을 조사할 땐 언제나 상당히 자유로울 수 있었다. 통계적으로 가장 신뢰가 가지 않는 자료들도 허용되곤 했다.

《타임》은 1995년에 "사이버포르노"라는 제목으로, 컴퓨터 스크린의 유해한 장면에 충격을 받아 사색이 된 아이의 모습을 표지에 실어 악명을 높였다. 표지를 본 독자들은 소년이 보았을 끔찍한 이미지를 상상하기 마련이다.

기사는 마티 림이라는 불가사의한 인물이 증가하는 사이버 위협에 관해 쓴, 가짜 **대학** 연구 보고서를 바탕으로 작성되었다. 마티 림은 기사가 나간 직후 사라졌다.

《타임》의 기자 필립 엘머 드윗은 나중에, 자신이 속았다는 걸 깨닫기에는 당시 너무 어렸다며 설득력 있게 고백했다. 그는 돌이켜 보니 그 기사는 좋은 글과 잘못된 사실이라는 최악의 조합이었다고 밝혔다. "내 기사를 담당한 《타임》의 한 연구원은 이 기사를 '우리가 지금까지 관심을 기울인 그 어떤 노력보다 부끄러운 노력이며, 공포를 조장하는 비과학적인 노력 중 하나'로 기억한다."

그럼에도 불구하고 랠프 리드와 척 그래슬리 같은 정치적 인물들은

《타임》의 표지를 빌미삼아 별안간 인터넷을 검열해야 한다고 촉구했다.

부모들에게 비디오 게임의 영향력을 걱정하게 만든 《타임》의 또다른 표지는 대대적인 사회적 전염은 예측하지 못했을지 몰라도 미래 풋볼 스타의 이름에 힌트를 주었다("그롱크! 플래시! 잽!〔GRONK! FLASH! ZAP!,《타임》의 1982년 1월 표지 기사. 뉴잉글랜드 패트리어츠 팀의 스타 선수 그론카우스키는 그롱크라는 애칭으로 통한다〕")

새로운 기술이 욕설, 폭력, 관음, 성적 일탈, 그리고 다양한 공포물에 아동을 중독시킨다는 내용을 제시하며, "기술 공황"에 대한 주제에 지속적인 변주가 이루어졌다.

도덕적 공황은 정치적으로 지위가 약한 "사회의 적들"에게 가장 큰 영향을 미치는 경향이 있다. 의도와는 달리 코믹 영화가 된 〈리퍼 매드니스Reefer Madness〉〔사회문제로 떠오른 마약을 추방할 목적으로 미 정부와 기독교계 자금으로 1936년에 만들어진 계몽 영화〕로 거슬러 올라가는 마약과의 전쟁은 지금도 진행 중인 가장 파괴적인 공황임에 틀림없을 것이다.

조지 H.W. 부시가 아마도 백악관 인근에서 구입했을 것으로 추정되는 마약 봉지를 들고서(실제로 시내 건너편에서 범인이 걸려들었다) 도덕적 공황을 보여주려는 노골적인 선전 행위를 한 덕분에 마약 밀매자와 사용자들이 얼마나 더 오래 감옥에서 썩어야 했는지는 헤아릴 수 없을 것이다.

우리는 Y2K, 사스, 생화학 테러/탄저균, 돌봄 시설 학대자 등, 수많은 악마들에 대한 공포에 시달려왔다.

심지어 10대 청소년들이 젠켐이라는 잠비아의 환각제─발효된 인간의 배설물을 증류해 만든─를 이용한다는 거짓 공포가 조성되기도 했지만, 미국에서는 확인된 사례가 없다는 것이 밝혀졌다. 그렇지만 이것은 좋은 기삿거리를 만들어주었다. 2007년에 ABC는 "젠켐: 경계할 것인가 장난으로 넘길 것인가?"라며 의문을 던졌다.

* * *

수년 동안 소수의 사회학자들은 도덕적 공황이, 이해관계가 있는 집단에 특정한 방식으로 이익을 준다는 사실에 주목했다. 대형 상업 뉴스 매체와 당국 사이에는 공생 관계가 있다.

사람들에게 두려움을 심어주면, 미디어 기업은 점점 부자가 되는 한편 국가 기관은 권위를 내세워 심각한 "사회의 적들"에 엄중한 탄압을 가할 자유를 점점 더 많이 얻는다. 완벽한 협력 관계가 아닐 수 없다.

크랙〔코카인에 탄산나트륨과 베이킹파우더를 첨가해 담배처럼 흡연할 수 있게 만든 마약의 일종. 효과가 강력하고 가격이 저렴하다〕 관련 기사는 이것의 좋은 예였다.

TV 방송사들은 거리에서의 "전쟁"을 매력적으로 만들어 높은 시청률을 올렸지만, 크랙이 확산되고 있는 원인의 핵심―코카인 카르텔이 코카인 가루의 포화 시장인 상류층 구매자를 넘어서서 소비자층을 확장하는 방법―에는 거의 접근하지 않았다. 크랙은 더 가난한 소비자들을 끌어들이려는 기업 마케팅 전략의 마약 카르텔 버전일 뿐이었다.

가난한 크랙 중독자들은 대중을 몹시 불안하게 만들었고, 그들과의 전쟁을 벼르던 정부 당국은 원하던 것을 거의 다 얻어냈다. 가장 악명 높은 개혁은 이른바 "100 대 1 양형법"으로, 크랙 범법자들은 분말 코카인 범법자들에 비해 100배 이상의 형을 선고받았다.

이것은 도덕적 공황 시나리오의 전형적인 예다. 내용은 사실이 맞지만, 과장되고 종종 터무니없으며 당국이 해결방법을 제시하면서 마무리된다.

* * *

과거에는 도덕적 공황이 상업 언론의 지배적인 모델이 되지 않도록 방지하는 유일한 방법은 미디어 종사자들이 돈을 벌 다른 방법을 마련하는 것이었다.

〈댈러스모닝뉴스Dallas Morning News〉의 짐 모로니가 내게 말한 것처럼, 인터넷 시대 이전에 신문은 현금 인출기였다. 당시 신문은 트럭과 배급처라는 자기 소유의 네트워크가 있었고, 만약 일할 사람을 고용하거나 차를 팔고 싶다면 지역 신문에 광고를 내는 것이 유일한 방법이었다. "미디어는 희소성이 있는 산업이었습니다." 그는 이렇게 말했다.

지역 라디오와 TV 방송사도 사정은 마찬가지였는데, 각각 방송통신위원회의 허가를 받아야 했기 때문에 수가 제한되었다. 방송에 나가는 광고 시간은 끽해야 30초였다.

라디오 쇼나 일간지를 소유하고 있었다면, 지역의 청년 반성反性 동맹〔《1984》에 나오는, 오직 당의 목적에만 충실하기 위해 다른 모든 본능을 억제해야 한다는 원칙으로 완벽한 금욕과 독신생활을 권장하는 단체〕이 계몽 활동을 위해 매주 전단을 돌리지 않아도 되었을 것이다. 소액 안내 광고나 지역 광고가 충분했기 때문에, 굳이 공포를 조장하는 기사에 탐닉하지 않는 쪽을 선택할 수 있었다.

그렇지만 영리한 사람들은 이 고수익 사업이 사라지는 순간, 미디어 사업이 영원히 변하리라는 걸 알고 있었다. 마셜 매클루언 같은 권위자는 1964년에 유명한 저서 《미디어의 이해》에서 다음과 같이 썼다.

> 안내 광고(그리고 주식 시장 시세)는 언론의 기반이다. 이처럼 다양한 일상의 정보에 쉽게 접근할 수 있는 다른 방법이 발견된다면, 언론은 사업을 접어야 할 것이다….

인터넷 시대에 뉴스 미디어는 안내 광고를 빼앗겼고, 로이터와 블룸버그 같은 서비스를 통해 절대적인 지배권을 휘두르며 즉석에서 전달하던 주식시장 시세는 상업적 소비자들에게 더 이상 깊은 인상을 주지 못했다. 우리는 다른 사냥감을 사냥해야 했다.

소셜 미디어에 의해 가속화된 도덕적 공황은 현대 뉴스 보도가 기댈 수 있는 마지막 수익형 포맷이 되고 있다. 최근까지는 범죄가 가장 좋은 예였다. 대중의 믿음에도 불구하고, 거의 30년 동안 미국의 범죄는 감소 추세에 있다.

그러나 언론이 이용하는 무수한 사기 수법 덕분에 우리는 이런 사실을 거의 들을 수가 없다. 매우 많은 뉴스 프로그램들이 그와 정반대의 믿음에 의지하기 때문이다. 자리를 차지하기 위해 공포 분위기를 조성하는 전술에 의지하며 "범죄에 강경 대응"하겠다는 입장을 발표하는 정치인들은 말할 것도 없고.

사기 수법 중 하나는 범죄 통계에 대해 유리한 자료만 선별하는 것이다. 범죄를 취재하는 모든 기자들은 전국적인 범죄 통계, 특히 강력 범죄 통계에는 두 곳의 주요 출처가 있다고 말할 것이다. 하나는 FBI의 연례 보고서이고, 다른 하나는 법무부 통계국이다.

둘 다 법무부 자료지만, 법무부 통계국 자료는 매년 동일한 방법론을 사용하고(범죄의 피해자인지 여부를 묻는 광범위한 가구 조사를 기반으로 한다) 덜 불안한 통계자료를 발표하는 경향이 있다.

당연히도 신문은 FBI 통계자료를 이용하는데, 이 자료는 다양한 방법론을 사용하고 어째서인지 항상 조금 더 불안한 결과를 발표한다.

FBI에 따르면, 1993년과 2017년 사이에 폭력 범죄는 49퍼센트 감소했다. 법무부 통계국에 따르면, 같은 기간 폭력 범죄가 74퍼센트 감소했다.

그러나 대중은 이 내용을 믿지 않는다. 갤럽은 1993년 이후로 폭력 범죄에 관해 22차례 설문조사를 실시했다. 그 가운데 18차례의 결과에서 미국인은 범죄가 증가하고 있다고 믿었다. 중요한 사실은, 거주지 인근 지역의 범죄에 관한 질문에서는 수치가 달라졌는데, 대부분의 사람들은 자기 인근 지역은 위험이 전과 동일하거나 감소하고 있다고 생각한다는 것이다. 따라서 미국 미디어 소비자들의 전형적인 신념 체계는, 내가 거주하는 지역은 범죄가 감소하고 있지만 다른 지역은 틀림없이 훨씬 증가하고 있다는 것이다.

숫자 조작은 간단하다. 1990년 7월 18일자 《뉴욕타임스》는 **미국 전역 대도시의 살인사건 수치 급증**이라는 기사를 내보냈다.

주의 깊게 읽어보자.

> 살인사건 비율은 지난 몇 년에 걸쳐 꾸준히 증가해 왔다. 1980년에 인구 10만 명당 10.2명의 살해로 정점에 이른 이후 이 증가율은 1984년과 1985년에 10만명 당 7.9명으로 감소했는데, 관계자들 말에 따르면 이 감소는 10대와 20대의 인구 감소가 원인이다. 이후 이 비율은 반등하여 FBI가 수치를 산출한 마지막 해인 1988년에는 8.4명에 이르는 등 이러한 감소세가 무너졌다.

다시 말해 1990년에 《뉴욕타임스》는 1980년에 비해 살인율이 감소했다고 쓸 수도 있었다. 그러나 이들은 보다 최근의 상승세를 미끼로 이용하기로 했다. 장기적으로 볼 때 당연히 1990년 이후 폭력 범죄가 감소했고, 1980년부터는 전반적으로 감소되어 왔다. 1988년에 최고수위에 이르렀음이 드러났다.

과거에 이런 식의 행동에 제동을 거는 유일한 장치는 다른 뉴스 매체가 헛소리라고 할지 모른다는 가능성이었다. 그러나 경쟁 뉴스 기관들조차 불안감 조성으로 전체적으로 혜택을 받는 경향이 있기 때문에 그런 일은 거의 일어나지 않았다. 그렇지만 적어도 가능성은 존재했다.

정치적으로 분열된 오늘날 미디어 환경에서, 기자들은 자신들의 목표 독자들이 결정적인 정보에 노출될 위험이 그 어느 때보다 적다는 걸 알고 있다. 경쟁 출판물들은 경쟁사 독자들의 관심을 얻지 못한다. MSNBC의 시청자들은 〈데일리콜러〉를 읽지 않으며 그 반대도 마찬가지다.

그러므로 도덕적 공황은 본질적으로 아무런 도전을 받지 않은 채 정치판 구석구석에서 맹위를 떨친다.

2018년 중앙아메리카 이민자들의 "이동식 주택"은 도덕적 공황의 전형적인 예였다. 이민자에 관한 기사들은 대개가 그렇다. 이동식 주택은 "침입자"("범죄자", "조직폭력배")를 묘사하는 단순하고 상징적인 표현, 전형적으로 과잉 규제된 권위주의적 해결책 등 온갖 특징을 지니고 있다. 군대는 대통령으로부터 이민자가 손에 쥔 돌멩이를 총으로 간주해도 좋으니 만일의 경우 그들에게 총기를 발사해도 좋다는 지시를 글자 그대로 전달받기도 했다.

트럼프 대통령은 나중에 이 의견을 철회했지만, 이것은 모두 공황에 관한 전형적인 이야기였다.

나는 이민자를 인터뷰한 적이 없어서, 어느 집단의 기자들이 다음 핵심 질문들 중 하나에 대해 정확하게 보도했는지 알 수 없다. 이민자들은 단순히 이민을 시도한 것인가? 즉 그들의 여정이 엄밀히 말해 불법일지라도 단지 더 나은 생활환경을 찾아온 것인가? 혹은 폭력이나 정치적 탄압에 의한 망명 요청으로, 국제법상 합법적이며 해당 국가의 심리 허가가 필요한 사안이 아닌가?

어느 쪽인지 알 길은 없다. 아마 두 경우가 뒤섞였을 것이다. 그러나 한 가지는 분명한 것 같다. 7,000명의 이민자들이 "침입자"는 아니었다는 사실 말이다.

도널드 트럼프의 정책을 둘러싼 격렬한 대혼란의 중심에 있지 않았다면, 이 사안은 사소하고 어쩌면 우울한 기사로 다루어졌을 것이다. 그리고 부시나 오바마 시절이라면 결코 보도되지 않았을지도 모른다.

마치 범죄 기사처럼 다루어진 이민자들의 소동에 관한 기사는 주로 국경 횡단에 대한 일화적인 정보에서 퍼온 내용에 의지해 왔다. 제대로 된 상황에서라면, 우리는 9/11 이후 현저하게 감소된 문제에 대해 (그 정도도 감지덕지라며) 이야기하고 있을 것이다. 이것은 훨씬 유명한 정치 관계자들이 문화적 논쟁에 연루되어 규모만 더 커졌을 뿐, 결국 모드족과 록커족의 국경 충돌 사건에 다름 아니다.

그런데 이와 동일한 보도 기법들이 점점 반트럼프 경향의 미디어를 주도하고 있다.

트럼프를 "궁지에" "몰아넣는" "폭탄선언"에 대한 "이것은 종말의 시작이다"류의 기사들이 쉴 새 없이 북을 울려대는 것은—우스꽝스럽기 짝이 없는 이런 식의 단어 짜깁기는 트럼프 취임 첫 주부터 시작되어 삽시간에 인기를 끌었다—그 자체로 노골적인 감정적 속임수의 한 예다.

논설위원들은 민주당을 지지하는 독자들이 트럼프의 대통령 당선 사실에 큰 충격을 받고 있다는 걸 알기 때문에, 그가 언제든 수갑을 차고 내려올 거라는 희망을 끊임없이 암시한다. 기자들은 합법적인 해임 가능성이 매우 희박하다는 걸 알고 있는데도 불구하고 말이다.

이런 거짓된 희망 부풀리기는 저널리즘에 존재하는 감정적으로 가장 약탈적인 행동이다.

《폴리티코》의 2018년 9월 기사 **트럼프 최후의 날들**을 읽고, 몇 주 뒤에 보면 트럼프는 여전히 대통령직에 있지만, 그래도 언론은 아무런 불이익을 받지 않는다. 이런 기사들은 크게 히트를 친다.

한편, 내일 당장 닉슨처럼 퇴장할 거라는 기대는 하지 말라고 경고하는 진보 언론의 드문 기사들은—2018년 7월 《가디언》 기사, **트럼프의 지지에 대해 진보주의자들이 (여전히) 잘못 알고 있는 것**처럼—재빨리 자취를 감추는 경향이 있다.

더 심각한 것은 여러 가지 면에서—그중 한 가지는 2016년에 실제로 무슨 일이 일어났는지를 조사하는 저널리즘의 필수 과정을 지연시켰다는 사실이다— 미디어 산업 전반에 심각한 문제가 된 러시아게이트이다. 이것은 저널리즘이 도덕적 공황을 이용한 분명한 사례이기도 했다.

예를 들어, 언론은 한 명의 러시아인이 나머지 1억 5,000만 인구와 소통하고 있는 게 분명하다는 가정하에, 러시아인 개개인과 "러시아"를 구분하기를 멈추었다.

러시아 올림픽 역도 선수가 트럼프의 변호사 마이클 코언에게 "정치적 시너지"를 제안했다는 자료를 로버트 뮬러 특별검사가 제출했을 때 (뮬러의 말에 따르면 코언은 이 제안에 대해 "후속 조치를 취하지 않았다.") 언론은 성급하게 이 문제에 덤벼들었다. 러시아게이트에 관한 최초의 기사들 중 일부를 실은 〈슬레이트〉의 프랭클린 포어는 다음과 같이 보도했다.

> 코언은 2015년 11월, 러시아인들과 "정치적 시너지"를 논의하고 있었다. 2015년 11월! 이 시기는 대부분의 공모 일정이 시작된 때보다 훨씬 더 거슬러 올라간다.

그리하여 "한 명의 역도 선수"는 즉석에서 "러시아인들"이 되고, 실제로 연락이 전혀 이루어지지 않았다는 사소한 사실은 삭제된다. "푸틴의 변호사"가 헐크 호건[미국의 프로레슬링 선수]과 접촉했고 러시아 언론이 "미국과 접촉!!!"이라고 보도했다고 상상해 보라.

우리는 터무니없다고 생각했을 것이다. 또한 러시아 주간지가 모르몬교 태버내클 합창단을 크렘린궁을 침입하는 것으로 보이게 해서 독자들에게 불안감을 조성하려 했다면 그 역시 말도 안 된다고 생각했을 것이다. 그런데 《타임》지에서 이런 일이 일어났다. 많은 사례 중 하나는 성 바실리 대성당의 바실리카 예배당을 크렘린궁과 혼동하도록 표지에 실어, 양파 모양 돔이 아름다운 이 교회가 백악관을 장악하는 것처럼 보여 주는 것이었다.

하지만 이런 식의 정신 나간 짓은 이런 이야기들에서 비일비재하게 일어난다. "인터넷 연구 기관"의 악명 높은 광고를 둘러싼 보도 역시 서사에 맞추기 위해 통계가 어떻게 왜곡될 수 있는지를 보여주는 것으로, 사실상 스탠리 코언 연구의 복제판이었다.

2017년 가을, 《뉴욕타임스》는 페이스북 광고를 통해 러시아 전복이라는 파괴적인 설계도를 작성하기 위해, 익명의 정보원들, 의회 당국자들, 그리고 사익을 추구하는 두뇌 집단들(이들은 새로운 좌익의 위협을 연구한다는 명목하에 거액의 돈을 삼켜왔다) 같은 무리들과 협력했다.

이 내용은 스콧 셰인과 마크 마제티가 장장 1만 개의 단어로 작성한 기사, 〈선거 전복 음모〉에 담겨 있다. 금액을 어림잡아 보자.

> 소셜 미디어의 아찔한 기준으로 보더라도 그들의 노력의 범위는 인상적이었다. 2,700개의 가짜 페이스북 계정, 8만 개의 게시물. 이중 상당수는 눈에 확 띄는 슬로건과 함께 정교한 이미지가 첨부되어, 마침내 페이스북에서만 1억 2,600만 명의 미국인 구독자를 만들어냈다. 이 수는 2016년 대통령 선거 당시 유권자 수인 1억 3,700만 명에서 크게 벗어나지 않았다.

"1억 2,600만"이라는 통계 수치는 사실상 가능성이 희박한 가설에 해당하지만, 그럼에도 불구하고 수없이 되풀이되어 인용되었다. 상원 위원회 증언에서 페이스북 경영진들은 이 통계 수치가 2015년에서 2017년 사이 **194주**의 기간에 걸쳐—꼬박 3년에 걸쳐—8만 개 게시물 중 하나를 "제공받았을 수 있는" 사람들의 수를 나타낸다고 말했다.

페이스북 경영진 콜린 스트레치는 동일한 기간 "페이스북을 이용한 미국인들이 그들의 뉴스피드에 있는 총 33조 개가 넘는 기사에 노출, 즉 접근되었다."라고 상원 앞에서 증언했다.

이것은 같은 기간에 러시아 인터넷 연구기관인 IRA의 광고 노출 횟수는 비율로 따지면 모든 게시물 중에 무려 0.0000000024건에 해당한다는 걸 의미한다. 미국 매체와 현저히 다른 BBC는 이 광고 분량은 "새 발의 피"라고 말하면서 문맥 안에서 IRA의 노출 횟수를 게재한 몇 안 되는 기관 중 하나였다.

이것은 IRA 광고는 기삿거리가 아니라는 의미일까? 아니다. 이 광고들은 분명 중요하고 조사할 가치가 있다. 그러나 이것은 이슈의 규모를 과장되게 부풀린 많은 예들 중 하나다.

더욱이, 완벽한 효과를 보고 있는 도덕적 공황의 흔한 공생 관계를 눈치채지 않기가 어려워졌다. 장기간 지속되는 불안은 미디어 회사들의 수익 향상으로, 그리고 역설적이게도 "가짜 뉴스" 확산을 통제하기 위한 정부의 검열 및 집행 권한을 늘려야 한다는 공격적인 요구로 전환되었다.

스탠리 코언이 50여 년 전에 기술한 내용은 다가올 일에 대한 희미한 예고편이었다. 코언은 "일탈" 집단들에게 단순하고 상징적인 꼬리표를 붙이려는, 현금에 굶주린 타블로이드 신문들의 원시적인 노력을 보았다.

타블로이드 신문들은 심지어 노동자 계급이라는 배경 같은, 현실에서 사람들의 공감을 자아낼 만한 특징들을 제거하면서, 모드족과 록커족 악당들을 둘러싼 "혐오" 요소들을 만들어내는 데 크게 두각을 드러냈다. 미디어 독자들은 아무런 제약도 받지 않고 마음껏 그들을 경멸했고, 그들의 모습을 기괴하게 상상했다.

미국의 80년대와 90년대에는 대체로 이러한 대중의 공포에 대항하는 사람들이 있었다. 티퍼 고어 같은 사람들이 있다면, 기타리스트 프랭크 자파나 가수 디 스나이더 같은 사람들이 등장해 그들을 방어했다.

그러나 분열되고 원자화된 우리의 새로운 배경에는 이런 제동 장치가 없다. 모든 특정 집단에는 저마다의 사회의 적들이 있으며, 그들은 아무런 보호를 받지 못하고 있다.

오래전 보수 미디어들은 진보주의자, 공산주의자, 테러리스트, 이슬람주의자, 증세 정책 지지자, 극단적 페미니스트 등 수많은 대상들에 집착했다. 폭스에서 일하는 누구도 전후사정을 알아보려 하지 않는다.

#저항 미디어는 이제 그들만의 악마를 갖고 있다. 불평분자, 백인우월주의자, 트럼프 지지자, 버니 샌더스 지지자, 신新소비자 운동가, 가짜 평등주의자, 막돼먹은 극좌파 등 수많은 대상들이 그들이다(요즘 유행은 영국의 제러미 코빈과 미국의 버니 샌더스 같은 사회주의자들에게 반유대주의자라는 꼬리표를 붙이는 것이다).

이 같은 열풍을 잠재울 방법이 없다면, 뉴 노멀의 일상은 공존하며 결투하는 공황 상태가 될 것이다. 이동주택 거주자 대 러시아게이트, "종말의 시작" 대 "좌파는 어떻게 제정신을 잃었는가", 〈브라이트바트〉 대 〈팔머 리포트The Palmer Report〉〔빌 팔머를 중심으로 한 좌파 정치 블로그〕 같이 말이다.

이런 매체의 독자 중에 이 매체들이 자신들이 증오하는 적들과 유사하게 행동하고 있다는 걸 알아차릴 사람은 거의 없다.

변하지 않는 한 가지는 권위주의적인 해결책이 점점 많아지리라는 것이다. 소셜 미디어 시대에 우리는 과거 어느 때보다 사람들을 불안하게 만들 수 있다. 이것은 정치인들이 검열, 감시, 이민 금지 등을 비롯한 확대된 권력을 위해 승인을 얻기가 한결 쉬워지리라는 것을 의미한다.

지금은 《여론 조작》이 출간되던 시대와 상당히 멀리 떨어져 있다. 1985년에 인기 있던 악마들은 전 세계적인 공포의 대상들—소련, 산디니스타, AIDS 바이러스—로 주로 외부적인 위협이었다.

오늘날의 미디어 소비자 집단들은 서로를 악마화하면서 결투와도 같은 강력한 탄압을 요구한다. 우리는 우리 자신의 최악의 적이 되었다. 그리고 이 사이클이 길어질수록 우리의 미래는 더욱 권위주의로 향할 것이다.

10. 사실에 근거한 미디어의 큰 허점

2019년 1월 18일 금요일, 로버트 뮬러 특별검사는 성명서를 발표하는 이례적인 조치를 취했다. 기본적으로 가장 최근에 실린 러시아게이트 기사의 "폭탄선언"을 저격하는 내용으로, 기사는 온라인 매체 〈버즈피드 BuzzFeed〉가 전날 보도한 것이었다. 그 기사에 따르면, 도널드 트럼프는 그의 개인 변호사 마이클 코언에게 의회에서 거짓말을 하라고 지시했는데 이는 중죄가 될 가능성이 있었다.

〈버즈피드〉 기사가 보도된 후, 민주당 의원들은 기사에 반응하여 즉시 탄핵을 요청했을 뿐 아니라 몇 시간 만에 자금을 모으기 시작했다. 민주당 전국위원회 위원장 톰 페레스는 같은 날 다음과 같은 내용으로 대량의 메일을 보냈다.

"방금 트럼프의 전 변호사 마이클 코언이 도널드 트럼프의 특별 지시에 따라 의회에 거짓말을 했음을 시사하는 엄청난 뉴스가 터졌다…트럼프에게 집중적으로 책임을 묻고자 한다면… 오늘이 그것을 보여줄 중요한 날이다. 민주당을 돕기 위해 지금 당장 3달러를 기부하라…."

뮬러의 성명서는 다음과 같았다. "〈버즈피드〉의 특검팀에 대한 구체적인 진술들과, 특검팀에서 입수한 서류 및 증거자료의 성격은…정확하지 않다." 이것은 이 위치에 있는 공직자가 반드시 필요한 경우가 아닌 한 좀처럼 취하지 않는 특별한 조치였다.

이런 일이 처음은 아니었다. 전 FBI 국장 제임스 코미는 2017년 6월, 상원 정보위원회에 출석해 증언하면서, 트럼프 선거운동 관계자들이 "러시아 정보기관의 고위 관계자들"과 수차례 접촉했음을 시사하는 그해 2월 14일자 《뉴욕타임스》 기사를 맹비난했다.

아이다호주 상원의원 제임스 리시가 이 기사에 대해 질문했을 때, 코미는 "기사의 내용은 대체로 사실이 아니다."라고 말했다. 기사에는 다양한 분야의 "전·현직 공직자들"이 정보원으로 명시되었다. 그런데 어떻게 사실이 아닐 수 있을까? 혹시 코미가 잘못 알고 있는 건 아니었을까?

두 기사 모두 미국 미디어 시스템의 위태로운 허점 속에서 명맥을 유지한, 러시아게이트 이전부터 있었던 오랜 보도 전통에 속한다.

대중들은 "가짜 뉴스" 문제를 크게 오해하고 있다. 신문이 드러내놓고 거짓말하는 경우는 거의 없다. 대부분의 "거짓말들"은 생략과 강조가 만들어내는 오류이다. 폭스는 민주당을 지지하는 주들이 이혼율이 낮다는 기사를 내는 일이 없고, MSNBC는 낙태를 찬성하는 민주당의 많은 의원들, 특히 종교가 있는 의원들이 낙태에 관한 도덕적·정치적 신념 사이에서 갈등하고 있다는 사실을 검토하지 않는다.

"가짜"의 대부분은 희화화—독자에 대한 희화화, 특히 경멸하는 집단에 대한 희화화―에 있다. 놈 촘스키도 말했듯이, 신문은 "사실로 가득하다."

한 가지 예외를 제외하면.

서양 저널리즘의 사실 확인 전통에는 절차적인 오류와 관련된 허점이 있으며, 이 허점은 시간이 갈수록 심해졌다. 문제를 일으키는 기사 유형에 거의 항상 공통으로 포함되는 요소가 있는데, 이런 것들이다. 국가 보안이나 법 집행 문제를 수반한다. 익명의 공직자들이 정보원이다. 특종 기사의 기본적인 요지는 기밀이거나 그렇지 않으면 확인 불가능하다.

1986년 8월 25일, 《월스트리트저널》은 다수의 익명의 정보원을 인용하여 "미국과 리비아가 충돌이 불가피한 상황"이라고 무턱대고 보도했다.

기사는 미국 정보기관이 카다피가 테러 행위를 계획하고 있다는 새로운 정보를 입수했으며, 따라서 우리는 폭탄으로 그를 맹공격할 생각이라고 보도했다. 아, 그리고 아마도 그가 내부 쿠데타에 직면해 있을 거라는 내용도 있었다.

《월스트리트저널》은 "[카다피가] 테러 행위에 대한 계획과 준비를 재개해 왔다는 징후가 점차 증가하고 있다."고 썼고, 《뉴욕타임스》와 《워싱턴포스트》를 포함한 다른 매체들도 얼마 후 이 기사를 다루었다. 국제적인 긴장이 고조되었다.

특종이었다! 그러나 모든 내용이 거짓이었다. 이 정보는 카다피를 불안하게 만들기 위해 미국이 만들어낸 "기만 계획"이었다. 우리가 이 사실을 알아낸 건 오로지 또 다른 익명의 인물이 《워싱턴포스트》의 편집국장 밥 우드워드에게 이와 같은 내용이 설명된 문건을 유출했기 때문이었다(문건 작성자는 레이건 대통령 당시 국가안보 담당 보좌관 존 포인덱스터였다).

나는 이런 기사들을 "네 정보원 클로버four-sourced clovers"라고 부른다. 이런 미심쩍은 특종을 지지한다고 주장하는 익명의 정보원 수가 우습게도 시간이 갈수록 늘어났기 때문이다.

2017년에 제임스 코미가 부득이 비난을 퍼부어야 했던 "러시아 정보기관 고위 관리자들"에 관한 기사에는 네 명의 익명의 정보원이 있었다. 트럼프가 곧 연준 의장을 해고할 거라고 암시한 기사에는 한 명의 정보원이 있었다. 트럼프의 선거전략가 폴 매너포트가 위키리크스 편집자 줄리언 어산지와 만났을 것으로 짐작된다는 충격적인 기사를 기자 루크 하딩이 최근 《가디언》에 보도했을 땐 두 명의 정보원이 있었다(이 기사는 여전히 확인되지 않고 있다).

이런 기사들 중 일부는 정보기관의 고위관계자 한 명이 《뉴욕타임스》나 《워싱턴포스트》 같은 유명 일간지 기자(혹은 기자단)와 이야기를 나누는 것으로 시작한다. 기자들은 추가 확인을 요청할 수도 있다. 관계자는 기자들에게 이름 몇 개를 던져줄지 모른다. 기자(들)는 이 이름들을 싣는다.

이 이름들의 주인은 정부기관의 하급자이거나, 은퇴한 뒤 지금은 두뇌 집단이나 사설 "연구" 기관에서 일하고 있는 관계자일지 모른다. 이 정보원들은 세부적인 내용을 전달함으로써 초기 기사가 사실임을 확인해 준다.

이렇게 네 명, 어쩌면 여섯 명의 정보원을 갖게 되지만, 기사 형태에 따라 실제로는 서로 우호적인 네 명의 머릿속을 거친 하나의 기사에 불과할 수도 있다. 이것은 끝에 기자가 있는, 전화로 내용 전달하기 게임이다.

덧붙이자면, 기자가 관계자들에게 전화를 거는 것이 아니라 관계자가 기자에게 전화를 하는 거라면, 이땐 위험 신호다. 보통의 정보국 관계자들은 당신 아이가 불에 타고 있다고 당신에게 알리겠다며 하던 일을 멈추지 않는다. 그들이 전화를 걸어 보도를 요청하기 시작할 때, 그리고/혹은 매주 다양한 매체와 신문에 기사 내용을 전달해 특종을 배포할 때, 이것은 엄청난 위험 신호다.

이런 유의 기사를 보게 된다면, 기자가 국가안보에 관한 기사를 보도한 이력이 있는지 확인하라. 기자에게 그런 이력이 없다면, 기밀로 취급되는 특종 전송이 새로운 관계의 맥락에서 일어나고 있다면, 각별히 주의하라.

왜냐고? 저널리즘에서는 관계가 중요하기 때문이다. 이론적으로 기자들은 자신의 정보원을 보호하기 위해 기꺼이 감옥에 가야 한다. 마찬가지로 좋은 정보원이라면 자신과 오래 관계를 맺은 기자가 화형에 처해지게 하고 싶지 않을 것이다.

정보력, 진실성, 그리고 자신의 신원을 잘 보호해 줄 수단을 모두 갖춘 저널리스트를 찾기란 안보 담당 관계자라 해도 쉽지 않다. 비공식 기밀 사항을 보도해 자신을 궁지에 몰아넣지 않을 것이라는 것이 입증된 기자를 찾을 때, 관계자는 이 관계를 보호하고 싶어질 것이다. 그러므로 관계자는 이 기자의 무릎에 김이 모락모락 나는 커다란 똥 덩어리를 고의로 투척하지는 않을 것이다.

그러므로 예를 들어, 마이클 플린이 러시아 대사 세르게이 키슬랴크와 통화했다는 "충격적인 소식"을 《워싱턴포스트》의 데이비드 이그네이셔스가 최초로 보도했을 때, 이 기사의 세부 내용이 정확할 가능성은 상당히 높았다. 이그네이셔스가 CIA의 신뢰를 받는 기자임은 업계의 공공연한 비밀이다.

플린 관련 기사의 정보원이 누구인지는 신만이 알겠지만, 곧이어 이그네이셔스가 퇴임하는 CIA 국장 존 브레넌에 대해 2,000자가 넘는 감상적인 프로필을 실으면서, 상원 직원의 컴퓨터를 해킹한 것에 관해 의회에 거짓말을 한 불명예스러운 사건에 대해서는 용케도 언급하지 않은 것은 확실히 흥미로웠다.

　우리는 CIA 지원들이 주디스 밀러〔2005년《뉴욕타임스》기자로 일하던 당시, 전 외교관 조지프 윌슨의 아내 밸러리 플레임이 CIA 요원임이 언론을 통해 노출된 사건과 관련해 재판을 받던 중 정보원을 공개하라는 법원의 요구를 거부하며 구속 수감되었다〕가 갇힌 치욕스러운 지하 감옥에 이그네이셔스를 던져 넣지 않으리라는 걸 안다. 플린 관련 기사에는 눈살을 찌푸리게 만드는 내용들이 더러 있었지만, 그 요지는 거의 틀림없이 정확했다.

　다른 많은 경우는 그리 확신이 들지 않는다. 이런 기사들을 기억하는지.

2011년, 이스라엘 가자지구 원조 반대 운동 확대

　이스라엘이 가자지구에 해상 봉쇄를 단행하자, 친팔레스타인 활동가들(앨리스 워커 같은 사람들을 포함해)은 인도주의적 지원을 계속하기 위해 단체를 조직, 보트를 이용해 봉쇄를 뚫으려 했다. 이 소함대로 도전하는 민간인들이 도착하기에 앞서, 이스라엘 당국은 폭력이 계획되어 있다는 확실한 정보를 입수했다고 살아 있는 모든 기자들에게 말했다.

　다음은 위의《워싱턴포스트》기사 내용이다.

　　화요일, 이스라엘 신문들은 익명의 군 관계자들의 보고로 채워졌다. 그들은 이스라엘 군인들에게 대항해 사용할 목적으로, 유황을 포함한 화약물질 자루들이 소함대 수준의 선박들에 실렸다고 비난했다. 보도들은 군 정보 소식통을 인용하면서, 일부 활동가들은 예비 모임에서 군인들이 "피를 흘리게" 하겠다는 열망을 말하는가 하면, 자신들의 배에 오르는 사람들을 살해하겠다고 위협했다고 전했다.
　　《마리브》〔이스라엘 일간지〕신문은 "죽이기 위해 오다"라는 헤드라인 아래 한 대의 선박 사진을 게재했다.

그리스에 갇힌 대부분의 활동가들은 약 한 달 후 포기하고 고국으로 돌아갔다. 다섯 달 뒤, 보트 몇 척이 돌파를 시도했고, "아홉 개 나라에서 온 활동가들이 평화롭게 항복했다."

실제로 이스라엘 관계자들이 폭력이 계획되어 있었다는 것에 관한 정보를 가지고 있었을 가능성이 있다. 정보를 가지고 있었든 그렇지 않든, 그들은 이 상황을 미리 전 세계에 알리는 것으로 이후 해상에서 일어날지 모를 거의 모든 일을 사전에 정당화했다.

이것은 이런 이야기들 가운데 가장 일반적인 유형 중 하나로, 정보 기관들은 독자와 시청자들에게 무시무시한 경고문을 뿌림으로써 이후 조치를 더욱 합당하게 여기게 만든다.

통킹만 사건 몇 개월 전에도, 코소보 사태 이전에도, 사실상 모든 군사 행동 전에 이런 예들이 있었다. 이것이 잘못됐다는 말은 아니다. 하지만 민간인 기자가 확인하기엔 확실히 쉽지 않은 일이다.

미국 관계자들, 이란의 이스라엘 공격 가능성에 대한 우려 높아져, 2018년 3월 18일

2018년 여름, CNN은 유익하게도 "여러" 익명의 관계자들이 이란의 이스라엘 공격이 "임박"했을 수 있다고 경고하며 우려를 표했다고 전했다. 사실일지도 몰랐다. 누가 알겠는가? 기사의 표현은 애니메이션 영화 〈팀 아메리카: 세계의 경찰 Team America : World Police〉에서 끄집어낸 것 같았다. "곧 이란이 이스라엘을 공격할 태세다. 그렇지 않나, 정보부?"

> 공격이 언제 시작될지 어떤 형태를 취할지 확실한 정보는 없다고 그들은 말했고, 한 관계자는 "공격이 있다 해도, 이란의 공격인지 즉시 확인되지 않을 수 있다."라고 언급했다.

그러므로 공격이 있을 수도 없을 수도 있으며, 공격이 있을 경우, 당신들은 이란이 배후에 있다고 가정하고 싶을지라도 처음엔 그렇게 보이지 않을 수도 있는데, 그렇더라도 우리는 그렇게 말하지 않을 것이다.

당신이 무슨 수로 그걸 확인하겠는가?

이런 기사들이 반드시 국가안보에 관한 내용에만 있는 것은 아니다. 아래 기사를 예로 들어보자.

퍼거슨 총격 사건에 관한 담당자 진술을 뒷받침하는 증거 제시, 2014년 10월 23일

나는 경찰에 의한 사망 사건의 대배심 수사를 둘러싼 논란을 책으로 썼기 때문에, 이것이 기자들에게 매우 불확실한 영역임을 알고 있다. 대배심 수사의 주요 난제는 정보원들이 종종 몇 가지 증거를 제시하지만, 제공하는 정보 뒤에 자신의 이름을 밝히는 경우가 거의 없다는 것이다. 일반적으로 법으로 금지되어 있다는 아주 타당한 이유 때문이다.

내가 거의 없다고 말하는 이유는, 일부 대배심 증인들은 충분히 잘 알면서도 위험을 무릅쓰기 때문이다. 내가 에릭 가너 피살 사건(2014년 7월 17일 길에서 불법 담배를 판매하던 아프리카계 미국인 에릭 가너를 체포하는 과정에서 경찰이 금지된 진압 방법인 목조르기를 사용해 가너를 사망하게 한 사건. 가너의 마지막 말 "숨을 쉴 수 없다 I Can't Breathe"는 이후 Black Lives Matter 운동의 슬로건이 되었다)을 취재했을 때 대배심 증인 세 명이 이름을 밝히고 나서주었다. 《뉴욕타임스》는 "목조르기"라는 단어를 사용하지 말라는 검찰의 지시를 받았다는 정보를 제공하고 자신의 이름을 밝힌 핵심 증인을 확보했다.

퍼거슨시에서 백인 경찰관 대런 윌슨의 총격에 의해 흑인 청년 마이클 브라운이 사망한 사건에 대한 위의 《워싱턴포스트》 기사 본문의 내용을 보면, 정보원을 밝히는 것은 마치 인종간의 기괴한 말 전달하기

게임 같았다.

　이 수사에 정통한 몇 명이《워싱턴포스트》와 이야기를 나누었는데 그들의 증언에 따르면, 여섯 명 이상의 익명의 흑인 증인들은 8월 9일 사건에 대한 윌슨의 해명을 대체로 지지한다고 세인트 루이스 카운티 대배심에서 증언했다.

　말하자면 이렇다. 익명의 흑인 대배심 증인들이 다른 익명의 "수사에 정통한 사람들"에게 의견을 이야기했고, 이들은 그 의견을《워싱턴포스트》에 전했는데, 그 내용인즉 그들의 증언은 윌슨의 의로운 총격에 대한 해명을 대체로 지지한다는 것이었다.

　많은 사람들이 매우 확고한 의견을 갖고 있는 이 사건에 너무 깊이 파고들 생각은 없지만, 윌슨-브라운 사건의 실제 법적 쟁점들은 상당히 미묘했다. 여러 가지 걸리는 점들이 있었는데, 하나는 애초에 왜 브라운에게 멈추라고 했는가, 라는 중요한 문제였다.

　대부분의 미국 대중은 브라운이 편의점에서 담배를 훔치는 흐릿한 화면을 보았다. 그러나 실제로 브라운은 "교통 방해"라는 법적으로 경미한 범죄 때문에 멈추라는 말을 들은 것이었다. 윌슨도 브라운의 손에서 담배를 보았다고 말했다는데, 이것은 체포할 충분한 근거를 편리하게 제공했을 테고, 추측컨대 이때 브라운은 경찰차에 손을 집어넣어 윌슨의 총을 빼앗으려 했을 것이다.

　이후 이어진 사건들은 아마도 윌슨이 차에서 두 차례 총을 발사해, 한 발은 브라운의 엄지손가락에 맞고 또 한 발은 불발된 것으로 짐작된다. 그다음 브라운은 달아나다가 160피트〔약 50미터〕 떨어진 지점에서 뒤를 돌아보았는데, 바로 이때 윌슨이 정당방위 차원에서 10발을 더 발사했다(나는 이 부분을 인용하지 않는 아량을 베풀고 있다).

대배심이 결국 이 설명을 받아들이기로 결정했다는 것은, 월슨을 기소하려는 세인트루이스 카운티 법원 검사 밥 맥컬로크의 시도에 불기소 처분으로 답했다는 사실에서 추론할 수 있다. 표면적으로 이 사건에 기소를 청구하려 했던 맥컬로크는 대배심의 결정 이후 오히려 피고 측 변호인처럼 보였다. 그는 브라운이 항복을 시도했었다는 목격자 진술에 대해 "증거에 의해 완벽하게 반박된 내용"이라고 설명했다.

그래 좋다. 대배심은 월슨의 이야기를 믿기로 결정했다고 이해하겠다. 그렇다면 《워싱턴포스트》 기사의 요점은 무엇일까? 그 안에 담긴 주된 정보는 여섯 명의 **흑인** 증인들이 총격 사건에 대한 월슨의 설명을 "대체로" 지지하는 진술을 제공했다는 것이다.

가너 사건에서 증인들이 나에게 그랬던 것처럼, 그리고 《뉴욕타임스》 기자들인 앨 베이커, 데이비드 굿맨, 벤저민 뮬러에게 그랬던 것처럼, 이들 흑인 증인들은 기자들에게 직접 이야기하지 않았다. 대신 그들의 진술은 "이 수사에 정통한 사람들"을 통해 전화를 이용하여 《워싱턴포스트》 기자들에게 전달되었고, 당연히 그 정통한 사람들의 인종은 언급되지 않았다.

검사들은 대배심 절차에서 논의된 내용에 대해 대중에게 정보를 제공하는 것이 금지되어 있다는 점에 주목해야 한다. 이들이 정보를 제공하길 원할 경우, 가너 사건에서 댄 도너번 검사가 그랬던 것처럼 보통은 판사에게 요청해야 한다. 도너번은 자신이 50명의 증인에게 전화를 걸었고, 그들에게 9주에 걸쳐 60건의 증거물을 보여주었다는 사실을 대중에게 전하기 위해 스티븐 루니 판사로부터 허가를 얻었다.

다양한 집단이 서로 다른 정보를 얻기 위해 대배심 봉인을 개봉할 것을 스티븐 루니 판사에게 요청했을 때, 그들은 거절당했다.

퍼거슨시에서도 같은 일이 일어났다. 우리는 《워싱턴포스트》를 통해, 누군가는 흑인 목격자 6인의 증언을 월슨의 주장에 대한 지지로 간주했음을 알게 되었지만, 적어도 이 사건의 실제 대배심원 중 한 사람은 크게 분개한 나머지 이 기사를 자신의 관점에서 이야기할 수 있도록 허가해 달라고 요청하기 위해 소송을 걸 정도였다.

(이름을 밝힐 수 없는) 이 익명의 배심원은 대배심 결과에 대한 대중의 이해가 "전혀 정확하지 않다."고 생각해서 소송을 제기했다. 고소인은 이 사건이 대배심이 다룬 다른 사건들보다 "피해자에게 더 강하게 집중"하고 있다고 말했다. 다시 말해, 이 배심원은 검사들이 윌슨이 아닌 마이클 브라운을 재판에 회부하기 위해 더 애쓰고 있다고 느꼈다.

판사는 소송을 기각했다.

이것은 "네 정보원 클로버" 효과의 완벽한 예다. 다수의 익명의 정보원들은 사실상 그들이 전통적인 방법으로 확인할 수 없는 것을 기자들에게 말했다. 그들은 하고자 했다면 자신의 이름을 밝힐 수도 있었지만 그렇게 하지 않았다.*

한편 또 다른 사람은 세상에 자신의 이름을 공개하고 자신의 이야기를 제공하도록 허가를 얻기 위해 말 그대로 법정으로 향했지만, 거부당한다.

이런 기사의 가장 악명 높은 종류 중 하나는 다음과 같은 무인기 공격

---

* 익명의 퍼거슨 사건 정보원들에 관하여 : 아마도 그들은 자신의 이름을 공개하기 위해 처벌을 감수해야 했을 것이다. 다른 사건들에서 다른 사람들도 동일한 위험을 감수했는데—가너 사건처럼—, 진실이 분명하다는 느낌이 너무도 강해 자신들의 이야기를 전하기 위해서라면 어떠한 결과도 달게 받겠다고 생각했기 때문이다. 익명의 정보원들의 경우 이런 일은 거의 드물다. 물론 첼시 매닝 사건에서처럼 일부 익명의 정보원이 큰 위험을 감수하는 경우도 간혹 있다. 그러나 위의 예들에서 대부분의 익명의 정보원들은 아마도 부하직원이 아니라 상사였을 것이다. CIA의 수장은 왜 익명이어야 했을까? 장군은? 경찰서장이나 지방검사는? 항상 이 점을 고려해야 한다. 익명의 목적이 무엇인가? 누군가의 직업이나 자유를 보호하기 위해서인가? 혹은 기사가 옆으로 샐 경우 정치적 결과로부터 누군가를 보호하기 위해서인가?

에 관한 것이다.

관계자들에 따르면, 미국 무인기와 예멘 병력이
알카에다에 관련된 전사들을 사살했다

당시 미국의 전쟁 참여는 중대한 사건이었다. 600명의 의대생을 구하기 위해서라는 명목으로 8,000명의 미국 병력이 사흘 동안 그레나다섬 야자수 뒤에 숨어 쿠바인들을 총으로 사살했을 때, 이 나라는 두려움에 옴짝달싹하지 못했다. 전쟁! 총격! 헬리콥터! 대단한데!

언론사가 섬에 몰려들었고, NBC 앵커 톰 브로코는 세인트조지 항구 밖에 앉아, 전함 두 대(보드게임 〈배틀십 Battleship〉의 추적함선처럼 생긴)를 컴퓨터 그래픽으로 급조한 배경 앞에서 타닥타닥 "뉴스 속보!"를 치는 타이프라이터 소리로 마무리하는 특별 보도를 방송해야 했다.

오늘날 우리는 기본적으로 쉴 새 없이 사람들에게 폭탄을 투하하지만 이런 사실은 결코 뉴스로 보도하지 않는다. 평범한 미국인들은 미국이 지난해 7개 나라에서 교전을 벌였다는 사실을 전혀 몰랐지만, 이것은 공식적으로 밝혀진 사실이었다.

시리아, 아프가니스탄, 이라크, 소말리아, 리비아, 니제르에서의 전투 외에도 우리는 약 1,100일 동안 연속으로 사우디의 예멘 폭격을 지원해왔다. 2017년 12월 11일, 국방부는 국방수권법에 따라 6개월마다 의회에 제출해야 하는 "현 교전지역" 요약 보고서—보고서 1264호라고도 알려진—의 가장 최근 보고서를 제출했다.

오늘날 군대는 활동 내역에 관해 이 정도는 보고해야 할 의무가 있다. 군대가 외부에 보고하는 수고를 들이기 전에, 이미 우리는 시리아의 3분의 1을 점령하고 있었다. 《워싱턴포스트》는 우리가 이 지역에 "무기한" 주둔하려 한다는 사실을 나중에야 알렸다. 의회는 이런 행동에 대해 논의도 승인도 하지 않았다.

이렇게 전쟁뿐 아니라 점령에 대한 보도조차 뉴스에서 안전하게 편집될 수 있는 세상에서, 개인적인 폭격을 어떻게 보도할지 상상해 보라.

가장 최근인 지난 봄, 정부는 기소장도, 타당한 이유도, 심지어 고지도 없이, 미국 시민에게조차 "특단의 조치"를 취하는 것을 허가할 권리가 있다고 미국 법정에서 주장했는데, 카프카도 감탄할 터무니없는 일련의 법적 허점 때문이었다.

따라서 우리의 무인기는 민주주의의 적을 찾아 끊임없이 공중을 부유한다. 누가 어떤 이유로 살인명부에 오르게 되는 걸까? 이 과정은 대개 인간의 지능과 알고리즘 분석을 결합해 이루어진다. 오바마 재임 당시엔 "테러 화요일 Terror Tuesdays"이라고 유쾌하게 불리던 회의가 열렸는데, 이 자리에서 사망 예정자들의 명단이 승인되었다.

"소규모 전쟁" 지역 중 한 곳에 거주하는 "징병 연령 남성"이라서, 무기를 휴대하고 있어서, 잘못된 휴대전화 번호로 전화를 걸어서, 그 밖의 여러 가지 이유로 당신은 이 명단에 이름을 올릴 수 있다. 그러므로 우리는 ("처분 매트릭스 Disposition Matrix"라고 알려진) 명단을 가지고, 전 세계에 비행 로봇을 날려 허가 없이 국경을 넘나들면서, 목표 대상을 발견했다 싶을 때마다 탑재한 폭발물을 떨어뜨린다.

우리는 외과수술처럼 정밀하게 명중시킨다. 실제로 실력이 얼마나 대단한지, 같은 테러리스트를 두 번이나 살해한 것만도 수십 번이다!

이것은 우리의 정보원들이 윤리의식이라고는 전혀 없으며 신문은 굉장히 게으르다는 것을 말해 준다. 심지어 무인기에 의해 살해된 같은 테러리스트에 대해 날짜와 나라를 다르게 보도해도 우리는 알아차리지 못한다!

아래의 《가디언》 기사는 2012년 5월, 미 구축함 '콜 Cole'호의 폭파범 파드 알쿠소를 예멘에서 살해했다는 내용이다.

지난 일요일 파드 알쿠소가 차량에서 내리는 순간 미사일 폭격에 의해 사망했다. 알쿠소를 살해한 무인기 공격은 미 육군과의 합동 감시 작전이 연장된 후 CIA에 의해 수행되었다고, 두 명의 미국 관계자가 밝혔다. 이들은 언론 제보를 승인받지 못했기 때문에 익명을 조건으로 전했다.

그런데 《텔레그래프》 기사를 보면 그는 2년 전 파키스탄에서 사망했다.

보도에 따르면, FBI가 긴급 수배 중인 테러리스트 한 명이 지난 달 영국인 한 명과 함께 무인기 공격에 의해 파키스탄에서 살해되었다. 무인기는 유럽에서 뭄바이식 테러 공격을 계획 중이던 알카에다 요원들을 목표 대상으로 하고 있었는데…

알쿠소가 이른바 목표 대상으로 폭격되었다는 공개 보도는 총 네 건으로 각각 내용이 달랐다. 우리는 예멘과 파키스탄에서 두 차례 그를 죽였지만, 다른 사건으로 예멘에서 최소한 한 차례는 더 그를 죽이려 했다. 《뉴욕타임스》는 비정부 기관 정보원의 제보를 인용하면서, 미국이 2011년 7월 14일에 알쿠소의 차량을 공격했다고 전했다(기사에서는 알쿠사라고 불렀다). 알쿠소를 살해하려는 과정에서 사망한 사람들 수는 총 49명으로 추정된다.

영국의 한 비영리 기관이 국가에 의해 두 번 이상 살해된 테러리스트의 수를 집계하는 데 1년이 넘는 시간이 걸렸다. 런던에 본부를 둔 인권 단체 리프리브Reprieve가 확인한 사실에 따르면, 단지 41명을 살해하려는 과정에서 무인기에 의해 살해된 사람이 1,147명에 달했다.

24명은 파키스탄에서 수차례 살해되었거나 표적이 된 것으로 보도되었다. 이런 식의 공격에 의해 142명의 아동을 포함해 874명이 사망했다. 아이만 알자와히리를 추적하기 위해 우리는 76명의 아동을 살해했다(그런데 알자와히리는 아직 살아 있다).

리프리브를 위해 이 조사를 실시한 변호사 제니퍼 깁슨은 이 모든 사실이 공개되어 있다는 것에 아연실색했다. "이런 일이 한 번은 아니었을 겁니다." 그녀는 말한다. "수없이 되풀이되었을 거예요."

여기에는 여러 가지 문제가 있다. 우리가 두 번 이상 살해된 누군가에 대해 보도하고 있다면, 실제로 각각의 경우 파드 알쿠소나 바이툴라 메수드, 카리 후사인이 아닌 누군가가 죽어가고 있을 것이다. 게다가 이런 폭격에 관한 모든 기사를 읽고 나면, 위에서 언급한 《뉴욕타임스》 보도의 경우처럼 무인기가 "알카에다에 관련된 전사들을" 살해한 방식에 어떤 패턴이 보인다는 걸 알게 될 것이다.

> 워싱턴—미국의 무인기와 예멘의 대테러 부대가 지난 주말 알카에다 예멘 지부에 관련된 30여 명의 무장세력을 살해했다고, 양국 관계자가 월요일에 발표했다. 이 공격은 지난 몇 달간 가장 대규모 공격 중 하나였다.
>
> 남부 예멘의 호송대와 원정 훈련 캠프들에서 알카에다 전사들을 상대로 최소 세 차례 공습이 행해졌다. 이들 무장세력은 민간인과 군사시설을 공격할 계획을 갖고 있었다고, 정부 관계자는 성명에서 밝혔다.

살해당한 "무장세력"은 "민간인과 군사시설을 공격"하려고 계획하고 있었다고 익명의 "관계자들"은 우리에게 전한다.

사실일까? 그럴지도. 사실 기자가 그걸 어떻게 알겠는가? 하지만 우리가 아는 것 한 가지는, 우리가 무수한 민간인과 아이들을 죽이지만, 이들은 기자들이 전하는 정보에 결코 등장하지 않는다는 것이다.

이런 기사들 중 아무거나 하나 골라보자. 용의자인 IS 대변인 아지즈

아잠은 2018년 12월 말, 아프가니스탄의 "IS 은신처"에서 살해당한 것으로 추정되었다.

그가 살해당한 유일한 사람이었을까? 사망한 다른 사람은 없었을까? 언급된 사람은 아무도 없었다.

트럼프 당선 초기에 테러 집단 ISIS가 피신해 있던 아프가니스탄의 동굴들에 우리가 모아브 폭탄〔미군이 개발한 핵무기급 소형 유도 폭탄〕을 투하했을 때, 소파에 빽빽하게 앉은 폭스의 분석가들이 한껏 흥분해서 고통스럽게 발기되어 있던 걸 기억하는가? 그들이 "자유란 이런 것"이라며 침뒤기며 지껄이던 소리를 기억하는가? 자신이 "가장 좋아하는 볼거리 중 하나가 바로 악당들에게 폭탄을 투하하는 것"이라던 폭스의 간판 앵커 제럴도 리베라의 말을 기억하는가?

이 야단법석인 사건에서 우리는 무게가 2만 1,000파운드에 달하는 폭탄을 투하했으며, 초기 보도에 따르면 이로 인해 36명의 "무장세력"이 살해되었고, "이 폭발로 피해를 입은 민간인은 없었다."

다음날인 2017년 4월 15일, 총 사망자는 "최소 90명의 무장세력"으로 밝혀졌고 이 가운데 민간인은 아무도 없었다!

이토록 정확하게 명중시키다니! **미국, 완전 쩌는데!**

내가 소련에서 공부할 때, 러시아 친구가 나에게 《프라우다》〔모스크바에서 발행되는 대표적인 일간 신문〕의 평소 헤드라인이 어떤지 우스갯소리로 말한 적이 있었다.

АВИАКАТАСТРОФА — ЖЕРТВ НЕТ!

(항공 참사 — 희생자 없음!)

대부분의 러시아 사람들은 적어도 개인적으로는 이런 내용을 믿지 않는 품위를 지녔다. 하지만 미국인들은 이런 터무니없는 말들을 곧이곧대로 받아들인다.

우리는 우리의 전면적인 폭격 작전이 무수한 아동을 살해한다는 걸 안다. 그러므로 조금이라도 생각 있는 사람이라면, 우리가 지구상에 역대급 비핵폭탄을 떨어뜨려 한 집단을 파괴할 수 있지만, 무고한 사람들은 한 명도 살해되지 않았다는 걸 어떻게 진지하게 믿을 수 있겠는가?

"네 정보원 클로버"가 등장하는 많은 기사들에서, 기자들은 적어도 직업적 원칙에 따라, 엄밀히 말해 아무런 잘못도 하지 않는다. 우리는 이렇게 배웠다. 다수의 확실한 정보원들이 동일한 내용을 말하는 한 기사로 실어도 괜찮다고.

드문 경우 한 명의 익명의 정보원이 있는 기사를 밀어붙이려는 시도가 용인되기도 한다. 역사상 가장 유명한 기사들 중 일부가 이런 식으로 발표되었다. 워터게이트 기사가 가장 유명한 예였다.

문제는 "좋은 평판"이라는 평가다. 내가 보기에, 기자들은 거의 모든 국가안보기관 소속 정부 관계자들에게 하도 시달려서, 철저히 익명인 정보원들로부터 얻은 정보로는 어떠한 기사도 쓰지 않겠다고 대대적인 거부권을 선언해야 할 정도다.

미국 전함 메인호 침몰 사건까지 거슬러 올라가, 미디어에 거짓을 전한 전적이 있는 한 국가기관의 전현직 관계자 네 명에 따르면 오늘…

이런 것에 동의하지 않는 훌륭한 저널리스트들도 많다. 이 일에는 직감이 필요하다. 내가 판단의 근거로 삼는 규칙이 하나 있는데, 익명의 정보원이 제시하는 정보가 사실상 정부에 비판적인 내용일 때, 직감에 따라 움직이는 경향이 더 강해질 수 있다는 것이다.

그러나 많은 것들을 일일이 확인하기는 역부족이며, 우리는 어쨌든 그것들을 기사로 싣는다. 그 바람에 실수가 어찌나 빠르게 쌓이는지 우리는 이 관행을 재고하고 싶어질 지경이다.

* * *

대부분의 관계자들은 뉴스 매체의 평판을 지켜줄 임무가 없다. 그들은 누군가를 실컷 들볶아 놓고는 발 뺴고 잘도 잘 것이다. 수십 년 동안 그래왔다. 그들에게 TV 채널과 신문은 정치적으로 이용하기 위해 존재한다.

경우에 따라서 관계자는 확실하지도 않은 정보에 대해 "우리를 믿으라."는 식으로 보도하는 기자와 업무상 관계를 발전시킬 것이다(이는 공매도자들이 경제부 기자들과 업무상 관계를 맺는 방식과 유사하다). 그러나 많은 경우 그렇듯이 뉴스 매체들은 아는 게 없다. 그들은 정반대의 증거들이 넘쳐나는데도, 정부 기관에서 직함을 단 사람이 뒤통수치는 일은 없을 거라고 지레짐작하고 있다. 그들은 늘 이렇게 생각한다. "이 사건은 미라이 대량 학살 사건, 미사일 격차, 펜타곤 페이퍼, '소련의 교황 암살 계획' 건, 대량살상무기, 70여 명의 미국인이 지원한 해외 쿠데타, 그 밖에 수많은 다른 사건들과는 달라. 내가 살고 있는 지금 시대에는 관계자들이 거짓말을 하지 않아."

천만에 말씀. 그들은 늘 끊임없이 거짓말을 해왔지만, 어떤 이유에서인지 우리는 그들이 계속 거짓말을 하도록 허용하고 있다.

* * *

마지막으로 한 가지 더 짚고 넘어가려 한다. 이런 추세가 악화되고 있는 이유 중 하나는 이 업계의 계층 변화와 관계가 있다. 과거라고 해서 만사가 원만히 해결된 건 결코 아니었다. 최근까지도 기자들은 거의 한결같이 백인 남성이었는데, 이것은 저널리즘에 확실히 유해한 영향을 가져왔다.

그러나 과거엔 기자들 중에 그들이 보도한 정부 관계자들과 다른 계층 출신들도 종종 있었다. 4, 50년대에 신문기자는 사회적으로 배관공과 타이핑 학원 관리자 사이의 어디쯤에 속했다. 종종 대학을 졸업하지 않은 사람도 있었다.

유명한 라디오 진행자 월터 윈첼은 경력 초기에 《그래픽 Graphic》이라는 신문사에서 일했다. 들리는 말에 따르면 당시 그는 신문사에서 일하느냐는 질문을 받았다고 한다. 그리고 들리는 말에 따르면 그는 농담으로 이렇게 답했다고 한다. "네, 하지만 우리 엄마한테는 말하지 마세요. 엄마는 아직도 내가 창녀촌에서 피아노 치는 줄 아시니까."

이 이야기는 사실이 아닐지 모른다. 사실 헛소리가 거의 확실하다. 하지만 충분히 사실처럼 여겨지며, 당시 그가 생각하는 신문기자의 계급이 어디쯤에 속하는지 단서를 제공한다.

한편 OSS〔Office of Strategic Services, 제2차 세계대전 당시 미국 정보기관으로 CIA의 전신〕와 이후 CIA를 설립한 주요 인물들은 거의 전적으로 아이비리그의 산물들이었다. 부시가 예일대 얼간이들의 비밀 결사조직인 해골단 감성을 비밀 경호국 관리 방식에 그대로 가져왔다는 진부한 생각은 사실이었다. 비밀 요원은 금수저 출신이었다.

그러므로 일부 기자들과, 비밀 요원으로 일하면서 세계의 지도를 어떤 형태로 만들어갈지 결정하며 한창 시절을 보낸 자칭 철인왕들 사이에는 당연히 반감이―적게나마―있었다. 오늘날엔 이런 반감이 없다. 기자들, 특히 전국 일간지 기자들은 주로 FBI와 정보국장들과 같은 학교 출신이며, 이들은 랭글리〔CIA 본부 소재지〕의 빅 브레인들을 흠모한다. 이들은 시모어 허시〔미국의 탐사보도 전문 기자로 시카고대학교 출신이다〕 사단의 기자들을 구역질나게 만들 정도로 자격증과 이력에 대한 강박관념을 가지고 있다.

오늘날 기자들은 기밀문서를 취급하는 익명의 "관계자들"의 호출을 받으면 오줌을 지린다. 그들은 위에서 부르는 대로 받아 적으며, 그렇게 하라고 뇌물을 받거나 위협을 당할 필요도 없다. 최근 확인되지 않은 기사들이 그토록 쉽게 미디어에 오르는 주된 이유다.

과거 언론은 그나마 제법 독종들로 구성되었다. 요즘 언론은 웃음 트랙laugh track이며, 농담은 우리 몫이다.

11. 금지된 계층

"저널리즘은 진입장벽이 상당히 높은 직업으로 진화되어 왔는데, 그 진입장벽 중 하나가 무급 인턴제다. 그로 인해 이 직종에 백인, 부유한 계층이 더욱 늘어나…빈곤층과 중산층에게까지 영향을 미치는 공공 정책 문제에 관심을 덜 갖게 된다."

— 데이나 골드스타인, 《미국의 전망 The American Prospect》

2000년대 후반, 영국 국무조정실은 〈포부 육성 정책 Unleashing Aspira­tions〉이라는 보고서〔보고서의 부제는 '공정한 직업 접근에 관한 위원회의 최종 보고서에 대한 정부 회신'이다〕를 발표했다. 이 보고서는 영국에서 저널리즘은 다음과 같이 사회적으로 가장 특권적인 직종 중 하나라고 평했다.

- 1970년 이후에 출생한 저널리스트의 98퍼센트는 대학 졸업자였다.
- 노동자 계급 출신은 10퍼센트 미만이었다.
- 평균적인 저널리스트는 상위 25번째 백분위수에 속하는 가정에서 성장했다.

미국에서는 이 변화가 단계적으로 나타났다. 〈모두가 대통령의 사람들 All The President's Men〉〔《워싱턴포스트》 기자들이 워터게이트 사건을 폭로하는 과정을 그린 1976년 영화〕이 상영된 후 저널리즘이 근사한 직업으로 비치자, 상류층 어린이들이 갑자기 이 업계를 선망하기 시작했다. 그 전까지만 해도 미국의 부유층 아이들은 기자라면 똥 닦는 휴지만큼도 취급하지 않았다.

역설적이게도 〈모두가 대통령의 사람들〉은 보도 과정이 매력적으로 그려지긴 했지만 사실 내용은 저널리즘에 적대적이었다. 그러나 전국의 차세대 정치 기자들은 권력을 쥔 사람들을 문화적 소울 메이트로 보았는데, 그도 그럴 것이 적어도 사회적으로는 그랬기 때문이다.

스포츠 기자들이 작은 실수 하나만 가지고도 시가를 씹으며 구단주며 매니저를 죽일 듯이 헐뜯는 바람에 한동안 먹고 살기도 팍팍한 신세가 되었다면, 정치 기자들은 전문적인 옹호자가 되어 정치인이 당선되어 국정을 운영하는 것이 얼마나 힘든 일인지 사람들에게 끊임없이 설명했다.

1990년대와 2000년대 정치 보도의 새 모델은 《프라이머리 컬러스 Primary Colors》나 《게임 체인지》처럼 정치인과 그 측근들을 찬양하고 그들의 관점에서 상황을 설명하는 책들에서 발견되었다. 한마디로 리더

십은 힘들다는 말씀!

어떤 후보가 거짓말을 하거나 선거 공약을 지키지 못하면, 이 새로운 세대의 기자들은 정치인의 직무란 "도덕적으로 모호한 타협이라는 부담"을 받아들여야 하는 일이라고 변명해 주었다.

기자들은 미국의 카멜롯〔아서 왕의 궁이 있었다는 전설의 지역. 케네디 대통령 당시 미국인들은 케네디를 아서 왕에, 워싱턴 D.C.를 카멜롯에 비유했다〕을 영원히 재창조하려 애쓰고 있었다. 대통령 선거 때마다 대충 수려한 외모의 젊은 민주당 후보들은 죄다 "케네디스럽다."라고 묘사되었다. 2004년에 존 케리와 부통령 후보 존 에드워즈 민주당 후보 **둘 다** 이 별명을 얻었다(현재 신문에서 밀고 있는 미래의 케네디는 베토 오로크다). 기자들은 다음 카멜롯 시대엔 자신들이 최정예 엘리트 계급에 포함되길 바랐다. 그들은 말 그대로 왕의 신하가 되고 싶어 했다.

이 변화가 완료된 시점은 버락 오바마가 대통령에 출마했을 무렵이었다. 전국 기자단의 거의 모두가 오바마는 우리 세대가 오랫동안 기다려온 케네디라는 점에 동의했다(독일 기자 크리스토프 폰 마르샬은 오바마에 대해 《검은 케네디 Der schwarze Kennedy》라는 책을 쓰기도 했다). 그의 선거운동을 따라다닌 사람들은 그가 탄 "역사의 한 부분"의 승객이 되고 싶어 했다.

오바마의 선거운동 전용기에 처음 올랐을 때 기자석이 사진으로 도배된 걸 본 기억이 난다. 학년 말에 연감을 만들고 있는 고등학교 동아리실 같았다. 기자들은 오바마를 취재하는 자기 모습을 사진으로 남기는 전통이 있었다고 한다. 그들은 툭하면 후보와 포즈를 취했고 비행기 벽에 사진을 붙였다.

당시 나는 오바마를 무척 좋아했지만, '야, 이건 아니지.'라고 생각했다. 자진해서 정치인과 팔짱을 끼고 사진을 찍는 기자는 화를 자초하고 있는 것이다. 만일 내가 그랬다간, 모르긴 해도 다음 날 경찰은 후보의

자택 잔디밭 밑에서 시체 100구가 묻혀 있는 걸 발견할 것이다.

그런데 제대로 된 신하 짓도 아무나 하는 게 아니었다. 역사적으로 당시엔 기자 신분으로 비행기에 오르는데도 수많은 문화적·경제적 장애물을 넘어야 했다.

앞에서 인용된 무급 인턴제는 한 가지 장애물에 불과했다. 또 다른 장애물은 여행 경비였다. 뉴스 보도 기관이 기자 한 명을 선거 유세장에 보내기 위해 소요되는 경비는 하루에 수천 달러였기 때문에 출장이 가능한 언론사는 아주 부유한 방송 기업으로 제한되었다. 이류 주간지 중 선거운동 유세장을 따라다닐 수 있는 곳은 한 곳도 없다.

인터넷은 계층 분열을 가속화했다. 큰 지역 신문들은 성격이 점차 전국적이거나 심지어 세계적이 되었다. 디지털 시대에 보스턴이나 뉴욕, 워싱턴, L.A. 주변 지역에 거주하는 전체 독자보다는 전국에 분포한 일부 상류층 독자(구독할 여력이 있고 광고에 반응할 수 있는)를 대상으로 보도를 계획하는 것이 더 합리적이었다.

뉴스 기관들은 이런 독자를 목표 대상으로 정했기 때문에, 마찬가지로 이 계층 출신의 기자를 뽑는 것이 타당했다. 2000년대 중반에 최고의 전국 일간지에서 일하는 저널리스트들은 거의 모두가 동일한 일반적인 문화 수준—동부와 서부 해안의 일부 대도시에 거주하는 일류대학 문과대학 졸업생이라는—에 속했다. 이것은 종종 전국 일간지 기자들보다 더 적대적이고, 그들보다 더 열정적으로 지역 산업과 정치인들을 대하는 지역 일간지 기자들에게는 그다지 해당되지 않는 요소였다.

유일한 변수는 직업에 접근하는 방식이었다. 그러나 이것 역시 곧 일률적이 될 터였다.

* * *

나는 2008년 8월 셋째 주, 콜로라도주 덴버에서 열린 민주당 전당대회에서 토머스 프랭크를 처음 만났다. 나는 《롤링스톤》 소속으로 선거 운동을 취재하고 있었는데, 그곳에서 독창성과 재치 넘치는 글에 감탄하며 읽었던 베스트셀러 《캔자스에 도대체 무슨 일이 있었나 What's the Matter With Kansas?》〔국내에는 '왜 가난한 사람들은 부자를 위해 투표하는가'라는 제목으로 출간되었다〕의 저자를 만나 잔뜩 신이 났다. 당시 나는 30대 중반이었고, 나보다 좀 더 나이가 많은 프랭크는 작가들과 민주당 측근들이 빽빽이 둘러앉은 점심 식탁에서 의견을 나누고 있었다.

이야기의 배경은 식탁에 앉은 많은 사람들에게 (어쨌든 당시에는) 낙관적이고 참신한 무언가를 대표하는 정치인, 오바마의 다가올 대관식이었다. 베스트셀러 작가 프랭크는 모두의 시선을 사로잡으며 짤막한 농담을 한마디씩 던지고 있었다.

대화 내용은 기억나지 않지만, 프랭크가 나에게 명함을 준 건 똑똑히 기억한다. 그는 입이 귀까지 걸리도록 환하게 미소를 지으며 내 손바닥에 명함을 올리고 손으로 가리키면서 말했다. "캔자스 모양입니다!"

나는 손바닥을 내려다보고 명함의 울퉁불퉁한 가장자리를 만지며 웃음을 터뜨렸다. 프랭크에게는 전국의 정치 기자들에게서 점점 사라져가는 또 하나의 특징이 있었다. 그는 재미있었다.

《캔자스에 도대체 무슨 일이 있었나?》는 진지한 전제에서 시작하는 흥미로운 책이었다. 이 책은 당시 다수의 자칭 진보주의자들이 묻는 질문에 답을 하는 방식으로 구성되었다. 왜 미국의 노동자 계급은 루스벨트의 당을 포기하고 공화당 의원들에게 그토록 많은 표를 던졌는가?

프랭크는 자신의 고향 캔자스의 관점에서 질문에 답하면서, 캔자스 노동자 계급의 복잡하고 종종 고뇌에 찬 생각들을 설명하려 시도했다. 그가 보기에 레이건의 공화당이 캔자스의 유권자들을 정복한 것은 예상치 못한 역사적 전환이었다.

30년대 이후로 보수주의자들의 원대한 꿈은 노동자 계급 운동이 쟁 짐들에 대해 한번이라도 자기들 편이 되는 것이었다…붉은색과 푸른 색이 확연하게 나뉜 2000년 선거 지형에서 그들은 이 꿈이 실현되는 걸 보고 있다고 생각했다. 옛 민주당 지지 지역이었던 남부와 그레이 트플레인스 지역은 이제 그들과 한편이 되어 붉은색으로 빼곡하게 칠 해진 반면, 민주당 지역은 향락적인 서해안 지역과 역사가 오랜 명문 가 혈통들의 북동부 주들로 제한되었다.

《캔자스에 도대체 무슨 일이 있었나?》는 종교, 교육, 경제적 불평등, 기타 여러 가지 문제들에 대해 노동자 계급 유권자들에게 쌓인 무수한 분노를 희화화하거나 설교하지 않고, 진지하게 설명하며 접근했다. 비록 공화당이 전략적으로 신중하게 쌓아놓은 분노이기도 하지만, 대부분의 분노는 납득할 수 있는 것들이었다.

수십 년간 정신 나간 상태를 지속해 온 민주당이 80년대에 한순간에 자기들의 노동자 계급 기반을 없애기로 결정했을 때, 공화당 단체들은 지체없이 여기에 개입했다.

공화당 의원들은…우파인 자신들의 계급을 기반으로 한 표현을 부 지런히 바꾸고 블루칼라 유권자들을 향해 포퓰리즘적인 호소를 했던 반면, 민주당 의원들은 같은 유권자들을…매몰차게 무시하며 그들의 대표들을 당 내부 직책에서 내쫓고 비웃음과 냉소로 그들의 문제를 역사의 쓰레기통 속으로 던져버렸다.

이 책은 민주당에 대한 프랭크의 선견지명이 돋보였는데, 민주당은 프랭크가 나중에 "전문가 계급의 당"—자신의 영리함에 집착하고, 실력 주의와 자격증을 숭배하며, 엘리트주의라는 비난에 상당히 취약한 도시

기반의 당—이라고 칭하게 될 모습으로 탈바꿈하고 있었다.

이 책은 판에 박힌 분석서가 아니었다. 공화당에 아첨하거나 민주당에 아첨하는 전형적인 마케팅 수단도 아니었다(진부하게도 당시 대부분의 서점에는 각 당을 위한 매대가 하나씩 있었다). 프랭크는 자신이 속한 당에 관한 많은 부분을 포함해 가슴 아픈 결론을 내렸고, 그것을 독자들에게 전하는 것을 두려워하지 않았다.

나에게 이 책은 지금과 같은 상황이 일어나는 이유를 묻고, 그 대답에 기꺼이 놀라거나 심지어 분노하게 만들면서 저널리즘이 가야 할 길을 알려주었다. 민주당원들이 《캔자스에 도대체 무슨 일이 있었나?》의 냉엄한 진실에 귀 기울일 줄 알았다면, 그들은 지적으로 건강한 상태였을 것이다.

몇 년이 지나 되돌아보니 이 가운데 일부는 헛된 꿈이었던 것 같다. 오늘날 프랭크는 책에서 좀 더 어려운 내용들은 사람들이 그냥 넘겨버리지 않았나 하고 생각한다.

"모두들 처음 몇 쪽의 내용만 기억합니다." 그는 말한다. 레이건 혁명의 실패를 다룬 내용이었다. 민주당의 전략적·도덕적 실수들에 관한 더 골치 아픈 부분들은 책의 마지막 부분에 다루었다.

"책을 끝까지 읽은 사람은 아무도 없는 거지요." 지금 그는 웃으면서 말한다.

* * *

2016년 8월 셋째 주는 2008년 민주당 전당대회가 열린 날로부터 거의 8년이 지난 때였다. 나는 박람회장 흙바닥에서 열린 트럼프의 연설을 들으러 아이오와주 디모인에 와있다. 건물 안에는 돼지 냄새와 말똥 냄새가 난다. 트럼프는 절반은 폭주족, 절반은 농부들로 보이는 군중에게 연설을 하고 있다.

이곳은 캔자스가 아니지만, 나는 토머스 프랭크가 떠오른다. 트럼프의 연설은 《캔자스에 도대체 무슨 일이 있었나?》에서 프랭크가 경고했던, 민주당에서 영원히 사라질 위기에 처한 중점 내용들을 거의 정확하게 암송하다시피 한다. 뉴욕의 억만장자는 무엇보다 초기 포퓰리즘 운동의 언어를 도용하고 있다.

"백악관은 곧 국민의 집이 될 것입니다." 그는 말했다. "이 선거운동은 …모두에게 도움이 될 것입니다. 이 사람들은 열심히 일하지만 목소리가 없는 사람들입니다. 이들은 목소리를 빼앗겼습니다."

포퓰리즘은 최근 몇 년간 최대 관심사가 되어, 수많은 기사들이 격분하며 이 주제를 다루어왔다. 《뉴욕타임스》와 《워싱턴포스트》 같은 북동부 지역의 대형 일간지들은 최근에 만들어진 두 상품, 즉 트럼프가 화려하게 개조한 우익 버전과 버니 샌더스 부류의 사람들이 최근 활기를 불어넣은 보다 전통적인 버전에 무수한 비판을 쏟아냈다.

1890년대에 처음 등장한 초기의 포퓰리즘은 농부와 근로 빈곤층으로 이루어진 좌익 기반 운동이었다. 이들은 과격한 수사법을 사용했지만 목표는 상당히 겸손했다. 이들은 소득 누진세와 공공 철도를 요구했고, 북동부 지역이 휘두르는 "돈의 힘"에 분노했다.

지금처럼 당시에도 《뉴욕타임스》처럼 상류층 목소리를 대변하는 신문들은 그들의 포퓰리즘을 천박하고 무식하다고 매도했다. 유명 작가인 윌리엄 앨런 화이트는 아주 통렬한 비난을 가했다. 그는 포퓰리즘과 가장 관련이 많은 주에 대해 에세이 한 편을 썼는데, 제목이…"캔자스는 도대체 무엇이 문제인가?"였다.

아이러니하게도 프랭크가 자신의 책에 참고문헌으로 달아놓은 이 에세이는 미국 헛간에 살고 있는 열등한 동물들이 스스로 통치하고자 시도하는 노력들을 상당히 비꼬는 투로 비난했다. 화이트의 입장은 주먹이나 휘두를 줄 아는 중서부 무식쟁이들에게는 그들을 대신해 다스려줄

학벌 높은 성인이 있어야 한다는 것이었다. 화이트는 특히 굳은살 박인 포퓰리스트들의 손으로 경제를 건드려서는 안 된다고 생각하면서 다음과 같이 썼다.

> 우리에게 필요한 것은 더 많은 돈이 아니라, 더 적은 수의 자본가, 더 적은 수의 흰색 셔츠와 두뇌, 더 적은 수의 사업적 판단력이 있는 사람, 그리고 자신은 '그저 평범한 촌사람일 뿐…'이라고 허풍떠는 더 많은 사내들이다.

화이트의 에세이는 아마도 오늘날 《워싱턴포스트》의 맥스 부트 같은 칼럼니스트가 작성했을 법하다. 그는 2018-2019년 겨울에 트위터에 이런 글을 남겼다.

> 엘리트주의가 뭐가 문제지? 비행기를 띄우고, 수술을 집도하고, 건물을 디자인하기 위해 최고의 실력자를 원하는 것처럼 정부를 운영하기 위해 최고의 실력을 갖춘 사람을 원하는 게 당연하지 않나?

트럼프는 정치적으로 예나 지금이나 초기 포퓰리즘의 이상에서 100만 마일은 떨어져 있다. 그러나 2016년에 그는 부트 같은 유형의 똑똑한 체하는 전국 언론계 인사들의 비웃음을 끊임없이 자초했고, 그것이 자신의 "포퓰리스트" 자격을 빛나게 하리라는 걸 알고 있었다.

그해 8월, 스티브 배넌을 선거운동 참모로 내세운 트럼프는 자신을 아프리카계 미국인의 구세주로 내세우면서 전환을 더했다.

"에이브러햄 링컨을 생각해 봤는데, 에이브러햄 링컨은 아주 훌륭한 공화당원이다." 트럼프는 그날 아이오와주에서 이렇게 트윗을 날렸다. "이 사실은 중요하고도 개인적인 문제로 나를 이끈다. 우리 당을 아프리카계 미국인 표의 본거지로 만드는 것보다 나에게 더 중요한 의미는 없다는…."

숨죽여 웃는 소리가 기자실을 가득 메웠다. 그해 여름이 지날수록 나는 선거 유세를 취재하는 언론들이 혐오와 조롱이라는 두 가지 방식으로만 트럼프를 대할 줄 아는 것 같다는 생각이 들었다. 트럼프를 TV 출연자로만 주목했다면 그럴 만도 했다.

그러나 대통령 선거운동은 후보들만으로 이루어지는 것이 아니다. 그보다는 후보들을 지지하는 유권자들로 이루어진다. 그러므로 종종 지도자보다 운동 조직이 더 중요하다.

트럼프 취재에 도전하면서 이런 의문이 들지 않을 수 없었다. 무엇이 사람들을 이 사람의 호소에 끌리게 만들었나? 무엇이 트럼프에게 기회를 제공했나?

나는 1년 가까이 선거 유세를 따라다니면서, 이 질문에 답하기를 상당히 힘들어하는 것 같은 동료들의 모습에 당황했다. 선거운동 첫날 "그들이 강간범을 데리고 온다."는 발언에서부터 유니비전[Univision, 미국의 스페인어 TV, 라디오 방송] 앵커 호르헤 라모스와의 대립에 이르기까지, 트럼프의 인종주의와 이민 배척주의 원칙들이 가혹하게 보도되었다.

그러나 이 외에도 많은 주장들이 계속해서 드러났고, 굳이 숨기려 하지도 않았다. 트럼프 지지자들을 상대로 약 2분에 걸쳐 조사를 실시한 결과 이런 견해를 들었다. "젠장, 안 될 게 뭐요?", "정치인 아닌 사람을 뽑으려고요.", "이번엔 좀 바꿔봅시다."

이런 분위기는 트럼프 이전에 있었던 깊은 비관주의와 환멸을 말해주었으며, 트럼프의 호소는 오랫동안 조용히 끓고 있던 좌절감을 빨아들이기 위해 계획된 것이 분명했다.

보도된 바와 달리, 트럼프의 연설은 정책에 기반을 두는 경향이 있었고, 인종이나 국적만큼이나 계급에 대해서도 자주 언급했다. 그는 수출업, 치솟는 약값, 이런 문제들을 가능하게 만든 매수된 양당 정치인들의 음모에 대해서도 이야기했다.

그가 이런 문제들이나 그 밖의 다른 문제들에 현실적인 해결책을 제시했느냐는 전혀 다른 맥락의 질문이었다. 하지만 그의 설득은 효과가 있었다. 이유가 뭘까?

2016년 여름, 수백 명의 기자들이 침체된 옛 산업도시들을 향해 내려갔다. 이곳에서 트럼프는 이 질문에 표면적으로는 성공적으로 답을 제시하고 있었다. 이 지역들은 실업, 빚, 마약에 의한 위기, 그리고 산업화된 지역 특유의 기대 수명 감소와 같은 문제들이 차고 넘쳐서 거의 황폐해진 상태였다. 이 지역 사람들은 술에 절어 살았고, 꽤 오래 그런 생활을 해왔다.

그러나 신문은 이런 내용은 거의 언급하지 않았다. 2016년 여름, 트럼피즘〔Trumpism, 백인 보수층의 권익을 옹호하는 트럼프의 주장에 열광하는 현상〕은 테러리즘과 거의 동의어, 다시 말해 당신이 좋은 시민이라면 그 기원에 대해 물어볼 필요가 없는 어떤 것이 되었다. 테러리스트들이 우리의 자유 때문에 우리를 증오했다면, 도널드 트럼프는 인종주의자였기 때문에 선거에 당선되었으며, 이것이 우리가 알아야 할 전부였다.

기사들마다 트럼프 현상을 달리 합리적으로 설명할 수 없음을 증명하려는 시도가 보이기 시작했다. 우리는 정말로 경제적인 문제가 있는 사람들—혹은 중동에서 돌아온 참전 용사들처럼 다른 타당한 불만이 있는 사람들—은 민주당을 선호한다고 들었다.

그해 여름, "경제적 불안정"이라는 용어는 또다시 웃음거리가 되기 시작했고, 머지않아 그 용어 사용 자체가 암호화된 형태의 인종주의로 비난받았다. "백인 노동자 계층"은 나중에 이 대열에 합류할 터였다.

한편 힐러리 클린턴은 고전 중이었다. 본선거 기간 동안 군중을 1만 명 이상 끌어들인 경우는 단 한 번뿐이었다(그녀의 선거운동은 펜실베이니아와 위스콘신 같은 지역에 집중하는 대신, 어떤 망상에 사로잡힌 듯 애리조나에 자원을 쏟아붓고 있었다).

어이없게도 기자들은 트럼프를 지지하는 군중들에게 왜 거기에 와있느냐고 묻는 대신, 다른 대도시의 전문가와 학자들에게 툭하면 장거리 전화를 걸어 지금 일어나고 있는 현상을 설명해 달라고 요구했다. 답으로 돌아오는 설명은 기이했다. "트럼프는 경쟁이 가장 치열한 경기장이 아닌, 자신이 가장 사랑받는 지역으로…정기적으로 향할 것이다."라고 조지워싱턴대학교 교수 라라 브라운은 말했다.

클린턴 선거 캠프는 소규모의 군중을 모은 건 의도적이었다고 주장했다. 기자들은 실제로 이 말을 믿었다. "우리는 나름의 이유로 인구가 적은 지역에 간 겁니다." 클린턴의 홍보 담당 제니퍼 팔미에리는 이렇게 말하면서, 그들은 인구가 희박한 지역에 거주하는 핵심 유권자들을 겨냥하고 있다고 주장했다. 아주 드문 경우 미국의 주류 뉴스 매체들조차 민주당 선거운동이 열기가 부족해 보인다고 언급하면, 그들은 기이한 동어반복으로 이를 일축했다.

《워싱턴포스트》의 크리스 실리자는 이렇게 설명했다. "트럼프는 대규모 군중을 끌어들이기 위해 노력하고 있다. 그러므로 그가 그 정도 군중을 끌어들인다 해도 아무도 놀라서는 안 된다." 반면 언뜻 보기에 힐러리 클린턴은 아무런 노력을 하지 않는 것 같았다. 그러니 군중이 많이 모이지 않는 건 대수로운 일이 아니었다. 나중에 트럼프가 군중의 규모에 대한 망상으로 조롱당하는 상황은 아이러니 이상의 일이다. 2015-2016년에 바로 그 언론 비평가들이 이 열기의 차이를 애써 설명하느라 얼마나 많은 시간을 할애했는지를 감안한다면 말이다.

열기 문제에 대해 다른 설명도 있었지만, 아무도 들으려 하지 않았다.

* * *

토머스 프랭크는 트럼프가 공화당 대통령 후보로 막 지명되던 2016년 3월에 《들어라, 진보여 Listen, Liberal》〔국내에는 '민주당의 착각과 오만'이라는 제목으로 번역되었다〕를 출간했다. 그는 이 책을 클린턴이 차기 대통령으로 기대를 모으던 시기에 썼다.

그러나 이 책은 민주당이 승리를 목전에 두고도 여전히 해결되지 않은 심각한 문제들을 갖고 있다고 경고했다. 이 문제들은 "저 바깥쪽" 사람들의 재정 상황에 대해 국내 언론들의 인식과 현실에 중대한 괴리가 있었다는 사실에서 출발했다.

> 공식적인 평가에 따르면, 지난 몇 년간은 실업률 감소와 주식시장 상승으로 활발한 호황기였다. 생산성은 계속해서 진전을 보인다. 그러나 생계를 위해 일하는 사람들에게는 아무것도 나아지는 게 없는 것 같다. 임금은 오르지 않는다. 중위 소득은 여전히 2007년 수준보다 훨씬 아래에 있다….

《들어라, 진보여》의 페이지마다 유권자들은 신문들이 주장하는 것만큼 잘살지 못하고 있으며, 이런 불만은 결국 표출되고 말 거라는 유사한 경고들이 담겨 있었다.

예상을 깨고 트럼프가 승리하자, 프랭크는 《들어라, 진보여》에 후기를 썼다. 여기에서 그는 선거에 대한 언론의 시각이 신기할 정도로 근시안적이라고 지적했다.

> 그를 부상시킨 요인을 [기자들은] 끝까지 간과했다. 트럼프 지지자들의 어리석음에 혀를 내두르는 기사들이 선거 기간 동안 거의 매일 실렸다. 트럼프 지지자들을 편협한 광신자들이라고 비난하는 기사들이 수천 건은 아니더라도 수백 건씩 나왔다….

프랭크가 하려는 말은 그런 편협함이 존재하지 않는다는 게 아니라, 편협함이 기사의 유일한 내용이라는 것이었다. 그는 이렇게 썼다. "그렇다. 트럼프는 대단히 편협하며 이것은 용서할 수 없는 사실이지만, 그는 무역에 대해서도 이야기했다."

프랭크는 트럼프의 위선에 주목했다. 그는 자기는 외국에서 제작된 셔츠와 넥타이를 착용하면서도 "사람들의 경제적 좌절에 대해 목소리를 내고" 있었다.

《들어라, 진보여》에 대한 반응은 《캔자스에서 도대체 무슨 일이 있었나?》와 달랐다. 새 책은 잘 팔렸고 해외 뉴스 매체는 어느 때보다 그의 책에 관심을 보였지만, 미국의 미디어 동료들은 이상하게도 소극적인 반응을 보였다.

책에 대한 서평 기사가 줄었고, 공영 라디오에서 논의되는 횟수도 감소했다. 케이블 뉴스는 더 이상 프랭크를 게스트로 부르지 않았다. 프랭크는 이 상황이 씁쓸하기보다 그저 당황스러웠다.

"불만은 없습니다. 책이 인정받은 것으로 만족해요." 그는 말한다. "하지만 그들이 지금까지 내 글에 보인 관심에 비해, 그리고 해외 미디어가 보이는 관심에 비해, 노출 횟수가 눈에 띄게 감소했습니다. 이건 사실이에요. 내가 그들이 듣고 싶지 않아 하는 걸 말하고 있다는 생각이 들었습니다."

2016년 프랭크의 경험은 이 업계에서 상당히 큰 문화적 변화의 일부였다. 그러나 이것은 이야기의 첫 장이라기보다 마지막 장에 가까웠다.

"특정 유형 저널리스트들의 급격한 멸종이 일어났습니다." 프랭크는 설명한다. "《시카고트리뷴》의 칼럼니스트 마이크 로이코를 기억하십니까? 그는 블루칼라의 관점에서, 블루칼라의 목소리로 글을 썼습니다." 그는 잠시 말을 멈추었다. "이제 로이코 같은 칼럼니스트는 더 이상 없어요. 그런 장르는 사라졌습니다. 죽은 장르가 된 겁니다."

한때는 로이코나 지미 브레슬린과 같은 독설가, 거리의 시인, 국민 칼럼니스트가 대부분의 대도시들에서 높은 위상을 차지했다. 이들처럼 이목을 끄는 인물들이 80년대와 90년대에 미국 신문에서 사라지기 시작했다.

이들은 이제 부트와 데이비드 브룩스, E. J. 디온, 로스 다우섯 같은 전문가들, 프랭크가 말하는 "아이비리그에서 단일 재배한" 대표자들로 일제히 대체되었다. 정치에 관한 이들의 생각은 계급보다는 현대성과 더 관련이 있었다. 이들은 생산성과 기업 혁신에 끊임없이 경외감을 갖는, 도시에 거주하는 고학력 화이트칼라 여피족을 위해 목소리를 냈다.

프랭크는 사실상 로이코의 전통에 속하지 않았다. 그는 《캔자스에서 도대체 무슨 일이 있었나?》에서 "캔자스주에서 가장 부유한 도시"로 묘사된 미션힐스에서 성장했고, 시카고대학교에서 역사학 박사학위를 받았다.

다시 말해 그는 1990년대와 2000년대 초, 논설위원이라는 새로운 경향이 등장하기 시작할 무렵 로이코, 브레슬린, 터켈, 허브 케인 같은 지방 칼럼니스트들을 대체하기 위해 선택된 바로 그 똑똑한 부류의 사람이었다(매사추세츠주의 사립학교를 다닌 나 역시 같은 현상에 한몫했다).

로이코 시대에도 나름의 문제들이 있었다. 수년 동안 저널리즘은 넬리 블라이 같은 여성들이나 레스 페인 Les Payne 같은 아프리카계 미국인들이 일할 곳을 찾아주긴 했지만, 신문의 주요 칼럼니스트 업무는 거의 언제나 백인 남성의 몫이었다. 적어도 업계가 다양해지기 시작했다는 것만도 대단한 일이었다.

그러나 한 가지 문제를 해결하면서 다른 문제가 발생했다. 잃어버린 블루칼라의 목소리를 대체할 방법이 없었다. 프랭크는 적어도 노동자 계급 유권자들의 시각을 찾아내기 위해 노력했기에, 사라져가는 전통과의 연결을 대표했다. 부시 시대에 그는 이런 노력으로 유명했다. 당시 그의 책은 평범한 국민들이 레이건주의자들에게 속아 "자신의 이익에 반하는 후보에게 투표"했다는 증거로서 상류층 민주당 지지자들에게 제시될 수 있었다.

그러나 그의 글이 직업적인 정치 계급 전반(즉, 공화당 의원뿐 아니라 민주당 의원까지)의 실패에 대한 지나친 비난이 되는 순간, 그는 TV나 여타 어떤 매체에도 더 이상 팔리지 않는 관점을 지닌 사람들로 이루어진 점점 길어지는 대열에 합류했다.

캘리포니아대학교 교수인 조앤 윌리엄스도 비슷한 일을 경험했다. 그녀는 노동자 계급 출신 가정에서 자랐고, 특히, 전문직은 싫어하지만 기업가들은 존경했던 시아버지에 대한 기억을 통해 트럼프의 기반에 대해 어느 정도 통찰이 있었다.

트럼프 당선 후 윌리엄스는 "많은 사람들이 미국 노동자 계급에 대해 알지 못하는 것"이라는 제목의 글을 《하버드비즈니스리뷰 Harvard Business Review》에 게재했다. 무엇보다 이 글은 사회의 일부 계층이 고용 보장과 고용 보장에 딸려 있는 존엄성을 상실해 가고 있는 상황에서, 민주당 의원들과 그들의 대리인인 미디어 종사자들은 이 계층에 대한 정당한 우려를 해결하는 데에 완전히 무지하다고 비난했다. 그녀는 다음과 같이 썼다.

> 많은 블루칼라 남성들의 경우, 그들이 요구하는 것은 오직 기본적인 인간 존엄성(남성이라는 품종의)이다. 트럼프는 이것을 지키겠다고 약속한다.
>
> 민주당은 어떤 해결책을 내놓았나? 지난주 《뉴욕타임스》는 고졸 남성들에게 핑크 칼라〔주로 여성들을 대상으로 하는 저임금 일자리〕 직종에서 일하라고 조언하는 기사를 실었다. 이렇게 둔할 수가.

그녀의 글은 노동 계급 유권자들은 왜 트럼프에게 표를 주는가에 대한 미묘하고 불편한 관찰들로 가득했다. 그녀의 글은 370만 명이 넘는 독자들의 심금을 울려 《하버드비즈니스리뷰》 역사상 가장 많이 읽힌 온라인 기사가 되었다. 그녀는 즉시 관련 내용을 책으로 썼다. 그러나 책은 결코 많은 아군을 얻지 못했다. "힘들더군요. 많은 글을 썼지만 발표되지 않았습니다." 그녀는 말한다.

"전문 경영인 지위에 있는 엘리트 계층 지식인들"은 미국의 노동자 계층이 우리의 정치적·경제적 파이의 분배 방식에 관심을 기울이고 있다는 사실을 전혀 알지 못하는 것 같다고 그녀는 말한다. 노동자 계층은 "기회가 인구가 밀집된 좁은 대도시 지역에 놀라울 만큼 굉장히 집중되어 있다"는 걸 알고 있으며, 그 사실에 화가 나 있다고 그녀는 말한다.

윌리엄스는 평생 동안 인종차별과 성차별 같은 까다로운 주제에 대해 글을 써왔지만, 이토록 불편하게 문제에 접근한 적은 없었다. "이것은 지금까지 내가 다루어야 했던 가장 힘든 주제였어요." 그녀는 말한다.

윌리엄스 같은 학자들은 글을 발표할 곳이 거의 없는데, 무엇보다 어떤 종류든 대안적인 관점을 받아들일 지면이 이제 많지 않기 때문이다. 공교롭게도 2016년 대선 시기는 신문 전체의 빙하기, 또 한 차례의 대량 멸종 시기와 일치했다.

"요즘은 《뉴욕타임스》와 《워싱턴포스트》 단 두 개의 신문만 남아 있습니다." 프랭크가 말한다. "그리고 이 두 신문은 똑같아요. 이 신문들은 같은 내용을 말합니다. 믿을 수 없을 만큼 제한된 생태계예요."

공감에 의한 분석이라고 부를 수 있는 모든 장르의 저널리즘이 사라지고 있었다. 이런 접근은 보수적인 미디어에서는 이미 2000년대 초반에 거의 사라지고 없었지만(반역에 대해 다룬 앤 콜터 부류 책들 중 "진보주의자"에게 깊은 공감을 보이는 책은 한 권도 없었다), 트럼프의 대통령 당선 이후로 민주당을 지지하는 미디어에서도 공감 분석이 사라지기 시작했다.

이 모든 요인들의 결과, 현대 언론은 중부 지역 "촌놈들"에게 못마땅하다는 듯 눈을 치켜뜨는 등, 신문이 초기 포퓰리스트들의 시대에 하던 행태를 반복하면서 많은 시간을 보낸다. 부유한 도시인들에게 부유하지 않은 사람들에게 무엇이 도움이 될지 묻는 것이 정상적인 관행이 될 만큼 도시의 전문가들을 향한 숭배는 통제 불가능하다. 예를 들어, 《디 어니언 The Onion》〔가짜뉴스를 대표하는 미국의 풍자 언론지〕은 다음과 같은 헤드라인을 작성하지 않는다.

오카시오코르테스와 워런의 세금 계획이 중산층을 전멸시킨다 :

전前 베인 캐피탈 상무이사

트럼프의 당선이 오늘날 "민주주의 과잉"을 시사하는 건 아닌지 의아해하는 수많은 기사들만 보더라도, 최근 기사들은 정치 상황보다 분석하는 사람이 누구인지에 관해 더 많은 것을 전달한다.

잘못에 대한 책임은 회피한 채, 대신 구제불능일 정도로 어리석은 인종차별주의자들―프랭크의 말대로 단지 "나쁜 영혼을 지닌" 사람들―을 향해 계속 손가락질하는 것으로 만족하기는 정치인이나 저널리스트나 마찬가지다. 이런 편리하고 두루뭉술한 해명은 선거 패배로 이어지지만, 그럼에도 논평란을 지도층 독자들이 과거의 정책적 실수를 개선하거나 검토할 필요가 없다는 걸 재확인하는 장소로 만든다.

프랭크는 최근에 발표한 책 《망각과의 랑데부 Rendezvous With Oblivion》에서 이것을 "질책의 유토피아"라고 부른다.

트위터나 페이스북에서 개인적으로 매일 올바른 사회질서를 재정립할 수 있는데 누가 선거에서 이기려 하겠는가? 누구나 질책하고, 질책하고, 또 질책할 수 있는데. 이것이 그들의 미래이고, 그들은 이 미래에 만족한다. 저속한 프롤레타리아의 얼굴에 영원히 삿대질하는 미래 말이다.

2016년의 아이러니는 정치 지도자들이 유권자들의 말에 더 이상 귀 기울이지 않을 때 어떤 일이 일어나는지 보여주는 궁극적인 예였다. 그들은 무의미한 전쟁 비용, 잇따라 터진 금융 버블에 의해 초래된 거대한 부의 이동과 같은 극적인 경제 변화로 유권자들을 옭죄며 한 세대 동안 그들을 조종해 왔다. 평범한 사람들은 북미자유무역협정으로 가속화된 제조업 경제의 수출 같은 것들에 어떻게 대처해야 하는지 물어볼 엄두도 내지 못한 채 듣기만 했다. 그러다 마침내 유권자들이 반격을 가하며 괴물과도 같은 뜻밖의 결과를 만들어냈다.

미디어는 이 모든 것을 초래한 근시안적인 시각을 조명함으로써 사회의 자정작용을 도와야 했다. 하지만 기자들은 너무도 오랜 세월 정치인들의 비위를 맞추어온 터라, 2016년에는 똑같이 장님이 되어 모두가 한 천막 안에 갇히고 말았다. 그러므로 그들이 같은 실수를 반복해도 놀랍지 않을 것이다. 보지 못하는 걸 고칠 수는 없는 노릇이니까.

12. 우리는 어떻게 뉴스를 스포츠로 만들었나

미국의 미디어에서 가장 크게 금기되는 주제는 인종이나 성별, 계급과 전혀 관계가 없다. 그것은 뉴스 자체와 관계가 있다. 혹시 케이블 뉴스쇼에서 "젠장, 내가 그걸 어떻게 알아."라고 말하는 사람이 한 사람도 없다는 걸 눈치챘는지? 대부분의 미디어 종사자들이 뉴스에 대한 지식의 격차가 크다는 사실에도 불구하고(어쨌든 뉴스는 지구상 모든 일을 다루니까), 우리는 전혀 이해하지 못하는 문제에 대해서도 의견을 제시하도록 훈련받아 왔다.

그 이유 가운데 일부는 뉴스 미디어의 내부 논리와 관련이 있으며, 그 중심에는 엔터테인먼트 상품이 있다. 방송 중인 누군가가 쿠르드와 터키의 역사적 관계, 베네수엘라 사회주의의 위계, 혹은 미국의 셧다운제를 모른다고 인정하는 것은 불신의 유예를 일으킨다.

우리는 또한 시청자들이 모른다는 걸 들키길 두려워하도록, 뉴스를 모르는 걸 부끄러운 일이라고 믿도록 훈련시키고 있다. CNN 정치부 기자 울프 블리처가 스리랑카의 내전에서 무슨 일이 벌어지고 있는지 설마 모르겠어? 일본 참의원에서 승리한 당이 어디인지는? 시리아의 이들리브주는 현재 누가 점령하고 있는지는?

(가만 보면 울프 블리처도 많이 아는 것 같지 않다. 그가 TV 퀴즈쇼 〈제퍼디Jeopardy〉에서 받은 최종 점수는 −4,600달러였다. "경제 위기"를 설명하는 다섯 글자를 묻는 질문에 그는 "위기라니요?"라고 답했다. 또 다른 범주에서는 정답에 철자 "E"가 세 개 포함되어 있다는 정보가 미리 제공되었는데, 그는 "Annotated"라고 찍었다. 그는 프롬프터를 읽으면서 방송을 진행한다. 블리처보다 열등하다고 느낄 필요가 없다.)

뉴스 회사들은 당신이 뉴스 내용을 모르는 것을 부끄럽게 여기길 원하는 걸로 그치지 않는다. 이것은 필사적인 마케팅으로, 시청자의 부끄러움을 공략한다. 그들은 당신이 감정적으로 지나치게 몰두한 나머지 옳지 않은 기사가 화면에 뜨면 정신이 허물어지길 원한다. 우리는 당신이 통제할 수 없는 일들 때문에 밤새 잠 못 이루길, 이를 갈면서 전전긍긍하길 원한다.

방송사들이 이런 부류의 뉴스 청취자들을 구축하기로 방향을 정했을 때, 기존의 성공적인 모델이 있었기 때문에 어떻게 해야 할지 정확히 알고 있었다. 방송사들이 완벽한 소비자란 어떤 건지 알고 있었던 이유는 이전부터 스포츠 면을 읽던 청취자들이 있었기 때문이다.

뉴스 공급자들은 알고 있었다. 정치를 스포츠처럼 보도할 방법을 찾을 수 있다면, 그래서 뉴스 소비자들을 이른바 스포츠팬이라는 감정의 포로들처럼 움직이게 만들 수 있다면 돈이 저절로 굴러 들어오리라는 걸.

그렇다면 성공 방법은? 중요한 건, 마법을 깨뜨리지 않는 것이다.

모름지기 미국의 전문 스포츠 캐스터는 외부에서 볼 때 인간의 멍청함의 절대적인 한계치를 넘어서는 모습도 대중 앞에서 서슴지 않고 보여줄 수 있다. 그들은 자유투를 놓쳤다며 아이처럼 울부짖거나, 제프 피셔를 스티븐 호킹처럼 대하거나, NFL 드래프트를 뉘른베르크 재판처럼 보도하거나, 인터뷰 중간에 선수에게 이두박근을 보여 달라고 요청하거나, 심지어 방송에서 방귀를 뀔 수도 있다.

스포츠 캐스터가 결코 할 수 없는 한 가지는 시청자들에게 이것이 게임일 뿐이라는 걸 상기시키는 것이다. 그들은 시청자들에게 신경 쓰지 않아도 괜찮다고 절대로 말할 수 없다.

사실 미국의 모든 미디어에서 가장 금기시하는 말 두 개는 **모르겠다**와 **관심없다**이다. 2019년 초, 한 라디오 방송사 직원이 깨달은 것처럼, 이 역학 관계는 스포츠에서 더 기괴하고 우스꽝스럽게 드러난다.

* * *

1월 중순, 뉴잉글랜드 패트리어츠가 AFC 타이틀전에서 캔자스시티 치프스와의 경기를 준비하고 있을 때, 보스턴에 근거지를 둔 스포츠 라디오 사회자, 프레드 토처는 '670 더 스코어 670 The Score'라는 시카고 라디오 방송사로부터 미식축구 중계를 요청받았다.

"나를 부른 사람이 누군지도 모르겠어요." 토처는 나중에 말했다. "프로듀서한테 문자를 받았거든요."

시카고 방송의 이름은 "맥닐과 파킨스 McNeil and Parkins"였다. 사회자 댄 맥닐과 대니 파킨스가 진행하는 〈AM 670〉의 오후 시범 방송은 전형적인 현대 스포츠 토크 형식을 취했다. 다시 말해 허풍이나 떠는 꼴통들이 방 안에 우글우글 모여서 죽기 살기로 자기 팀을 응원하고 자기네 팬들에게도 같이 응원하자고 부추기는 식이었다.

시카고는 치프스와 패트리어츠와의 경기에서 누가 이기든 관심 없었다. 그러나 응원할 팀이 없는 도시들은 종종 각 시장에서 라디오 방송인 한 명을 초대해서 큰 행사를 광고할 것이다.

당신이 이런 방송의 제작자라면, 당신이 찾는 것은 사회자들이 웃음거리로 삼을 수 있는 각 도시의 우스꽝스러운 특징일 것이다. 캔자스시티에게는 그야말로 인터뷰 중간에 바비큐를 먹으며 느릿느릿 말하는 카우보이를 원할 것이다. 보스턴에게는 패트리어츠 팬티를 입고 도체스터 억양으로 말하는 예민한 인종차별주의자를 원할 것이다. 요컨대 영화 〈디파티드〉〔보스턴을 배경으로 하는 마틴 스코세이지 감독의 2006년 범죄 영화〕에 나오는 어느 엑스트라처럼 말이다.

토처는 시끄럽게 떠드는 사내 둘이 보스턴을 주제로 농담 따먹기를 하기 위해 초대되었다. 구글이 없는 시대라면, 이런 방송에서 토처에게 "보스턴" 역할을 맡기는 것이 어느 정도 이해가 간다. 토처는 보스턴에서 가장 인기 있는 스포츠 프로그램의 공동 사회자다. 보스턴 98.5 FM 에서 리치 셔튼리브과 함께 진행하는 〈토처 앤 리치 Toucher and Rich〉 쇼는 2018년 가을 닐슨 시청률에서 10.8퍼센트의 시청률을 기록하며 탐나는 아침 방송이 되었다.

스포츠 라디오에서 10퍼센트 대 시청률은 대단한 것이다. 스포츠 프로그램이 이 정도 시청률을 기록한다는 건 팬층을 확보하고 있다고 봐도 좋을 것이다.

보스턴의 '스포츠 허브 Sports Hub'와 '670 더 스코어'는 한때 전국 방송인 CBS 산하의 방송 파트너였다. 그러나 2017년 후반, 두 전국 주요 스포츠 라디오 방송사인 CBS와 엔터콤 Entercom이 합병함에 따라, 신랄한 입담을 자랑하던 보스턴의 두 스포츠 토크 라이벌—CBS의 '스포츠 허브'와 엔터콤의 'WEEI'—이 잠시 같은 회사에서 한솥밥을 먹게 되었다.

이 자리에서 설명하기엔 지루한 여러 가지 이유로, '스포츠 허브'는 잠재적인 독점 금지 문제를 해결하기 위해 결국 CBS/엔터콤의 품에서 떠나야 했다. 그러자 〈토처 앤 리치〉를 포함해 '스포츠 허브'의 나머지 프로그램들을 비즐리 그룹이라는 합작기업 소속의 새로운 소유자가 떠맡게 되었다.

내가 이 이야기를 꺼낸 이유는, 이 시카고 - 보스턴 인터뷰가 몇 년 전에 이루어졌다면, 인터뷰 분위기가 적대적이지 않았을 뿐만 아니라 적대적일 수도 없었으리라는 점을 지적하기 위해서다. 그건 CBS에 대한 CBS의 범죄였을 테니 말이다.

사실 토처는 '670 더 스코어'가 자매 방송사였던 시절, 이곳에 게스트로 상당히 자주 출연했고, 한번도 서글픈 기분을 느낀 적이 없었다. "스무 번쯤 출연했습니다." 토처는 회상한다. 그러나 이제 토처는 CBS의 동료 방송인이 아니었다. 그는 CBS와 아무런 관련 없는 보스턴 방송사 출신의 일개 방송인, 한마디로 만만한 상대였다. '670 더 스코어'는 심지어 토처의 소속 방송사도 착각해 곧 시작할 그의 코너를 소개하면서 이렇게 말했다. "다음 순서는 WEEI 보스턴, 〈토처 앤 리치〉 쇼의 프레드 토처가…" 나중에 토처는 방송 중에 이렇게 설명했다. "엔터콤이 매각돼서 내가 엔터콤 사람인 줄 착각했나 봅니다."

아무튼 토처는 맥닐과 파킨스와 함께 방송을 했고, 경기가 기대되느냐는 질문을 받았다. 그는 관심 없다는 투로 말했다. 그리고 보스턴 '스포츠 허브'에서 몇 년째 일하고 있다고 설명한 뒤 하품이 나올 듯한 목소리로 이렇게 덧붙였다. "[패트리어츠는] 항상 이기니까."

그는 농담으로, 그들이 슈퍼볼에 진출하게 되면 "내가 여기 다시 와야 하고 그러면 애틀랜타에서 세 시간 동안 교통안전국 검사를 받아야 하는데, 그건 별로예요."라고 말했다.

그러자 시카고 사내들이 길길이 날뛰었다. "아니, 그 말은 꼭 그들이 이기는 걸 원하지 않는다는 소리로 들리는군요." 시카고 2인조 가운데 더 어리고 더 마른 파킨스가 말했다.

토처는 한숨을 내쉬면서 말했다. "뭔 상관이에요. 경기나 재밌으면 됐지." 그는 정말 상관이 없었다. 애틀랜타 출신이니까. "난 패트리어츠 팬이 아니거든요." 그는 말한다. "내 청취자들은 내가 패트리어츠 팬이 아니라는 걸 **알아요.**"

보스턴에서 스포츠 라디오를 듣는 모든 사람들은 〈토처 앤 리치〉의 이런 점을 알고 있다. 패트리어츠, 셀틱스, 레드삭스, 브루인스에 눈곱만큼도 관심 없다는 걸 숨기지 않는, 도심을 벗어난 천하태평 록 디제이 두 사람이 그들의 특징이다. 스포츠에 열광하는 도시에서 경기 결과에 완전히 무관심한 사회자들, 이것이 이 방송이 주는 매력의 일부다.

시카고 사회자들은 이 사실을 몰랐지만, 알았다 해도 믿지 않았을 거라는 생각이 든다. 계속해서 토처가 자기가 봤을 때 패트리어츠가 캔자스시티에서 이길 경우 한 가지 좋은 점을 설명하자, 두 사람은 황당해서 말을 잇지 못한 채 그의 말을 듣고만 있었다. "애틀랜타에서 8년을 살았기 때문에 거기 있는 친구들을 보고 싶군요." 그가 말했다. "하지만 경기에서 누가 이길지는 관심 없어요."

시카고 사내들은 웃음을 터뜨리기 시작했다. 토처는 그들의 웃음을 차단했다. "아니, 그럼 당신들은 항상 신경을 쓴다는 거예요?" 그가 물었다. "시카고 팀이 챔피언십에 오를 때마다 매번 엄청난 관심을 갖는다고요?"

"당연하지요!" 파킨스가 말했다.

"당연하지요, 우리는 베어스 팬이에요." 맥닐이 말했다.

"당신이 챔피언십 경기에서 누가 이기는지 관심 갖지 않아도 보스턴은 타이틀을 전세 냈잖아요." 파킨스가 말했다.

토처는 다시 설명했다. "난 여기 출신이 아니라니까요. 내가 충성하는 데는 따로 있어요. 하지만 그건, 그들이 이기면 실질적으로 도움이 되니까…."

시카고 사회자들은 토처를 이런 캐릭터로 굳히기로 결정했다. 그들은 그가 패트리어츠에 열을 올리길 바랐다. 심지어 이 애틀랜타 토박이의 인터뷰를 〈디파티드〉의 사운드트랙으로 유명한 펑크 밴드, 드롭킥 머피의 〈보스턴에 갈 거야 Shipping Up to Boston〉를 배경으로 공개했다. 그런 다음 패트리어츠 감독 빌 벨리칙을 중얼중얼 인용해 그를 골려주려 했다.

"프레드, 누가 그러던데 보스턴에서는 [벨리칙의] 명언을 최고로 치지 않아도 아무도 신경 쓰지 않는다면서요?"(벨리칙은 '일과 삶을 분리하라, 자기 할 일에 충실하라.'라는 명언으로 유명하다) 파킨스가 물었다.

아마도 그들은 토처가 보스턴의 전설적인 괴짜 노인네를 옹호할 거라고 생각했던 모양이다. 그러나 스포츠광이 아닌 코미디언이자 록 디제이인 토처는 벨리칙에 대한 주제로 대화가 즐거워지자 활기가 났다.

"사실 [벨리칙을] 흥분하게 만드는 건 두 가지죠." 그가 농담을 던졌다. "하나는 펀트(선수가 손에 쥔 공을 떨어뜨렸을 때 공이 지면에 닿기 전에 발로 차는 킥) 잘하는 선수들에 대해 이야기하는 거. 두 번째는 보 오온 조비 음악 몇 개."

죽은 듯한 침묵이 흘렀다.

"이거 두 개면 뭐 당장 기운이 펄펄 나더라고요." 토처는 웃음소리가 나길 기대하며 계속해서 말을 이었다. "그게 바로…그 남자의 마음을 얻는 길이라고 할 수 있죠."

더 깊은 침묵이 흘렀다. 토처는 인터뷰가 쉽지 않으리라는 걸 알아차렸다.

"네, 그렇군요." 파킨스가 마침내 입을 열었다. 그러고는 공동 사회자에게 말을 건네며 빈정대면서 덧붙였다. "맥, 우리가 [벨리칙을] 초대하게 되면 말이야, 본 조비 하나면 그의 입이 열리겠어."

괴로운 인터뷰는 이런 식으로 계속되었다. 어느 순간 2인조는 "결국은 우리가 이겼다"는 걸 보이기 위해 토처에게 자꾸만 패트리어츠에 대해 말하도록 다그쳤다.

그들은 토처가 패트리어츠를 옹호하길 원하는 것 같았다. 하지만 토처는 패트리어츠를 "쓰레기"라고 부르질 않나, 패트리어츠의 리시버 줄리언 에델만이 '우리와 내기하자BET AGAINST US'를 새긴 티셔츠에 30달러를 불렀는데 "그걸 한 장이라도 사면, 당신들은 바보야."라고 지적했다.

보다 깊은 침묵이 흘렀다. 두 사회자가 원한 건 보스턴의 소식을 전해줄 전령이었지만, 그들이 얻은 건 패트리어츠와 그들의 팬을 조롱하는 애틀랜타 출신의 록 음악 전문 라디오 방송인이었다. 인터뷰는 조금 더 길게 이어졌고, '670 더 스코어'의 사회자들은 토처에게 감사 인사를 했으며, 토처는 이것으로 인터뷰를 마쳤다.

얼마 후 토처는 인터뷰에 대해 불길한 기분이 들어 방송 녹화 내용을 담은 온라인 팟캐스트 버전을 틀었다. 들어보니 방송을 마치고 10초 후부터 시카고 일당들이 자신을 향해 비난을 퍼붓기 시작했다.

그들은 이렇게 말했다. "다음 게스트는 이 주제에 보다 열의를 갖길 기대해 보겠습니다." 계속해서 맥닐은 토처가 최악의 게스트였다며 고함을 지르며 불평을 터뜨렸다. "프레드가 세 번이나 분위기를 썰렁하게 만들었어요." 그가 말했다. "그를 다시 부를 일은 없을 것 같습니다."

시카고 일당은 "누가 이기든 관심 없다."는 그의 말을 마치 이례적인 혈액 검사 결과라도 되는 양 골똘히 생각했다. "설마 보스턴에서는 그런 식으로 방송하지 않을 걸요. 패트리어츠 팬들한테 그런 게 먹히겠어요?" 맥닐이 결론을 내렸다.

"그러니까. 차라리 보스턴에서 운동하는 제츠 팬(뉴욕을 연고지로 둔 미국의 미식축구 팀. 제츠 팬들은 시끄럽고 거친 팬덤으로 유명하다) 한 명이 열 몫은 하겠네." 파킨스가 우스갯소리로 말을 받았다.

"오, **맞네, 맞아**." 맥널이 신음하며 말했다.

시카고 사회자들이 틀렸다. 〈토처 앤 리치〉는 정확히 이런 무심한 어조를 취한다. 그들의 방송은 미디어에서 정말 흥미진진한 실험이다.

두 사람은 록 음악 방송사 WBCN에 유임된 사람들이었다. CBS는 2009년에 '스포츠 허브'에서 스포츠 전용 포맷을 새로 시작하면서, 두 사람을 누구나 탐내는 아침 출근시간대 방송에 앉히기로 결정했다.

"우리가 젊은 청취자를 확보할 수 있는지 알아보려는 취지였던 것 같아요." 토처가 설명한다.

〈토처 앤 리치〉는 스포츠 미디어가(그리고 차츰 전체 뉴스 미디어까지) 이 나라에서 작동하는 방식에 대한 전통적인 가정을 거스른다. 아마도 미국에서 가장 스포츠에 미친 도시라고 할 수 있는 이곳 보스턴의 최고 스포츠 프로그램이지만, 그럼에도 불구하고 사회자들은 정해진 대본 없이 완전히 즉흥적으로 프로그램을 진행한다.

그들은 다른 도시들에 대해 악담을 퍼붓지 않고, 심판이나 전국적인 미디어에 텃세를 부리지 않으며, 자기 지역 스포츠 영웅이 무조건 최고라고 우기지도 않는다. 그들은 청취자들이 보스턴이나 보스턴 팀이 본질적으로 다른 도시들보다 더 낫다고 여기게 만들려는 그 어떤 태도도 취하지 않는다.

대신 그들은 프로 스포츠가 전반적으로 얼마나 불합리한지 조롱하고, 팬들에게 그들 자신이나 다른 무엇에 대해서도 너무 심각하게 여기지 않도록 상기시키는 경쾌하고 유익한 모닝 쇼를 방송한다. 그들은 보스턴 셀틱스 단장, 대니 에인지 같은 현지 스포츠 관계자와 정기적으로 인터뷰를 하지만, 셀틱스가 경기에서 지더라도 청취자들은 방송을 끄고 건물에서 뛰어내릴 준비를 하지 않는다.

〈토처 앤 리치〉가 풍자하는 스포츠 포맷은 전국 거의 모든 곳에서 일반적이다. 스포츠 저널리즘—특히 지방 스포츠 저널리즘—은 대개 완벽한 조작이다(방송사들은 주로 현지 팀 소유이거나 후원을 받기도 해서 의무적으로 열광적인 응원을 하는 측면도 있다). 스포츠 미디어의 전략은 핵심 시청자는 현지 팀에 대한 의존도가 강력하다는 생각, 그러므로 맹목적이고 뿌리 깊은 관심을 재확인하는 것이라면 어떤 것에든 채널을 고정할 거라는 생각에 바탕을 둔다.

응원의 반대는 증오이므로, 이 공식에는 라이벌 팀과 그 팬들에 대한 모든 것을 증오하는 것이 포함된다. 대부분의 스포츠 미디어는 세상을 기괴한 이원론적 신학 체계로 바라보도록 시청자들을 길들인다. 연고 지역은 의로운 우리 팀이 환호를 받고 비이성적인 숭배가 장려되는 안전한 공간이다. 그 밖의 모든 곳은 어둠이다. 상대 팀 팬들은 착각에 빠진 적들이다. 갈수록 대부분의 현지 팬층은 전국 스포츠 미디어 역시 그들에게 대항한다고 여기도록 부추김을 받는다.

트럼프가 CNN을 가짜 뉴스로 여기도록 추종자들을 훈련시키기 훨씬 이전부터, 무수한 현지 팬들은 ESPN을 자기 팀 기반을 약화시키는 악당 기업으로 여기며 경멸하는 법을 배웠다.

지역 스포츠 방송인들도 이를 부추겨, 크리스 모텐슨부터 커트 실링에 이르기까지 모든 이들에 대한 음모론을 제공한다. "ESPN은 왜 우리를 싫어하는가?"는 모든 주요 스포츠 분야에서 거의 모든 팬들이 제기하는 게시판 주제다.

전국 미디어와 상대 팀 팬들에 대한 피해망상은 이제 팬 경험에서 매우 중요한 부분을 차지하기 때문에, 현대의 일부 팬들에게는 승리의 만족감보다 자기들 도시가 패배해서 상대 도시가 좋아하는 것에 대한 두려움이 훨씬 크다. 레드삭스 팬들은 양키스에 지느니 차라리 플레이오프전에 진출하지 않는 걸 더 선호하고, 그 반대도 마찬가지다.

이런 모든 요소들 때문에 이제 거의 모든 지역 방송사 스포츠 방송인은 강한 지역 사투리를 쓰는 열혈 팬이 되어 모든 현지 선수들을 추어올리고 팬들의 피해망상과 열등감을 부추긴다.

수년 동안 토처는 다른 도시들에서 상대 팀들이 "다른 도시들은 재수 없다"는 태도를 지나치게 강조하는 것에 놀랐다. 그는 플레이오프전에서 애틀랜타 호크스가 보스턴 셀틱스를 이긴 2016년 경기에 대해 이야기한다. 릭 캄라(애틀랜타가 아닌 미네소타 출신)가 사회를 보는 애틀랜타 지방 스포츠 방송 〈92.9 더 게임 92.9 The Game〉은 "보스턴 석스Boston sucks"〔보스턴의 프로야구 팀 레드삭스와 유사한 발음을 이용한 조롱으로, 보스턴 왕재수 정도의 의미〕 주제가를 만들어 현지의 어느 바에서 공연했다.

제목은 "그들을 보스턴으로 보내버려 Shipping Them Back to Boston"인데, 여러분의 짐작대로 〈보스턴에 갈 거야〉를 패러디한 것이다. 첫 소절은 이렇게 시작한다.

왜 그래, 보스턴? 무슨 일 있었냐? 차우더수프에 빠졌냐?

"차우더 어쩌고 하는 가사를 들을 때마다 돌겠어요." 토처는 말한다. "수프를 왜 그렇게 싫어하나요? **수프** 하고 무슨 원수라도 졌어요?"

캄라는 다음 소절을 불렀다.

> 애틀랜타는 보석들이 보스턴에는 왕재수들이, 난 진실만을 말해
> 베이브 루스를 팔아치운 그 기똥찬 아이디어 좀 밀고 나가 봐
> 널 이겼을 땐 정말 짜릿했는데, 이제 넌 닉스처럼 고향에 있네
> 넌 챔피언을 많이 따봤겠지만, 우린 챔피언 영계들을 많이 따봤지!

"챔피언 영계라니요?" 토처는 말한다. "미친 거 아니에요?"

수년 전 〈토처 앤 리치〉가 처음 이 녹음을 입수했을 때, 그들은 방송에서 캄라와 그의 노래로 제법 재미를 봤다. 이것은 그들 방송에서 끊임없이 반복되는 패러디 주제다. X라는 도시 출신이 아닌 사람이 그 도시에

서 방송 일을 얻어 갑자기 세계에서 제일 가는 휴스턴 텍선스나 뉴욕 양키스, 혹은 캄라의 경우 애틀랜타 팰컨스의 팬이 된다는 생각 말이다.

이런 유형에 속하는 스포츠 캐스터는 시청률을 위해서라면 못할 말이 없기 때문에 필연적으로 청취자의 비위를 맞추기 시작할 것이다. 토처가 이 노래를 방송에 올릴 때, 그들은 여자를 침대에 눕히려고 안달이 나서 세 번째 데이트 때 벌써 아이를 갖고 싶다고 말하는 남자가 된 기분이다.

그 다음부터는 서로 어리석은 행동을 반복하는 공생 관계가 된다. 팬들은 자기들의 가장 멍청한 생각들이 으레 받아들여지는 데 익숙해지고, 스포츠 캐스터들은 팬들의 행복을 지켜주기 위해 허세의 정글 속으로 매일 점점 더 깊숙이 들어가야 한다.

"기본적으로 그들은 무슨 말이든 할 거예요. 팬들이 팀에 감정적으로 의존하게 만들기 위해서 말이죠." 토처가 말한다. "그들은 이렇게 말할 겁니다. '내가' 피리 부는 사나이가 될게. 내가 현수막을 들게. 그러면 네가 날 사랑하고, 사랑하고, 또 사랑하겠지."

토처는 이런 짓이 너무 짜증스러워 자기와 리치 셔튼리브는 이와 같은 공식을 사용하지 않는다고 설명한다. "당신이 듣고 싶은 말만 계속 되풀이하는 사람이 있다면, 그 사람은 같이 놀기에 가장 짜증나는 사람일 거예요." 그는 말한다. 그리고 덧붙인다. 그건 자연스럽지 않다고.

"당신이 패트리어츠 팬이고 식당에 있는데, 어떤 남자가 자기는 캔자스시티 스포츠 팬이라고 말해요. 그럼 당신은 어떻게 하겠어요? 일어나서 밖으로 나갈 건가요? 아뇨. 예의를 갖출 거예요. 현실에서 사람들은 그렇게 행동해요."

나는 토처에게 이런 식의 방송 전략이 정치 미디어에 퍼져 있는 걸 혹시 눈치챘느냐고 물었다.

"눈치채다마다요." 그는 말한다. "트럼프가 대통령이 된 후로…정치가 스포츠 같아요. 한쪽을 선택하면 그게 그냥 정체성이 되는 거지요. 뉘앙스가 없어요. 중간이 없다고요."

거짓 내용, 갈등에 대한 끊임없는 과대선전, 시청자의 편견과 기대를 끝도 없이 어루만지기 등 이 모든 것들은 스포츠 미디어의 주요 상품으로 시작되었다. 그러나 이제 그와 같은 상업적 공식이 라디오 방송을 벗어나고 있다.

"그건 TV의 정치 토론과 똑같아요." 토처가 말한다.

*   *   *

뉴스 방송사들은 불신을 유예하는 솔직한 모습이 돌연 방송에 드러나는 것을 막기 위해 훨씬 신중하다. 그들은 **난 몰라**나 **난 관심 없어** 같은 태도가 생방송 카메라 근처에 얼씬거리지 못하게 한다.

대부분의 케이블 방송은 사전 인터뷰를 실시한다. 일반적으로 방송 프로듀서가 전화를 걸어, 나중에 사회자가 묻게 될 질문과 동일한 질문을 던진다.

이것은 방송이 보여주길 원하는 재미있고 유익한 내용을 찾기 위해, 프로듀서가 게스트의 지혜를 빌리는 교육적인 훈련의 일부다. 한편 이것은 실력이 부족한 사람을 가려내기 위해 고안된 오디션이기도 하다. 게스트가 기습 질문에 말을 더듬으면, 막판에 "시간이 초과되었군요." 같은 빤한 이유를 듣게 될 것이다.

그러나 사전 인터뷰의 주된 동기는 게스트의 성격을 일관되게 유지하게 하는 것이다. 스포츠 미디어에서든 뉴스 미디어에서든 가장 큰 죄악은 유형을 깨뜨리는 것이다.

거의 모든 라이브 버라이어티 뉴스쇼의 일반적인 설정은 사회자가 이슈를 제시하면, **찬성** 측 게스트와 **반대** 측 게스트가 양쪽에서 공격하는 것이다. 방송 프로듀서는 활발하게 언쟁이 오가길 원하기 때문에 "사전 인터뷰"는 프로듀서가 기대하는 그대로 말하도록 짜여 있다.

사회자들은 대개 질문할 필요가 없다. 크리스 매슈스는 자랑스러운 진보주의자 조앤 월시와 보수 논객 팻 뷰캐넌에게 소수집단 우대정책에 대해 토론을 시키고 나면, 이제 자기는 자동피아노 같은 태도로 몽유병자처럼 움직여도 된다는 걸 안다. 월시는 자동적으로 소수집단 우대정책에 찬성하고 백인 우월주의를 비난할 방법을 찾아갈 테고, 뷰캐넌은 역인종차별에 대해 불평하며 반격할 것이다.

그럼에도 불구하고 대개 방송사들은 범위 내에서 미리 짜놓은 의견 외에 다른 의견이 없는지 확인한다. 만일 당신이 민주당 역할을 하기 위해 투입된다면, 당신이 그 입장을 유지하도록 미리 확인하는 것이다. 당신이 공화당 편에서 주장하기 위해 투입되는 경우도 마찬가지다.

그러나 요즘은 의견이 다른 게스트들 간의 실질적인 상호작용이 드물다. 스포츠 채널처럼 뉴스 매체들도 점점 토론보다는 오히려 응원단이 되어 가고 있다. 당신 편은 당신 채널에서 뉴스를 얻고, 다른 편은 다른 채널에서 뉴스를 얻는다.

CNN 같은 채널에서 한 명의 사회자가 서너 명의 게스트에 둘러싸여 도널드 트럼프의 끔찍한 정책에 대해 저마다 다양한 견해를 제시하는 장면은 오늘날 드물지 않게 볼 수 있다.

한편 폭스는 수십 년 동안 그래왔던 것처럼, 방송 출연자들이 일제히 진보주의자들을 휘어잡는 모습을 보기 위해 보수주의자들이 채널을 고정하는 곳으로 여전히 남아 있다. 생각이 같은 야수들이 토미 래런을 가운데 두고 안티파Antifa의 테러에 대해 일제히 성토하는 장면을 보게 되더라도 전혀 놀랍지 않다.

파이트 클럽의 첫 번째 규칙이 파이트 클럽에 대해 말하지 않는 것이라면, 정치 토론 프로그램의 첫 번째 규칙은 시청자들에게 그들이 정치 토론 프로그램을 시청하고 있다는 걸 상기시키지 않는 것이다.

언론에서 누가 유도하지 않는다면, 당신은 토크쇼를 시청하면서 이 시간의 뉴스 주제가 일상생활에서는 거론되지 않는다는 걸 알아차리지 못할 것이다. "사실, 이 방송을 시청하지 않았더라면, 안티파와 안티프리즈 antifreeze를 구별하지 못했을 거야."라고 말할 일이 얼마나 되겠는가.

어느 채널에서도 당신에게 심호흡을 하고 긴장을 풀라고 말하지 않는다. 오히려 현대 뉴스의 모든 미학적 특징은 끊임없이 고조되는 긴장감, 무언가를 놓치고 있다는 불안감을 느끼게 하는 것이다.

스포츠와 달리 뉴스는 경기가 아니다. 이 사실은 정말 중요하다(나는 방송사가 정말 중요한 이슈는 좀처럼 시청자에게 제시하지 않고, 대신 가장 쉽고 가장 선동적인 이슈를 선택한다고 주장하지만 말이다). 기만은 우리가 던지는 많은 골치 아픈 정보에 대해, 평범한 사람들이 뭐든 할 수 있는 일이 있다는 생각을 낳는다.

세상에는 어느 한 개인이 뭐든 할 수 있기는커녕 이해하기조차 벅찬 굶주림, 비참함, 부정, 부패, 편견, 부당함이 있다. 그런데도 우리는 하루 종일 헤드라인을 쏟아내고, 점차 스포츠처럼 양측 사이의 제로섬 게임으로 뉴스를 제시한다. 이에 대해 사람들은 비통함을 느끼거나 혹은 자기 신념 체계의 승리를 만끽하면서 하루하루를 마감할 수 있을 뿐이다.

스포츠 방송 진행자에게는 중요한 금기 사항이 있다. 정신 멀쩡한 사람이라면 자기 관심사 상위 50위 안에 경기 결과가 있어서는 안 된다고 인정하거나, 각각의 도시에 소속된 두 팀이 경기를 펼친다는 이유로 해당 도시 사람들이 서로를 미워해야 한다는 의미는 아니라고 지적하는 것이다.

"시카고 사람들에게 묻고 싶었어요. 당신들 팀이 결승전에서 새크라멘토와 경기를 하면 어떻겠느냐고요." 토처가 말한다. "새크라멘토를 증오하겠냐고요."

정치 뉴스 미디어도 마찬가지다. 이것은 시청자를 흥분하게 만들기 위해 설계된 버라이어티 쇼이며, 방송 출연자가 흥분하지 않는 것은 시청률 전략상 금기 사항이다. 게스트가 시청자에게 진정하라거나 자녀들과 더 많은 시간을 보내라고 말할 것처럼 보인다면 그 게스트는 사전 인터뷰에 통과하지 못할 것이다.

우리는 사람들을 뉴스 기사에 깊숙이 매몰되게 만들어, 헤드라인이 잘못된 내용을 쏟아내도 사람들은 여기에 대처하지 못한다. 사람들은 뉴스 기사로 심신이 너덜너덜해져서 자신의 현실 문제는 뒷전이기 일쑤다. 우리는 사람들이 자신의 가족들보다 테리 샤이보〔15년 동안 식물인간으로 살다가 법원의 판결로 영양공급 튜브를 제거해 숨져 안락사 논쟁을 불러일으켰다〕나 브렛 캐버노에게 더 많은 관심을 투자하길 바란다. 이건 미친 짓이며, 우리는 결코 당신을 이런 식으로 대해서는 안 된다. 이것이 우리가 돈을 버는 가장 좋은 방법만 아니라면 말이다.

13. 뉴스를 끄시오

1972년 가을 어느 월요일, 하필이면 9월 11일에, CBS 앵커 월터 크롱카이트는 그가 진행하는 이브닝 뉴스를 나쁜 소식으로 마무리하기로 결정했다.

"휴버트 램 교수에 따르면 북반구에서 신빙하기가 시작되고 있다고 합니다." 크롱카이트가 입을 열었다.

이것은 농담일 수도 진담일 수도 있었다. 그가 전하는 말에는 아무런 암시도 없었다. 크롱카이트의 얼굴은 정확한 메시지 전달 장치이자 방송계의 페라리였다.

그는 계속해서 말을 이었다. "뉴욕, 신시내티, 세인트루이스가 5,000

피트 얼음 아래 있었던 6만 년 전 마지막 빙하기 때만큼 최악은 아닐 겁니다. 이미도 차량은 멈추었을 테고 학교도 그날은 문을 닫았겠지요."

그는 잠시 말을 멈추었다. 역시나 표정에는 가벼운 경련도 초조한 기색도 전혀 드러나지 않았다.

"그래도 세상은 잘 돌아갑니다. 1972년 9월 11일 월요일 뉴스를 마칩니다."

1981년 3월 6일, 월터 크롱카이트가 마지막으로 **그래도 세상은 잘 돌아갑니다**, 라고 말했을 때 나는 온 나라가 법석을 떠는 것에 구시렁거릴 만큼 제법 나이를 먹었다.

아이고, 네. 알겠다고요, 라고 나는 생각했다. 그의 말은 일종의 국가 의례였고, 월터는 존 F. 케네디의 사망에서부터 달 착륙에 이르기까지 수많은 역사의 중요한 순간에 미국인들과 함께 있었다.

하지만 **그래도 세상은 잘 돌아갑니다**라는 말에 관심 가진 사람이 누가 있었을까? 이 말에 무슨 심오한 의미라도 있어야 하는 거였나? 열한 살이었지만, 상징적인 방송 종료 멘트를 향한 온 나라의 아첨이 가식처럼 느껴졌다. TV 관계자들—특히 앵커들—이 지겹게 내뱉는 끊임없는 자화자찬의 예라고 말이다.

내 아버지는 본인이 TV 관계자였으면서 이른바 "앵커의 한마디"를 무시했다. 아버지는 단순한 뉴스 독자가 아닌 그야말로 **기자**였으며, 아버지가 일하는 방송사에서 이따금 스타로 내세우는 론 버건디 같은 앵커들을 향해 냉소적인 태도를 보여 상사들과 끊임없이 마찰했다.

나는 내 아버지를 존경했고 아버지의 이런 부분을 어느 정도 물려받았다. 그래서 **그래도 세상은 잘 돌아갑니다**를 과대평가된 앵커 특유의 말버릇이라고 간주했다.

나이가 들고 이 업계에서 경력을 쌓고 보니, 이제는 상황이 전혀 다르게 보인다. 매체의 맥락에서 크롱카이트의 특징적인 멘트는 강력한 것이었다.

크롱카이트는 시청자들에게 이제 각자의 생활로 안전하게 돌아가도 좋다고 말하고 있었다. 이것은 일종의 약속이었다. 텔레비전을 끄십시오. 그래야 세상이 돌아갑니다. 적어도 내일 이 시간까지는 말입니다.

"그래도 세상은 잘 돌아갑니다."는 자신감의 표현이었고, 방송 진행자와 시청자 사이의 일종의 계약이었다. "나는 당신이 내일 다시 돌아온다는 걸 믿는다. 걱정 말고 남은 23시간을 즐겨라."

이것은 뉴스 내용에 대해서가 아니라, 시청자와 텔레비전 그리고 뉴스 자체와의 관계에 대한 메시지였다. 이것은 수사적인 구두점, 문장을 끝맺는 마침표였다.

물론 크롱카이트의 반복적인 인사말은 영리한 마케팅 전략이기도 했다. 사람들은 월터가 사실 그대로 전달하는 걸 듣기 위해 텔레비전 주위에 모여 앉는 전통에 점차 익숙해졌다. 방송의 마무리 인사는 조건반사적인 보상의 일부였다. 이 인사를 들으면 시청자들은 뒤로 물러앉았다.

하지만 여기에는 다른 의미도 있었다. 그 시대에는 실제로 신문을 처음부터 끝까지 읽는 사람들이 있었다. 전前 신문사 사주의 말처럼 사람들이 "신문을 읽는다."라고 말할 땐 "전체"를 읽는다는 의미인 시절이었다.

뉴스가 끝났다는 개념이 아직 존재했다.

크롱카이트가 주도하던 뉴스 시대에는 잘못되고 기만적인 것들이 많았다. 뉴스 시청자들은 거의 전적으로 백인 남자들에 의해 제시된 매우 제한적이고 단순한 세계관을 제공받았다. 보도는 국내외 수많은 부당한 사실들을 경시하거나 생략했다. 이런 많은 기만들이 《여론 조작》에 연대순으로 기록되었다.

그런데 70년대와 80년대 이후 우리는 전혀 새로운 메시지 전달 방식으로 옮겨왔다. 행간의 의미는 크롱카이트 시절과 전혀 다르다. 대부분의 뉴스 소비자들은 이 변화를 알아차리지 못했거나, 알기엔 너무 어리다. 그러나 뉴스를 보는 안목이 있다면, 이것은 엄청난 차이이며 무서운 차이다.

*   *   *

한 나라의 미디어가 얼마나 지루한지로 그 나라에 대해 많은 것을 알수 있다. TV를 켰는데 곧바로 졸음이 온다면, 일반적으로 정치인들에게 안심하고 있다는 의미이다.

70년대 소련에서 운이 없게도 텔레비전을 켜는 사람은 〈시골의 시간 Rural Hour〉〔농업, 농가의 일꾼 등을 소개하는 프로그램〕 같은 심장 두근거리는 방송을 보아야 했을 것이다. 혹은 소련 시민이 합법적으로 방문할 수 있는 굉장한 관광지, 가령 키예프라든지, 또는 키예프라든지…를 소개하는 〈탐험가 클럽 Explorer's Club〉 같은 관광 프로그램이거나.

80년대에 페레스트로이카의 시작과 함께 TV에 새로운 구성방식이 도입된 것은 우연이 아니다. 이때부터 TV는 처음으로 마치 시청자의 관심을 받기 위해 경쟁해야 할 것처럼 굴었다. 소련의 제작자들은 라틴아메리카의 외설적인 연속극을 들여와 더빙했고, 소련 붕괴 직전에도 환한 조명에 감정을 자극하는 〈운명의 수레바퀴 Wheel of Fortune〉를 소개했다. 이 연속극은 오늘날까지 계속 방송되고 있다.

이제 시청자들에게 선택지가 생긴 이상, 그들을 붙잡아야 했다. 이 방면에서 훨씬 발전한 미국은 전력 질주하여 그 지점을 크게 벗어났다. 우리는 시청자를 붙잡으려고 안달하던 시대로부터 몇 억 광년 떨어져 있으며, 단순한 마케팅을 넘어서서 중독 유발이나 광신적 종교 숭배에 더 가까운 현상에 푹 빠져 있다.

오늘날 미국에서 TV를 틀면 온몸의 감각에 충격이 온다. 당신은 리모컨을 누르는 당신의 엄지손가락을 생각하며 질려 있을 스크린 뒤편 제작자들을 느낄 수 있을 것이다.

방송은 요란하고 선정적일 뿐 아니라, 심리적인 관점에서 즉시 불안해지도록 만들어진다. 당신은 방송을 트는 순간, 최소한의 정신적 균형이 회복될 때까지 버텨야 할 만큼 마음을 어지럽게 만드는 무언가를 보게 된다.

이것은 현대 케이블 뉴스의 "크레디트 타이틀"이나 "화면 자막"이라는 천재적인 발명품으로, 앵커가 말하려는 내용을 미리 시청자에게 전달하기 위해 화면 위로 커다란 제목이 지나간다.

대안우파 설립자, 유대인도 사람이냐고 물음 혹은 **펠로시, "파이브 화이트 가이즈" 농담으로 비난받다**가 좋은 예다.

전자의 경우, 사람들은 CNN 앵커 제이크 태퍼가 극우 졸부에게 호통치길 기다리며 몇 분 더 TV 앞에 붙어 있게 될 것이다(이 메시지는 태퍼가 수백만 시청자를 붙들어놓기 위해 전국 텔레비전 방송에 의도적으로 집어넣은 것이다).

후자의 경우, 당신이 폭스를 시청하는 사람이라면 아마도 백인 남성일 터이므로, 하원 소수당 원내 대표가 왜 백인 남자에 대해 농담을 하고 있는지〔낸시 펠로시는 이민 개혁에 관한 회담을 주도하는 백악관 인물들에 대해 "파이브 화이트 가이즈five white guys"(5인의 백인 남자들)라고 말한 뒤 농담이라고 덧붙였다. 파이브 가이즈는 햄버거 체인점 이름이다〕궁금해서 뉴스 프로그램에서 떠나지 못할 것이다.

황색 헤드라인이 새로울 건 없다. 우리는 적어도 20세기에 접어들 무렵, 조지프 퓰리처가 설립한 《뉴욕월드New York World》가 윌리엄 랜돌프 허스트의 《뉴욕모닝저널New York Morning Journal》과 유통을 두고 싸우던 시절 이후로 죽 이런 헤드라인을 보아왔다.

브루클린 다리에서 뛰어내린 여성, 아찔한 높이에서 생존 혹은 **토플리스 바에서 머리 없는 시체 발견*** 같은 유명한 헤드라인은 고속도로에서 사고 장면을 구경하려고 차창 밖으로 고개를 내미는 상황, 다시 말해 역겹거나 소름끼치는 장면을 자꾸만 보게 되는 상황과 동일한 전제에서 작동한다.

이런 헤드라인들 뒤에는 절박함이 있었지만, 그것은 단지 상업적인 차원이었다. 어떤 신문사도 다른 신문사에 지길 원치 않았다. 케이블 방송과 블로그에서는 여전히 동일한 역학 관계, 아니 오히려 훨씬 가속화된 역학 관계가 있다. 시청자나 구독자를 위한 경쟁은 그 어느 때보다 치열하다.

그러나 이보다 훨씬 깊은 새로운 차원이 있다. 우리는 당신의 시선이 항상 우리를 향하는 것만으로 만족하지 않는다. 우리는 당신의 관심이 다른 것으로부터 떠나길 원한다.

TV 뉴스를 틀거나 뉴스 기사를 클릭할 때 당신이 가장 먼저 생각해야 할 것은 **논조**다. 오늘날 뉴스 내용들은 감정적으로 절박한 태도가 두드러진다. 미소를 지으며 이제 그만 뉴스를 꺼도 괜찮다고 말해 주는 월터 크롱카이트 같은 사람은 더 이상 없다.

그와는 반대로 대부분의 뉴스들은 **걱정해, 걱정해, 걱정해**에서 그치는 것이 아니라 **채널 돌리지 마, 돌리지 마, 돌리지 마!**라는 메시지를 암암리에 내비친다. 앵커들은 시청자들에게 스위치를 끄면 인류를 배신하는 거라고 말하지 않다뿐이지, 수시로 스크린을 향해 꾸짖거나 애원의 눈빛을 보낸다.

케이블 방송사들은 뉴스를 "마칠" 조짐을 보이지 않는다. 정신적인 결승선이라는 게 없다. 그들은 전 프로그램에서 다음 프로그램으로 이어서 죽 진행하는데, 이런 자연스러운 연결 방식이 공식화되었고 심지

• 내 아버지는 젊은 시절에 "머리 없고 손 없는 시체, 살인으로 추정Headless, Handless Body Believed Homicide"이라는 헤드라인을 보았다고 주장하는데, 우리는 그런 기사를 도저히 찾지 못했다.

어 인기도 있다. 일반적으로 레이철 매도의 방송에서 했던 보도 내용을 로런스 오도널의 방송으로 "넘기는" 상황을 볼 수 있을 텐데, 이때 두 MSNBC 앵커는 프로그램과 프로그램 사이의 막간 5분 동안 가벼운 농담을 주고받으며 경계를 흐리게 만든다. 표면상으로는 무척 가볍고 유쾌하지만, "안녕히 계십시오. 빌어먹을 빙하기는 내일 생각하세요." 같은 크롱카이트의 메시지와는 천지차이다.

매도에서 오도널에게로 공이 건네질 때는 항상 반反공화당주의자의 결속에 대한 따분한 이야기가 나오는데, 이것은 반민주당 관련 주제에서 잠시도 벗어나지 않는 터커 칼슨에서 숀 해니티로의 덜 공식화된 바통 패스와 같다. 우리는 늘 상대 편과 전쟁 중이며 이 전쟁은 한순간도 중단되지 않는다.

이것은 우리 사회의 정치적 불안정이 정점에 있다는 심오한 표현이다. 여기에는 우리가 지금까지 한번도 경험한 적 없는, 시청자들을 스스로 생각하도록 하는 것에 대한 공포가 자리 잡고 있다. 이곳에서는 "오늘밤은 이만 집에 돌아가, 푹 쉬고, 다음에 다시 생각해 보시오."라고 말하지 않는다.

심지어 모든 프로그램들이 시청자들에게 계속해서 갈등을 예의주시하라고 요구한다. 인쇄 미디어를 읽을 때 당신의 눈동자는 유사한 주제의 기사들을 따라 내려가면서 하나의 잔인한 사건에서 또 다른 잔인한 사건으로 당신을 옭아맨다. 계속해서 클릭을 해대고, 계속해서 논쟁 속으로 파고들수록 그것은 점점 더 당신의 정체성이 되어 간다.

우리는 당신이 뉴스를 보고 듣는 경험에서 벗어나 내면의 대화를 한다는 걸 전혀 이해하고 싶지 않기 때문에, 당신을 내일까지 방송과 헤어지게 하고 싶지 않다. 클릭하고, 시청하고, 읽고, 트윗하고, 논쟁하고, 돌아와서 다시 클릭하는 이 과정을 수없이 반복하는 동안 당신의 신경은 매 시간 조금씩 닳아 없어진다. 뉴스에 붙들릴 때마다 지적인 자율성을 점점 더 양도하면서.

당신은 보고 듣는 내용에 대해 논쟁할 능력을 상실할 정도로 곧 이 순환에 의지하게 될 텐데, 논쟁을 한다는 건 곧 당신이 선호하는 뉴스 제공자들과의 결속을 약화시키는 걸 의미할 터이기 때문이다. 일단 이 지점에 이르게 되면, 이제부터는 판단이 아닌 믿음의 영역에 들어서게 된다.

말할 것도 없이 이것은 종교적 숭배의 한 형태인데, 이를 고스란히 패러디한 영화가 〈네트워크Network〉이다. 영화는 분별력을 잃고 방송 중에 자신의 처지를 실토한 앵커맨이 대중의 반응을 얻어 전국에서 가장 성공한 프로그램을 진행하게 된다는 내용이다.

이 영화는 TV가 불경스러운 진실에서 광기에 이르기까지 무엇이든 상업화할 수 있고 의례적으로 만들 수 있다는 걸 보여주는 일종의 우화였다. TV는 분노와 저항을 취해 그것을 곧장 복종과 굴복으로 전환할 수 있다. 분노에 끓어오르는 상태에서 좋아하는 정치 프로그램에 귀를 기울이면, 실은 독립적인 위협으로는 아무런 힘도 발휘하지 못하고 프로그램의 소품으로 전락했을 뿐이면서, 마치 권력에 주먹을 휘두르고 있는 사람처럼 행세하게 될 것이다.

모든 종교가 그렇듯 헌신의 둥근 모양은 시간이 갈수록 휘어진다. 믿음이 시들해지면 신앙의 교리는 점점 극단적이 되고, 조작은 더 공격적이 되며, 약속은 더 확고해질 것이다.

전제를 시험하도록 허용하지 않을 때, 종교는 이단이 된다. 시청자들에게 정신의 자율성을 되찾도록 권하는 크롱카이트의 모범적인 끝인사 "내일 뵙겠습니다!"는 사라지고 없다. 이제 그들은 당신이 정신적으로 영원히 이 구역에 남길 바란다. 당신을 억제하는 누구와도 교류하길 원치 않는다.

소셜 미디어는 뉴스 외부에는 삶이 없다는 환상을 미친 듯이 부추겨왔다. 과거엔 일단 마이크를 놓으면 누가 기자인지 알 수 없었다. 그들이 무엇을 대변하는지, 농담을 좋아하는 사람인지 남을 괴롭히는 사람인지, 보수적인 선동가인지 나긋나긋한 히피인지 일반 사람들은 좀처럼 알기 어려웠다.

요즘 기자들은 도무지 퇴근을 하지 않는다. 그들은 밤이고 낮이고 소셜 미디어에 상주해 있다. 그들은 고양이 사진에서 북핵 위기에 관한 견해에 이르기까지 모든 걸 공유한다. 아쉽게도, 다양한 금기어들─관심 없어, 몰라, 양쪽 다 싫어─중 하나를 밀어붙이다간 경력에 영향을 미칠 결과를 초래할 수 있기 때문에, 그들은 자신의 진실한 다른 면을 드러내지 않는다. 이런 소셜 미디어 계정들의 대부분은 정치를 논하는 공적 성격을 개인적인 관점으로 확대한 것에 불과하다.

그러므로 제이크 태퍼는 아이들은 개들과 더 많이 놀아야 한다는 글을 리트윗하면서 하루의 절반을 보내고, 트럼프가 셧다운을 끝내야 한다는 메시지를 날리면서 나머지 절반을 보낼 수 있다. 그 결과 사람들은 비정치적인 공간으로 결코 귀가할 수 없으며, 하루 온종일 뉴스의 울타리 안에 머물게 된다.

오늘날 양당의 뉴스 소비자들은 동료 시민들에 관한 섬뜩한 기사를 늘 가까이 접하면서 지적인 고립 상태를 유지한 채 광신자들처럼 행동한다. 공화당 지지자들은 진보주의자들이 백인이라는 죄책감 때문에 내부로부터 미국 문화를 제거하기를 갈망하며 테러에 동조하는 사람들이라는 말을 듣는다.

민주당 지지자들은 자기들 가운데 동조자와 반역자가 있다는 기사를 매일 수도 없이 접한다. 그 놀라운 예로, 대통령 후보 털시 개버드의 출마 선언 당일 그녀를 크렘린의 도구로 묘사한 NBC의 노력을 들 수 있다.

개버드의 사례에서, 해외 군사 배치에 반대하는 이단적 입장을 취한다는 이유로 워싱턴 정가가 한 명의 정치인을 향해 무섭게 비난을 쏟는 장면을 많은 지식인들이 목격할 수 있었다. 그럼에도 불구하고 기본적인 메시지는 중요했다. 러시아의 영향력은 도처에 퍼져 있으며, 누구든지, 심지어 의회 의원조차도 고의적이든 부지불식간이든 간첩이 될 수 있다는 것이다. 경계하라! 우리를 제외한 모두를 의심하라! 당신이 아는 변함없이 진실한 사람은 오직 우리뿐이다.

미국 전체가 보이지 않는 영향력의 전쟁터에 살고 있다고 전하는 것은 인간의 경험에 대해 매우 편집증적인 견해로, 과거의 뉴스가 보였던 태도와 상반된다. 과거의 뉴스는 시청자들이 반사적으로 드러내는 정치적 반응을 **누그러뜨리기** 위해 설계된 차분한 의례였다.

당시 언론이라는 교회는 졸음이 오는 곳이었다. 70년대와 80년대에 뉴스는 사실상 공격성이 전혀 없고 무미건조한 성격으로 악명이 높았다. 영화 〈앵커맨Anchorman〉에서는 인류 역사상 가장 큰 화제는 판다의 탄생이라고 농담할 정도였다.

당시 뉴스 방송사들은 시청자들을 유순하고 무관심하도록 길들이려 애쓰고 있었다. 지역 뉴스 계열사들은 동물의 왕국류의 내용으로 방송 시간을 꾸렸고, 수십 년 동안 날씨 예보는 점점 길어졌다. 언젠가 현지 기자 한 명이 나에게 조만간 전국에서 가장 높은 연봉을 받는 카메라맨은 헬리콥터가 될 거라고 농담한 적이 있었다. 지역 스카이라인의 공중 촬영은 50건, 100건의 폭로 기사보다 중요했다.

워터게이트 사건 이후 한 10년 내에 시청자들은 충격적인 뉴스를 보고 싶어 하지 않도록 길들여졌다. 그들은 곧 날씨 예보에 더 많은 관심을 가졌다.

오늘날은 이와 정반대로 향하고 있다. 우리는 사람들이 오직 갈등만 생각하게 만들려고 노력하는데, 채널을 고정시키려는 추잡한 상업적 이유에서뿐만 아니라 다른 일을 일체 생각하지 못하게 하려는 이유에서다. 왜 그럴까?

* * *

허먼과 촘스키는《여론 조작》에서 "다섯 가지 필터"를 정의했는데, 이것을 통해 매스미디어가 작동한다고 말했다. 이 다섯 가지 필터는 **소유권, 광고 노출, 기득권, 비난, 그리고 종교 조직화**였다.

그들의 기본적인 생각은 이랬다. 뉴스 미디어는 엘리트 계층 관심사의 종합이다. 뉴스 미디어는 수익을 올림으로써, 혹은 더 큰 수익을 창출해 방송사의 위상을 강화함으로써 미디어 소유주의 목적에 기여해야 한다. 또한 광고주의 가치관과 일치해야 하고, 최고의 뉴스 방송사들과 고위 정부 소식통들 사이의 관계를 강화해야 하며, 수시로 공공의 적에 대항할 사람들을 조직함으로써 이 소식통들의 선전 목적에 기여해야 한다.

본질적으로 뉴스는 여전히 엘리트층의 이익을 증진하기 위한 수단이다. 이 필터들은 대부분 여전히 그 기능을 유지하지만, 한 가지 중요한 측면에서 모델에 균열이 생겼다. 촘스키가 지적한 것처럼, 일종의 조직화된 종교로서 반공사상 개념이 완전히 무너진 것이다.

우리는 다른 공공의 적들을 시도했다. 한동안은 이슬람 테러리스트들이 쓸모가 있었다. 때때로 슬로보단 밀로셰비치 같은 독재자가 이런 역할로 방송 시간을 장악한다. 최근에는 러시아가 극악한 사회주의자의 모습에서 탈피한 다른 모습이 되어 2차전으로 돌아왔다.

이 적대자들 가운데 현대 시청자들의 정곡을 제대로 찌르는 대상은 아무도 없다. 그러므로 촘스키 모델에서 가장 큰 변화는 단연 현대 미디어에서 최고의 "공공의 적"—바로 서로의 반대 진영—을 발견하는 것이다. 우리가 심각하게 분열된 양당 국가로 남아 있는 한, TV에 악당이 출연할 필요는 결코 없을 것이다. 우리가 증오하는 대상은 그저 우리가 어떤 채널을 시청하느냐에 달려 있다.

소련은 반사회적 지도부와 제도적 부패 탓에 붕괴하여, 자신은 물론이고 기능상의 적으로서의 세계 공산주의를 해체함으로써 우리 모두의 기대를 저버렸다.

우리 미디어의 분열된 성격은 부분적으로 우리 제국에서 유사한 균열들이 커지는 길 우리가 보지 못하게 하는 역할을 한다.

과거에는 〈다이너스티 Dynasty〉〔야생동물 다큐멘터리 방송〕의 나무에 사는 고양이들, MTV의 멋진 비디오만으로도 광범위한 제도적 문제로부터 사람들의 주의를 분산시키기에 충분했다.

오늘날 사람들은 생존을 위해 발버둥치고 있고 제도에 대한 신뢰를 너무 많이 잃어버려, 부패로부터 시선을 돌리게 만들 유일한 방법은 가장 강경한 선전을 강속구로 던지는 것뿐이다. 정치적 무능과 부패의 증거가 너무나 만연하고 명백해 우리는 잠시도 나라 일에 관심을 늦출 수가 없다.

대부분의 비非백인 시민들 **그리고** 백인 시민들에게 보건의료 서비스는 파멸적이다. 하원의원 선거구 중에 산부인과 병동을 운영하지 않는 주도 있다. 부부가 아기를 출산하기 위해 100마일을 전속력으로 운전해야 했다는 기사는 더 이상 드물지 않다.

우리는 소득과 형사재판 결과의 극심한 그리고 악화되는 불평등에 고통받고 있다. 대부분의 경우 고용 안정이 전혀 이루어지지 않고, 사회기반시설은 무너지고 있으며(정부의 과도한 비효율성과 낭비로 그 정도가 더욱 악화되고 있다), 대기업들 사이에서는 반反경쟁적 행위와 지대추구 행위가 만연하고, 해양생물 남획에서 태평양을 부유하는 텍사스 두 배 크기의 유독한 "쓰레기 섬"에 이르기까지 다양한 측면의 파괴적인 환경에 위협당하고 있다.

이런 문제들과 수백 가지 다른 문제들은 미국의 공화당원이나 민주당원뿐 아니라 전 세계 모든 인구에게 공통적으로 해당된다. 이런 문제들을 바로잡는 것은 우리 지도자들에게 역부족이었을 것이다. 사람들을 조직 간, 지역 간 논쟁에 계속 집착하게 만들어 이런 문제들을 외면하게 하는 편이 훨씬 쉽다.

더욱이 이것은 대단히 수익성 높은 미디어 전략이 되었다. 2018년, 저널리즘 업계의 실적이 현저하게 하락했음에도 불구하고(혹은 어쩌면 그랬기 때문에) 거의 모든 대형 미디어 회사들은 한밑천 잡을 수 있었다. 《뉴욕타임스》는 2/4분기에 2,400만 달러의 수익을 올렸는데, 신문사 종사자라면 누구나 신문치고 높은 수익이라고 말할 것이다. CBS는 사장 레슬리 문베스―트럼프는 미국엔 나쁘지만 "돈벌이"에는 좋다고 말해 분란을 일으킨 사람―가 미투 스캔들로 사퇴해야 하는 상황임에도 불구하고, 3/4분기에 12억 4,000만 달러의 수익을 올렸다. 2018년 말 MSNBC는 18년 만에 처음으로 시청률에서 폭스를 앞질렀는데, 심지어 당시는 폭스가 케이블 방송만으로 15억 1,000만 달러라는 기록적인 수익을 올린 때였다.

이것은 돈을 버는, 그리고 올바른 정치적 목적에 기여하는 남아 있는 유일한 전략이다. 발언권 있는 윗분들 모두―광고주에서부터 인터넷 유통회사, 뉴스를 제공하는 정치인들, 정치자금 기부자들에 이르기까지 ―를 만족시키려면 이런 결론이 나올 수밖에 없다. 가장 강렬한 리얼리티 쇼의 일종인 내전은 미국인들이 그들의 진짜 문제를 결코 자유롭게 직시하지 못하게 만들 터였다.

이 책략은 촘스키를 역행하는 것이다. 과거에는 우리가 베트남 전쟁에서 코소보 폭격, 이라크 점령에 이르기까지 모든 것에 대해 국민들의 여론을 조작했다면, 지금 우리는 **불만**을 조작하고 있다. 이것이 대중의 폭동을 막는 유일한 방법이다.

그러나 이 방법은 계속될 수 없다. 트럼프의 당선과 버니 샌더스의 선거운동에서 보았듯이(그리고 카탈루냐 독립 시위에서부터 노란 조끼 시위〔2018년 프랑스에서 유류세 인상안이 발표되자 시민들이 분노하여 차량에 의무적으로 비치하는 노란 형광색 조끼를 입고 집회에 참가해 반정부 시위로 확산되었다〕에 이르기까지 전 세계의 무수한 저항 운동에서 보았듯이), 유권자들은 아주 바보가 아니다. 그들은 분노할 정도로 충분히 알고 있다. 상업적인 뉴스 미디어들은 우리가 앞으로 돌진하지 못하도록 투우사의 붉은 망토를 만들기 위해 미친 듯이 노력해 왔지만, 이제 그 수법이 바닥나고 있다.

뉴스를 끄면 대부분 사람들이 즉시 긍정적인 심리 상태로 바뀐다는 것은 분명한 사실이며, 이를 오랫동안 감추기는 어려울 것이다. 더 행복해지길 원한다면, 여러 가지 문제들이 산적해 있을지라도 적어도 서로 예의를 갖추고 기꺼이 협력하며 친절을 베푸는 더 밝은 세상에서 살길 원한다면, 그냥 TV를 끄면 된다.

뉴스를 반드시 소비해야 한다면, 이 책에서 제시한 모든 압박들을 인지하라. 기사를 클릭하거나 TV를 켤 때마다 복잡한 경제학이 작동한다는 사실을 기억하라.

당신의 시선이 스크린을 향해 이동하는 순간부터 어떤 회사는 당신에게 상품을 판매하고 있다. 당신은 이 상품 광고의 대상이 되거나 가입 신청을 함으로써 대가를 지불하고 있는 것이다. 그런가 하면 또 다른 회사는 여러 다른 구매자들에게 **당신**을 팔고 있다. 당신의 관심은 하나의 상품이 되고, 당신의 인터넷 서핑 데이터 등은 또 다른 상품이 된다.

그 한가운데 놓인 실질적 정보인 뉴스는 이런 거래에서 거의 부수적이다. 중요한 것은 당신이 몰두하는 시간의 양이다. 그러므로 당신은 속보를 의심해야 하며, 당신이 통제할 수 없는 일에 대해 걱정하라고 말하는 사실상 모든 사람을 항상 의심해야 한다.

빙하 시대에 대해 신경 끄라고 말하고, 이만 방송을 마치겠으니 내일 다시 만나자며 미소를 짓는 월터 크롱카이트의 태도를 생각해 보라.

그런 다음 2019년 새해 직후 전국적으로 한파가 기승을 부릴 때, 러시아 사람들이 당장이라도 당신 집 난방을 끌 수도 있다는 가정을 제기한 레이첼 매도의 태도를 생각해 보라. 이 매카시즘적 공포 운동은 미국 정부의 사실 확인 웹사이트이며, 자유유럽방송〔Radio Free Europe/ Radio Liberty, 미국 국제방송공사가 유럽과 중동에 보내는 방송〕의 사업부 중 하나인 폴리그래프Polygraph에 의해 즉시 승인되었다. 이것은 정치적·상업적 유인들이 완벽하게 조화를 이룰 수 있음을 보여주는 전형적인 예였다.

자녀가 이불을 덮은 모습을 확인한 뒤 밤에 잠자리에 드는 부모라면 난방이 차단될 가능성에 대해 생각하지 않을 도리가 없을 것이다. 게다가 가정뿐 아니라 지역 전체의 난방이라면! 아이들을 데려갈 따뜻한 공간이 없다면 어떻게 하겠는가? 나이 드신 부모님은?

이런 뉴스는 방송이 끝난 뒤에도 당신의 머릿속에 계속해서 내용이 맴돌길 요구한다. 이것은 크롱카이트의 다정한 인사 "내일 뵙겠습니다." 와 전혀 상반된다. 그들은 당신이 애국심이 있다면 공포와 혐오감, 마음을 어지럽히는 분노를 간직해야 한다고 주장한다.

이것은 절박함을, 빈손을 무심코 드러내는 전략이다. 우리는 전에도 이런 걸 본 적이 있다. 조지 W. 부시가 이라크를 침략하려 했을 때, 당시 백악관은 미국의 대중을 분노하게 만들기 위해 지금 생각하면 우스꽝스러울 정도로 도를 넘은 전략을 세웠다.

부시는 사담 후세인이 무인기를 가지고 있으며, "만일 수송이 가능하다면" 미국의 심장부에 독극물이나 "생물 작용제"을 살포하는 데 무인기가 이용될 수 있다고 말했는데, 큰 신뢰를 받는 콜린 파월조차 그의 말에 동의해야 했다. 대체 사담이 무슨 수로 그걸 수송한다는 걸까? 항공모함으로? 우리는 이 내용을 심각한 뉴스로 보도했다. 그러나 그들은 이라크의 무인기에 대해 전혀 걱정하지 않았다. 그들이 걱정한 것은 사람들이 전쟁을 지지할 만큼 충분히 공포에 떨지 않는 것이었다!

이것은 a) 무의미한 침략을 지지하고, b) 2002년 중간 선거를 시작으로 두 차례의 선거에서 공화당이 이기도록 도우려는, 지극히 협소한 목적을 달성하기 위한 일시적인 광기에 불과했다.

오늘날의 광기는 훨씬 강렬하고, 초당적이며, 한계가 없다. 이것은 일시적으로 맹목적인 열정이 되도록 고안되지 않는다. 이것은 사람들 삶에서 영원히 지워지지 않는 극심한 공포이거나, 그렇지 않으면….

그렇지 않으면 뭐지? 우리가 그 답을 분명하게 말하지 않는 데에는 매우 합리적인 이유가 있다. 미디어의 모든 금기와 기만 중에서 우리가 가장 많이 속이는 것이 이것이다.

우리가 가장 논의하길 두려워하는 주제는 바로, 사람들이 더 이상 뉴스를 찾지 않는다면 어떤 일이 일어날까 하는 질문과 관련이 있다. 당연히, 아무 일도 일어나지 않는다, 가 답이다. 사람들은 우리 없이도 살 수 있고, 아마 대부분의 시간을 잘 살 것이다.

그리고 세상은 알아서 잘 돌아간다.

14. 주홍글씨 클럽

2003년 3월, 미국은 이라크를 침공해 중동에 본질적으로 무제한 군사 점령을 시작했을 뿐 아니라, 시민적 자유, 국제법과 우리의 관계에 대대적인 변화를 가져왔다. 현재 우리는 최소 7개 나라에서 군사 작전을 펼치고 있으며, 고문, "용의자 송환", 무기한 구금, 암살, 대중 감시 등의 제도는 모두 저 치명적인 결정의 유산들이다.

전쟁은 미디어의 역할에도 근본적인 변화를 가져왔다. 이라크가 대량 살상무기를 보유했는지 여부에 관한 업계 전반의 악명 높은 실수로 인해, 대부분의 미국인들은 이라크 사태를 언론의 참사로 기억한다. 더 자세히 설명하겠지만, 그것이 정확한 이야기는 아니다. 그보다 훨씬 복잡했다.

사실 대부분의 것들이 그렇다. 이것은 중요한 주제지만, 좀처럼 언급되지 않는다. 한편 독자와 시청자들은 순종적이고 충실하도록, 그리고 단순하고 편파적인 세계관을 받아들이도록 길들여진다.

그러나 종종 우리는 정신적으로 나약해진 이 독자와 시청자들을 잡아채서 물속 깊은 곳으로, 어느새 너무 복잡해져서 가장 강박적인 뉴스 중독자들이나 추적하고 싶어 하는 아주 심오한 기사들 속으로 끌고 갈 것이다. 이 과정은 지적으로 평범한 사람들의 진을 빼는데, 이는 정부 관계자들과 미디어 경영진들 모두가 기대하는 바다.

이라크는 이런 유형으로 최초의 기사들 중 하나였다. 우리는 세부 사항, 뜻을 알 수 없는 전문적인 내용, 도표, 지도, 화학 용어로 독자와 시청자의 기를 죽였고, 얼마 후 기사 내용을 받아들이도록 사실상 소비자들에게 강요했다. 이 전쟁 계획에 연루된 영국 관계자 한 명이 (몇 년 뒤에 공개된 메모에서) 지적한 것처럼, 대중에게 떠넘겨진 세부 사항들 중 일부는 "진짜 전문가를 속이지" 못했을 것이다. 그러나 그들이 속여야 할 대상은 그런 전문가가 아니었다.

그들은 혼란과 좌절에 지쳐 허덕이는 시청자들이, 9/11 이후 공포와 분노, 행동에 나서야겠다는 결심으로 머릿속이 뒤범벅이 된 시청자들이 필요했다. 기껏해야 잠깐의 조사를 견디기 위해 설계된 전쟁의 정당성을 믿게 하기 위해서 말이다.

화이트워터 스캔들〔화이트워터 부동산 개발회사를 통한 빌 클린턴 전 대통령의 부동산 투기 의혹〕과 모니카게이트 같은 기사들처럼, 자세한 내용으로 시청자들을 지치게 만드는 이런 기법은 과거에도 제법 효과를 발휘했지만, 이라크 사건은 확실히 획기적이었다. 이것은 일련의 복잡한 주요 줄거리와 부차적인 줄거리들을 믿고 받아들이도록 시청자들에게 강력하게 촉구한 향후 기사들에 발판을 마련했다.

이라크 전쟁에서 얻은 또 하나의 중요한 교훈은 언론계 인사들은 상황을 잘못 판단하더라도 직업에 아무런 영향을 받지 않는다는 것이다. 오히려 그들은 다시 "실수"를 저지를 필요가 있는 경우에 대비해 계속 그 자리를 지키거나 승진한다.

우리가 잊어버리기로 한 사실이지만, 2008년 금융 위기, 도널드 트럼프의 승리, 베네수엘라 사태, 심지어 #러시아게이트 같은 기사들을 엉망으로 다룬 저널리스트들이 바로 대량살상무기 사건의 제일가는 주역들이었다.

흔히들 이라크 침공 사건은 공화당 의원들, 그리고 카페인을 들이붓는 《뉴욕타임스》 기자 주디스 밀러가 추진한 일이었다고 생각한다. 그러나 민주당 우세 지역의 **지식인들**, 특히 맨해튼의 어퍼웨스트사이드와 워싱턴 D. C.의 조지타운 등 북동부 지역에서 여전히 자리를 지키고 있는 대부분의 전문가 집단 역시 부시의 전쟁을 과장 선전했다.

《워싱턴포스트》의 리처드 코언은 "바보, 아니면 아마도 프랑스 사람만이" 대량살상무기 사건을 부인할 수 있다고 말했다. 《뉴요커》의 기자이며 #저항 영웅 데이비드 렘닉은 "대량살상무기에 관한 의견"이라는 제목의 기사로 침공 문제에 합류했다.

잘못에 대한 인간 바로미터가 있다면 잡지 《뉴욕》의 조너선 채이트를 꼽을 수 있을 텐데, 그는 2003년에 이라크 침공을 지지했고, 10년 뒤에는 이라크 관해 실수했던(즉, 자기 같은) "기존의 생각과 기존에 그렇게 생각했던 사람들을… 전부 쓸어버리는 것"은 "근시안적인" 대응이 될 거라고 경고하는 거만한 칼럼을 썼다.

《뉴욕타임스》의 칼럼니스트 토머스 프리드먼은 이라크해방작전〔미국의 이라크 전쟁 작전명〕에 관해 "다음 6개월" 안에 14차례 연속해서 의견을 뒤집었고, 미국의 적대국들에게 "엿이나 먹으라."는 유명한 말을 남기는 잘못을 범했다. 현《애틀랜틱》편집장 제프리 골드버그는 사담 후세인과 "알카에다와의 연계 가능성"에 관한 추측으로 해외 특파원상을 수상했다.

데이비드 브룩스는 뜨내기 공화당 지지자이고, 말장난으로 유명하며, 미국 부자들의 고급 소비자 취향에 관한 책의 저자에, 예일대학교의 자칭 "겸손한" 교사다. 그는 이라크 침공 시기에 《위클리스탠더드》와 일할 때 전쟁에 미쳐 "평화운동가들"을 비난했다.

그는 "평화 캠프(평화운동 단체들이 군사 시설물 주위에 캠프를 치고 군비 증강과 핵무기 등에 반대하는 운동)에 소속된 사람들 누구도 사담 후세인이 전 세계에 근본적으로 위협적인 존재가 아니라고 자신 있게 말하지 못할 것이다."라고 젠장맞을 이중부정을 사용하며 외쳤다. 나중에 그는 매파 논설위원들의 진영에 합류한 다음 《뉴욕타임스》 오피니언 페이지 칼럼에서도 같은 내용을 반복했는데, 이번엔 더 소심한 발언들로 포장해 더 헷갈리게 만들었다.

〈데일리비스트〉가 "미국에서 다섯 번째로 영향력 있는 진보주의자"로 호명하였고 이 명성을 계속해서 이어갈 《워싱턴포스트》의 논설주간 프레드 하이엇은 이라크 전쟁에 찬성하기 위해 27개 언론사에 사설을 실었다. 이 사설들은 "대체 어떤 사람이 이라크의 대량살상무기 보유를 의심할 수 있는지 상상하기 어렵다."(〈반박할 수 없는 Irrefutable〉, 2003년 2월 6일) 같은 전형적인 문장이 특징이었다.

MSNBC는 전쟁에 반대하는 필 도너휴와 제시 벤투라를 라인업에서 제외함으로써 제 역할을 다했고, CNN은 방송마다 장군들과 전 국방부의 끄나풀들로 넘쳐났으며, 늘 자기편에 유리하게 판을 짜는 ABC, CBS, NBC, PBS 등의 방송사들은 정도가 더 심해졌다. 미디어 감시 및 비평 단체 'FAIR'에 따르면 이라크 침공 전 2주 동안 이 방송사들에 출연한 267명의 게스트 중에 전쟁에 의문을 품은 게스트는 단 한 명뿐이었다.

현대 상업 미디어의 첫 번째 규칙은 누구든지 덩달아 상황을 엉망으로 만들 수 있다는 것이다. 그러므로 대량살상무기의 혼란에 대한 책임 소재는 어디에도 없었다. 주범들은 여전히 자기 자리를 지키고 있거나 극악무도한 거물이 되었다.

시간이 지나자, 이들 미디어계 인사들은 대중의 기억에서 실수의 규모를 지우기 위해 갖가지 속임수를 이용했다. 지나고 생각해 보니 대량 살상무기 문제의 양상들은 전혀 실수로 보이지 않았는데, 그도 그럴 것이 선전 캠페인이 워낙 대대적인 영향을 미쳐 이런 실수들이 눈에 들어오지 않았기 때문이다.

"테러와의 전쟁"은 "실수"였음이 인정된 뒤에도 미디어계 인사들은 여전히 거의 아무런 이의를 제기받지 않았으며, 오히려 지적인 맥락을 만들어 전쟁에서부터 시민적 자유, 자기 결정 능력, 그 밖에 무수한 다른 쟁점들에 이르기까지 모든 사항에 대해 대중의 인식을 바꾸었다.

화장으로 결점을 가리자 모든 것이 잊혔다. 예를 들어, 골드버그는 사담-헤즈볼라의 연합은 "재래식, 혹은 심지어 핵 반응"을 도발하기 위해 "이스라엘에 미사일을 발사"할지도 모른다는 추측성 기사로 미국 잡지 상을 수상했다. 오늘날 그의 약력에는 "이슬람 테러리즘에 관한 보도"로 상을 받았다고만 나와 있다.

이런 전설 같은 이야기를 감추려는, 저널리즘의 실수를 사담 후세인이 위협을 가했다는 부시 행정부의 주장을 믿은 것에 국한해야 한다는 의견도 있다. 그러나 대량살상무기에 관해서만 일을 망친 게 아니었다.

기자와 전문가들은 수년에 걸쳐 터무니없는 모든 종류의 의견과 개념을 받아들이도록 요구받았다. 몇 개월 뒤면 전쟁이 끝날 것이다, 우리는 해방자로서 꽃으로 환대를 받을 것이다, 시아파와 수니파의 차이는 과장되었거나 혹은 존재하지 않으므로 종파 간 갈등은 일어날 것 같지 않다 등등.

증거는 언제나 다음 언덕 너머에 있었다. 그것은 언론 판 다단계 금융 시기의 선구적인 노력으로, 뉴스 보도 기관들은 미래의 게시라는 잔액을 기준으로 수표를 발행해 현재의 헤드라인 제목을 정당화했다.

여기에는 분명 #러시아게이트와 유사한 흐름이 있는데, 러시아게이트의 초기 헤드라인도 마찬가지로 익명의 정보원들에 의해 만들어졌고, 이들이 향후 점차 강도를 높여 충격적인 소식을 전할 보도 일정을 잡았을 것으로 짐작된다.

많은 사람들이 두 사건을 비교하길 망설일 텐데, 그럴 수 있다. 원한다면 #러시아게이트는 잊어도 좋다. 그러나 오늘날의 많은 주도적인 목소리들이 불과 얼마 전에 무엇에 대해 면죄부를 받았는지 정확히 기억하기 위해 과거를 되짚어 보는 것은 가치가 있다. 선전의 규모가 얼마나 거대했는지는 벌써 까맣게 잊었다.

* * *

2001년 9월 11일에 트윈 타워가 붕괴된 지 한 달이 채 되지 않아, 미군은 오사마 빈 라덴과 알카에다를 찾기 위해 중동으로 향했다. 우리는 10월 7일에 아프가니스탄을 침공했고, 많은 미국인들은 이것으로 끝일 거라고 생각했다.

하지만 그렇지 않았다. 얼마 안 있어 우리는 다음 단계가 시작될 거라는 암시를 얻었다. 아프간 작전 개시 후 2주가 되지 않은 2001년 10월 18일, 존 매케인은 〈데이비드 레터맨 쇼David Letterman Show〉에 출연했다. 그는 간간이 웃으면서 전쟁의 "다음 단계"는 이라크가 될 거라고 말했다.

그러고는 당시의 일련의 탄저균 공격은 이라크에 책임이 있다고 넌지시 내비쳤는데, 니컬러스 크리스토프 같은 기자들과 전문가들이 스티븐 햇필이라는 과학자에게 집중 공격을 퍼붓는 실수를 저질렀던 것처럼

〔FBI는 9/11 테러 직후 연쇄적으로 벌어진 탄저균 테러의 용의자를 생화학연구소 연구원 스티븐 햇필로 잘못 지목했다. 7년 후 브루스 이빈스가 범인으로 밝혀졌다〕, 그의 발언에 관한 기사는 그 자체로 저널리즘의 역사적인 대실수로 향하고 있었다. 그러나 당시 매케인은 탄저균의 출처는 "이라크일지 모른다. 그리고 나는 그럴지 모른다는 점을 강조한다."라고 완곡하게 말했다.

그 직후인 2002년 1월 29일에 조지 W. 부시는 유명한 "악의 축"에 관해 연설했고, 이 연설에서 이라크를 "우리의 동맹국을 공격하거나 미국에 협박을 시도"할 수 있는 정복되지 않은 민족국가 트로이카 중 하나라고 칭했다. 부시는 "무관심의 대가는 비극적일 수 있다."라고 덧붙였다.

이 연설이 있은 지 몇 개월 되지 않아 이라크 침공은 공공연한 비밀이 되었다. 언론에게 이 시기는 매우 중요했는데, 우리가 행동을 개시할 거라는 걸 모두가 알고 있었지만 공식적인 명분이 충분히 드러나지 않았기 때문이다. 이때가 침공 이유를 캐내기에 좋은 기회였을지 모른다.

하지만 어떻게 된 일인지 기자들은 침공 논쟁의 주요 요소들이 9/11 훨씬 이전에 부시와 친밀한 관계를 맺고 있는 지식인들에 의해 공표되었다는 사실을 알아차리지 못했다.

90년대에 유명한 신보수주의자들은 이라크의 "정권 교체"에 대한 견해를 공공연하게 퍼뜨렸다. 빌 크리스톨과 로버트 케이건은 한참 전인 **1998년** 1월 《뉴욕타임스》 사설에서 "사담 후세인을 제거해야 한다. 이라크 폭격으로는 충분하지 않다."라고 주장했다.

우리가 어떻게 9/11과 아무 관련도 없는 몇 안 되는 중동 국가 중 하나를 끝내 침공하게 되었는지 궁금하다면, 이런 식이었다. 침공은 트윈 타워 붕괴에 대한 보복도, 테러 시대에 대량살상무기의 확산으로부터 안전을 지키기 위한 노력의 일환도 아니었다. 그것은 대부분의 사람들이 "오사마 빈 라덴"이라는 이름을 듣기 훨씬 전부터 명확하게 드러나 있던, 새롭고도 야심찬 외교정책 비전의 한 단계였다.

사설을 쓴 필자들은 이렇게 말했다. 보수주의자들은 (당시 유행하던) "평화 배당금"〔군비 축소로 생긴 자금을 경제발전 등에 사용하도록 조성한 공적자금〕에 편승하는 것이 정치적으로 필요하다는 생각에 복종해서는 안 된다. 미국은 "제2차 세계대전 종식 당시 미국이 짊어진 방대한 책임들을 내려놓길" 거부해야 한다. 또한 빌 클린턴 같은 민주당 의원들과 팻 뷰캐넌처럼 "미국 제일주의"를 외치는 대단한 민족주의자들 모두가 (당시 제시했던) "국내에 에너지를⋯ 집중"하려는 충동도 거부해야 한다.

대부분의 사람들은 신보수주의자들이 린든 존슨〔미국의 36대 대통령〕의 사회복지 프로그램과 조지 맥거번의 반전 입장에 실망해 공화당으로 전향한 과거의 민주당원이라는 사실을 알지 못한다. 다른 진보주의자들이 모욕적인 의미로 "신보수주의자"라는 용어를 만들었는데, 원래는 이 용어를 민주당의 우익이라는 뜻으로 사용할 생각이었다. 이들 전 민주당원들 중 다수는 주로 트로츠키의 야심찬 국제주의의 팬으로 그의 사상에 매우 깊은 매력을 느꼈다. 그 씨앗은 크리스톨과 케이건이 제시한 새로운 정책인 이른바 "자비로운 패권"에서 찾을 수 있었다.

크리스톨은 미국은 "영역 내에 있는 다른 모든 나라에 우세한 영향력과 권위를 지닌 대표 국가"가 되기 위해 힘써야 한다고 주장했다. 그는 소련이 사라졌으니 이제 우리의 "영역"은 지구 전체가 되어야 한다고 계속해서 주장했다. "권위"를 획득한다는 것은 "이란, 쿠바, 그리고 중국"(중국!) 같은 나라에서 "궁극적으로 정권 교체를 일으키도록 만들" 정책을 추진하겠다는 의미였다.

미국은 케이건과 크리스톨이 말하는 이른바 "아먼드 해머주의"〔아먼드 해머는 러시아 유대인 이민자 출신의 옥시덴탈 석유회사 회장으로, 냉전 시대에도 소련과 돈독한 관계를 맺을 만큼 돈을 벌기 위해서라면 민족이나 이념, 종교는 상관없다고 주장했다〕, 다시 말해 실용주의를 바탕으로

비非 위성국가들과의 관계를 구축하려는 시도를 거부하면서, 전 세계에 "미국의 영향력을 계속해서 행사"해야 했다.

부시의 연설문 작성자 데이비드 프럼은 이 매력적인 새 정책을 판매하기 위해 대중을 설득하자고 제안했다는 혐의를 받은 사람들 중 한 명이었다. "악의 축" 연설문을 작성하기 위해 자리에 앉은 프럼은 제2차 세계대전을 돌아보았다. 그는 미국의 적들은 증오에 미쳐 있어, 파괴의 위협을 받는다 해도 이성적으로 행동할 것으로 기대할 수 없다고 판단했다. 그는 "전쟁 억제가 효과가 있었다면, 진주만 공습은 결코 없었을 것이다."라고 썼다.

그러므로 이라크는 단순히 사담 후세인이 9/11과 관계가 있다거나 대량살상무기를 보유하고 있다는 것을 미국인들에게 납득시키기 위한 존재만이 아니었다. 이라크는 "견제" 정책이 더 이상 어느 곳에서도 실행 가능하지 않다는 걸 납득시키기 위한 도구였다.

소련이라는 더 강력한 적을 견제하는 데 성공했음에도 불구하고, 미국인들은 작고, 약하고, "불량한" 정권들이 존재하게 돼야 한다는 생각에서 벗어나야 한다고 설득되어야 했다. 또한 장기적으로는 중국을 포함해 이런 모든 국가들의 "정권 교체"를 위해 계획을 마련해야 했다.

우리가 기자들을 속기사라고 조롱할 때는, 그들이 권력자들의 말을 그대로 따라 적기 때문만은 아니다. 진짜 범죄는 권력자들의 생각(주로 관계자 집단들에 의해 따분한 통합 절차를 거쳐 만들어진)을 그대로 받아들여 마치 그것이 자신의 개인적인 생각인 양 반복하는 것이다.

대량살상무기를 들먹이는 논설위원들은 다른 사람들의 말을 처음부터 끝까지 앵무새처럼 따라 했다. 이런 면에서 보면 크리스톨, 케이건, 프럼 같은 신보수주의자들은 최소한 자기 생각을 썼으니 오히려 괜찮은 메신저들이었다. 반면 북동부 지역의 권위자들은 지적 메아리증〔남의 말을 반복해서 흉내 내는 행동〕에 걸려 있었다.

과거에는 선제공격으로 전쟁을 일으키자고 주장한 적이 없던 렘닉은 갑자기 우리에게 "견제라는 무의미한 추구로 회귀하는 것은 모든 선택 사항 중 가장 위험한 선택이 될 것이다."라고 말했다. 프레드 햇트는 "벌 집을 쑤시지 않는 것은 편의적이고 임시방편적이며 희망사항에 불과한 전략"이라고 경고했다.

토머스 프리드먼의 악명 높은 사설 〈이라크의 겁쟁이 Chicken à l'Iraq〉는 미국은 견제라는 위험을 무릅쓸 수 없으며 불량한 적들처럼 기꺼이 예측 불가능한 상태에 있어야 한다고 주장했다. 다시 말해, **현실정치**라는 치킨게임에서 우리는 잡고 있던 운전대를 던져버리고 "혼자서, 내일 당장 이라크를 침공할 준비"가 되어 있어야 한다는 것이다.

돌대가리 주디스 밀러가 모든 언덕 너머마다 살인 무기가 숨겨져 있다고 믿었다는 건 쉽게 상상이 가는 일이다. 그러나 렘닉에서 햇트, 프리드먼, 코언, 채이트에 이르기까지 모두가 견제 정책은 실패라는 혁명적인 생각을 받아들이고, 하룻밤 사이에 근본적으로 전혀 다른 "자비로운 패권" 정책을 지지했다는 건 놀라운 일이 아닐 수 없다. 이것은 "오세아니아는 동아시아와 전쟁 중이다. 오세아니아는 늘 동아시아와 전쟁을 벌여왔다."(《1984》에서, 어느 날 오세아니아의 적이 유라시아가 아닌 동아시아로 발표되면서 관련된 모든 기록이 폐기되고 지금까지 오세아니아는 동아시아와 전쟁을 벌여온 것으로 상황이 바뀐다)라는 책 속 문장의 현실 버전이었다.

더욱이 그들은 개념만 대충 반복한 것이 아니었다. 그들은 무엇보다 언론을 기만할 목적으로 관계자들이 날조한 주요 내용들을 하나하나 똑같이 반복했다.

우리는 영국의 이라크 조사 위원회가 존 칠콧 경의 주도하에 영국과 미국의 침략 사유를 조사했다는 사실을 알고 있다. 이른바 칠콧 보고서는 2002년 3월부터 9월까지 약 6개월에 걸쳐 영국과 미국의 관계자들

사이에 이루어진 공동 성명 중 일부를 공표하여, 이라크 전쟁이 어떻게 벽돌 쌓듯 차곡차곡 진행되었는지 밝혔다.

미국은 선거철이었고 정신없는 상황에서 이 보도는 상대적으로 언론의 주목을 거의 받지 못했다. 영국과 미국의 언론들에게 이것은 상당히 귀찮은 일이었다.

2009년에 토니 블레어 전 영국 총리는 대량살상무기 문제가 없었어도 자신은 이라크 침공을 지지했을 거라고 인정했다. "내 말은, 어차피 당신들은 다른 주장들을 이용하고 전개해야 했을 거라는 의미다."라고 그는 말했다.

칠콧 보고서와 2005년에 공개한 다우닝 가〔영국 총리 관저가 있는 곳으로 영국 정부를 가리킴〕의 메모는 블레어 정부가 "전개"했던 주장들이 정확히 무엇인지 개략적으로 보여주었다.

당시 블레어와 부시의 대화 범위는 전쟁 전에 우리가 들었던 공화당과 주류 민주당 사이의 정치적 논쟁 범위와 대략 비슷했다. 공화당은 전쟁의 진짜 이유에 대해 "정권 교체" 때문이라고 말하는 것을 부끄러워하지 않았다. 민주당, 그리고 블레어는 "정권 교체"에 만족했지만 다른 공개적인 명분이 필요했다.

영국은 처음부터 부시 행정부를 경계했다. 영국 외무부 정치국장 피터 리케츠는 2002년 초 다음과 같은 메모를 남겼다. "미국은 이라크와 알카에다 간의 연관성을 만들기 위해 허둥대고 있는데, 솔직히 전혀 납득하기 어렵다…이라크에 '정권 교체'는 타당하지 않은 것 같다. 부시와 사담 사이에 원한이라도 있는 것 같다."

영국과 우리에게는 유감스럽게도, 블레어는 "특별한 관계"를 유지하기로 결정했고 개인적으로 "정권 교체"를 지지했다.

2002년 3월 14일, 블레어의 외교 정책 고문 데이비드 매닝은 콘돌리자 라이스와의 만찬을 마친 뒤 블레어에게 메모 한 장을 썼다. "총리님이 정권 교체에 대한 지지를 고수할 거라고 전했습니다. 하지만 총리님은 의견이 크게 다른 언론과 의회, 그리고 여론을 관리해야 한다는 말도 전했습니다." 이처럼 영국이 전쟁을 공개적으로 옹호한 이유는 주로 국민들에게 정치적 상황을 은폐하기 위해서였다.

부시 행정부는 처음엔 유엔UN의 개입을 원하지 않았고, 영국은 명분 없는 침공은 지지할 수 없다고 주장했다. 그리하여 두 나라는 사담 후세인의 유엔 사찰 저항과 대량살상무기 소지를 근거로 새로운 주장을 펼치는 데 공을 들이게 되었다.

이 목적을 위해 영국은 이라크의 위협을 개략적으로 설명하려는 취지로 일련의 기밀 "문건들"을 조작했다. 초기의 초안들은 이라크뿐 아니라 리비아, 북한, 이란이 보유한 무기들을 전반적으로 설명했다. 잭 스트로 외무장관은 2002년 3월에 작성한 초기의 초안을 읽자마자 얼굴이 창백해졌다.

그는 이렇게 썼다. "좋다. 하지만 이라크를 **처음**에 거론하고 분량도 더 많아야 하지 않나? 이라크로부터 이례적인 위협이 있는 이유가 나와야 하는데 이 보고서에는 아직 그런 내용이 없다."

그들은 내용을 전면 수정해 이라크 관련 보고서를 다시 작성했다. 존 스칼릿 경 합동정보위원회 의장은 3월 15일에 참고 삼아 다음과 같이 작성했다(강조는 내가 한 것이다).

> 새로 작성한 초안은 SCR[유엔 안전보장이사회 결의안]의 위반 행위 —**자국민에 대한 CW[화학전] 물질 사용**—를…강조한다. 보고서에 **이라크만 다룰 경우** 더 큰 효과를 볼 수 있을지 고려해 봐도 좋을 것이다. 이것은 **대량살상무기 측면에서 이라크가 그렇게 예외적이 아니라는 사실을 가리는 이점**이 있을 것이다.

영국 외무부의 대량살상무기 확산 방지 프로그램 책임자, 팀 다우스는 메모에 이른바 전쟁 이유의 "발표와 관련된 어려움"을 해결하기 위한 방법들을 빽빽하게 제시했다.

우리의 공개 방침을 변경해야 할 경우, 용어를 바꿈으로써 발표와 관련된 어려움을 교묘하게 처리할 수 있을지 의문. 다량의 화학무기 전구물질에 대해 이야기하는 대신(어쨌든 일반인에게는 별 의미가 없으니까) 군수품에 초점을 맞추고, 수천 개의 스커드 미사일 탄두/공중 투하 폭탄/머스터드 가스를 가득 채운 122mm 로켓/치명적인 신경성 화합물 타분/사린/VX 등을 생산하기에 충분한 화학무기 전구물질에 대해 언급하면 좋을 듯….

그리고 다음과 같이 덧붙였다.

이것으로 진짜 전문가의 눈은 속이지 못하리라는 걸 안다…하지만 이 일을…비전문가가 알아채기는 불가능할 것이다. 그리고 결과적으로 목표 독자에게 더 큰 영향을 미칠 거라고 생각한다.

이 모든 역사적 내용은 보도 오류의 심각성을 설명하기 위해 필요하다. 언론인들과 전문가들은 이라크가 실제로 대량살상무기를 보유했는지 여부에 대해 질문을 꺼내보기도 전에, 이런 어설픈 속임수들을 하나하나 받아들일 수밖에 없었다.

크리스톨과 케이건 같은 너무 성장한 **위험한** 선수들이 수년 전 공공연하게 꾸민 어이없는 세계 지배 계획이 전쟁의 진짜 이유라는 사실을 뉴스 매체 어느 곳에서도 냄새 맡지 못할 거라고 상상한다는 것은 부시와 블레어에게 엄청난 도박이었다.

지금 우리가 알고 있는 바대로, 관계자들은 대중에게 특히 미디어에 "정권 교체"를 숨기려는 이런 주먹구구식 노력이 허사가 되리라고 비관적으로 전망했다. 블레어 총리의 대변인 앨리스터 캠벨의 보좌관 필립 바셋은 2002년 9월 11일에 이렇게 썼다. "우리는 이 문제로 곤란해질 것 같다."

무엇보다 바셋은 문건들이 지나치게 철저하게 준비되었다는 것, 그리고 수사적으로 화려한 표현들이 과하게 많다는 것을 저널리스트들이 알아차릴지 모른다고 걱정했다.

"관공서 문체로 작성될 필요가 있다고 생각한다. 대부분의 내용이 지금 기준으로 지나치게 신문 같다. 일부(예를 들면, 사담의 일대기를 다룬 첫 장!)는 《선데이타임스》 기사 같다."

관계자들은 질문을 너무 많이 퍼부을지 모르는 오지랖 넓은 기자들을 따돌리고, 일반인을 겨냥한 보고와 수사법을 논의하기 시작했다. 일부에서는 그들의 기밀 문건이 "보다 흥미진진할" 필요가 있다고 우려한 반면, 일부에서는 대중도 언론도 "대형 건물들에 관한 살짝 어설픈 주장들"을 믿지 않을 거라고 생각했다.

그들은 공개 전에 언론과 연락을 전면 차단하기로 논의했다. 심지어 비공개를 전제로 하는 연락조차 "상품을 내놓을 것"이라는 기대를 불러일으킬까 봐 우려했다.

외교부 홍보팀장 존 윌리엄스는 가장 의심이 많은 사람이었다. 그는 문건이 "충분한 것 같지 않으며…지금 사담이 거론될 필요성을 입증할…'치명적인 사실'이 없다."고 생각했고, 자신과 자신의 동료들에게 "저널리스트들 대신 더욱 더 많은 사람들의 심금을 울릴 수 있게 광범위한 사례를 보강하자."라고 제안했다. 그는 다음과 같이 덧붙였다.

우리의 목표 대상은 논쟁적인 인터뷰 진행자나 자기 의견을 고집하는 칼럼니스트가 아니라, 자동차나 주방에서 라디오로 정부 측 인터뷰 진행자의 목소리를 배경음으로 듣는 부류의 사람들이다….

윌리엄스를 비롯한 관계자들은 괜한 걱정을 했다. 오히려 그 반대임이 드러났다. 상당수 대중이 회의적인 반응을 보인 반면, 대부분의 기자들은 미끼를 물었다.

영국은 2002년 9월과 2003년 2월, 두 차례에 걸쳐 각각 한 쌍의 문건을 통해 정보조사 결과를 발표했다. 그러나 2003년 2월 15일, 대략 600만 명에서 3,000만 명에 이르는 전 세계 사람들이 거리 시위를 벌일 만큼(나도 참여했다) 발표 내용이 납득이 되지 않았다. 한편 저널리스트들은 사소한 내용까지 철저하게 공식적인 표현을 반복했다.

영국과 미국의 정보 문건 작성자들은 기자들에게 애매한 표현들에 대해 비난받을 것을 우려해 글에 "멋"을 부렸다. 한 관계자는 스칼릿 경에게 이런 내용을 전했다. "가령 '거의 확실하다'는 표현과 그 밖의 주의사항들에 대하여, 경의 판단을 어느 정도까지 에둘러 표현하는 것이 좋을지 분명하게 판단해 주시기 바랍니다."

언론은 결국 제 스스로 정부와 같은 목소리를 내고 있었다. 영국 문건이 처음 발표된 지 몇 달 지나지 않아, 실제로 아무것도 달라진 게 없는데도, "전하는 말에 따르면"이나 "가능성 있는" 같은 단어들이 전국의 모든 뉴스 보도에서 사라지기 시작했다. 침공이 불가피하다고 여겨지기 시작한 새해 이후에는 특히 그랬다.

"오늘 부시 대통령은 이라크와 이라크의 대량살상무기가 미국에 정확히 어떤 위협을 가하는지 묻는 비평가들의 질문에 대변인을 통해 답을 전했습니다." 2003년 1월 말, NBC 앵커 데이비드 그레고리는 이라크 침공 몇 개월 전에 이 같은 전형적인 보도를 했다.

심지어 질문들조차 진술 형식으로 제시되었다. "CIA는 이라크의 대량살상무기에 관하여 더 많은 정보를 공개하라는 요구를 받고 있습니다." 2003년 1월 6일, 자칭 회의론자인 댄 래더가 한 말이다.

기자들은 이라크의 대량살상무기 보유 여부를 쟁점으로 삼기 전부터, 프랑켄슈타인의 괴물, 즉 영국과 미국의 선전자들이 몇 달에 걸쳐 조작해 온 전쟁의 근거를 믿었다. 사담은 유일무이하며 "이례적일 만큼 극악한" 악마이고, 이라크 봉쇄는 지속될 수 없으며, 침공 없이는 국제법에 대한 신뢰가 지속될 수 없으며 등등.

완벽한 전쟁 세일즈맨을 창조하기 위해 영국과 미국의 정보기관이 실험실에서 공동으로 연구했다 해도, 제프리 골드버그를 능가하는 인물을 탄생시키지는 못했을 것이다. 이후 골드버그는 〈슬레이트〉와 《뉴요커》에 글을 쓰면서 바라던 거의 모든 주제를 다루었다. 정부 소식통이 "스커드 미사일 탄두 수천 개를 충분히 생산할 수 있는 화학무기 전구물질"을 강조했다고 한 기사를 기억하는가?

영국이 첫 번째 문건을 기자들에게 공개한 지 몇 주 지나지 않은 2002년 10월 3일, 골드버그는 〈슬레이트〉에서, 이라크의 아플라톡신 사용 가능성에 대해 논의한 전직 무기 사찰관의 말을 인용하면서, 아플라톡신은 "간암을 유발하며…특히 아동에게 영향을 미칠 가능성이 크다."라고 말했다. 그리고 골드버그는 이라크가 "미사일에 탑재 가능한 두 개의 탄두에 아플라톡신을 장착했다….".는 말을 들었다고 덧붙였다.

골드버그는 "거슬리는" 주제에 혹평을 가했다. 그는 반전 운동가들이 《뉴욕타임스》에 낸 광고문을 인용했다. 그들이 광고를 낸 이유는 《뉴욕타임스》 기자들은 묻지 않을 질문―"그 모든 혐오스러운 독재국가들 중 왜 하필 이곳인가?"―을 제기하기 위해서였다.

골드버그는 다음과 같이 대답해 "사담 후세인은 히틀러인 동시에 사탄"이라는 주제를 강조한 최초의 인물에 속하게 되었다.

> 사담 후세인은 유례없이 혐오스럽고, 유례없이 위험한 인물이다…그 처럼 희대의 온갖 악의적인 기록에 어울리는 인물은 어디에서도…찾아보기 어렵다….

골드버그는 쿠르디스탄을 방문해 "불임 여성들과 여성 암 환자들"을 만난 일을 이야기하면서 이렇게 덧붙였다.

> 사담 후세인은 특별히 더 사악하며, 오늘날 화학무기로 대량학살을 자행하는 유일한, 그리고 히틀러 이후 최초의 집권자다….

브룩스는 평화 운동가들에 대해, 만일 "사담이 바그다드에서 여전히 권력을 유지하게 되어, 생물학 무기와 화학 무기, 핵무기 프로그램 개발에 힘쓰고 자국민에게 계속해서 폭압을 행사할 경우에" 내재하는 위험을 직시하려 하지 않는 사람들이라며 야유를 퍼부었다. 몇 년 뒤에 그는 당시 이런 자신의 생각에 다음과 같이 덧붙였다. "과거로 돌아가 히틀러의 방에서 그의 목을 조를 상황이 온다면, 당신들은 그렇게 하겠는가?"

시사평론가 조지 윌은 이라크 침공을 비난하는 사람들에게, 제2차 세계대전 시기에 영국을 향해 히틀러 선전방송을 한 "호호경"(본명은 윌리엄 조이스)과 같다며 조롱했다. 코피 아난 유엔 사무총장에 대해서는 사담의 "종"이며 네빌 체임벌린을 흉내 내고 있다고 비난했다. 사찰을 지지한 민주당 하원의원, 짐 맥더모트와 데이비드 보니어에 대해서는 "레닌의 경찰국가 테러"를 부인했던 "유용한 바보들"(어디서 많이 들어본 소린데?) 부류의 두 "표본"이라고 덧붙였다.(레닌은 소련의 체제를 찬성하는 서양의 진보주의자들을 '유용한 바보들'이라고 일컬으며 조롱했다고 한다. 이후 이 용어는 독재정권의 속임수에 잘 넘어가는 사람, 소련에 동조하는 사람을 조롱하는 의미로 사용되었고, 트럼프 탄핵 사태 당시 핵심 증인

중 한 명이 트럼프는 푸틴에게 '유용한 바보'로 여겨질 것이라고 말해 유명해졌다. 또한 저자가 진행하는 팟캐스트의 이름이기도 하다.]

무솔리니, 히틀러, 레닌. 아, 스탈린으로 할까? "그는 내부 탄압이라는 관점에서 스탈린과 동맹을 맺고 있다."라고 조너선 채이트는 동조하면서, 당시 전쟁에 대해 "진보주의적 옹호론"으로 간주되는 주장을 했다.

렘닉도 사담이 "이웃 국가들과 자국민들을 향해 화학 무기를 사용했음"을 강조한 다음, 독재 정치의 비교 대상을 찾기 위해 역사 속으로 더 깊숙이 들어갔다. 그런데 이런 방식은 어떤 독재자가 미국이 가는 길에 방해가 될 때 종종 등장한다. 문제의 독재자는 종종 과거 민족주의 국가의 영광을 되찾기 위해 자비로운 서구의 질서를 약화시키기로 결단을 내린, 착각에 빠진 몽상가로 묘사된다. 그는 진보의 모래들이 쌓이는 데에 무관심한 오지만디아스[이집트 왕 람세스 2세의 그리스식 이름이며, 퍼시 비시 셸리의 소네트 제목이기도 하다. 소네트는 오지만디아스가 생전에 높은 위업을 쌓았지만 죽고 나면 모래벌판에 스러진 돌조각으로 남을 뿐이라며 권력의 부질없음을 노래했다]이다. 렘닉은 "옹호론"을 펼치며 다음과 같이 말한다.

> 우리는 사담이 (쿠르드족을 대량학살하고, 쿠웨이트를 침공하고, 남부의 습지 아랍인들을 공격한 후) 예루살렘을 "해방하고", 미국을 격파하며, 아랍 연합 지역을 통치하겠노라고 맹세하면서, 자신을… 현대의 살라딘, 현대의 네부카드네자르 2세로 여긴다는 생각도 해본다.

이 모든 상황을 스칼릿 같은 영국 정보기관 책임자의 관점에서 생각해 보자. 이 일들이 순조롭게 진행된 것은 순전히 운이 좋아서였을 것이다. 만일 이 정보기관 관계자들이 사전에 각각의 전문가들을 개별적으로 조사했다면, 그들이 조지 윌을 히틀러의 길로 데려갔다는 걸 알아냈을 것이다.

하지만 레믹은? 채이트는? 골드버그는? 침략 전선에 대한 명목상의 "반대자" 크리스토프조차 《뉴욕타임스》에서 사담이 이웃 국가를 침략하는 능력이 떨어질 뿐 "히틀러만큼 끔찍"하다고 인정했다. 그 누구도 선전의 핵심 목적, 즉 사람들에게 후세인이 "극히 이례적인" 악이라는 생각을 수긍하게 만들려는 목적에 의문을 제기하지 않았던 것이다.

미국의 저널리스트들은 애써 설득당하지 않고도, 스스로 알아서, 정보기관 책임자들이 바라는 것 이상의 활약을 펼쳤고, 심지어 프랑스가 유엔 안전보장이사회에서 반대해 영국과 미국이 꾸민 막후 협상을 위태롭게 만들었다며 프랑스에 독설을 퍼부었다.

프리드먼은 프랑스를 "투표를 통해 열외"시켜야 한다고 불평을 토로했고, 다른 사람들은 전쟁을 비판하는 이들을 향해 프랑스와 한통속이라고 비난을 퍼붓거나 악명 높은 별명 "유용한 바보들"이라고 불렀다 (《뉴욕포스트》의 조나 골드버그에서부터 로버트 폴락, 브라이언 블롬키스트에 이르기까지 모두 여기에 속했다).

한편 미국의 주요 언론사 가운데 영국과 미국의 전쟁 기사를 믿지 않는 곳이 딱 한 군데 있었는데, 바로 《나이트리더 Knight-Ridder》였다. 이 신문사의 워싱턴 지국장, 존 월콧은 그 이유를 간단하게 설명했다.

> 우리 독자들은 이곳 워싱턴에 없다. 뉴욕에도 없다. 그들은 다른 사람의 자녀들을 전쟁에 내보내는 사람들이 아니다. 그들은 전쟁에 파견되는 사람들이며 우리는 그들에게 의무감을 느꼈다.

월콧과 대비되는 북동부 지역 전문가들은 다양한 압력을 받았노라고 훗날 털어놓았다. 채이트의 사례는 특히 놀라웠다. 당시 채이트는, 초기엔 전쟁에 찬성하는 건 멍청한 짓이라는 반응을 보였다고 말했다. 2002

년 10월에 그는 이같이 말했다. "애초에 나는 '이런 정당화들이 도무지 말이 되지 않는다'고 생각했다."

그러나 "이후 나는 이 문제에 대해 생각했고", 진보주의 원칙들이 "전쟁 옹호론에 방해가 되지 않는다."고 판단했다. 그는 결국 공개적으로 전쟁을 지지하긴 했지만, "발표하지 않은 많은 생각들이 있었고", 오직 동료들의 압력이 문제였다고 설명했다. 그는 이렇게 썼다. "동료들, 편집인들, 고용주와의 불화가 두려운 건 아니었지만, 굳이 불화를 일으키려 애쓰지는 않았다."

내가 언제나 매우 좋아하고 존경하는 인물인, NPR 뉴스 프로그램 〈온 더 미디어On the Media〉의 브룩 글래드스톤은 놀랍게도 언론을 옹호했다. 그녀는 정치인들을 비난했다.

> 대체로 언론은 정부에 의문을 제기할 수 있다. 의회가 정부에 의문을 제기한다면 말이다. 그러나 의회가 침묵을 고수한다면 미디어는 아무런 보호 대책이 없다…미디어는 정부에 직접적으로 비판을 가하는 것에 대해, 시청자와 독자가 괴로워하고 광고주들이 민감하게 여긴다는 것을 느꼈다. 미디어는 자신들을 대신해 의회가 그렇게 해주길 바랐다.

정확한 사실도 아닐뿐더러(전쟁에 반대하는 의원들도 있었다), 이 놀라운 견해는 상업 언론이 스스로를 어떻게 바라보는지에 대해 많은 것을 설명한다. 우리는 천막 밖에서 다른 권력자들을 견제하는 역할을 하는 "제4의 권력"이라고 간주된다. 우리는 모든 보도자료를 샅샅이 살펴보는 전문적인 또라이들이어야 한다. 마치 숫자들 속에 잠재적으로 거짓이 숨겨져 있기라도 한 것처럼 숫자를 꼼꼼하게 살펴보는 회계사들처럼 말이다.

하지만 대신 우리는 일자리를 잃을지 모른다는 두려움을 갖고 있다. 대형 상업 언론 기관들의 기자들은 모든 내용을 집단적으로 다루기 때문에 집단적으로 실수를 저지른다. 그들은 늘 서로의 메시지를 증폭시키는데, 이것은 고위층 정보원, 광고주, 그 밖에 영향력 있는 개인을 포함한 폭넓은 사회 집단의 타인들을 신뢰한다는 암묵적인 동의를 의미한다.

이들 중 누구라도 정보기관 책임자들이 거짓말을 하고 있다는 생각을 가능한 변수로 포함시켰다면, 전 세계 수백만 명의 시위자들이 그랬던 것처럼 전쟁의 근거가 충분하지 않다는 사실을 보다 빨리 분명하게 파악했을 것이다.

왜 아니겠는가? 관계자들은 한 세기 동안 언론을 향해 지겹도록 거짓말을 해왔다. 제1차 세계대전 시기에 파업을 일으킨 노조원들을 독일 첩보원이라고 퍼뜨린 이야기부터, 있지도 않은 "미사일 역량 격차"("미사일 격차"와 관련된 내용은 소련이 작전용 대륙간탄도미사일 ICBM을 보유하기도 전에 언론에 유출되었다), 베트남 통킹만 사건에 관한 다양한 허위 정보들, 마틴 루터 킹 주니어 같은 사람들에 대한 비방에 이르기까지. 도대체 신문이 안보 관련 정보원들에게 귀를 기울인다는 게 놀라울 따름이다.

레이건 시절에 존 포인덱스터 국가안보 보좌관은 리비아 테러리스트의 음모에 관한 허위 정보를 《월스트리트저널》과 기타 언론에 퍼뜨렸다. 이 내용들은 1986년에 《워싱턴포스트》의 편집국장 밥 우드워드가 이 계획을 알아내 기사로 폭로한 뒤에야 철회되었다. 그러나 우드워드조차 이라크 전쟁에 관한 초기 주장들을 전혀 의심하지 않았으며, 이후 "집단 사고"에 굴복했노라고 설명했다. 그는 "더 강하게 밀어붙이지 않은 책임을 통감한다."라고 덧붙였다.

우리가 이라크를 침공한 뒤 대량살상무기 사냥이 우발적인 실수로 밝혀지자, 거의 모든 언론 종사자들은 턱을 긁적이며 실수를 바로잡을 방법을 모색했다. 대부분의 고백이 동일한 대본을 따랐다. 나는 어렸다(에즈라 클라인은 정말로 이렇게 말했다. "나는 어리고 모자랐다."), 정보를 믿었다, 이라크에 대량살상무기가 있다는 편협한 주장을 믿었다, 내 실수였다.

그러나 그 밖의 선전은 아무것도 철회되지 않았고, 이것이 이라크 침공이 결딴났음에도 중동 지역에서 우리의 존재가 확장될 수 있었던 이유다. 주디스 밀러가 전국적으로 화제가 되는 동안, "미국이 계속해서 영향력을 행사하고 있다"는 것은 통념이 되었다.

국방 예산은 폭발적으로 증가했다. 북대서양조약기구는 확장되었다. "평화 배당금"의 개념은 기억하는 사람이 거의 없을 정도로 희미해졌다. 우리는 전 세계 수많은 군도에 비밀 감옥을 지어 현재 운영 중이고, 국제법을 위반하고 무인기를 이용해 상시적으로 국경을 넘나들며, 80개 나라에 군사 기지를 두고 최고 7개 나라에서(대부분의 미국인들은 어느 나라인지도 모른다) 적극적인 전투 작전을 지원한다.

대량살상무기에 관한 에피소드는 무장테러단체 ISIS를 낳은 비참한 전쟁으로 이어진, 기괴한 저널리즘의 실패로 기억된다. 그러나 이 실수가 만들어낸 획기적인 새 정책들에 대해 아무도 유감스럽게 생각하지 않는다. 특히나 의회나 유엔의 승인이 있든 말든, 도처에 기지를 두고 좌파·우파를 가리지 않고 정권을 무너뜨리면서 끊임없이 세를 확장하는 미국이라는 요새 Fortress America 건설에 일조한 것에 아무도 후회하지 않는다.

그들은 어쩌면 이라크에 대해서는 유감스럽게 생각할지 모르지만, 최근 채이트의 말처럼 "리비아는 이라크가 아니었다." 몇 년 전에도 그는 "진보주의적 반反간섭주의자들"에게 이렇게 말하면서 "내가 그들의 세계관을 수용하지 않는" 이유를 설명했다.

사람들이 여러 해 동안 지겹게 기자들을 들볶으면, 사실을 잘못 이해했다며 사과하는 기자가 나올지도 모르겠다. 하지만 그들은 자신들의 실수가 은폐한 숨은 의미에 대해서는 결코 사과하지 않는다. 그들은 늘 해오던 대로 "잘못을 했을지언정 나는 옳았다."라고 회고할 테고, 이것은 역사 수정주의와 적지 않은 관련이 있을 것이다.

프레드 햇트는 《워싱턴포스트》에서, 과거에 부시의 "임무 완수"〔부시는 2003년 5월에 항공모함 선상에서 '임무 완수'를 외치며 이라크 전쟁의 종료와 승리를 선언했지만, 대부분의 사상자들이 이 승리 선언 이후에 발생하여 부시는 이 일을 자신이 저지른 가장 큰 실수 중 하나라고 인정했다〕 묘기를 비웃은 것에 대해 이라크 침공 후 5년이 지난 뒤에 자축하는 호기를 부렸다. 그렇지만 그는 a) 《워싱턴포스트》가 침공에 대한 지지를 결코 철회한 적이 없다는 점, b) 당시 채 일주일도 못 되어 부시의 비판자들에 대한 기사─"그들이 부시 대통령에게 갖는 진짜 불만은 그가 위대해 보였다는 것이다. 마이클 두카키스가 탱크를 타고 회전을 잘못해서 일을 그르친 것만큼이나 대통령은 '탑 건' 역할을 잘 소화해 냈다."─를 다시 썼다는 점은 밝히지 않았다.

모두가 이런 식이었다. 데이비드 렘닉은 《뉴요커》가 전쟁을 대대적으로 선전했다는 의견에 하얗게 질려서 "말도 안 되는 소리"라고 말했다. 그는 전쟁 찬성론은 "개인적인" 의견이었노라고 자백했다. 그러나 《뉴요커》의 기자 릭 허츠버그는 당시 그의 기사에 회의적이었으며, 대량살상무기 문제에 관한 한 실제로 "그 기사를 완벽하게 이해하는 사람은 아무도 없었다."라고 말했다.

"그 기사를 완벽하게 이해하는 사람은 아무도 없었다."는 말은 사담이 무기를 보유했다는 발상보다 더 잘못된 전설이다. 아무도 이해하지 못했다고? 수백만 명이 완벽하게 이해했는걸.

워싱턴, 런던, 로마의 시위자들 가운데 사담이 무기를 보유하지 않았다고 확신해서 거리로 나온 사람은 아무도 없었다. 그들이 거리로 나온 이유는 대량살상무기에 관한 전체 이슈가 기껏해야 그릇된 전쟁에 대한 말도 안 되는 변명이라는 걸, 무능한 언론이 찾아내지 못해 아직 공개되지 않은 더 음침한 다른 변명들이 있다는 걸 알았기 때문이다. 기자들만이 편협하고 의심스러운 사실이 중요한 척할 만큼 지지리도 멍청하거나 지지리도 부정직했다.

* * *

프란츠 카프카의 소설 《소송》 끝자락에는 두 남자가 주인공 요제프 K의 문을 두드린다. 그들은 "창백한 얼굴과 뚱뚱한 체격에 프록코트를 입었고, 머리에서 벗겨질 리 없을 것 같은 실크해트를 썼다." 그들은 K의 암살범들로, 도무지 알 수 없는 범죄로 오리무중인 재판을 열어 그를 처형하기로 한다. 그러나 그들의 외모는 무시무시하지 않다. K는 그들을 3류 극장의 배우로 여기는 것 같다.

"그들이 나에게 보낸 사람들이 시시한 옛날 배우들이라니." 그는 생각한다. "나를 최대한 값싸게 처리할 생각이로군."

그들이 자신을 끌고 가자 K는 부조리한 자신의 종말에 웃음을 터뜨리지만, 그 장章의 마지막에 이르면 실크해트를 쓴 남자들이 그의 가슴에 칼을 꽂아 정말로 그를 죽인다. 카프카의 세계에서 운명의 손은 두려운 동시에 우스꽝스럽다. 그는 마치 하나가 없이는 다른 하나를 가질 수 없다고 말하는 것 같다. 잔인함과 극악무도함이 본질적으로 부조리 안에 은폐되는데, 이해가 된다. 양심이나 품위를 갖추지 않는다면 인간이라는 동물은 모자를 쓴 유인원에 불과하기 때문이다.

영국와 미국의 전쟁 목적은 대단히 심각했다. 결국 이 전쟁에는 10만 명이 훨씬 넘는 인명과 수조 달러에 달하는 비용이 들었을 것이다. 그러나 그 근거는 터무니없을 만큼 허술했다. 운명이 미국 언론의 문을 두드렸을 때, 그 실수가 모습을 드러내고 있었다.

예를 들어, 영국은 침공 직전인 2002년 2월에 두 번째 정보 문건을 발표했다. 오늘날 영국에서 "의심스러운 문건"으로 알려진 이 두 번째 작업은 이름을 올린 관료들이 문건 작성에 참여조차 하지 않았을 정도로 전부 거짓이었다.

내용의 일부는 이브라힘 알마라시라는 이름의 캘리포니아주립대학교 조교수가 13년 전 학부 시절에 쓴 논문에서 대거 표절했다. 이 "의심스러운 문건"은 더 권위적으로 보이기 위해 편집되었다. 후세인이 대량살상무기 프로그램을 단념했다는 취지로 작성된 전 유엔 무기 사찰관 스콧 리터의 발언들도 삭제되었다.

결정적인 사실은 표절 작업이 침공 전에 밝혀졌다는 것이다. 공격 한 달 전인 2003년 2월 7일, 토니 블레어 정부는 빈축을 샀다. 영국 비밀 정보기관 MI6이 작성한 고급 정보 분석 자료로 추정되던 이 "의심스러운" 문건은 사실…블레어 정부의 홍보부 출신 "중간급 관리자들"의 합작품이었다!

전문가라던 저자들이 정보 분석가가 아닌 중간급 언론 관계자들이라는 사실이 밝혀졌을 때, 이는 메시지 전달 작전의 실제 목표 대상이 사담 후세인이 아니라 미디어 자체임을 시인하는 것이었다. 조잡한 잘라 붙이기 작업이 최고 관계자들의 손조차 거치지 않았다는 사실에 기자들은 다른 무언가를 알아차렸어야 했고, 개인적으로 심한 모욕감을 느꼈어야 했다. 하지만 그들은 그러지 않았다.

전쟁 도발자들은 사회 고발 저널리스트 시모어 허시가 "스토브 연통 The Stovepipe"이라고 일컬은 과정을 통해 또 하나의 단서를 공공연하게 흘렸다. "스토브 연통"이란 고위 관계자들이 관료들이 감춘 가공되지 않은 정보 데이터에 접근할 권한을 갖고, 준법감시인들 손에 들어가기 전에 먼저 그 데이터를 빼내는 것을 의미했다. 허시는 이렇게 썼다. "그들의 입장은 전문 관료들이 고의적이고 악의적으로 정보를 숨기고 있다는 것이다."

"스토브 연통" 기법에 의해 딕 체니 같은 사람들은 사담이 알루미늄 튜브〔로켓의 재료로 추정된다〕를 구입하고 있었다는 의견처럼 솔깃한 정보에 접근했다. 그것이 뭔가 불법적인 행위는 아닌지 여부에 대해(혹은 심지어 정보가 사실인지 여부에 대해) 반대론자 관료들의 반대 의견을 들으려고도 하지 않은 채 말이다.

이런 식으로 정보는 어찌어찌 내부의 통제를 벗어나 《뉴욕타임스》 기자 마이클 고든과 주디스 밀러에게로 흘러들어 갔다. 이들 중 한 사람은 여전히 이 업계에 종사하고 있으며 나머지 한 명은 그렇지 않다. 2002년 9월 7일, 이들은 "미국, 후세인이 원자폭탄 부품 탐색을 강화한다고 주장"이라는 제목의 결정적인 기사에서 "이라크는 핵무기 개발에 박차를 가하고 있다."고 밝혔다.

하필 그날 체니는 〈미트 더 프레스〉에 출연해 기사 내용을 인용하면서 "이것은 누구나 아는 사실"이며 후세인은 "폭탄 제조를 시도하고 있다."라고 말했다.

이런 일은 이라크의 붕괴가 일어나는 동안에도 계속해서 반복되었다. 언론은 세탁기처럼 활용되어, 그 안에 더러운 정보가 내던져지면 저명한 언론 기관 이름을 붙여 "그럴듯한" 기사로 탄생시켰다. 익명의 출처로 정보를 전달한 다음 나중에 공식적으로 확인된 것으로 기사를 언급하는 이런 수법은 기자들을 공모의 일부로 만들었다. 게임은 그때 끝났어야 했다. 전쟁을 계속해서 심각하게 다룬 것에 대해 《뉴욕타임스》는 어떤 변명을 할 수 있을까?

또 하나의 속임수는 해외 동맹국들을 정보 분석의 주요 출처로 이용하는 것이었다. 해외에서 발표된 정보는 권위적으로 들리는 동시에, 필요하면 언제든지 쉽게 부인할 수 있다. 특히 이 매체의 목표 집단이 해당 기관들과 아무런 관련이 없는 경우, 해외 동맹국은 정보를 더욱 기꺼이 "더 그럴듯하게 포장"할 수 있다. 이것은 대단히 중요한 시각으로 아마도 저널리스트가 아니면 갖기 쉽지 않을 텐데, 관계자들은 앞으로도 언론과 계속해서 연락을 주고받아야 하기 때문에 거짓말을 하기가 훨씬 어렵다. 그러니 비행기를 타고 와서 며칠 체류하다 가는 외국인에게 한두 가지 핵심 정보를 얼렁뚱땅 속일 수 있다면 훨씬 좋지 않겠는가.

그러므로 미국과 가장 친한 정보 동맹국들, 특히 영국, 오스트레일리아 등 이른바 "다섯 개의 눈"이라고 일컫는 나라들〔미국, 영국, 캐나다, 오스트레일리아, 뉴질랜드〕과 북대서양조약기구 주요 회원국들의 국경 내에서 이런저런 중요한 정보들이 노출되었다는 소식이 들리기 시작하면 항상 귀를 쫑긋 세워야 한다.

관계자들이 비공개를 전제로 제공받은 정보나 혹은 외국인들에 의해 밝혀진 정보를 세탁하기 위해 언론을 이용할 때, 그들이 당신에게 하려는 말은, 자신들은 이 진술을 직접 건드리지 않을 것이며 **당신이 당신 이름으로** 진술하기를 바란다는 것이다.

이 일에는 그런 사람이 되길 자처하는 특별한 종류의 호구가 필요하지만, 솔직히 이것은 전문가와 편집인들이 그렇게 엄청난 실수들을 저지르고도 계속 자리를 지키거나 승진하는 이유다. 그들이 보수를 받는 이유는 잘못된 정보를 피하기 위해서가 아니다. 그들은 저 밑에 숨은 서사를 밀어붙이고, 그 과정에서 발각되는 오류를 감수하기 위해 보수를 받는다.

이라크 붕괴를 추진한 주홍글씨 클럽은 자신들의 주장과 모순되는 내용은 무시하고 원하는 주제는 열심히 퍼뜨리는 데 믿을 만한 존재라는 걸 증명했다. 자신들이 거짓 정보를 들었을 가능성은 고려하지 않았다는 걸 입증했다.

적이 최악의 독재자라는 말이 돌면, 그들은 그것이 사실임을 확인시키기 위해 무수한 글을 쓸 것이다(비록 그 글이 다른 독재자에 대해 더 최악이라고 썼던 자신들의 예전 주장과 모순될지라도). 잘못된 정보나 철회해야 할 정보를 제공받으면, 그들은 분노하며 반응하는 것이 아니라 동일한 출처에서 계속해서 더 많은 정보를 내보낼 것이다.

"정권 교체"에 관한 크리스톨과 케이건의 사설처럼, 그들은 현재 보도되는 기사들의 맥락에 대한 뚜렷한 단서가 있는지 확인하기 위해 지난 시간을 되돌아보지 않는다는 것을 증명했다. 이는 4년 전 FBI가 "허위 대출" 확산을 공개적으로 경고했지만 이를 알아차리지 못한 기자들의 금융 위기 기사에서 확연하게 드러났다.

끝으로, 대량살상무기 일당들은 지배적인 서사에 동의하지 않는 사람들을 반역자라고 자발적으로 조롱한다는 걸 추가로 증명했다. 이런 일 역시 수차례 반복해서 일어났다.

대량살상무기 사례는 특별하다. 칠콧 보고서와 그 밖의 몇몇 조사들 덕분에 우리는 공식적인 기만의 정도를 알고 있는 한편, 우리를 기만한 사람들이 여전히 현역에 종사하고 있기 때문이다. 일반적으로 추악한 진실은 한 세대 뒤에, 모두가 세상을 떠나고 한참 뒤에 드러난다.

하지만 이 경우 그들은 거의 모두가 여전히 현업에서 활동하고 있다. 그러므로 이런 질문을 할 필요가 있다. 그 이후로도 그들이 같은 실수를 저질렀을까?

15. 왜 러시아게이트가 이번 세대의 대량살상무기인가

아무도 이런 말을 듣고 싶지 않겠지만, 로버트 뮬러 특별검사가 새로운 혐의를 제기하지 않은 채 집으로 향한다는 뉴스는 미국 뉴스 미디어의 명성에 치명타다.

오래전부터 돌던 소문대로, 전 FBI 국장의 독자적인 조사는 다수의 기소와 유죄 판결을 가져올 테지만, "대통령직을 파면시킬 정도의" 음모 혐의, 즉 러시아와의 "공모"에 대해 비전문가의 정의를 충족시키는 혐의는 인정되지 않을 것이다.

이 뉴스조차 어떻게든 잘못된 것으로 밝혀질 수 있다는 경고와 함께, 《뉴욕타임스》는 뮬러 특검팀 수사 종결에 관한 많은 기사들에서 논의된 주요한 세부 내용을 가장 잘 설명했다.

한 법무부 고위 관계자는 뮬러 특별검사가 추가 기소를 권고하지 않을 것이라고 말했다.

윌리엄 바 법무장관은 뮬러의 결론을 요약한 서한을 의회에 전달했다. 뮬러 보고서의 주요 내용은 다음과 같다.

수사 결과 트럼프 선거 캠프가 러시아 정부와 선거 개입 활동을 공모하거나 조작했다는 정황은 확인되지 않았다.

주말 동안 《뉴욕타임스》는 수년간 트럼프의 대통령직 박탈을 희망하도록 길들여진 수백만 미국 국민들이 뮬러 보고서로 받게 될 정신적 충격을 완화하려 애썼다. 대부분의 언론 보도와 마찬가지로, 뮬러 수사에서 중립적인 진상조사가 이루어져야 한다는 식의 가식은 거의 없었고, 뮬러에게 괴물을 죽이기 위해 파견된 영웅 역할을 맡기고 뮬러 수사를 종교적 우화로 만들었다.

지난 몇 주 동안 이 특별검사는 그야말로 종교적인 인물이 되었다. 그의 모습을 본떠 만든 봉헌 양초들이 판매되었고, 〈새터데이 나이트 라이브〉 출연진들은 〈크리스마스에 내가 원하는 건 오직 당신뿐〉이라는 노래의 운율에 맞추어 그에게 바치는 노래를 불렀다. "뮬러, 제발 통과시켜 줘요, 우리가 원하는 건 오직 성공뿐."

《뉴욕타임스》 기사는 트럼프의 법무장관 윌리엄 바가 뮬러의 치밀한 수사를 "지지한다"는 반응을 보였다는 것에 주목하면서 산타 뮬러의 평판을 보호하려 노력했다.

트럼프 대통령이 "마녀사냥"이라며 무자비하게 공격한 수사를 분명히 지지한다고 밝히면서, 바 법무장관은 법무부 관계자들은 뮬러가 부적절하거나 부당한 조치를 취하지 못하도록 개입할 필요가 전혀 없었다고 말했다.

다시 말해 뮬러는 자신의 직무 요건의 범위 내에서 한 발짝도 벗어나지 않았다. 하지만 뉴스 미디어들에 대해서도 그렇게 말할 수 있을까?

꿈에서 깨고 싶지 않은 사람들을 위해 《뉴욕타임스》는 트럼프와 러시아의 "관계"에 대해 언제나처럼 도표로 보도했다. 그러나 피터 베이커 기자의 별도 기사를 통해 뮬러 뉴스가 언론에 대단히 심각한 결과를 가져온다고 지적했다.

> 이것은 트럼프 대통령은 물론이려니와 특별검사 로버트 S. 뮬러 3세,
> 의회, 민주당, 공화당, 뉴스 미디어, 그리고 시스템 전체에 대한 심판
> 이 될 것이다….

이것은 과오를 시사하는 《뉴욕타임스》의 주목할 만한 자백이다. 이 신문의 다른 기사에서 점과 점을 연결한 그래픽으로 결론을 제시했음에도 불구하고, 또한 우리는 트럼프가 **유죄**임을 알기에 "뮬러의 특검 보고서를 읽을 필요가 없다."고 제시하는 감정이 잔뜩 실린 놀라운 사설에도 불구하고, 적어도 베이커는 《뉴욕타임스》 독자들을 어려운 질문에 준비시키기 위한 작업을 시작했던 것이다. "저널리스트들은 실제로 앞뒤가 맞지 않는 무수한 점들을 연결했는가?"

이 신문은 자신과 같은 뉴스 매체들이 사실 전달이라는 충분히 힘든 작업을 넘어서서 "역사의 심판"에 충실하려 드느라 정치적 개입이라는 새로운 접근법에 큰 판돈을 거는 엄청난 실수를 저지른 건 아닌가, 하는

의문들이 이제 제기될 거라는 신호를 보내고 있었다. 더욱이 모두가 예상했어야 할 잔인한 아이러니로, 이제 언론은 2020년 최악의 선거운동 이슈를 트럼프에게 넘겨주었다.

그의 원래 지지 기반보다 더 큰 집단인 많은 인구가 이제부터는(아마도 이 기사 덕분에) 트럼프에 대한 어떠한 언론의 비난도 믿지 않을 것이다. 베이커의 지적대로, 이 달에 실시한 한 여론조사에서 전체 응답자의 50.3퍼센트가 뮬러 수사는 "마녀 사냥"이라는 트럼프의 의견에 동의한다고 말했다.

얼마 전부터 기사들은 대통령이 외국의 스파이가 아닌 게 어쩐지 나쁜 뉴스라도 되는 것처럼, 뮬러의 최종 보고서가 시청자들을 "실망"시킬 수 있다는 암시를 드러냈다.

공개적으로 이런 어투를 사용하는 것은 줄곧 비난의 대상이었다. 당신이 만든 뉴스 보도가 당신이 불러일으킨 시청자의 기대를 충족시키지 않을 때, 그것이 당신의 이미지를 나쁘게 만든다는 걸 인식하지 않으려면 얼마나 귀를 막고 살아야 하는 걸까. 저널리즘에서 이것을 생각하지 않는다는 건 바지를 입지 않고 외출하는 것과 다를 바 없을 만큼 말도 안 되는 일이다.

뮬러 보고서는 아무것도 증명하지 않는다!, 라며 항의하는 사람들도 있을 것이다. 37건의 기소에 대해서는? 유죄판결은? 트럼프 타워와 관련된 폭로들은? 무수한 거짓말들은! 도널드 트럼프 주니어와의 회동은? **재정적 문제들은!** 대배심 수사는 계속 진행 중이고, 기소장은 봉인될 가능성이 있으며, 하원은 계속해서 수사를 할 터이며….

됐어. 이제 그만. 그쪽으로 향하는 기자는 누구든지 사태를 악화시키고 있다.

워터게이트 침입 사건 때처럼, 워싱턴의 모든 전문가와 민주당 정치인들은 러시아와 관련된 새로운 주요 뉴스들을 수년 동안 대대적으로 선전했다. 이제 낸시 펠로시조차 탄핵 문제는 종결되었으며, 트럼프에게 불리한 "강력하고, 압도적이며, 초당적인" 무언가가 밝혀지지 않는 한 기소라는 정치적 수고를 감수할 가치가 없다고 말했다.

지금까지 이 사건에서 가장 크게 밝혀낸 사실은 도널드 트럼프가 포르노 배우에게 돈을 지불했다는 것이다. 이 사실은 이 업계가 처음 예상한 내용과 전혀 거리가 멀지만, 안 그런 척하려는 모든 기자들은 부끄러운 줄 알아야 한다.

처음부터 과장해서 보도한 기사는 간첩 활동─트럼프 선거운동과 그가 선거에서 이기도록 도운 러시아 간첩과의 비밀 관계─에 관한 것이었다.

내통의 서사는 은유로 보도된 것이 아니었다. 이것은 "트럼프는 러시아인들을 너무 좋아해 그들을 위해서라면 스파이라도 되었을 정도"라는 의미가 아니었다. 이것은 말 그대로 스파이 활동, 반역죄, 선거 조작 등 매우 심각한 범죄라서, 전 국가안보국 직원 존 쉰들러는 기자들에게 트럼프는 "감옥에서 죽게 될 것"이라고 말했다.

이 스캔들이 시작된 지 처음 몇 개월 동안 《뉴욕타임스》는 트럼프 선거 캠프가 러시아 정보부와 "반복해서 접촉을" 가졌다고 보도했고, 《월스트리트저널》은 우리의 첩보 기관들은 새 대통령이 약점을 잡혀 위험한 상황일까 우려되어 정보 제공을 보류하고 있다고 전했다. 그 밖의 뉴스들은 러시아가 트럼프에게 "압력을 행사"할지 모르므로 이스라엘 같은 다른 나라들은 우리와 정보를 공유하지 않는다고까지 말한 우리 정보기관 책임자들의 발언을 유출했다.

CNN은 트럼프 선거 캠프 관계자들이 "미국 정보기관에 알려진 러시아인들"과 "지속적인 접촉"을 가져왔다고 보도했고, 수사 착수를 도와 뮬러의 특검 조사를 이끈 전 CIA 국장은 대통령이 "반역죄나 다름없는" 행위를 범하는 등 "여러 건의 중범죄와 경범죄"를 저질렀다고 말했다.

힐러리 클린턴은 미국인들의 "안내를 받지" 않았다면, 러시아인들은 정치 광고를 "무기로 삼는 법을 알 수 없었을 것"이라고 주장했다. 트럼프를 의미하느냐는 질문에 그녀는 "아니라고 하기가 무척 어렵다."라고 말했다. 해리 리드 민주당 상원의원도 마찬가지로 트럼프 선거 캠프가 러시아인들의 정보 유출을 돕기 위해 "협상에 관여했음은 의심의 여지가 없다."라고 말했다.

이 가운데 어떤 내용도 철회되지 않았다. 분명한 사실은, 트럼프가 러시아연방보안국FSB이나 군사정보국GRU 같은 러시아 기관들에 협박을 받고 있었다면, 또 러시아 정보기관과 모종의 관계를 맺었다면, 이는 분명 "압도적이고 초당적인" 기준을 훨씬 넘어서는 것이고, 낸시 펠로시는 당장 탄핵을 향한 어뢰를 쏠 거라는 것이다.

여기에 진정한 중립 지대는 전혀 없었다. 트럼프는 위태로운 외국 스파이거나 그렇지 않거나 둘 중 하나였다. 그가 외국 스파이가 아니라면, 뉴스 매체들은 이번에도 대대적인 허위 정보 캠페인을 믿은 것이다. 그뿐만 아니라 이번 실수는 대량살상무기를 포함한 최근의 그 어떤 허위 정보보다 어리석음의 정도가 훨씬 크다. ABC 방송의 테리 모런 같은 정직한 기자들은 이렇게 이해한다. 뮬러가 러시아와의 공모와 관련해 아무런 성과 없이 돌아온 것은 "미디어에 대한 심판"을 의미한다.

물론 그런 심판은 없을 것이다(절대로 없다). 그러나 있어야 한다. 우리는 이 기사를 싣기 위해 모든 명시적·비명시적 규정을 어겼다. 확인할 수 없는 내용에 관한 보도 금지 규정부터.

* * *

#러시아게이트가 미디어 현상으로 처음 무대에 오른 것은 2016년 한여름이었다. 실제 기사의 뿌리, 다시 말해 다국간 조사가 시작된 시점은 훨씬 더 이전, 최소한 전년도로 거슬러 올라간다. 이상하게도 이 이야기

의 기원은 아직 확실하지 않으며, 민주당을 지지하는 주의 독자와 시청자들도 여기에 크게 관심이 없는 것 같다.

2016년 6월과 7월, 전직 영국 스파이 크리스토퍼 스틸이 편집한 문건의 일부가 이미 돌고 있었다. 민주당 전국위원회는 법률회사 퍼킨스코이를 통해 이 문건을 작성하기 위해 자금을 댔다(퍼킨스코이는 반대 측 조사 기관[opposition research firm, 정치적 반대자를 약화시키는 데 사용될 수 있는 정보를 수집하는 전문 업체] 퓨전 GPS를 고용했다).

아마드 찰라비〔전 이라크 국민회의 의장으로 후세인 정권이 대량살상무기를 개발해 보유하고 있다는 허위 정보를 제공해 미국의 이라크 침공에 주요한 역할을 했다〕가 꾸며낸 이야기들이 대량살상무기 사건을 대혼란으로 이끈 것처럼, #러시아게이트에서는 스틸 보고서가 같은 역할을 했다. 이번에도 동기를 가진 관계자들이 기자단의 코를 쥐고 확인할 수도 없는 사적인 주장들의 늪으로 끌고 들어가자, 서사가 무섭게 확산되었다.

〈슬레이트〉의 프랭클린 포어가 쓴 "푸틴의 꼭두각시 Putin's Puppet"라는 제목의 2016년 7월 4일자 기사처럼, 일부 초창기 기사들은 향후 스틸의 주제들을 "정황적인" 형태로 대략 서술했다. 선거 전에 트럼프–러시아와 관련된 많은 뉴스들에 영향을 미쳤지만(특히, 해외정보감시법 FISA에 따른 영장 신청에 이용된 〈야후! Yahoo!〉 마이클 이시스코프의 기사), 실제 문건은 한동안 언론에 보도되지 않았다.

2016년 여름과 가을 동안 적어도 아홉 개 뉴스 기관을 타진해 보았지만, 뉴스 기관들은 "폭로 내용들"을 검증할 수 없다는 타당한 이유로 누구도 미끼를 물지 않았다.

스틸의 주장들이 사실이라면 커다란 폭발력을 가졌을 것이다. 이 전직 스파이는 트럼프의 보좌관 카터 페이지가 러시아에 대한 제재를 해제하도록 도왔다면, 러시아 최대 국영 석유기업 로스네프트의 상당한 새 지분에 대해 수수료를 제공받았을 거라고 보고했다. 그는 또 트럼프의 변호사 마이클 코언이 "러시아 정부 대표자들과 관련 운영자/해커들과 함께 비밀 논의"를 하기 위해 프라하에 갔었다고 주장했다.

가장 유명한 보고 내용은, 트럼프가 버락 오바마와 미셸 오바마가 쓰던 침대에서 "'골든 샤워'(상대방 얼굴과 몸에 오줌 뿌리기) 쇼를 하기 위해 여러 명의 매춘부를 고용"해 "변태적인 성행위"[원문 그대로]를 했다는, 트럼프에 대한 콤프로마트(kompromat, 정치적인 목적으로 협박하기 위해 수집한 유명인사의 약점이나 비윤리적 행위에 대한 정보)를 러시아 정부가 가지고 있다는 것이었다.

이것은 보도하지 않기엔 너무 흥미로웠다. 무슨 수를 써서라도 알려야 했다. 첫 번째 기습공격은 《마더존스》의 기자 데이비드 콘이 쓴 2016년 10월 31일자 기사가 시작했다. "전문 스파이가 FBI에 제공한 정보, 도널드 트럼프를 키우기 위한 러시아의 작전 내용이 담겨 있다고 주장"

기사는 오줌, 프라하, 페이지 등은 언급하지 않았지만, 러시아 정보기관이 트럼프를 "협박"할 수 있는 자료를 가지고 있다고 보도했다. 콘은 단지 FBI가 이 정보를 갖고 있다고만 말했을 뿐 정보의 내용 자체는 언급하지는 않았기 때문에 엄밀히 말해 보도는 합법적이었다.

다른 자세한 정보를 보도하려면 더 큰 명분이 필요했다. 그 명분은 선거 직후, 네 명의 정보기관 관계자들이 대통령 당선자인 트럼프와 퇴임하는 대통령 오바마에게 각각 문건 사본을 제시할 때 생겼다.

FBI 국장 제임스 코미가 직접 쓴 메모를 통해 알 수 있듯이, 그는 표면적으로는 트럼프의 안전에 대해 우려를 표하고 있지만, 문건 내용이 협박 자료일 가능성에 대해 새 대통령에게 경고하고 있었다.

나는 [스틸 보고서가] 사실임을 말하려는 것이 아니라, 이것이 보고되었으며 이 보고서들이 많은 사람들 손에 쥐어져 있다는 두 가지 사실을 그에게 알려주고 싶었을 뿐이다. 나는 CNN 같은 미디어가 보고서를 가지고 있으며 뉴스거리를 찾고 있다고 말했다. 나는 FBI가 그 자료를 가지고 있거나 [삭제했다고] 그들이 보도하지 않도록 하는 것, 그리고 우리가 이것을 극비리에 부치는 것이 중요하다고 말했다[원문 그대로].

"뉴스거리"를 제공하지 말라는 코미의 관대한 경고는 모든 것을 철저히 "비밀에 부치겠다"는 약속과 함께 2017년 1월에 트럼프에게 전달되었다. 그러나 나흘 만에 결국 워싱턴의 모든 뉴스 미디어들이 어쩌다 이 일급비밀 회동을 속속들이 알게 되었고, 공개 보도를 위해 필요한 바로 그 뉴스거리도 확보했다. 주류 언론에 종사하는 누구도 이것을 언급하는 것이 이상한지 혹은 정당한지에 대해 생각하지 않았다.

1월 10일자로 "지난주 트럼프에게 기밀 서류 제출"이라는 기사를 처음 터뜨린 건 다른 모든 매체들 중 CNN이었으며, 제법 똑똑한 도널드 트럼프는 아마도 이때 상황을 눈치챘을 것이다.

동시에 〈버즈피드〉는 스틸의 문건 전체를 신겠다는 역사적인 결정을 내림으로써 수년 동안 우리 삶에 오줌을 갈겼다. 이런 움직임은 러시아게이트 현상을 미국 뉴스 보도에서 절대 끝나지 않을 뉴스거리, 시시각각 전달해야 할 소식으로 탄생시켰다.

코미가 옳았다. "뉴스거리"가 안 되었다면 우리는 이 기사를 보도할 수 없었을 것이다. 그러므로 스틸을 중심으로 한 보도들은 엄밀히 말해 혐의 자체에 대해서가 아니라, 오히려 한 무리의 관계자들 손에서 다른 무리의 관계자들 손으로 이동하는 혐의의 여정에 대한 것이었다. 트럼프에게 보고서를 건넨 것은 완벽한 구실을 만들어냈다.

이런 수법은 확인되지 않은 사설 조사를 알리기 위해 전에도 워싱턴과 월스트리트에서 이용된 적이 있었다. 공매도자는 자신이 투자하는 회사에 대한 보고서를 준비하기 위해 컨설팅 회사를 고용할 수 있다. 보고시가 완성되면 투자자는 그것을 증권거래위원회나 FBI의 손에 쥐어주려 한다. 마침내 그들에게 보고서가 전해지면, 뉴스는 이 회사가 "수사 중"임을 유출해 주식은 폭락하고, 모두가 의도한 바를 얻게 될 것이다.

같은 수법이 정치에서도 발견된다. 미성년자 성범죄로 FBI의 수사를 받고 있다고 알려진(일부는 믿지 않지만) 뉴저지주의 민주당 상원의원 밥 메넨데스를 둘러싼 추문이 유사한 방식으로 부정적인 헤드라인을 장식했다. 초기 기사는 주목받지 못했지만 다른 수사들로 이어졌다.

이른바 "아칸소주 프로젝트"도 마찬가지였다. 당시 친親공화당 사설 연구소가 수백만 달러의 연구비를 이용해 화이트워터 스캔들에 대해 제법 큰 소란을 일으킨 덕분에 클린턴 부부는 수년 동안 헤드라인을 장식했다. 또 다른 예로 스위프트 보팅[Swiftboating, 후보자 흔들기라는 의미로, 존 케리 미 상원의원이 베트남전에서 탑승한 고속정을 일컫는다. 대선 당시 공화당은 그가 고속정에 '함께 탄 적 없다'는 참전 용사들의 발언을 케리 후보의 비방 광고에 활용했다]이 있다. 사설 기관을 통한 반대당 정보 조사가 그 자체로는 나쁘지 않다. 사실 이것은 엔론 사태를 포함해 엄청난 특종으로 이어졌다. 그러나 기자들은 대개 사적 정보는 회의적이라는 걸 알며, 기사에서 그 정보 제공자들의 동기를 다룬다.

2017년 1월 둘째 주에 있었던 일련의 사건들은 이제 심각하게 재검토되어야 할 것이다. 이제 우리는 전 국가정보국장 제임스 클래퍼가 아마도 한두 명의 중개자를 통해(정확히 누구와 언제 접촉했는지에 대해서는 논란이 있다) 기사의 일부 내용이 사실임을 확인함으로써 CNN의 보도를 돕는 데 모종의 역할을 했다는 것을 그의 증언을 통해 알고 있다.

실제 안보 관계자들이 왜 이런 중대한 문제를 언론을 통해 고발했을까? 왜 세계 최강의 수사 기관들이 마치 주식을 이전하려는 것처럼 행동하면서, 〈버즈피드〉조차 사실성에 문제가 있다는 것을 알 수 있을 정도로 검증되지 않은 사설 보고서를 밀어붙였을까? 당시에도 이해가 되지 않았지만, 지금은 더 그렇다.

2017년 1월, 스틸의 주장들이 세상에 공개되어 수백만 명에게 읽혔다. "확인 작업을 거치지 않았을 뿐 아니라 명백한 오류도 일부 포함되어 있다."라고 〈버즈피드〉는 인정했다.

〈버즈피드〉의 결정은 정확성이 의심스러운 자료를 고의적으로 공개해서는 안 된다는 전통적인 저널리즘의 기준을 깨뜨렸다. 그러나 미디어 윤리를 중요하게 여기는 소수만이 황당하게 여길 뿐, 업계의 일반 구성원들은 신경 쓰지 않는 것 같았다. 〈버즈피드〉의 사장 벤 스미스는 오늘도 여전히 자신의 결정을 자랑스럽게 여긴다. 내 생각에 많은 기자들이 그 보도를 사실이라고 믿었기 때문인 것 같다.

나는 이 보고서를 읽고 충격을 받았다. 4류 서스펜스 소설을 읽는 것 같았다(내가 4류 서스펜스 소설을 쓰기 때문에 잘 안다). 게다가 이 보고서는 대중의 소비를 위해 그리고 스틸의 민주당 전국위원회 후원자들을 기쁘게 하기 위해 편집된 것 같았다.

스틸은 러시아가 힐러리 클린턴에 관한 "낯 뜨거운 정보" 파일을 가지고 있으며, 다만 이 파일에는 아마도 "이례적이거나 당황스러운 처신" 혹은 "당황스러운 행동에 대한 세부적인 내용 및 증거"는 없을 거라고 전했다.

우리는 러시아인들이 수십 년에 걸쳐 추문을 파헤치면서 인간 타블로이드판 헤드라인인 빌 클린턴에 대해서는 말할 것도 없고 힐러리 클린턴에 대해서까지 무가치한 콤프로마트 파일을 가지고 있다는 걸 믿어야 했을까? 마치 독자층을 위해 강조한다는 듯, 보고서에는 이런 내용이 수차례 언급되었다.

이 밖에도 러시아인들이 민주당 전국위원회에 "스파이들"을 심었다는 내용과 함께 어딘가 의아한 대목들, 뿐만 아니라 작성자의 국적이 의심스러운 언어적 특징들이 있었다.

그렇지만 누가 알겠는가? 사실일 수도 있지 않지 않나? 하지만 아무리 대충 검토했어도 보고서에는 문제들이 있었고 많은 확인이 필요하다는 사실을 알 수 있었다. 그러므로 하원 정보특별위원회 소속 민주당 간부인 애덤 시프가 2017년 3월 20일에 청문회를 개최해, 이 자리에서 스틸 보고서의 세부 내용을 마치 사실인 양 태평하게 읽어낸 일이 더욱 놀라울 따름이었다. 시프의 개회사는 다음과 같다.

> 미 정보기관이 높이 평가하는 것으로 알려진 전직 영국 정보부 출신 크리스토퍼 스틸에 따르면, 그는 러시아 소식통으로부터 페이지 또한 러시아 국영 석유기업 로스네프트의 CEO 이고르 세친과 비밀 회담을 가졌다는 이야기를 들었다…페이지는 이 회사의 지분 19퍼센트에 관련하여 거래에 관한 중개 수수료를 세친에게 제공받는다.

나는 이 장면을 시청하면서 망연자실했다. 보통 의회 의원이라면 준비한 발언을 발표하기 전에 적어도 기자들처럼 조사하려 노력한다고 알고 있었다.

그러나 이 자리에서 시프는 트럼프의 보좌관 카터 페이지가 "KGB 요원이며 푸틴과 절친"이라고도 알려진 러시아 과두정치 측근과의 비밀 회동에서 로스네프트—시가총액이 630억 달러인 기업—의 19퍼센트 지분에 대해 막대한 수수료를 제공받았다고 공표했다.(시프는 "러시아연방보안국FSB"을 말하려 했을 것이다. KGB요원이 아니라. 러시아는 더 이상 소련이 아니라는 걸 자꾸만 망각하는 #러시아게이트 관련자들의 무능력은 시간이 갈수록 점점 사람을 속 터지게 만들었다. 도나 브러질 민주당 의원은 "공산당원들이 이제는 토론의 조건을 지시하고 있다."는 트윗을 아직도 삭제하지 않고 있다.)

시프의 연설은 여러 가지 의문을 제기했다. 이 문제가 러시아게이트와 연관이 있다면 우리는 더 이상 비난받을 걱정을 하지 않아도 되는 걸까? 페이지가 이런 일들에 전혀 손을 대지 않았다면 어떻게 될까? 지금까지 그는 아무런 혐의도 받지 않았다. 의회 의원은 이 문제를 걱정해야 하는 거 아닌가?

청문회가 열린 지 몇 주 뒤, 스틸은 그의 보고서에 언급된 러시아 기업들 중 한 곳이 소송을 제기해 영국에서 증언을 했다. 그는 서면으로 제출한 증언에서 자신의 정보는 "가공되지 않은 것으로서 분석 및 추가 조사와 검증이 필요하다."라고 말했다. 그는 또(최소한 이 사건의 메모와 관련해서) 자신은 "사회 전반에 재공개할 목적으로" 보고서를 작성하지 않았다고 덧붙였다.

스틸은 2016년 가을에 다수의 기자들과 이야기를 나누었다고 전해지는데, 이 사실을 고려할 때 이것은 그 자체로는 특이한 진술이지만 어쨌든 그의 법적인 입장이었다. 스틸의 영국 법정 진술에 관한 기사는 《워싱턴타임스》 같은 보수적인 매체들 중 일부를 제외하면 미국에서 크게 뉴스로 다루어지지 않았다.

나는 시프 의원 사무실에 연락해 보고서가 검증될 필요가 있다는 스틸의 입장에 대해 알고 있는지, 그리고 이 입장이 보고서에 대한 그의 견해를 바꾸었는지 물었다. 시프의 대답은 다음과 같다(강조는 내가 한 것이다).

전직 영국 정보부 요원 크리스토퍼 스틸이 작성했으며 몇 달 전 공개적으로 유출된 이 문건에는 우리의 수사 내용과 관련 있을 수 있는 정보가 담겨 있다. 대중에게 전파하기 위한 의도인지 여부와 관계없이 이것은 사실이다. 따라서 위원회는 문건에 담긴 각각의 혐의들을 **입증하거나 부인하도록 돕기** 위해 **스틸 씨와 대화하기를 희망**한다.

시프는 청문회 전에 스틸과 이야기를 한 적이 없었고, 혐의들이 입증되지 않았음을 알고 있다는 듯 내용을 큰 소리로 읽어 내려갔다.

스틸 보고서는 #러시아게이트의 마그나카르타였다. 이것은 향후 수천 건의 뉴스 기사를 위해 언외의 맥락을 제공했지만, 대부분 외설적인 혐의들―5개년 육성계획, 협박, 세친의 뇌물, 프라하 여행, 오줌과 성희롱 등―을 확인할 수 있는 기자는 아무도 없었다. 은유적으로 말하면, 우리는 스틸의 결과들을 실험실에서 독자적으로 만들어낼 수 없었다. 이것을 감안하지 못했기에 처음부터 서사에 오류가 생겼다.

수년 동안 문건이 사실일지 모른다는 암시가 제기될 때마다 신문 1면 톱기사가 되었지만, 스틸의 폭로에 의문이 제기될 때면 언론은 번번이 입을 다물었다. 《워싱턴포스트》 기자 그레그 밀러의 팀원들은 코언이 프라하에 있었다는 증거를 찾고 있었다. 밀러는 기자들이 "그야말로 몇 주, 몇 달 내내 단서를 찾기 위해 애썼다."라고 말했다. 그는 "우리는 프라하 시내의 모든 호텔에 기자들을 보냈다…단지 그가 묵은 적이 있는지 알아내기 위해 호텔을 죄다 찾아다녔고, 허탕을 치고 돌아왔다."라고 말했다.

이것은 앞면이 나오면 내가 이기고 뒷면이 나오면 네가 진다는 사기꾼식 보도였다. 사람들은 밀러의 기자 팀이 호텔 장부에서 코언의 이름을 발견했다면 당연히 《워싱턴포스트》의 1면에 게재되었을 거라고 가정한다. 그러나 반대의 결과가 나왔고 밀러의 신문에는 한 마디도 언급되지 않았다. 밀러가 C-SPAN 케이블 방송에서 자신이 펴낸 새 책에 대해 토론하는 동안 이 일에 대해 이야기한 게 전부였다. 〈데일리콜러〉와 몇몇 보수적인 블로그들만이 이 내용을 주워담았다.

《워싱턴포스트》의 밥 우드워드가 "나는 [스파이 행위나 공모 행위를] 발견하지 못했다…물론 열심히 찾고 또 찾아보았다."라고 말했을 때도 마찬가지였다.

유명한 워터게이트 사건 폭로자인 그는―대량살상무기 사건에서 "집단 사고"에 굴복했다고 말하면서, "더 세게 밀어붙이지 않은 자신을 크게 책망한다."라고 덧붙였었다―이번에도 별로 강하게 밀어붙이지 않았다. 그가 공모 사실을 밝혀내려 노력했지만 실패했다는 뉴스는 그가 일하는 신문에 실리지 않았다. 이 내용은 우드워드가 보수파 라디오 진행자 휴 휴잇과 토론하며 자신의 책《공포 Fear》를 홍보할 때 언급되었을 뿐이었다.

마이클 코언이 의회에서 증언하면서 선서하에 프라하에 있었음을 부인했을 때도 마찬가지였다. 상업 뉴스 매체들은 이것이 그들의 이전 보도에 어떤 영향을 미칠지 굳이 신경 쓰지 않았다. 형량 감형 협상에 매달리는 사람이 전 국민이 시청하는 텔레비전에서 이런 문제에 대해 의회에 거짓말을 하겠는가?

CNN이 기사를 보도했지만, 나머지는 전부《내셔널리뷰》, 폭스, 〈데일리콜러〉 등 보수 매체들이었다. 《워싱턴포스트》는 "마이클 코언의 증언을 보수 매체들이 얼마나 대수롭지 않게 여기는지"에 대해 조롱하는 사설을 실었다.

아마도 가장 최악은 〈야후!〉의 기자 마이클 이시코프와 관련된 에피소드일 것이다. 그는 이미 한 가지 이상한 이야기―과두정치의 측근인 세친과의 협상을 중재했다고 알려진 배후인물 카터 페이지에 대한 비밀 감시를 위해 FISA(해외정보감시법) 영장을 청구했을 때, FBI는 이중 감시를 하고 있었다는―에 관여되어 있었다.

FBI는 미확인된 스틸 보고서와 이시코프의 2016년 9월 23일자 〈야후!〉 기사―〈미국의 정보기관 관계자들, 트럼프의 고문과 러시아 정부와의 연결 고리 조사 중〉―를 FISA 영장 신청서에 포함시켰다. 이시코프는 기사에서 페이지가 러시아에서 "인정받는 고위 관계자들"과 만남을 가졌다고 주장하면서 스틸을 익명의 정보원으로 이용했다.

그러나 이 사안에 대해 조롱 섞인 기사를 실은 《워싱턴포스트》를 제외하면, 비非보수주의 언론 가운데 이 문제를 다룬 매체는 사실 한 군데도 없었다(공모와 관련된 사안에 조금이라도 의혹을 제기하는 모든 뉴스 기사들은 《워싱턴포스트》에서 즉석에서 "사실 확인"을 거치는 것 같다). 《워싱턴포스트》는 스틸이 이시코프 기사의 "토대"가 아니므로 FISA 문제가 특히 심각한 건 아니라고 주장했다.

이시코프는 아마도 스틸을 가장 잘 아는 기자였을 것이다. 그는 역시나 전직 스파이를 상대했던 《마더존스》의 콘과 함께 스틸의 견해를 담은 베스트셀러 《러시안 룰렛Russian Roulette》을 펴냈다. 이 책에는 "소변" 사건을 다시금 되돌아보는 내용도 포함되어 있다. 그러나 이시코프는 2018년 말에 갑자기 스틸 보고서는 "대부분 거짓"임이 밝혀질 것으로 믿는다고 말했다.

이번에도 이 언급은 존 지글러가 진행하는 팟캐스트 〈언론의 자유 방송Free Speech Broadcasting〉 쇼를 통해서만 전달되었다. 관련된 내용이 있는 대본을 살펴보자.

이시코프: 실제로 스틸 문건을 자세히 살펴보면 구체적인 혐의들은 그걸 뒷받침할 증거가 없어요. 그리고 사실 더 선정적인 혐의들 중 일부는 절대 검증이 되지 않을 거다, 허위일 거다, 라고 생각할 만한 근거가 충분하죠.

지글러: 그 말은….

이시코프: 지금 시점에서 보면 기껏해야 기록이 엇갈려서 생긴 일인 것 같아요. 상황이 바뀌면 뮬러가 이 예측을 바꿀 증거를 제시할지도 모르죠. 하지만 현재 공식적인 기록을 근거로 볼 때, 저는 대부분의 구체적인 혐의들이 사실이라는 증거가 없다고 말할 수밖에 없겠습니다.

지글러: 당신이 그렇게 말하다니 재미있군요, 마이클. 왜냐하면 제가

알기로 당신 책은 그러니까, 적당한 말이 생각나지 않는데, 소변 사건 녹화 테이프를 입증하기 위해 이용됐으니 말이에요.

이시코프: 그러게요. 우리는 책에 어떤 사건의 증거를 소개했는데, 아마 그게 소변 테이프에 영감을 주었는지도 모르죠. 트럼프가 여러 인물들과 함께 라스베이거스의 음란한 나이트클럽을 찾았는데 이 사람들이 나중에 모스크바에도 등장해요. 특히 러시아 가수 에민 아갈라로프, 로브 골드스톤〔아갈라로프의 홍보 담당자〕 같은 인물들이 포함되었지요. 이 나이트클럽에서 정기적으로 하는 쇼가 있거든요. "선생님을 뜨겁게"라는 짧은 극인데, 댄서들이 여대생처럼 꾸며서 교수 몸에 직접 소변을 누거나 소변 보는 흉내를 내는 거예요. 아무리 좋게 봐도 희한한 우연이라는 생각이 들더군요. 그 이벤트가 영감을 주었을지 모른다고 믿지 않을 수가 없을 것 같습니다….

지글러: 도시 괴담인가요?

이시코프: …스틸 문건에 있는 혐의들입니다.

이시코프는 이 이야기를 즐거운 어조로 전했다. 그런 다음 그가 "진짜" 핵심이라고 말하는 주제로 자연스럽게 화제를 전환했다. "아이러니한 건, 스틸 보고서가 사실일지도 모르지만 도널드 트럼프의 성적 행위와 관련된 콤프로마트를 보유한 쪽은 크렘린이 아니라 《내셔널인콰이어러》〔미국의 가십 주간지〕였다는 겁니다."

요점 정리: 스틸을 세상에 소개한 기자(그의 2016년 9월 23일자 기사는 스틸을 정보원으로 언급한 최초의 기사였다)는 소변 녹화 테이프 기사를 "검증된 것"으로 간주하여 책을 썼다고 인정해 놓고 갑자기 발뺌을 하며 모든 내용이 라스베이거스 스트립쇼를 기반으로 했을지 모른다고 말함. 그러나 스토미 대니얼스〔미국의 포르노 배우, 2006년 트럼프와 성관계를 한 뒤, 2016년 대선 전에 트럼프 측에서 침묵을 지키라는 조건으로

돈과 합의서를 보냈다고 주장했다) 등에 의해 더 이상 중요하지 않은 일이 됨.

이런 유형의 또 다른 이야기는 스틸과 〈버즈피드〉가 여러 메모 중 하나에서 웹질라Webzilla와 그 모기업 XBT를 언급해 웹질라와 XBT에 고소당한 법정 소송 사건과 관련이 있었다. 이 사건으로 스틸이 CNN의 'iReports' 페이지에 올라온 2009년 포스트에서 XBT와 웹질라에 관한 정보를 발췌했다는 사실이 법정 진술을 통해 알려지게 되었다.

이 포스트들이 CNN 저널리스트들이 사실 확인 작업을 거쳐 올린 것이 아니라, 임의의 이용자들이 올린 것임을 알고 있었느냐는 질문을 받았을 때 스틸은 "몰랐다."고 대답했다.

존 르 카레의 소설에서 바로 튀어나온 것만 같은 "놀랍도록 부지런한" 스파이계의 대부로서 스틸의 프로필은 무수히 많았다. 전설적인 조지 스마일리와 유사한 외모와 태도를 지닌 스틸은 통상 르 카레의 주인공으로 묘사되었다. 그는 어둠속의 남자였고, "평범하고", "중립적이며", "조용하고", "스마일리보다 절제된" 태도는 그를 책 속의 강렬한 인물로 착각하게 만들었다. 혹자는 새로운 "스마일리"가 지역 전문대학교 신입생처럼 텍스트를 복사해 붙이고 있었다는 걸 언급해도 좋지 않았겠냐고 생각할 것이다. 그러나 이런 이야기는 거의 뉴스거리가 되지 않았다.

#러시아게이트가 회자되는 내내 일관된 패턴은 이랬다. 1단계: 선정적인 헤드라인. 2단계, 며칠 혹은 몇 주 뒤: 뉴스는 처음 알려진 내용보다 더 충격적인 기사를 내보낸다. 3단계(최선의 경우): 동일한 매체에 의해 이 기사는 뒷걸음질 치거나 철회된다.

그런데 이 패턴도 흔치 않았다. 대개는 #러시아게이트와 관련된 격정적인 헤드라인들이 옆길로 샐 때쯤, 처음 뉴스를 내보낸 매체들은 뉴스의 최근 전개 과정에 전혀 신경 쓰지 않으며, "철회" 과정은 초기에 관심을 갖던 독자와 시청자들에게 영향이 닿지 않는 보수 매체에게 맡겨지는 게 보통이다.

이것은 공화당 미디어는 민주당의 부패를 보도하고 민주당 미디어는 공화당의 부패를 보도하는, 철저히 분열된 새로운 미디어 환경의 주된 구조적 결함이다. 어느 "쪽"도 자신의 오류와 모순을 드러낼 필요를 느끼지 않는다면 실수가 빠르게 늘어날 것이다.

이것은 러시아게이트와 대량살상무기 사건 보도에 주된 차이점이었다. 침공 후 데이비드 렘닉이 "아무도 [대량살상무기에 대해] 완벽하게 이해하지 못했다."라고 항변했지만, 이라크 전쟁은 그것을 충분히 이해하고 거리 시위를 벌인 600만 명 이상의 반대를 무릅쓰고 일어났다. 애초에 언론의 지형이 다양하게 흩어졌어야 했다고 주장하면서 부시에 대한 회의론이 공공연하게 확산하는가 하면, 〈슬레이트〉의 평론가 잭 섀퍼 같은 사람들은 주디스 밀러의 신문 기사를 죄다 찢어버렸다. 대부분의 기자들은 민주당 지지자이고 대량살상무기 기사를 퍼뜨리는 사람들은 대부분 공화당 지지자들이었으므로, 적어도 어느 정도는 시위를 할 정치적 여지가 있었다.

#러시아게이트는 정반대의 맥락에서 일어났다. 이 사건이 기사화되지 않았다면 도널드 트럼프에게 정치적으로 유익하게 작용했을 터인데, 이 점은 많은 기자들이 실현될까 봐 두려워한 것이었다. #러시아게이트 Russiagate는 #저항운동 Resistance과 동의어가 되어 대중의 회의감을 복잡한 명제로 만들었다.

스캔들 초기에 나는 《마더존스》의 데이비드 콘 기자와 함께 워런 올니가 진행하는 캘리포니아 공영 라디오 프로그램 〈투 더 포인트 To the Point〉에 출연했다. 나는 데이비드를 조금 알았고 그와 친했었다. 예전에 그는 워싱턴에서 내 책으로 이벤트를 진행한 적도 있었다. 그러나 이 라디오 프로그램에서 사실을 정확히 이해해야 한다는 주제가 제기되자, 콘은 지금은 기자들이 흠을 잡아낼 때가 아니라고 말했다.

그래서 민주당원들이 [확실하지도 않고] 진실이 아닐 수도 있는 사안을 말하면서 그렇게 극성을 떨며 열을 올린다는 건가요…? 안 그런 정치적 이슈를 좀 말해 보시죠. 그건 망원경을 거꾸로 보고 있는 것 같은데요.

나는 나중에 그에게, 우리가 언론에 종사하고 있고 그것은 "진실이 아닐 수도 있는 일"을 피하는 것 외에 다른 게 아닌 만큼, 아마도 우리는 "민주당"과는 다른 책임이 있지 않겠느냐고 시사하는 글을 썼다. 그는 이렇게 답을 보냈다.

"트럼프 반대자들을 실컷 감시하세요. 하지만 그건 요즘 보도하려고 기를 쓰는 개똥 같은 목록에나 오르지, 내 개인 목록에는 절대 상위를 차지하지 않습니다."

다른 기자들은 내적인 갈등에 대해 이야기했다. 미디어에서 뮬러가 러시아 인터넷 조사기관 IRA를 기소했다고 기세등등하게 보도했을 때, 맨 처음 IRA 기사를 출고한 《뉴요커》의 기자 에이드리언 첸은 기사의 보도 방식을 약간 꺼림칙하게 여기며 앞에 나서기를 주저했다.

그는 말했다. "나는 러시아의 위협을 부풀리는 사람들이 대화를 주도하도록 침묵을 지킬 수도 있고, 트럼프와 그의 지지자들에게 먹잇감을 던져주는 위험을 감수할 수도 있다."

《폴리티코》의 불쌍한 기자 블레이크 하운셀은 〈러시아게이트 회의론자의 고백 Confessions of a Russiagate Skeptic〉이라는 글을 써서 소셜 미디어의 뭇매를 맞은 뒤, 일 년 뒤 매우 자책했다. "내가 하려던 말은, 나는 회의론자가 **아니라는 것**이었다."

대량살상무기 사건이 한창이던 때, 《뉴욕타임스》의 공익 편집인 대니얼 오크렌트는 신문의 기준이 "보도하기 전에 사실을 확인하라"에서 "먼저 보도한 다음 사실을 확인하라"로 옮겨갔다고 지적했다. 오크렌트는 이때부터 "다음 퇴화 단계가 분명해졌다."라고 썼다.

우리는 다음 퇴화 단계에 있다. 그것은 먼저 보도한 다음 오류를 확인하라, 이다. 러시아게이트 시대는 저널리즘이 워낙 타락해서, 한때 "평판이 좋았던" 매체들조차 이제는 옳은 말이라고는 거의 하지 않으며, 한다 해도 엉겁결에 하게 되는 정치인들과 거의 다르지 않다.

초기에 나는 러시아에 관한 방대한 양의 "충격적인 소식들"이 부인되는 것에 몹시 놀라 목록을 보관하기 시작했다. 현재 기사의 양은 50개가 족히 넘는다. 온라인 매체 〈디 인터셉트 The Intercept〉의 칼럼니스트 글렌 그린월드가 지적한 것처럼, 실수가 무작위로 일어나는 거라면 실수는 어느 방향으로든 다 일어날 테지만, 러시아게이트의 오류들은 한결같이 같은 방향으로 일어난다.

"17개 정보기관은 해킹의 배후가 러시아라고 말했다."와 같은 유명한 기사 내용처럼, 어떤 경우에는 일부분만 틀렸고(실제로는 4개 정보기관이었다. 국가정보국장은 FBI, CIA, NSA에서 "엄선"하여 또 하나의 팀을 구성했다), 어떤 기사들은 시작부터 노골적으로 사실이 아니었으며, 따라서 그에 걸맞는 꼴사나운 헤드라인들—"러시아 기업, 버몬트주 공공시설 해킹"(《워싱턴포스트》, 2016년 12월 31일), "러시아 정부 해커들, 버몬트주 공공시설을 겨냥한다고 볼 수 없어"(《워싱턴포스트》, 2017년 1월 2일)—이 난무했다.

2017년 밸런타인데이에 《뉴욕타임스》가 보도한 기사 〈트럼프 선거 참모들, 러시아 정보기관과 거듭 접촉〉은 처음부터 신뢰가 느껴지지 않았지만, 이야기를 계속 만들어낼 수 있는 중요한 "폭탄선언"이었다. 기사에는 접촉이 고의적이었는지 부지불식간에 이루어졌는지, 논의가 사업이나 정치에 관한 것이었는지, 대체 접촉의 목적이 무엇이라고 예상되는지 등은 언급되지 않았다.

일반적으로 기자라면 외국 스파이와 거래한 사람을 비난하는 기사를 신기 전에, 거래의 내용이 무엇인지부터 알고 싶을 것이다. 예를 들어 "고의"나 "부지불식간"에 일어난 일이냐는 큰 차이가 있을 것이다. 얼마 지나지 않아 전 CIA 국장 존 브레넌 같은 사람들은 이것이 중요하지 않다고 생각한다는 게 드러났다. "대개 반역의 길에 있는 사람들은 자신이 반역의 길에 있다는 걸 모른다." 그는 트럼프 집단에 대해 이야기하면서 이렇게 말했다.

이것은 매카시 시대에 문제를 일으켰던 종류의 위험한 논쟁처럼 보였다. 그러나 러시아와의 접촉이 심각했다고 가정해 보자. 헤드라인은 중대한 영향을 미치기 때문에, 기자라면 그런 기사를 신기 전에 여전히 보도의 관점에서 그 접촉의 성격이 정확히 어떠했는지 알아야 할 것이다. 무엇보다 기자는 보도할 정도로 그 내용을 충분히 숙지해야 할 것이다. 다시 말해, 납득할 만한 이야기를 비공개를 전제로 듣는 것에서 그치는 것이 아니라, 독자들 스스로 뉴스의 성격을 파악할 수 있도록 그들과 상당히 많은 내용을 공유할 수 있어야 한다.

이후 코미는 "접촉"에 관한 기사들에 역정을 내며 "대체로 사실이 아니다."라고 말했다. "17개 정보기관"이라는 오류가 클래퍼가 의회에서 증언할 때만 수정되어 선서하에 정정을 강요받았던 것과 마찬가지로, "거듭된 접촉"에 관한 기사 또한 코미가 의회, 이번에는 상원 정보위원회 앞에서 증언할 때만 논란이 되었다. 폭로되길 기다리고 있는 이런 종류의 오류들이 얼마나 많을까?

심지어 잡아낸 실수들도 믿기 어려울 지경이었다. 2017년 12월 1일에 ABC 기자 브라이언 로스는 트럼프가 "후보 자격으로" 마이클 플린 백악관 국가안보회의 보좌관에게 러시아와의 접촉을 지시했다고 주장했다. 이 뉴스로 다우지수는 350포인트 폭락했다. 기사는 거의 즉시 철회되었고 로스는 정직됐다.

《블룸버그》는 뮬러가 트럼프가 거래하는 도이치뱅크에 소환장을 발부했다고 보도했는데, 소환 사유는 다른 개인들의 기록에 대한 것임이 밝혀졌다. C-SPAN이 맥신 워터스 하원의원의 연설을 보도하던 중에 러시아 투데이 방송으로 잠시 화면이 바뀐 것에 대해 《포춘》은 C-SPAN이 해킹을 당했다고 전했다. 《뉴욕타임스》도 이 기사를 내보냈는데, 여전히 보도를 철회하지 않고 있다. C-SPAN이 자사의 "내부 송출 오류"로 자사 방송 대신 네트워크 데이터에 있는 다른 방송이 송출되었을 가능성이 있다고 주장했는데도 말이다.

CNN은 자체 방송 사고만 모아도 웬만한 목록 하나는 만들 것이다. 트럼프의 선임 고문 앤서니 스카라무치와 러시아 투자 펀드와의 관련성을 주장하는 기사가 철회된 뒤 이 방송사 저널리스트 세 명이 사퇴했다. 자신은 수사 대상이 아니라고 들었다는 트럼프의 주장에 대해 전 FBI 국장 코미의 반박이 예상된다는 기사에는 네 명의 CNN 기자(글로리아 보거, 에릭 릭츠블라우, 제이크 태퍼, 브라이언 로커스)가 이름을 올렸다. 코미는 이 기사에도 역정을 냈다.

실패로 끝난 또 하나의 CNN 특종 기사인 〈트럼프 캠프, 이메일로 위키리크스 문건 전달받다〉에서, 이 방송사 기자들은 트럼프 캠프가 위키리크스 내용을 미리 알고 있었음이 증명될 거라는 "폭탄선언"을 해서 열흘간 직장을 떠나 있어야 했다. "흐음, 우리가 지금 알고 있는 내용을 생각하면 이 정도는 대수로운 일이 아닐 겁니다." CNN의 마누 라주는 고통스러운 방송 철회를 겪으며 이렇게 의견을 말했다.

최악의 기사는 결코 수정하지 않는 기사였다. 특히 나쁜 예는 파크랜드의 고등학교 총기 난사 사건에 관련한, 〈플로리다주 학교 총기 난사 후 러시아 '봇Bot' 부대 기습 공격〉이라는 2018년 2월 18일자 《뉴욕타임스》 기사였다. 이 기사는 총기 난사 사건 이후 러시아인들이 #당장총기규제, #당장총기개혁, #파크랜드총기난사 같은 트위터 해시태그를 이용해 소셜 미디어에서 미국인을 분열시키려 한다고 주장했다. 《뉴욕타임스》는 아래의 인용문을 크게 보도했다.

> "이런 속보들을 옮겨 다니며 활동을 개시하는 것은 그들에게 매우 전형적인 일"이라고, 온라인 허위정보 유포 추적 회사, 뉴놀리지의 최고책임자 조너선 모건은 말했다. "이 봇들은 미국인을 분열시키는 데에 초점을 맞춥니다. 거의 조직적으로 말이죠."

이 기사가 보도된 지 약 1년 뒤에《뉴욕타임스》기자 스콧 셰인과 앤 블라인더는 위에 언급한 회사인 뉴놀리지, 그리고 특히 조너선 모건이 앨라배마주 상원의원 선거에서, 러시아 댓글 부대 활동을 날조하는 터무니없는 계획에 참여한 바 있다고 보도했다. 유권자들이 러시아가 공화당을 선호한다고 확신하게 하려는 발상이었다.

《뉴욕타임스》는 그 바보같은 앨라배마 계획에 대해서 뉴놀리지의 내부 보고를 인용했다.

> 우리는 정교한 '위장술'을 조직하여, 로이 무어〔공화당 후보〕의 선거운동이 러시아 봇넷botnet에 의해 소셜 미디어에 널리 확산되었다는 생각을 주입했다….

파크랜드 기사는 보도 당시 트위터에서 논쟁이 일었을 정도로 내용이 상당히 모호했으며, 최초 보도의 또 다른 주요 정보원인 전직 정보기관 관계자 클린트 왓츠는 나중에 "봇"에 관한 모든 내용과 관련해 "납득하기 어렵다."고 말했다.

당신의 주요 정보원 가운데 한 명이 당신이 기사에서 기술한 바로 그런 종류의 활동을 날조한 적이 있다는 것이 밝혀질 땐, 적어도 온라인에서 그 인용문을 삭제하거나, 가장 최근의 내용까지 알려주어야 한다. 최악의 경우 경고문 한 줄 없이 《뉴욕타임스》 사이트에 기사가 버젓이 남아 있을 테니 말이다.

러시아게이트는 저널리즘 최악의 윤리적 허점들 중 하나―한때는 주로 지역 범죄 보도에 국한되었던―를 관례로 만들었다. 체포되었을 뿐아직 유죄 판결을 받지 않은 사람들의 상반신 사진과 이름을 공개하는 것은 항상 문제였다.

러시아게이트를 시작으로 전국 언론은 기소와 유죄 판결에는 차이가 있다는 가식조차 포기했다. 가장 충격적인 기사는 러시아 여성 마리아 부티나에 관한 것이었다. 이 사건에서 당국과 언론은 공동의 책임이 있다. 당초 이 러시아인이 대가성 성매매를 했다는 기소장 덕분에 《뉴욕타임스》와 기타 매체들에는 ABC 방송의 묘사처럼 민주주의를 훼손하는 빨갱이 매춘부, "현실판 〈레드 스패로〉"〔프랜시스 로런스 감독의 첩보 영화〕에 관한 숨 가쁜 기사들이 넘쳐났다.

그러나 부티나가 자신을 위해 차량 점검을 해준 친구에게 한 통의 장난 섞인 문자메시지를 보낸 것이 혐의의 근거임이 밝혀지자, 판사는 "5분" 뒤 성매매 혐의를 기각했다.

일단 헤드라인에 오르면 매춘부라는 대중의 인식이 바뀌기는 상당히 어렵다. 더 최악은 이 헤드라인이 여전히 남아 있다는 사실이다. 당신은 여전히 《뉴욕타임스》 온라인에서 〈마리아 부티나, 수상한 비밀 요원, 은밀한 계획에 성을 이용하다〉와 같은 기사들을 찾을 수 있다.

어떤 기자들은 이렇게 항의할 수도 있겠다. 내가 무슨 수로 알겠어? 그 여자가 돈을 대가로 성매매를 했다고 검찰들이 그랬잖아. 검찰을 믿은 게 뭐가 문제야?

인류가 전기를 사용하기 전부터 정부당국은 기자들에게 쉴 새 없이 거짓말을 해왔기 때문이라고 답하는 건 어떨까! 러시아게이트 사태의 정보원들 중 주요 기관들―주로 안보기관들―이 언론을 기만한 기록들이 상당하다는 것은 애써 많은 조사를 하지 않더라도 쉽게 알 수 있다.

앞에서 말한 것처럼, 레이건 당시 백악관 국가안보 보좌관 존 포인덱스터는 리비아에 관한 허위 기사를 퍼뜨리기 위해 《월스트리트저널》을 포함한 언론을 이용했다. 부시 대통령 시절에는 딕 체니 등이 이라크와 알카에다 사이의 다양한 관계들에 관해 무수한 밑밥을 던졌다. 폭탄 테러범 모하메드 아타가 프라하에서 이라크의 정보기관 관계자들을 만났다는 악명 높은 기사가 여기 포함된다.

《뉴욕타임스》는 아타가 2001년 10월 말에 프라하에 있었다는 기사를 실으면서, 이라크인들과의 회동 날짜가 "불과 테러 공격 5개월 전"인 4월 8일이었다는 내용까지 보도했다. 프라하 관련 기사는 미심쩍게 여겨지는 또 하나의 예인데, 미국 당국자들은 외국 정보기관에서 먼저 정보를 수집하고, 그런 다음 기자들로부터 정보를 얻었기 때문이다. 체니 부통령은 이후 TV에 출연해서 프라하 기사를 인용했는데, 이는 당국자들이 기자들에게 정보 몇 토막을 던져주고 독자적으로 확인된 내용으로 기사를 파는 숱한 예 중 하나였다.

3년 뒤인 2004년에야 《뉴욕타임스》 기자 제임스 리즌이 "이라크인과의 회동 증거 없음"이라는 제목의 기사에서 프라하의 아타에 관한 허위 기사(왜 항상 프라하만 물고 늘어지는 거야?)에 완벽하게 종지부를 찍었다. 물론 그땐 이미 너무 늦었지만. 《뉴욕타임스》는 또 전쟁이 시작된 지 며칠 지나서야 대량살상무기 사건에 반대하는 리즌의 주요 기사, 〈CIA 참모들, 이라크 보고서 준비에 압박감 느껴〉를 실었다. 속임수를 쓰면 이런 일이 일어난다.

구체적인 내용을 요구하지 못하는 이런 상황은 러시아게이트에서 급속히 확산되었고, 훌륭한 기자들이 참여할 때조차 상황은 다르지 않았다. 이 시대에 가장 큰 "폭로 기사" 중 하나는 형편없는 기자(《가디언》의 루크 하딩)가 처음 꺼낸 다음, 이어서 훌륭한 기자(《뉴요커》의 제인 메이어)가 후속 취재한 기사였다. 핵심 정보에는 러시아게이트의 발단에 관한 난해한 내용이 포함되었다.

메이어의 2018년 3월 12일자 《뉴요커》 기사, 〈크리스토퍼 스틸, 트럼프 문건 배후의 인물〉은 주로 문건 작성자의 자격을 지지하는 것처럼 보여 대중에게 충격을 주었다. 그러나 기사의 저 아래에는 일촉즉발의 위험이 도사린 정보가 포함되어 있었다. 메이어는 당시 GCHQ(국가안보국과 유사한 영국의 정보기관) 국장 로버트 해니건이 2016년 8월 이전 어느 시점에 "트럼프 팀과 모스크바" 간 "불법 통화 내용"을 도청했다고 보도했다. 해니건은 미국으로 날아가 CIA 국장 존 브레넌에게 이 통화 내용에 관해 요약 보고했다. 나중에 브레넌은 이 내용이 FBI 초기 수사에 영감을 주었다고 증언했다.

나는 이 기사를 읽으면서 수만 가지 질문이 떠올랐지만, 가장 먼저 떠오른 질문은 이것이었다. 그래서 뭐가 "불법"이라는 거지?

GCHQ가 "불법적인" 무언가를 포착했고 그래서 FBI의 수사로 이어졌다면(덧붙여 말하자면 이것은 FBI의 수사가 시작된 이유에 대한 여러 가지 상충되는 공개 설명 중 하나다), 이것은 공모 혐의의 성격을 명확히 하는 데 큰 도움이 되었을 것이다. 그들이 무언가를 가지고 있었다면, 그것이 무엇인지 왜 우리에게 말할 수 없었을까? 왜 우리에게 알 자격을 부여하지 않았을까?

나는 《가디언》에 물었다. "그 통화 내용이 무엇인지 확인하기 위한 시도를 했나? 이런 통화들이 있었음이 어떻게 확인되었나? 《가디언》 기자들 중에 도청 내용을 보거나 들은 사람 혹은 기록한 사람이 있었나?"

그들은 한 문장으로 이렇게 답했다. **《가디언》은 원본 자료를 다룰 때 엄격하고 철저한 절차를 밟습니다.**

이것은 신문이 아니라 다국적 은행이나 군대에서 들을 법한 종류의 대답이다.

나는 메이어에게도 같은 질문을 했다. 그녀는 보다 솔직한 답을 보내왔다. 이 기사는 본래 하딩이 터뜨린 것이며, 하딩은 그의 기사에서 "이 거래의 정확한 성격은 공개되지 않았음"을 밝혔다고 말이다.

메이어는 "이후 나는 사정에 정통한 여러 정보원들을 찾아 [하딩 기사의] 양상들을 독자적으로 확인"했고, "스틸 관련 기사에 수개월을 할애했으며 [또한] 이를 위해 두 차례 영국을 방문했다."라고 덧붙였다. 그러나 메이어는 "모든 민감한 국가안보 이슈에 관한 보도가 그렇듯이 러시아게이트 관련 기사는 다루기 힘들다."라고 썼다.

나는 메이어가 상당한 노력을 기울였음에도 불구하고 "불법"의 내용이 무엇인지 알아내지 못했다고 유추할 수 있을 뿐이다. 어쨌든 자세한 내용이 공개되었다. 그 과정이 대단해 보이지 않을 수도 있지만, 나는 대단한 일이었다고 생각한다.

분명히 말해 두자면, 나는 2015년 초 혹은 그 이전에 트럼프와 러시아인들 간 "불법" 접촉이 있었다는 견해를 딱히 불신하지는 않는다. 그러나 그런 접촉이 있었다면, 그 성격을 대중에게 공개해서는 안 될 어떤 타당한 이유가 있는지는 잘 모르겠다.

우려할 만한 이유들을 정부당국이 이스라엘 같은 해외 다른 나라들과 공유할 수 있다면, 미국 유권자들이 그런 권리를 갖지 못할 이유가 있을까? 게다가 우리가 정보원과 방법, 그리고 "트레이드크래프트"〔tradecraft, 스파이 활동에 필요한 지식이나 기술〕(기자단의 절반이 "시긴트"〔SIGINT, 신호감청정보〕 같은 용어를 마치 평생 알고 지낸 것처럼 사용면서, 지난 몇 년 동안 우스꽝스러운 스파이 용어의 전문가가 되었다)를 보호하기 위해 비밀을 엄수해야 한다면, 러시아 관계자들이 트럼프 당선을 응원한다는 정보를 입수한 우리의 능력을 왜 뉴스에 유출시키고 있는 걸까?

후속 질문을 던지지 못한 건 다음 기사에서도 마찬가지였다. 옆길로

샌 초기의 기사들 중 하나―유출된 민주당 전국위원회 이메일이 위조 메일이라고 주장하는―에 유사한 역학 관계가 작용했다.

미심쩍은 #러시아게이트 뉴스에 대해, 트위터 음모론자 루이스 멘시 영국 하원의원 이전의 가장 열정적인 정보원은 아마도 MSNBC의 "정보관련 전문 논평자" 맬컴 낸스일 것이다. 그는 2016년 10월 11일에 트위터에 이런 글을 남겼다. "#포데스타의 이메일은 명백한 위조&완벽하게 비전문적인 #흑색선전으로 가득하다는 사실이 이미 증명되고 있다."

〈디 인터셉트〉와 그 밖의 매체에서 언급된 것처럼, 이 내용은 데이비드 프럼(대량살상무기와 러시아게이트 두 사건 모두의 공황 상태에 기여한 집단의 핵심 멤버)과 MSNBC의 앵커 조이 리드 같은 사람들에 의해 반복해서 보도되었다. 무엇보다 클린턴 선거캠프가 기자들에게 이메일은 위조된 것이라고 계속해서 주장했기 때문에 이 보도는 대략 2016년 10월까지 중단되지 않았다. 만일 클린턴 선거 팀에게 좀 더 일찍 위조 사례들을 제시하도록 요구했다면, 보도는 더 일찍 중단될 수 있었을 것이다.

예사가 된 또 하나의 고통스러운 관행은 정보원들이 지금까지 말해 온 것과 상충되는 뉴스가 튀어나올 때 기자들은 자신의 정보원과 맞설 수 없다는 것이다. 출연하지 않는 데가 없는 클래퍼는 2017년 3월 5일에 NBC 척 토드와의 인터뷰에서 트럼프 혹은 그의 선거 캠프와 관련해서 FISA에 따른 도청 명령은 없었다고 딱 잘라 말했다. 그는 〔트럼프 타워에 도청을 허용하는 법원의 명령이 있었는지 혹은 그런 사실을 부인할 수 있는지 묻는 질문에 대해〕 "부인할 수 있다."고도 말했다.

곧이어 이것은 사실이 아님이 밝혀졌다. FBI는 카터 페이지에 대한 FISA 영장을 입수했다. 클래퍼는 트럼프가 트위터에 자신이 "도청을 당하고 있다."고 주장한 지 하루가 지난 뒤에 출연했기 때문에, 그의 발언은 사소한 실언이 아니었다. 트럼프는 이 주장 때문에 크게, 어쩌면 적당히 조롱을 당했지만, 페이지 관련 뉴스뿐 아니라 이후 폴 매너포트에게 FISA 영장이 청구되었다는 뉴스가 보도되었을 시기에 트럼프는 "부수적으로" 감시 대상이 되었을 수 있다.

이것이 유의미한지 아닌지, 이 영장들이 정당한지 아닌지는 별개의 문제다. 중요한 건 클래퍼가 토드에게 거짓말을 했거나, 그게 아니라면 그는 FBI의 영장 청구 사실을 몰랐다는 것이다. 후자는 말이 안 되고 그럴 가능성은 없을 것 같다. 어느 쪽이든 토드는 당연히 화를 내며 해명을 요구해야 했다. 하지만 대신 그는 몇 달 후에 클래퍼를 다시 출연시켜 평소처럼 가볍고 판에 박힌 질문을 던졌을 뿐 결코 이 사안에 대해 그와 충돌하지 않았다.

기자들은 반복해서 화상을 입었지만 불평하지 않았다. "사정에 정통한" 무수한 익명의 사람들, 지난 몇 년간 기자들을 난처하게 만든 이 사람들에 대한 격분에 찬 기사들은 다 어디에 있는가? 어떤 분야든 "지식이 있는 네 명"의 머리를 요구하는 매클래치 미디어 그룹은 왜 프라하의 코언 기사를 더 강하게 밀어붙이도록 그들을 설득하지 않을까?

추잡한 러시아 댓글부대 기사들의 출처로 '뉴놀리지'를 이용한 모든 기자들은 왜 그들이 러시아 댓글부대를 날조했다고 보도한 이후 그들의 두뇌를(혹은 이런 내용을 전달한 의회 정보원들의 두뇌를) 이용하려 애쓰지 않는가? NBC와 그 밖의 매체들은 전쟁에 반대하는 털시 개버드 민주당 하원의원을 러시아의 지원을 받는 후보라고 간주한 기사들에서, 어떻게 '뉴놀리지'를 계속 출처로 이용할 수 있는가?

어떻게 《가디언》 편집인들은 아직도 하딩의 머리통을 물고 늘어지지 않고, 현대 역사에서 가장 미심쩍고 여전히 미궁으로 남은 기사—지구상에서 가장 주목 받는 인간, 줄리언 어산지가 어쩌다 에콰도르 대사관에서 폴 매너포트의 방문을 받았으면서 아무런 기록을 남기지 않았다는 이야기—를 파헤치지 않고 있는가? 나라면 하딩의 "믿을 수 있는 정보원"을 사무실로 끌고 와 그가 보충 증거가 될 만한 걸 내놓을 때까지 호스로 흠씬 패버릴 텐데.

기자들이 공적으로 위태로운 상황에 놓인 사건들에서 타격을 입지 않았다는 것은 언론 매체들이 공식적인 정보원들과 대단히 친밀한 관계에 있었다는 걸 말해 준다. 이것은 종종 한 팀의 협력 과정으로 여겨졌으며, 정보원들이 기자들을 지나치게 압박하는 경우 기자들은 그 무게를 감당하는 것이 자신들의 의무라고 생각하는 것 같았다. 이에 관해 그들은 언론 종사자로서의 자부심이 전혀 없었다.

한쪽으로 편향된 언론은 좋아 보이지 않지만, FBI나 CIA에 편향된 언론은 트럼프 편이든 트럼프 편이 아니든 똑같이 극악무도하다. 어차피 그 방향으로 향할 거라면 굳이 왜 기자들을 두는 걸까?

이런 입장을 전부 반反트럼프 연대라고들 하는데, 실제로 전 CIA 국장 존 브레넌—상원 정보위원회의 컴퓨터 불법 수색에 관해 의회에 거짓 증언을 한 혐의로 조사를 받아야 했던 그 브레넌—은 트럼프가 그의 기밀 취급권을 박탈했을 때 실은 자신을 대신해 하소연해 줄 언론이 필요했던 것일까? 우리는 ABC 방송이 그랬던 것처럼 어리사 프랭클린의 노래를 흥얼거리기 위해, 그리고 트럼프에게 CIA를 향한 존중이 부족하다고 꾸짖기 위해 언론이 필요했던 것일까? 우리에게 그 "일"보다 더 의미 있는 일은 없는 걸까?

이 일련의 사실 오류들과 맹목적인 받아쓰기는 미래의 분석가들이 이 시기에 "주류 언론"이 웃음거리가 된 이유를 돌아볼 때 확연하게 드러날 테지만, 사실 이것들은 더 큰 문제의 징후일 뿐이었다. 더 큰 쟁점은 접근 방식의 근본적인 변화였다.

#러시아게이트와 관련된 많은 보도들이 진지한 음모론, 다시 말해 베이커가 "점들을 잇는 작업"이라고 예의바르게 말한 것이 되었다. 이것이 가능했던 이유는 언론이 처음부터 공모 서사에 전념하면서, 평상시라면

결코 허용되지 않았을 행동에 빠져들도록 모두에게 구실을 제공했기 때문이다.

조너선 채이트의 #러시아게이트 작품, 〈프럼프 투틴 PRUMP TUTIN : 트럼프는 그의 상대와 만나게 될까, 아니면 그의 조종자와 만나게 될까〉도 같은 경우였다. 이 기사는 드라마 〈더 와이어 The Wire〉의 대사 "야, 허크, 너네 엄마랑 아빠가 서로 만나지 않았다면 어땠겠냐?"를 연상시키면서 "트럼프가 1987년 이후로 러시아의 자산이었다면?"이라는 문구로도 홍보되었다. ~라면은 이 업계에서 사용하기 좋은 말은 아니다.

잡지 《뉴욕》의 이 커버스토리(!)는 트럼프와 푸틴 사이의 "일대일" 정상회담이 계획되기 전에 공개되었으며, 트럼프가 수십 년 동안 러시아의 통제를 받았다고 단정했다. 채이트는 트럼프가 1987년에 소련을 방문해 "정치적 야망을 불태우며" 돌아왔다고 언급했다. 그는 이것은 우연의 일치였을 거라는 가능성을 제시하면서도 다음과 같이 덧붙였다. "사실 트럼프와 러시아 사이의 비밀 관계가 이 시점까지 거슬러 올라갈 수 있다는 가능성을 고려하는 것은 약간 미친 짓 같다. 하지만 완전히 무시할 수는 없다."

나는 러시아가, 중요한 건 아니지만, 소련이라 불리던 다른 나라였던 80년대 후반부터 트럼프가 러시아의 요원이었다는 의견을 정당화할 보도를 찾기 위해 채이트의 기사를 위아래로 훑어보았다. 그의 기사에서 이 주제를 뒷받침하기 위해 이용할 수 있는 사실은 단 두 가지뿐이었는데, 트럼프가 1986년에 미국을 방문 중인 소련 관계자를 만났다는 사실과, 그가 1987년에 소련을 방문했다는 사실이었다. 이게 전부다. 이것이 커버스토리 내용이다.

더 최악은 채이트의 이론이 린든 라로슈〔파시스트, 음모론자, 반유대주의자로 알려진 극우주의자〕의 1987년 〈코끼리와 당나귀 Elephants and Donkeys〉 뉴스레터 ― "러시아인들은 트럼프 카드를 가졌는가?"라는 헤드라인의—에서 처음으로 옹호된 생각이라 것이다. 이것은 확실히 갈 데까지 갔다는 의미다.

이것은 광기다. 푸틴은 그야말로 우리 팬티 속에 있다. 우리가 운이 좋다면, 러시아인이 미국인들을 무작위로 함정에 빠뜨리고 협박하기 위해 자위 방지 직통 연락망을 설치했다고 주장하는 보도가 미덥지 못하다는 걸 《뉴욕》이 언젠가는 인정할지 모른다. 이 보도는 표면적으로 불합리해 보일 뿐 아니라, 러시아가 앨라배마주에서 영향력을 행사했다고 날조했음을 인정한 '뉴놀리지' 그룹이 출처이기 때문이다.

그러나 《워싱턴포스트》의 헤드라인, "푸틴이 버니 샌더스를 향해 (또다시) 추잡한 농간을 부릴 경우 민주당의 해법은?"은 어떤 식으로 철회가 가능할까? 한파에 미국 전역의 난방을 차단할지 모른다며 러시아에 대해 선동질을 해대는 레이철 매도의 지겨운 장광설을 뒤집을 방법은 무엇일까? 매카시즘과 과도한 공포감 조성을 고칠 방법이 있기는 할까?

이것은 궁극적으로 러시아와 관련된 막판의 빤한 속임수가 될 것이다. 스틸 보고서에서 자세히 설명한 난잡한 행위와 관련한 혐의들, 꼭두각시 운운하는 의견들 등의 내용을 그들이 결코 찾을 수 없다는 것은 거의 확실하다. 그러나 대량살상무기에 대한 허위 보도가 고문, 영장 없는 감시활동, 용의자 송환, 무인기 암살, 비밀 예산, 소말리아에서 나이지리아와 시리아에 이르기까지 선전포고 없는 전면전으로 이어졌던 것처럼, 언론 규제에서 외교정책에 이르기까지 2016년 대선 이후 수년간 이어진 공황 상태는 모든 면에서 근본적인 변화로 이어질 것이다. 실수는 잊힐 테지만, 경계해야 할 상황은 계속 심화될 것이다.

지난 2, 3년간 러시아의 위협과 관련된 모든 내용에 관한 보도들이 상당히 신뢰할 수 없기 때문에 어떤 정책 변화가 적절한지는 알기 어렵다.

러시아의 민주당 전국위원회 해킹 사건에 대해 언급하지 않았으니 지금 잠깐 짚고 넘어가는 게 좋겠다. 나는 일찍이 러시아 게이트 관련 기사에서 이 부분은 "탄탄해" 보인다고 들었지만, 그 주장마저도 이후로 더 이상 보강되지 않고 있으며, 여전히 러시아 투데이의 허황된 "반미" 보도 같은 것을 이 사건의 일부로 이용하는 등 항상 논란을 일으켰던 동일한 정보기관들의 "평가"에 기대고 있다. 정부는 한때 기자들을 긴장하게 만든 민주당 전국위원회 서버를 조사조차 하지 않았다.*

언론이 안보 기관들과 함께 잠에서 깨어나, 정치 행위자가 아닌 저널리스트로서 일련의 전체 사건들을 신선한 시각으로 처음부터 다시 바라보기 전까지는, 이것이 도대체 얼마나 심각한 일인지 알 수 없을 것이다. 이 말은 곧 트럼프와 러시아에 많은 에너지를 집중하는 것 외에도, 이 기사에서 어떤 부분이 잘못되었는지 허심탄회하게 질문할 수 있어야 한다는 걸 의미한다.

대량살상무기 사태는 10만여 명의 사망자와 수조 달러에 이르는 세금 손실을 초래하는 등, 실생활에 막대한 부정적인 영향을 가져왔다. 러시아게이트가 핵 분쟁으로 이어지지 않는 한, 우리는 그 정도 수준의 결과를 맞지는 않을 것 같다.

그럼에도 러시아게이트는 페이스북, 트위터, 구글과 같은 인터넷 플랫폼들과 정부와의 전례 없는 협력으로 이어져, 모든 인터넷 플랫폼들은 "불화의 조짐"을 미연에 방지한다는 미명하에 좌파와 우파, 중도파에 관한 모든 내용을 검열하고 있다. 기로에 서있는 흥분 상태의 두 핵 보유국인 러시아와 미국의 군대들이 유프라테스강을 사이에 두고 마주하고 있는 시리아 같은 지역의 정세에도 깊은 영향을 미쳤다.

그러나 순전히 저널리즘의 실수로서, 대량살상무기는 러시아게이트

- 제임스 코미의 증언: "우리는 그들이 고용한 전문가들을 통해 컴퓨터 포렌식 수사에 접근하긴 했다. 역시나 기계에 직접 접근하는 것이 최선의 방법이지만, 내 측근들은 괜찮은 대체 방법 정도로 나에게 말했다."

에 비하면 뾰루지에 불과했다. 이번 사태의 실수와 과장 보도의 규모에 비하면 지난번 사태의 심각성은 미미해 보인다. 더 최악은 이로 인해 대부분의 저널리스트들이 근본적인 변화를 받아들여야 한다는 것이다. 우리는 사실과 허구의 구분이 주된 역할인 독립적인 기관으로서 언론의 개념을 지우고 편파적인 선택을 하게 되었다.

우리는 대량살상무기 사건에서 결국 조금은 우리 내부를 들여다볼 만큼의 지각은 있었다. 우리가 독자와 시청자를 남겨둔 채 이 사건에서 달아난 건 단지 그 때문이다. 지금 언론은 그런 자각이나마 할 수 있을까? 대량살상무기는 우리의 평판을 훼손했다. 우리가 상황을 바꾸지 않는다면, 러시아게이트 기사는 우리의 평판을 파괴할 것이다.

부록 1 : 레이철 매도가 책 표지를 장식한 이유

먼저, MSNBC의 상징인 사회자 레이철 매도를 옹호하는 글부터.

2019년 3월 22일 금요일 저녁, 특별검사 로버트 뮬러가 수사를 종료하고 새로운 혐의 적용을 권하지 않은 채 집으로 향했다는 소식이 유출되었을 때, 저널리즘 집단의 시선은 일제히 매도가 있는 쪽으로 향했다.

치부를 가리는 거대한 기계가 열심히 작동하기 시작했다. 매도는 공모와 가장 밀접한 관련이 있는 업계를 대표하는 이름이었다. 그녀는 사실상 러시아게이트의 마담 드파르지〔찰스 디킨스의 소설 《두 도시 이야기》에 등장하는 프랑스 혁명의 중심인 인물〕였다. 2017년과 18년에 〈레이철 매도 쇼 The Rachel Maddow Show〉는 "트럼프는 러시아 요원 Trump is a Russian Agent" 쇼로 탈바꿈해 매일 밤 시청자의 머릿속에 새로운 음모를 새겨 넣었다. 그러므로 트럼프에게 잘못이 많지 않다는 것이 밝혀지면 그녀는 직업상 상당한 타격을 입을 터였다.

주제는 처음부터 끝까지 한결같았다. 트럼프가 대통령에 취임했을 때 매도는 이렇게 말했다. "미국의 새 대통령이 러시아가 원하는 걸 하게 될지 우리는 이제 곧 알게 될 것입니다." 그녀와 MSNBC 동료 사회자 로런스 오도넬은 트럼프가 2017년 초에 시리아를 공격한 건 푸틴에게 덜 의존하는 걸로 보이도록 푸틴이 짜놓은 계획의 일부가 아니겠냐며 야단스럽게 떠들었다.

매도는 트럼프의 대통령직이 러시아의 영향하에 "진행 중인 작전수행"이라고 설명했다. 그녀는 트럼프의 당선은 러시아의 지령에 따라 이루어진 것이라고 암시했는데, 예를 들어 트럼프가 러시아 정세에 "신기할 정도로 정통하다."면서 실컷 비아냥거렸다. 가장 최악은 2019년 초 미국 전역에 한파가 지속되는 동안 매도가 시청자들에게, 만일 "러시아가 오늘 노스다코타주 파고시의 전원을 꺼버린다면, 여러분과 여러분 가족들은 어떻게 하시겠습니까?"라고 물은 일이었다.

이 발언은 무엇보다 재무적인 측면에서 효과를 발휘했다. 러시아 관련 소식은 오바마 시대에 기록했던 그녀의 방송 시청률을 깨뜨리며, 레이철 매도를 2017년 국내 최고의 케이블 뉴스 진행자로 만드는 데 일조했다. 상승세는 2019년 초반까지 계속 이어져 최초로 시청자 수 300만을 돌파하는 데 이르렀는데, 라디오 방송〈에어 아메리카Air America〉의 무명 진행자 출신으로는 놀라운 수치였다.

이 시청률은 MSNBC에 기록적인 수익을 올려주어, 전통적으로 재정난에 허덕이는 뉴스 업계에서 그녀는 흥행 보증수표와도 같은 귀한 스타가 되었다.

뮬러가 음모나 협조가 없었다는 것을 밝히자, 업계를 이끄는 주동자들은 즉시 계산기를 두드렸다. 2년 동안 음모로 채워진 매도의 고함은 아마도 옹호될 수 없을 터였다. 역경에 처할 때면 언론에 종사하는 내 동료들이 용감하게 연대감을 느끼며 행하는 특유의 방식대로, 그들은 당장에 그녀를 배 밖으로 던져버리기로 결정했다.

윌리엄 바 법무장관이 공모에 관해 뮬러 보고서를 인용한 요약문이 3월 24일 일요일에 발표되었다. 다음 날인 3월 25일 월요일 오전, **혹시** 실수가 있었다면 그건 책임 있는 저널리즘의 드넓은 바다에서 하찮고 미미한 섬인 케이블 뉴스의 실수였다는 것이 새로운 통념이 되었다. 전환은 신속했다. 바 장관의 요약문이 도착한 때와 거의 동시에 매도에 반대하는 사설들이 작성되기 시작했다.

일부 전문가들은 매도의 이름을 언급하지 않았다. 그러나《워싱턴포스트》의 미디어 칼럼니스트 마거릿 설리번이 뮬러의 판결이 "진지한" 저널리스트들에게는 불명예가 되지 않는다고 말했을 때 그녀가 누구를 빗대어 말하고 있는지 모두가 알고 있었다.

설리번은 누군가 불명예를 당해야 한다면, 그 대상은 "억측으로 생계를 유지"하고, "트위터에 콩알만 한 대포"를 쏘아대 "터무니없는" 폭발을 일으키는 "케이블의 전문가들"이라고 덧붙였다. 그리고 **그런** 사람들을 "결코 저널리스트라고 할 수 없다."며 비웃었다.

이때부터 봇물이 터지기 시작했다. 라디오 보도 프로그램 〈데모크라시 나우! Democracy Now!〉에서 "[트럼프가] 러시아 요원이라고 생각한다."던 《뉴욕타임스》의 데이비드 케이 존스턴은 불과 며칠 사이에 "텔레비전 논평은 뉴스가 아니다."라며 딱 잘라 말했다.

그리고 "특히 레이철 매도는 뮬러 사안을 확실히 밀어붙였는데", "당시 사실들"과 관련하여 그렇게 했다고 덧붙였고, 그렇지만 그녀의 방송은 "텔레비전의 상업적 가치에 의해 주도되었다."라고 말했다.

컬럼비아대학교 언론대학원 학장 스티브 콜은 《뉴요커》에 "케이블 TV엔 현장 보도와 뉴스 제작 인터뷰, 그리고 황금시간대에 초대된 유명인사들의 개인적인 잡담과 입만 살아있는 인간들이 원탁에 둘러앉아 지껄이는 유언비어가 뒤섞여 있다."라고 썼다.

뮬러의 "3월의 놀라운 소식"(나와 다른 많은 기자들에게는 놀라운 소식도 아니었지만) 이후, 콜은 시청자들이 "사건과 보도"를 구분하길 기대하는 것은 "비현실적"인 일일 것이라고 덧붙였다.

《뉴욕타임스》 칼럼니스트 로스 다우섯도 한마디 보탰다. "그렇다, 주류 언론은 스틸 문건에 너무 많은 신빙성을 부여했고, 겉으로 보기에 유죄를 입증하는 듯한 기사들을 싣기 위해 지나치게 서둘렀다. 그러나 레이철 매도 말고 다른 곳에서 뉴스를 접했다면, 회의론을 옹호하는 의견도 충분히 접할 수 있었을 것이다."

이 사람들 모두 MSNBC가 그랬던 것처럼 러시아 관련 기사들을 엉망으로 다루었거나, MSNBC가 그랬던 것처럼 광고 판매를 늘리기 위해 몰염치하게 두려움을 과장하거나, 혹은 그 둘 다 한 조직들에서 일했다. 다우섯이 몸담은 《뉴욕타임스》는 정신 나간 인포그래픽 시리즈, '오퍼레이션 인펙션: 냉전부터 카니예까지 러시아의 허위정보'(카니예라니!)로 레이철의 행위를 앞질렀다. 매도는 이 《뉴욕타임스》 애니메이션처럼 그야말로 세포 수준에서 산 채로 우리를 잡아먹는 바이러스로 러시아를 묘사하지는 않았다. 매도는 미국 언론이 일을 썩 잘하지 않는다는 당신의 오싹한 느낌에 대해 러시아를 탓할 만큼 뻔뻔하지는 않았다.

〈오퍼레이션 인펙션〉의 내용은 이랬다. "더 이상 누굴 믿어야 할지 모르겠다면, 당신이 그렇게 생각하도록 만든 원인은 바로 이것일지 모른다." 《뉴욕타임스》는 당신의 세포를 잡아먹는 붉은 질병이 묘사된 그래픽을 이렇게 설명했다. "당신이 뉴스에 지쳤다면, 이것이 그 이유일 수 있다."

엄청나게 새로운 진전을 보이지 않는 한, 레이철은 **무엇이 잘못되었나**라는 표현의 인간적 상징, 러시아게이트의 주디스 밀러가 될 게 거의 확실하다. 주디스 밀러처럼 매도 역시 혼자서 사막을 헤맬 이유는 없을 것이다.

아마도 미래의 시사평론가들은 두 사건 모두에서 거침없이 의견을 밝힌 여성들이 결국 동료들에 의해 마을 밖으로 쫓겨나 언론의 비난이라는 멍에를 메야 했다는 명백한 사실에 주목하게 될 것이다. 당신이 어떻게 생각할지는 자유지만, 그녀에게만 잘못이 있는 것은 아니다.

레이철 매도가 이 책의 표지를 장식한 이유는 그녀가 실수로 저지른 일 때문이 아니라, 러시아게이트가 빗나간 추측임이 밝혀졌기 때문이다.

레이철이 표지를 장식한 이유는 러시아 보도보다는, 그녀가 자신의 프로그램과 대중적 이미지의 핵심 콘셉트를 이용해 의도적으로 한 일 때문이다. 그녀는 예리하고 사교적인 삼류 라디오 진행자에서 비범하고 애국심 강한 미디어의 도구로, 안타깝게도 해니티의 정확한 거울 이미지로 바뀌었다.

나는 여전히 뉴욕에 살고 있기 때문에, 내 친구들은 대부분 민주당에 투표하기 때문에, 그리고 나는 진보성향 잡지에서 일하기 때문에, 레이철 매도가 숀 해니티와 나란히 표지를 장식한 이 책의 표지 시안이 공개되었을 때 엄청난 항의와 분노의 목소리를 들었다.

"어떻게 레이철 매도를 숀 해니티 하고 비교할 수가 있지?" 사람들은 소리를 질렀다. 말도 안 돼! **절대 용서할 수 없어!** 이건 천박한 아이디어야!

아니, 천만의 말씀. 두 인물의 행보는 정확히 동일하다. 그들은 정확히 똑같은 상업적 방식을 이용해 돈을 번다. 그리고 서로 다른 정치적 의견을 강조하지만, 그들이 시청자에게 미치는 영향은 상당히 동일하다.

주된 차이는 한 사람이 다른 사람보다 영리하다는 것인데, 확실히 레이철에게 유리한 특징은 아니다. 오히려 이것은 그녀에게 방해 요소다. 숀 해니티의 단순한 두뇌(어쩐지 그의 뇌는 목 안에 있을 것만 같다)와 무수한 비난을 찾아다니는 지칠 줄 모르는 열정은 그를 분노 유발 TV의 완벽한 장사꾼으로 만들어줄 타고난 약점들로, 아무래도 유전이 아닐까 싶다.

레이철은 이 일을 잘해 나갈 방법을 생각해야 했다. 그녀는 그 방법을 누구보다 잘 알 만큼 똑똑하다. 나는 〈에어 아메리카〉 라디오 시절부터 시작해 레이철을 안 지 10년이 넘었기 때문에 잘 안다.

우리는 이라크 전쟁의 열기가 뜨겁던 부시 대통령 시절에 만났다. 당시 그녀는 국가 통합을 향한 노골적인 호소와 불안을 바탕으로 하는 침략 마케팅을 비웃었다. 몇 년 뒤에는 정보기관들이 "증거를 찾으라"는 명령을 받고 있는 것 아니냐며 풍자하기도 했다.

내가 알기로 매도는 이 모든 것이 우스꽝스럽다고(아마도 분노하다 못해 차라리 우스꽝스럽다고) 생각했다. 나는 똑똑하고 예민하고 재미있는 사람으로 그녀를 존경했다. 이후 그녀는 유머감각까지 MSNBC에 희생시켜, 네트워크가 자신의 이런 면모를 알아볼 수 없을 정도로 자신을 상품화하도록 내버려두었다.

적어도 내 기억에 그녀 개인의 정치적 견해는 오늘날 그녀가 맡은 프로그램의 골자인 강경한 주류 민주당 노선보다 훨씬 더 진보적이다. 심지어 그녀는 〈레이트 나이트 위드 세스 마이어스Late Night with Seth Myers〉쇼 같은 다른 방송에서 자신은 개인적으로 민주당과 거리감을 느끼고 있다고 살짝 밝히기도 했다.

그랬던 그녀가 지금은 광적인 애국주의자이며 미국의 가장 엄격한 열성 당원이라는 사실은 나를 놀라 까무러치게 만든다. 이건 영화의 소재, 그것도 특별한 소재가 아닌가.

* * *

영화 〈워터프론트〉의 감독 일리어 커잔이 만든 1957년 작 〈군중 속의 얼굴〉은 이상주의자인 한 기자가 래리 로즈라는 주정뱅이 부랑아를 발견하면서 벌어지는 이야기다. 당시 무명의 앤디 그리피스가 연기한 이 부랑아는 자연스러운 매력과 재치, 그리고 사람들과 쉽게 가까워지는 능력을 지닌 인물이다.

마침내 그는 "론섬" 로즈라는 새로운 이름으로 TV 프로그램에 출연한다. 그리피스는 이 프로그램을 이용해 소탈하고 수줍음 많은 평범한 사람들의 대변자처럼 행동함으로써 정치인보다 더 많은 영향력을 발휘한다.

이 영화는 1957년엔 이렇다 할 반응을 얻지 못했는데, 당시에는 아직 드러나지 않은 텔레비전의 힘에 관한 이야기였기 때문이다. 이후 영화는 글렌 벡 같은 사람의 성공을 예측했다는 공로를 인정받아, 2000년대 후반에 진보적인 시사평론가들에 의해 다시 태어나 찬사를 받았다.

월간지 《베니티 페어Vanity Fair》의 제임스 올콧은 2007년에 〈군중 속의 얼굴〉에 대해 "기업 지배자들이 조직한 포퓰리즘적 책략의 꼭두각시가 되어, 자신의 호감도를 사회 통제의 지렛대로 활용한" 한 남자에 대한 영화라고 묘사했다.

영화에서 이야기하려는 것, 그리고 50년대 후반 대중이 아직 이해할 준비가 되지 않았던 것은 커다란 자루 안에 표를 쓸어 담기 위해 비지성적 암시와 개성을 이용하는 미디어의 힘이었다. 정치인들이 다양한 정치적 견해를 포용한다면, 미디어의 인물들은 **팬들**을 끌어들인다고 할 수 있다. 이들을 추종하는 사람들의 지지는 정치인들을 향한 지지보다 설명하기가 어렵다.

영화에서 로즈는 이렇게 외친다. "나는 단순한 연예인이 아니야. 나는 영향력 있는 사람, 의견을 행사하는 사람이지. 힘이 있는 사람이라고!"

커잔과 시나리오 작가 버드 슐버그는 상류층과 아마도 우익 정치인들이 로즈 같은 인물을 도용하는 것을 가장 두려워했다. 이 영화는 오지에서 발견되어 캘리포니아주 상원의원 워딩턴 풀러 같은 상류층들의 정치 선전에 이용된 로즈의 삶처럼, 다가올 미국의 문화 전쟁에 관한 예리한 우화였다.

로즈는 "점점 늘어나는 사회보장제도에 대한 당신들의 생각을, 그 하찮은 진실을 내게 알려주기 바라오." 같은 말을 한다. 여기에서 우리는 소박한 로즈를 통해 초기 미국인들에게 필요한 것은 빌어먹을 연금보험 따위가 아니라 도끼와 총 한 자루뿐이라는 걸 알게 된다.

정보력이 약한 유권자들을 자멸적인 진취성과 결합시킨다는 개념은 진보적인 시사평론가들을 수년 동안 두렵게 만들었다. 로널드 레이건, 조지 H.W. 부시, 글렌 벡, 러시 림보, 그리고 도널드 트럼프 같은 유형들의 성공을 예견한 예로 으레 로즈가 소환되는 것도 그래서이다.

〈군중 속의 얼굴〉은 어떤 종류의 피상적인 문화 종사자도 정치 노선 선전에 이용될 수 있다는 경고여야 했다. 순진한 촌사람만 속는 게 아니다. 대학가와 카페의 군중들 또한 지나치게 과장된 유혹들에 쉽게 영향받고, 공포와 애국심을 향한 호소에 금세 넘어갈 수 있다. 선전하는 사람은 바뀔 테지만, 선전은 계속될 것이다.

영화에서 로즈는 싱글싱글 웃으며 말한다. "위기와 위험이 임박한 때에 나보다 군중을 더 잘 결집시킬 수 있는 사람이 누가 있는가?"

현실에서 레이철 매도보다 래리 로즈를 닮지 않은 인물을 상상하기는 어렵다. 그러나 결국 두 사람은 비슷한 여정을 밟는다. 로즈가 그랬던 것처럼,

TV는 자신에게 예속된 사람을 파괴했고, 정치 상품을 판매하기 위해 그녀의 피상적인 특징들을 이용했다. 불행히도 오늘날 가장 잘 팔리는 상품은 당파적 분열이다.

* * *

마거릿 설리번 같은 사람들은 반만 옳다. 케이블 뉴스 진행자들은 전통적인 의미에서 "저널리스트들"이 아니다. 그들은 뉴스를 파는 것이 아니라 오락 상품을, 다시 말해 과장된 속도감과 음모에 쏟는 에너지로 시청자를 낚기 위한 상품을 팔고 있다.

케이블 뉴스 진행자는 시청자들에게 노를 저으라고 간청하는 배의 선장이다. 막연한 정치적 승리, 시청자들을 위한 약속의 땅이 아득히 그려지는 수평선 위 한 점을 향해 빨리, 더 빨리 서사들을 몰아가는 것이 항해의 목적이다.

이 작업을 수행하려면 모든 노를 일제히 같은 방향으로 당겨야 한다. 그러므로 그들은 프로그램을 해체할 생각으로 그 자리에 있는 게 아니라면 반대하는 목소리를 초대할 수 없다.

이 공식은 폭스가 독점적으로 사용하던 것으로, 폭스의 앵커들은 이 장르에 정통한 유일한 실무자였다. 해니티 특유의 익살은 이 공식을 전형적으로 보여준다. 〈숀 해니티 쇼〉는 분노와 독설, 종말론으로 이루어진 단순한 잡탕이다. 구성은 결코 바뀌지 않는다.

민주당은 늘 못된 짓을 꾀하고, 숀 선장은 **방금 민주당이 저지른 근시안적이고 대대적인 정치적 실수!**에 대한 비밀스러운 진실을 가리키기 위해 매일 밤 이 자리를 지킨다(이것은 그가 선호하는 분야의 주제들 중 하나다). 그는 주류 매체 엘리트가 당신들을 비웃는다고, 부의 재분배, 총기 몰수, 강제 낙태, 반기독교 문화 헤게모니 등 레닌주의적 프로그램을 당신들 목구멍에 억지로 쑤셔 넣으려 한다고 시사할 것이다.

그리고 이 **진보주의 놈들**은 국경을 열어 당신들 일자리에 이민자들을 대신 들여앉히려 하는데, 이러다간 이민자들이 최소 세 번은 투표하도록 장려될 판이다.

그의 쇼는 매번 이 주제를 조금씩 변주한다. 그는 맥락을 제공하기 위해 초대 손님들을 이용할 것이다(즉, 초대 손님들 입으로 그의 의견에 동의하게 만들 것이다). 최근 〈해니티 쇼〉의 초대 손님들은 도널드 트럼프, 도널드 트럼프 주니어, 테드 크루즈, 러시 림보, 루디 줄리아니, 린지 그레이엄, 데빈 누네스, 앨런 더쇼비츠, 조 리버만, 글렌 벡 등이다.

〈해니티 쇼〉는 가끔은 "균형"을 잡으려 할 텐데, 이런 채널에서 "균형"을 잡는 것처럼 보이려면 상대 당 사람이 필요하다(다른 형태의 사고는 존재하지 않으니까). 이 외계인은 실컷 괴롭힘을 당하다 그들이 원하는 대로 장렬히 전사할 것이다. MSNBC보다 폭스가 더 자주 이런 짓을 하는 것 같은데, 이런 짓이 반드시 이롭지는 않다는 걸 언급해야겠다.

아마도 〈크로스 파이어〉 시절부터 이런 구성을 가장 많이 경험해서 누구보다 능숙하기 때문인지, 터커 칼슨이 이 방식을 가장 잘 이용하는 것 같다. 물론 해니티도 〈해니티 & 콜메스〉에서 이 방식을 이용했다. 콜메스가 해니티를 돋보이게 하기 위해 명백하게 계산된 패배의 상징 같은 역할을 했다면, 칼슨은 간혹 폴 베갈라 같은 가짜 진보주의자들의 드잡이질 속에서 고군분투해야 했다.

하지만 "균형"이 일어나기도 한다. 예를 들어, 도나 브러질은 실제로 해니티와 괜찮은 관계를 유지하고 있다(나는 그녀가 해니티를 "친구"라고 부르는 에피소드도 찾았다). 이런 에피소드들에서 추는 춤은 공생을 위한 공공연한 홍보다.

브러질은 방송에 출연해서, 해니티가 엄연히 한 사람의 인간임을 인정함으로써 해니티의 시청자들 중 손톱만큼을 자기편으로 끌어들이고는 책 같은 걸 요란하게 홍보할 것이다. 그러는 동안 해니티는 사회주의니 그린 뉴딜 따위에 대해 그녀에게 신랄하게 열변을 토함으로써, 시청자들이 자신의 진실성을 잠시도 의심하지 않도록 만들 것이다.

분열을 조장하는 현대 미디어에서 이것은 엄청난 계산속으로 이루어진다. 이질적인 생각은 방송에서 허용되지 않으며, 예의 바른 경청은 결코 기대할 수 없다. 길게 대답하는 것도 허용되지 않는다. 검사와 피고 측 증인이 맞설 때처럼, 질문은 정해진 틀 안에서 이루어진다. 한 가지 예로 터커 칼슨이 캘리포니아주 민주당 의원 애덤 시프에게 러시아의 개입에 관해 인터뷰한 내용을 들을 수 있다.

먼저 칼슨은 이메일을 해킹하는 것은 나쁜 일이라는 데 동의한 다음(검사들은 가능하면 언제나 불가피한 부정적인 증거를 먼저 제시한다), 그렇지만 유출된 민주당 전국위원회 이메일들은 진짜라고 지적하면서 유권자들이 진짜 정보를 얻는 것이 왜 나쁘냐고 시프에게 물었다. 시프는 외국 정부가 우리 선거에 개입하도록 허용하는 것이 얼마나 나쁜 선례를 남기는지에 대해 뭔가 말을 하기 시작했지만, 대답이 썩 빠르지 못했다.

> **시프**: 푸틴은 우리 친구가 아니니까요. 아마도 푸틴의 생각은…
>
> **칼슨**: [말을 가로채며, 불만스러운 듯 눈을 가늘게 뜨고] 알겠어요, 알겠어! 누가 해킹에 찬성하겠습니까. 하지만 한 가지는 분명하게 짚고 넘어가도록 하겠습니다. 그러니까 당신은 블라디미르 푸틴이 이 해킹 사건의 배후에 있었다는 걸 모른다는 거 아닙니까.
>
> **시프**: 그게 아니라, 우리는 알지요, 제 말은…
>
> **칼슨**: 아니요, 당신은 몰라요. 그러니까 아는 척하지 마세요.

다음 질문! 이것이 바로 이런 구성이 작동하는 방식이다. 그는 "반대 의견"을 주장하는 초대 손님을 말더듬이 코찔찔이로 만들어놓고, 그들이 자신의 주장을 한 마디도 피력하지 못하게 한다. 여기에는 사실상 약자를 괴롭히려는 고도로 발달한 본능 외에도 어느 정도의 기술이 필요하다.

그의 적수들은 언제나 거대하고 엄청난 거짓말을 모조리 박살내는 터커의 뛰어난 두뇌에서 몇 걸음 뒤처진 모양새로 남겨진다. 이것이 쇼의 포인트다. 전제는 터커가 "거짓, 거만, 자만, 집단적 사고의 천적"이 되겠노라는 약속을 이행한다는 것이다.

칼슨은 어떤 면에서 그와 일종의 타협을 모색해 보려 하는 초대 손님들에게까지 이런 전략을 펼친다(전《뉴욕타임스》공익 편집인 리즈 스페이드와의 불필요할 정도로 끔찍한 대화에 대해 2장 〈증오의 열 가지 법칙〉참조.)

케이블에서 이런 저속한 형태의 "균형"보다 좋은 건 없다. 여기에서 문제는 터커 칼슨이 아니라, 그의 시청자들―수년 동안 그의 쇼를 시청해온―이 다른 관점을 두려워하게 될 것이라는 점이다. 오랜 세월 케이블을 시청하면 두뇌가 축소되어 곧 자신도 모르는 사이에 나와 다른 의견들을 감당할 수 없게 될 것이다.

현대의 케이블 뉴스는 시청자들을 지적인 도전으로부터 보호하겠노라고 약속한다. 시청자는 자신의 믿음에 결코 의문을 제기할 필요가 없다. 이 지점에 도달하기 위한 가장 쉬운 방법은 다른 상대들의 실패에 계속해서 집중하는 것이다. 이런 쇼들이 다른 모든 것을 배제하고 "상대방"의 부당함에만 집착하는 이유도 그래서다.

도덕적으로 중립적인 개념은 없다. 우리는 투표하지 않는, 그리고/혹은 정치에 관심 없는 45퍼센트의 미국인을 만나지 않는다. 우리는 감옥에 수감된 사람들이나, 모든 게 뻥이고 어느 당도 자신들의 문제에 관심을 갖지 않는다고 생각하는 험악한 도시의 이웃을 만나지 않는다.

생각이 모호해 쉽게 희화화하기 어려운 사람들을 우리는 만나지 않는다. 민주당 성향의 방송은 맨주먹으로 와서 오직 근면한 태도로 생활을 일군, 그 결과 복지, 사업 규제, 세금 정책에 분개하는 무슬림이나 아시아 이민자 식당 주인에 대해 다루지 않을 것이다. 이들이 이민자 권리와 이민법 개혁에 대해 너무 요란하게 떠들면 공화당 성향의 방송 역시 이들을 다루지 않을 것이다.

이도 저도 아닌 회색 지대들은 이런 방송에 도움이 되지 않는다. 방송에는 **우리**와 **그들**만 있으며, **우리**에 대해서는 아무도 의문을 제기할 수 없다. 그러므로 초대 손님 목록은 언제나 머리 모양이 단정한 직업적 열성 당원, 즉 정치인이나 어느 한 정당과 깊은 관계를 맺고 있는 전문가들로 빽빽하게 채워져 있다. 그들은 완벽의 화신이다. 완벽한 머리모양, 얼굴의 잡티를 가리는 완벽한 화장, 여기에 걸맞은 그들의 정치적 입장에 대한 확신까지.

트럼프 시대에 〈레이철 매도 쇼〉는 아주 사소한 내용까지 정확하게 이 **우리-그리고-그들**이라는 구성을 취했다. 선천적으로 똑똑하고, 호기심 많은 사람으로 살아온 여성이 이처럼 극단적인 반지성적 활동의 수단으로 변모하는 모습을 지켜보는 것은 놀라운 경험이었다.

그녀는 해니티가 움직이는 방향과 정확히 반대로 향한다. 저 멍청한 공화당 의원들이 **이번에 끔찍한 정치적 판단 착오를 저질렀다고 확신한다!** 공화당이 세금 법안 시행을 서둘러서 혼란을 야기하고 있다, 이처럼 스스로 재앙을 자초하는 모습을 확인해야 하니 채널을 고정하시라! 혹은 트럼프의 비상사태 선언은 역효과를 낳고 공화당과 민주당의 협력을 강요할 수 있다! 공화당의 애덤 시프 반대 운동은 그들을 "웃음거리"로 만들 수 있다!

우리는 공화당원들은 모두 이민자를 증오하는 인종차별주의자들이라고 들었고, 최근 들어 가장 중요한 문제로 도널드 트럼프가 블라디미르 푸틴을 도와 우리 민주당을 공격하는 데 그들이 공모했다고 들었다.

이런 문제들을 논의하기 위해 초대 손님을 모셔보자. 댄 라더, 론 와이든, 애덤 시프, 마이클 맥폴, 데이비드 케이 존스턴, 로비 무크, 척 슈머, 코리 부커, 메이지 히로노, 조이 레이드, 크리스 쿤스, 패티 머레이, 리처드 블루먼솔 등등이면 어떨까.

이들은 모두 기본적으로 직업적인 열혈당원들이다. 그들이 이 목록에 오른 이유는 궁극적으로 모든 문제를 공화당 잘못으로 간주한다면, 신뢰할 만하다고 검증된 사람들이기 때문이다.

MSNBC는 지난 몇 년간 주로 변절자나 트럼프 반대자가 된 공화당 의원들과 전 공화당 의원들을 출연시켰다. 트럼프나 MAGA〔Make America Great Again, 미국을 다시 위대하게〕 공화당이라는 개탄스러운 새로운 유형을 비난하기 위해서였다. 간혹 다른 이유로 "공화당 의원"이 출연한다면, 아마도 존 매케인을 별로 존경하지 않는다는 식의, 과두정치의 품위에 반하는 다른 범죄를 증언하기 위해서일 것이다.

그러나 레이철 매도는 그런 인터뷰는 하지 않는 편이다. 매케인의 전 선거 캠프 고문 스티브 슈미트는 니콜 월리스의 초대 손님으로 곧잘 출연한다. 빌 크리스톨은 주로 브라이언 윌리엄스의 초대 손님으로 출연한다.

이것은 매도가 불과 몇 년 전 이라크 문제로 크리스톨을 비난한 사실과 관계가 있을 수 있다. "당신은 국가 안보 문제에 대해 아무런 신용이 없으면서, 우리가 이라크를 침공해야 하고 이 계획이 성공할 거라고 열렬히 지지하고 있습니다. 그리고 지금은 이후에 일어날 전쟁에 대해서도 적극 찬성하고 있고요." 그녀는 크리스톨을 지칭하며 말했다. "군이 그들의 의견을 구했다는 게 부끄럽군요."

크리스톨은 이제 MSNBC의 고정 게스트다. 최근 그는 (방송에서는 아니지만 실제로) 중국의 정권 교체가 장기적인 목표가 되어야 한다고 주장했다.

존 스튜어트는 오래전에 MSNBC가 민주당의 폭스가 될 가능성을 제기했는데, 어쩌다 매도가 진행하는 거북한 인터뷰에 앉아 있을 때였다. 그는 "전부 같은 부류" 아니냐며 따지며 그녀를 압박했고, 한쪽 "편"의 결함을 간과하거나 심지어 세계를 "편" 가르기 하고 있다는 중요한 요점을 건드리며 재차 압박했다. 그는 "갈등 유발자"인 케이블 뉴스의 문제는 "이 나라의 갈등이 좌파와 우파, 공화당과 민주당의 대립에 있다는 생각을 우리 모두에게 주입시킨 것"이라고 말했다.

그는 "부패 대 반부패, 극단주의자 대 반극단주의자"라는 더 큰 쟁점에 대해 이야기했고, 그의 〈데일리 쇼〉를 시청한 적이 있는 사람이라면, 그 방송 작가들의 마음속에 폭스가 차지하는 "특별한 장소"를 알아볼 거라고 언급하면서 "당신들은 지금 폭스가 하는 짓을 똑같이 하고 있어, 당신들이 폭스만큼 나빠."라고 말한 것에 대한 비난을 미연에 방지했다.

그러나 그는 매도에게로 화제를 전환하며 "거짓 등가성은 당신도 하는 일"이라고 말했다. 이어서 그는 "우리는 마음에 드는 사람에게는 사면을 베풀고, 그렇지 않은 사람에 대해서는 지나치게 악마로 묘사하는 경향이 있다."라고 덧붙였다. 그리고 케이블은 "내가 생각하기에 올바른 싸움이 아닌 분열을 증폭시키는데…[그 이유는] 양측 모두 논쟁을 봉쇄할 나름의 방법을 갖고 있기 때문"이라고 말했다.

2010년 매도와 했던 스튜어트의 인터뷰는 MSNBC의 방향에 대한 경고였다. MSNBC는 코카콜라 - 펩시콜라/버거킹 - 맥도날드처럼 폭스와 쌍을 이루어 방송의 상업화로 향하고 있었다. 두 방송사 모두 가짜 흑백 논쟁을 팔고 있었고, 시청자를 잡아두는 메커니즘으로 상대를 악마처럼 묘사하고 있었다. 이걸 이해하는 데 고도의 지능이 요구되는 것도 아니었고, 이를 알아차리는 건 어려운 일도 아니었다. 그러나 매도의 시청자들은 이것이 다가올 결과에 영향을 받지 않을 거라고 생각했다.

스튜어트는 또, 케이블 뉴스는 연이은 비상사태 이후 시청자를 결집하도록 설계되었지만, 실제 삶은 비상사태가 아니라고 경고했다. "O. J. 심슨이 누군가를 매일 죽이지는 않을 거잖아요." 그는 재치 있게 말했다. 매도도 스튜어트와의 다른 인터뷰에서 이에 대해 이야기하면서, 사람들은 연이은 테러의 위협에 지칠 대로 지쳐 있다고 말했다. "알고 있는 통치 방법이 그것뿐이니, 몇 달에 한 번씩 위기를 자초해 가며 늑대가 나타났다고 외치는 거지요!" 매도가 말했다.

이것은 트럼프의 대통령 당선을 지속적인 비상사태로, 즉 왕좌에 앉아 왕을 사칭하는 자와 벌이는, 말 그대로 전쟁으로 다루던 방송사의 광고 판매가 호황을 이루며 "사방의 벽이 좁아지는" 시대가 시작되기 몇 년 전의 일이었다. 흥분되는 일이었지만, 그 바탕에는 결코 결실을 맺을 수 없는 과장된 공약들이 판을 친 맹렬한 선거운동이 있었다. 한편 매도의 쇼는 어떤 일에 대해서도 민주당에 비판을 가하지 않았고, 심지어 대대적인 국방비 증액 통과 같은 명백히 초당적인 사안조차 트럼프의 부정행위에 관한 기사들로 바꾸었다.

〈레이철 매도 쇼〉는 이제 전직 CIA 국장 존 브레넌이나 전 국가정보원장 제임스 클래퍼 같은 사람들과의 활기찬 인터뷰를 특종으로 다룬다. 레이철은 수년 전 트럼프 시대로 전환되기 이전에, 고문과 같은 쟁점에 대해 브레넌을 호되게 비난했었다. 그녀의 쇼를 소개하는 블로그는 클래퍼가 과거에 의회에서 했던 거짓말도 추적했었다(그들은 "왜 공화당이 클래퍼를 봐주고 있는지" 잘 모르겠다고 말한다). 하지만 이제 안보 수장들은 반트럼프 동지가 되어 이들의 막사 안에서 환영을 받는다.

레이철의 쇼는 MSNBC의 고정 출연자 중 다수를 차지하게 된 안보 관계자들의 퍼레이드일 뿐 아니라 민주당 유명인들과의 마사지 시간이기도 한데, 레이철이 초대 손님에게 보이는 관심보다 그들이 레이철에게 보이는 관심이 더 큰 것 같다(〈군중 속의 얼굴〉에 나타나는 이런 역학 관계는 러시 림보, 빌 오라일리, 해니티에게서 자주 나타난다). 많은 경우 민주당 초대 손님은 방송 인지도가 더 높은 대스타 매도에게 지지 같은 무언가를 찾고 있는 게 분명하다.

바로 이 지점에서 유머가 작동한다. 대부분의 정치 분야 초대 손님, 특히 최근 공직에 출마한 사람들은 방송 초반에 던지는 매도의 짧은 농담에 으레 박장대소하면서 정신 나간 척할 것이다. 공화당의 악을 가차 없이 정복하지 않을 때의 레이철 매도는 세상에서 가장 힘 안 들이고 웃기는 사람으로서 자신의 취미를 살린다는 것이 이 쇼의 자부심 중 일부다.

최근 〈지미 도어 쇼 The Jimmy Dore Show〉는 아주 좋은 예를 하나 포착했다. 뮬러 검사가 수사를 종결했다는 소식이 새어나온 날, 에이미 클로버샤 상원의원은 레이철에게 송어 좀 잡았느냐고 물었다. 쇼에서 띄운 녹화 화면에서 레이철은 뮬러 수사 종결 뉴스를 방송하기 위해 스튜디오로 뛰어오느라 송어낚시 휴가를 망쳐버렸다고 말했다.

두 사람의 대화를 보자.

> **매도**: 아니요. 그게 말이죠, 전 인생에서 두 가지를 배웠답니다. 여자에게 절대 임신 여부를 묻지 말 것, 그리고 또 —
> (무척 재미있다는 듯한 클로버샤의 웃음소리)
> **매도**: 낚시로 이제 막 하루를 마친 사람에게 절대로 고기를 낚았느냐고 묻지 말 것.
> (더 재미있다는 듯한 웃음소리)

이보다 괴상한 대화도 없지만, 이것은 따분한 청중을 결속하는 일종의 의식이다. 2016년 11월 선거 이후 《뉴욕타임스》가 독자들에게 헤드라인을 읽으면서 결속력을 다지라며 신문을 팔아댄 것과 마찬가지로.

민주당원들, 학생들, 그리고 해외 동맹국들 트럼프 대통령이라는 현실에 직면하다

다시 말하지만, 이런 헤드라인은 당신에게 뉴스를 제공하는 것이 아니라, 당신 외에 누군가가 신문을 읽고 있다는 의식을 강화한다. 당신처럼 분별 있는 사람들이 트럼프 당선에 반응한다는 제목은 미래 역사학자들에게 들려주기 위한 내용이다.

이를 "증오" 미디어 시대의 핵심 부분으로 만드는 것은 무엇보다도 한 집단이 다른 집단을 향한 집단적 혐오와 경멸에 사로잡히는 것이다. 매도의 팬들은 매도는 공격적이고 기만적인 해니티와는 전혀 거리가 멀다, 그러니 같은 범주에 묶지 말라고 말할 것이다. 그러나 그녀도 동일한 방식으로 자신의 시청자들을 길들인다. "우리"가 과거에 폭스를 향해 불평하던 모든 요인들이 이제는 MSNBC에서 흔하게 발견된다.

폭스는 시청자들에게 자신에게 동의하지 않는 사람은 모두 클린턴과 오바마 지지자라고 가정하게 만들었다. 내 기사의 이런저런 내용에 불만의 글을 보내온 모든 보수주의적인 폭스 시청자들은 내가 오바마에게 월급을 받기 때문에 절대로 민주당을 비판하지 않을 거라고 믿었는데, 이런 그들의 억측은 수년 동안 나를 놀라게 했다.

내가 사실 모든 책을 그런 식으로 썼다고 답하면, 그들은 대체로 자취를 감추었다. 폭스는 "내 말에 동의하는 올바른 사람" 외에 지구상에 존재하는 유일한 좋은 민주당 지지자뿐이라고 생각하도록 시청자들을 길들였다. 그들은 내 기사를 싫어하는 것 이상으로 새롭고 다양한 유형이 있다는 생각을 싫어했다.

민주당 지지자들은 이의를 제기할 것이다. 그렇지만 공화당원들은 인종차별주의자잖아! 그런 인간들을 상대하기 위해 연대를 조직하는 건 옳은 일이야! 도널드 트럼프는 악마야! **레이철은 옳아!** 그러니 레이철은 해니티와 같은 논의 대상이 아니야. 듣자하니 해니티는 약자를 괴롭히는 데다, 동성애는 "비뚤어진 일탈 행위"를 저지르는 사람들이 하는 짓이라고 말한 전적이 있어. 레이철은 한번도 그런 식으로 행동한 적 없다고!

좋다. 그렇지만 공화당 지지자가 전부 똑같은가? 그들이 캐리커처인가? 얼마나 많은 사람들이 4년에 한 번 치르는 행사에 의해 정의되는가(결코 그래서는 안 된다. 기억하시길, 투표하지 않는 사람이 각 당 지지자 수보다 훨씬 많다는 걸)?

나는 선거 취재를 위해 전국을 돌아다니면서 공화당 행사에 모인 다양한 범주의 사람들을 만났다. 어떤 사람들은 신체적으로 나를 위협했다. 어떤 사람들은 내가 생각하기에 미친놈들 같았다. 어떤 사람들은 실제로 내가 호감을 갖게 되거나 적어도 흥미를 느꼈다. 애리조나주 어느 트럼프 행사장 밖에서 폭주족과 마주친 일이 있다. 트럼프가 당선된 후였는데, 나는 트럼프가 미친놈이냐 아니냐에 대해 《롤링스톤》에 기사를 쓰고 있는 중이었다. 행사장의 사람들은 완전히 제정신이 아니었다. 한 명이 자기는 "어차피 세상 좆같으니 엿이나 먹이려고" 트럼프를 찍었다고 말했다.

"정확히 누구를 엿 먹이려고?" 나는 물었다.

"나야 모르지. 누구면 어때. 당신일지도 모르고."

이 "엿 먹이는" 투표가 트럼프 당선의 큰 부분을 차지한다는 생각이 들었다. 많은 사람들이 트럼프가 멍청하다고 생각했고, 실제로 이것은 그들이 트럼프에게 투표한 이유다. 여러 차례 보도된 것처럼, 어쩌면 트럼프와 클린턴 둘 다를 싫어한 사람들이 트럼프의 가장 중요한 지지층이었을지 몰랐다.

이 사람들은 모두에게, 특히 텔레비전에 출연하는 사기꾼들에게 짜증과 우울과 분노가 치민 나머지 트럼프가 모조리 박살내 버리길, 그래서 미국이 처음부터 다시 시작하길 바라는 마음으로 그를 워싱턴에 보냈다. 그런 사람들은 트럼프보다 당파심을 더 증오하기 때문에 24시간 내내 틀어대는 반트럼프 뉴스를 받아들이지 않을 것이다.

"트럼프: 빌어먹을 그냥 다 끝장내버리자" 이론—미국은 이미 망한 나라이니 트럼프를 찍어 불가피한 종말이나 하루빨리 앞당기자는 생각—은 2016년 선거 기간에 드라마 〈호러스와 피트 Horace and Pete〉에 그대로 연출되었다.

레이철은 동의하지 않을지라도, 지난 시절이었다면 이것은 레이철을 웃게 만들었을지 모른다. 이런 수준의 정치적 허무주의의 본질을 탐구하는 것은 그녀가 한때 흥미롭게 여긴 일이었는지 모른다.

지적으로 당당한 시청자라면 당장 비난을 퍼붓는 것이 아니라 이런 태도들을 포용할 수 있어야 할 것이다. 민주당과 공화당이 중요한 측면에서는 사실상 협력 관계라는 견해를 받아들일 수 있어야 하는 것처럼 말이다. 그들은 불어나는 국방 예산, 사모펀드 대표들에 대한 대규모 세금 감면 혜택, 구제금융, 대형 제약회사에 주는 지원금, 그 밖에 초당파적 원인에서 유래한 문제들에 대해 냉엄한 진실을 받아들일 수 있어야 한다.

그러나 그들은 그렇게 하지 못한다. 우리는 독자들이 모순적인 상황, 특이한 상황, 혹은 미묘한 상황에 대처하지 못하도록 만들었다. 모든 것은 착한 편과 나쁜 편 사이의 명백한 대결인 것이다.

〈레이철 매도 쇼〉와 〈숀 해니티 쇼〉는 새로운 세대를 위한 〈크로스 파이어〉가 되었다. 연극처럼 관중을 속이는 이 가짜 정치 싸움의 최신 버전에서 권투 선수들은 결코 링 위에서 만나지 않는다.

MSNBC와 폭스는 무법천지인 술집의 두 가짜 싸움꾼이 되어 안전한 거리를 유지한 채 고함을 지르며 서로를 조롱하는 한편, 그들의 "친구들"은 실제로 어느 쪽도 이기거나 질 필요가 없도록 그들을 제지한다. 비유적으로 말하면, 시청자들은 진행자들의 싸움을 말리는 "친구들"이다.

두 쇼의 암묵적인 맥락은 끝없는 문화 전쟁이다. 서로 매번 그날의 뉴스를 선별해 오늘은 어느 편이 더 잘해서 **한건 올렸는지** 확인한다.

다른 내용은 없다. 이런 면에서 〈레이철 매도 쇼〉는 "증오의 열 가지 법칙"의 완벽한 지지자다. 〈해니티 쇼〉와 함께 이 프로그램은 세상에는 "두 가지 견해만 존재한다"는 관념, 다시 말해 "이 세상에 존재하는 단 두 종류의 사고방식을 민주당과 공화당이 점유하고 있다"는 비상식적인 생각을 공급하는 미국의 대표적인 공급업자다.

그렇기 때문에 모든 법칙들 중 가장 엄격하게 시행되는 법칙은 이른바 좌파 성향 프로그램에서 다른 종류의 진보주의를 배제하는 것이다(대형 일간지 논평란도 이와 유사한데, 이곳에서는 공화당 전문가들은 발견할 수 있지만 사회주의자, 평화주의자, 무정부주의자, 혹은 기타 여러 형태의 "주의자"

는 찾아보기 어렵다).

이 터널 시야 전략으로 러시아게이트에 관한 정보가 넘쳐났고, 이때 〈레이철 매도 쇼〉는 궤도를 벗어난 하나의 기사에 모든 재료를 남김없이 쏟아부었다. 설립자 로저 에일스가 자기들은 노년층 시청자를 흡수한다며 허풍을 떨었던 폭스처럼, MSNBC는 평균 연령이 65세인 시청자들에게 뮬러가 트럼프에게 수갑을 채워 백악관에서 끌어내리면 트럼프 당선으로 인한 트라우마는 곧 사라질 거라고 거듭 장담했다.

이 시기 동안 방송은 공포감 조성, 맹목적인 애국주의, 외국인 혐오 등, 한때 진보적 사고의 금기 대상이었던 여러 전략들을 배제하지 않았다. 과거우리는 이런 전략들을 폭스 같은 채널의 전유물로 여겼다.

증오의 본질은 두려움이다. 이는 《앵무새 죽이기》의 핵심 교훈이다. 즉우리는 볼 수 없는 것을 두려워한다. 우리는 벽의 반대편에 무엇이 있는지에 대해 이야기한다. 하퍼 리는 부 래들리를 경멸하는 메이콤 마을 사람들이 그가 밤마다 외출해 애완동물을 죽인다는 식의 전설을 지어내는 상황을 묘사한다.

어쩌면 래들리는 그랬을 수도 있고 그러지 않았을 수도 있다. 하지만 래들리의 집 문을 두드려 물어보기 전까지 우리는 사실을 알 수가 없다. 해니티와 마찬가지로, 레이철 매도는 시청자를 방관자로 만들어왔다. 이것은 의식적인 전략이며, 민주당 지지자들이 우익의 선전기구 같은 것을 자기들 식으로 만들기 위해 수년간 노력한 결과다. 또한 클린턴 시대 이후 사회적으로 진보적인 미디어 업계 거물들의 끊임없는 집착이기도 하다.

그러나 우익의 선전은 보도가 작동해야 하는 방식을 철저히 배반함으로써 효과를 발휘한다. 저널리즘은 사실이 어느 방향으로 흐르든 그 사실을 전달하며, 그러면 교양 있는 시민들이 더 나은 결정을 한다는 가정 위에서 작동한다.

그러나 폭스는 사람들이 너무 무지몽매해서 논쟁의 모든 측면을 다 알릴 수 없다는 정반대 시각을 개척했다. 그들은 시청자를 유권자로 만들기 위해 기사를 엄선하면서, 방송 내용을 공장식 정당정치로 삼기 위한 기술을 개발했다.

"우리는 보도하고, 당신은 결정한다."는 업계 사람들의 농담이었다. 사실 폭스는 시청자들이 생각을 건너뛰고 곧장 감정과 분노, 충성심으로 향하길 바랐다. 폭스의 유권자들은 스포츠 용어로 표현하자면, 세탁된 내용을 응원root for한다. 외부의 견해들을 오염물로 여기고 배제하도록 길들여졌기 때문에 충성의 대상을 바꾸길 거부한다.

이것은 전부 끔찍한 일이며, 폭스의 모델을 흉내 내고 싶어 하면서 오랫동안 그것을 지켜봐 온 민주당 의원들은 어느 정도 그걸 알고 있다. 또 다른 거북한 인터뷰―2016년 버니 샌더스와 한―를 보도할 때 레이철이 보인 반응을 보자. 그녀는 그 인터뷰를 보도하면서 이렇게 언급했다. "그는 민주당이 폭스 뉴스의 민주당 버전에 자금을 대야 하는 거 아니냐는 말도 하더군요!"

이때 그녀는 미소를 지으며 과장되게 두 손을 내밀면서 비꼬는 듯한 감탄의 몸짓을 드러냈다. 이 농담은, 우리는 이미 민주당식 폭스 뉴스를 가지고 있다는 뜻이거나, 혹은 어쨌든 우리는 그런 방송을 만들려 애쓰고 있다는 의미였다.

당신이 민주당 지지자라면, 당연히 당신은 "우리의" 폭스는 원래의 폭스만큼 그렇게 나쁜 미디어가 아니라고 생각할 것이다. 그러나 MSNBC가 폭스보다 더 낫다는 생각은 민주당이 공화당보다 더 낫다고 생각하는 것과 같지 않다. 뉴스의 보도 기준은 정치와 다르다.

한 정당을 다른 정당보다 선호할 수는 있다. 그러나 뉴스 채널은 정당을 위한 수단이 될 수 없으며 결코 나쁜 것일 수도 없다. 정당은 자신의 약점과 부패를 곱씹는 데 시간을 보낼 수 없으며 그럼에도 불구하고 성공하기를 바란다. 뉴스 기관은 신뢰받기 위해 열심히 거울을 들여다봐야 한다. 자신의 독자와 시청자를 포함해 모든 것에 이의를 제기해야 한다.

　레이철 매도는 삼류 라디오 방송 진행자였을 땐 자유롭게 그렇게 했다. 이제 이 사람은 10억 달러 가치의 브랜드와 그것이 판매하는 경직된 정치 플랫폼에서 소비되고 있다. 그녀가 매일 밤 읽는 것은 뉴스가 아니다. 이것은 특정 집단을 대상으로 하는 《성조기 Stars and Stripes》〔미국 국방부에서 발간하는 신문〕이며, 숀 해니티를 스타로 만든 작업과 동일한 작업이다. 론 섬 로즈가 최상류층을 위해 뉴스를 전달했다면, 그녀는 다른 부류의 시청자를 위해 뉴스를 전달할 뿐이다. 그녀도 이것이 좋게 끝맺을 수 없다는 걸 인식해야 한다.

부록 2: 놈 촘스키 인터뷰

인문학을 공부한 보통의 대학졸업자에게 놈 촘스키 박사에 대해 물어보면, 대개는 먼저 그의 강연을 언급할 것이다. 세계 최고 언어학 전문가로서의 위상에도 불구하고, 촘스키는 지루한 지식인—한때 어느 칼럼니스트의 표현에 따르면, "군중을 사로잡는 유창한 말 실력보다 학식으로 유명한" 사람—이라는 평판을 갖고 있다.

나는 항상 촘스키 입장에서 이것은 다소 영리한 마케팅이라고 생각했다. 그의 책들을 자세히 읽어보면 작품 전체에서 아이러니한 저항의 기미가 도드라지는 걸 알 수 있다. 그로 인해 그의 글과 생각에서 활기가 느껴지고, 으레 지루할 거라고 예상한 독자는 깜짝 놀라게 된다.

그는 무표정한 얼굴로 천연덕스럽게 유머를 던진다. 그에게 인간의 역사를 한마디로 요약해 말해 달라고 부탁하면—이제야 생각난 건데, 이걸 물어볼 걸 그랬다—아마도 이런 식으로 말할 것이다. "놀랄 것도 없이 끔찍하다."

개인적으로 촘스키는 온화하고 재미있고 너그럽다. 그에 관한 많은 글들이 있지만, 그는 그런 것에 전혀 관심이 없는 것 같다. 그는 MIT가 있는 보스턴에서 오랫동안 살다가 몇 년 전 애리조나 대학교가 있는 투손으로 이사했다. 내가 더위에 대해 언급하자—나는 차에서 내려 그의 연구실까지 걸어가다 거의 쓰러질 뻔했다—그는 웃으면서 사실은 이 더위가 좋다고 말했다. 여름의 보스턴은 이보다 훨씬 최악이라고 말했는데 정말 그런 것 같았다. 그는 행복한 사람처럼 보였다.

내가 온 목적은 《여론 조작》이 남긴 것이 무엇인지 묻기 위해서였다. 그는 미디어에 대한 자신의 유명한 고찰이 수년간 회자되는 것을 어떻게 생각하고 있을까? 유명한 "선전 모델"이 인터넷 시대에도 여전히 활약하고 있는 것을 어떻게 생각하고 있을까? 변한 게 있다면 무엇이 변했을까? 비전문가가 왜 이 주제에 뛰어들었을까? 나는 애석하게도 지난해에 작고한 공동 저자, 에드 허먼 와튼스쿨 교수에 대해 같은 질문을 했다.

촘스키가 허먼에 대해 처음 언급한 내용은, "선전 모델"은 자신보다 허먼의 견해에 조금 더 가까우며, 따라서 책의 저자 이름을 촘스키/허먼이 아니라 허먼/촘스키로 하자고 고집했다는 것이다. 이후 드러난 바에 따르면 이 책은 조금 이상한 역사를 가지고 있는데, 그는 이에 관해 말하는 걸 좋아하는 것 같았다. 우리는 결국 뉴스 미디어의 미래에 대해, 그리고 머지않은 미래의 정치 전망에 대해서까지 이야기했다.

이번엔 상황이 정말 심각하다는 말을 듣기 위해 촘스키에게 달려온 기자들은 모두 비슷한 반응을 보였다고 한다. 촘스키가 어깨를 으쓱해 보이면서 "특별히 심각할 건 없다. 상황은 원래 늘 이렇게 미쳐 있었으니 X, Y, Z나 기억하라."라고 답하자, 실망한 채로 돌아섰다고 말이다.

이럴 때 기자들은 돌아버린다.

촘스키는 트럼프가 매일 보이는 미친 짓들은 일종의 오락이며 진짜 문제는 그의 행정부가 통제 시스템을 해체하고, 지구 온난화에 집중하는 데 실패했으며, 핵무기 위협을 악화하는 데 있다고 주장한다. 역사적으로 끔찍하지만 대부분 비공개로 일어나는 이런 모든 일들은 헤드라인으로 나타나지 않는다.

특히 트럼프 시대에, 다시 말해 미디어 업계에서 트럼프가 오늘 어떤 미치광이 짓을 했든 그것이 '사상 최악의 일'임을 경고하는 열 가지 인용문을 구해오라는 압력이 끊이지 않는 때에, 촘스키는 기자들에게 지속적으로 실망을 안겨주는 출처였다.

그리고 그가 마시는 평정이라는 우물을 세상은 조금 더 이용할 수 있었다.

타이비 : 교수님, 만나 뵙게 되어 영광입니다. 시간 내주셔서 정말 감사합니다.

촘스키 : 고맙습니다.

타이비 : 《여론 조작》에 대해 이야기하고 싶은데요. 이 책은 저와 같은 기자들에게 큰 영향을 주었습니다.

촘스키 : 그렇겠지요.

타이비 : 이 프로젝트를 시작하신 계기는 무엇입니까? 어떻게 미디어의 문제를 다루기로 결정하셨는지요? 두 분 모두 이 주제를 전공하지는 않으셨는데요.

촘스키 : 네, 우리가 쓴 첫 번째 책에는 아주 흥미로운 역사가 있습니다. 《반혁명적 폭력 Counter-Revolutionary Violence》이라는 책입니다. 작지만 꽤 잘 운영되는 출판사에서 이 책을 준비하고 있었어요. 주로 대학교재와 소논문 같은 책들을 만드는 곳이었는데, 그중 하나가 우리가 쓴 이 책 《반혁명적 폭력》이었습니다. 출판사에서는 2만 부를 찍고 광고를 시작했어요. 그런데 알고 보니 출판사가 워너브라더스 계열이더군요. 워너브라더스의 임원진 한 명이 광고를 보고 마음에 들지 않았던 겁니다.

타이비 : 어떤 점이 마음에 들지 않았을까요?

촘스키 : 그는 이 책을 보더니 실제로 화가 머리끝까지 치밀었습니다. 그래서 출판을 중단하라고 지시를 내렸지요. 출판사 측은 그러고 싶지 않았고요. 출판사는 그가 원하면 반대 논조의 책을 출판하는 데 합의하겠다고 말했습니다. 하지만 그는 그걸 원하지 않았어요. 출판을 중단하길 원했으니까요. 마침내 그는 출판사를 폐업시켰고 재고도 전부 처분했습니다.

타이비 : 맙소사.

촘스키 : 우리 책을 포함해서 전부 다요.

타이비 : 단지 선생님 책을 없애기 위해서요?

촘스키 : 그렇습니다. 그리고 나는 시민 자유지상주의자〔civil liber-tarian, 법이나 나라에서 시민 개개인의 자유를 최대한 보장해야 한다고 주장하는 사람들〕 중 주요 구성원, 그러니까 [《빌리지보이스Village Voice》의 칼럼니스트] 냇 헨토프 같은 사람들의 관심을 끌었습니다. 하지만 그들은 미국 시민의 자유 측면에서 아무런 문제점을 발견하지 못하더군요. 그들의 의견을 이해합니다. 이건 국가의 검열이 아니니까요.

타이비 : 그렇지요.

촘스키 : 여러분은 우리에게 국가보다 훨씬 강력한 힘을 지닌 민간 정치조직들이 있다는 것을 의식해서는 안 됩니다. 아무튼 그건 이데올로기와 관계가 없어요. 그래서 엄밀히 말하면 그들을 이해할 수 있었습니다.

우리는 말했지요. "좋아, 이 일은 이쯤 끝내지." 하지만 우리는 이 작업을 확대하기로 결정했습니다. 다음에 우리가 함께 쓴 책은 두 권으로 된《인권의 정치경제학Political Economy of Human Rights》이었고 1979년에 출간되었습니다. 그리고 그 무렵 우리는 미디어가 세상을 어떻게 다루는지 고찰하는 작업에 착수했지요. 그렇게 해서 마침내《여론 조작》까지 이어지게 된 겁니다.

당신도 알다시피 에드는 재정학 교수였어요. 그리고 그의 주요 저작이자 학술적 저작은《기업 권력, 기업 통제 Corporate Power, Corporate Control》로 기업 권력에 관한 훌륭한 교과서지요.

하지만 그는 좌익 성향이 상당히 강해서 비난을 받기도 했습니다.《여론 조작》 서문의 소유와 지배에 관한 내용은 기본적으로 그의 글입니다. 이후의 내용은 상당 부분 함께 작업했지요. 그의 스타일은 나와는 다릅니다. 우리는 호흡이 잘 맞았지만 방식은 서로 달랐어요.

사실 우리는 만난 적도 없었습니다! 아마 다해서 두세 번 만났을 거예요. 그때는 인터넷이 없던 때라 모든 내용을 종이에 써서 전달했지요.

타이비: 모든 내용을 서신으로 주고받았습니까?

촘스키: 서신으로요.

타이비: 와우. 타이프라이터로 쳐서요? 아니면 손으로 직접 쓰셨나요?

촘스키: (웃으며) 오, 타이프라이터지요!

타이비: 와우.

촘스키: 당시가 어땠는지 기억하실지 모르겠지만, 아마 기억나지 않겠지요.

타이비: 제 세대가 서신을 주고받은 마지막 세대일 겁니다.

촘스키: 그런데 정말 신중하게 정리한 부분들, 그러니까 한 폴란드 사제에 대해 얼마나 많은 보고서들이 있는지 제시한 모든 도표들은—

타이비: 중앙아메리카 사제들에 비해서 말이죠.

촘스키: 그렇습니다. 내가 그 부분을 맡았다면, 아마 예를 몇 가지 들었을 겁니다. 하지만 허먼은 통계자료를 제시했고 도표를 바로잡는 등의 작업을 했어요. 내가 직접 작성한 주요 부분은 주로 인도차이나 부분과, 프리덤 하우스Freedom House가 미디어를 공격한 내용들입니다. 사실 사람들은 이 점을 인지하지 못하는데, 이 책의 많은 내용이 미디어에 대한 **옹호**였다는 겁니다. 실제로 프리덤 하우스 같은 기구들의 공격으로부터 미디어를 옹호한 것이었지요.*

---

* 《여론 조작》에서는 프리덤 하우스를 다음과 같이 설명한다. "프리덤 하우스의 시작은 1940년대 초반으로 거슬러 올라가며, 미국인디언운동, 세계반공연맹, 국제저항기구, 그리고 자유유럽방송과 CIA 같은 미국 정부기관과 관련을 맺어왔다. 이것은 오랫동안 사실상 정부 및 국제 우익의 선전 수단 역할을 해오고 있다."

타이비: 그렇습니다.

촘스키: 하지만 저널리스트들이 그런 옹호를 좋아하지 않았다는 게 조금 흥미롭습니다. 거기에는 이유가 있었고, 앤서니 루카스라는 비판적이고 아주 멋있는 저널리스트가 운영한 어느 저널*에 게재한 내 글에 그 일부가 처음 제시되었습니다. 저널리즘에 대해 비판적인 리뷰를 싣는 저널이었는데 오래 가지는 못했어요.

나는 이 저널에 그 두 권의 책에서 말한 프리덤 하우스에 대해 긴 글을 썼습니다. 기본적으로 우리가 주장한 내용은 저널리스트들은 전문적인, 그리고 진지한 작업을 정직하고 용감하게 수행하고 있다는 것입니다. 여러 어려운 환경에서도 매우 훌륭하게 해내고 있지요. 하지만 모두 어떤 이념적인 틀 안에서, 지배적인 헤게모니적 상식이 반영된 틀 안에서 하고 있습니다.

타이비: 맞습니다.

촘스키: 그래서 사실 그들은 무슨 일이 일어나고 있는지 정확하게 기술했을 테고, 그것은 우리의 가치관과 우리의 원칙과 등등의 것들과 모순되는 실수, 편향으로 기술되었을 겁니다. 사실상 그들의 원칙, 가치관과 정확하게 일치하는데도 말입니다.

그들이 어떤 주의나 원칙 등을 과시하는 사람들의 용감한 옹호자가 아니라는 생각은 그들의 구미에 당기지 않았습니다. "우리는 우리가 알지도 못하는 어떤 이념적 틀에 사로잡힌 정직한 전문가일 뿐"이라는 생각은 받아들일 수 없는 생각인 거지요. 아무도 그런 생각을 좋아하지 않았습니다.

타이비: 그래서 기자들이 선생님 글에 곧바로 반발했겠군요?

촘스키: 그렇습니다. 일부가 그랬지요. 가까운 친구들 몇 명은 제 글이 옳다고 생각했지만, 반박이 있었던 건 사실입니다.

• 《모아MORE》, 1978년에 폐간했다.

타이비:《여론 조작》의 주된 견해는 기본적으로, 우리는 독립적인 저널리스트들로 이루어진 활발한 체계를 가지고 있는 것처럼 **보이지만**, 논쟁의 범위는 인위적으로 좁혀졌다는 것이지요. 선생님께서 처음 그런 생각을 하시게 된 계기가 있었나요? 혹시 기억나시는지요?

촘스키: 아마 내가 열 살 때였을 겁니다! 실제로 이전에 내가 혼자 한 작업은 지적 문화에 대한 비판이었던 것으로 기억합니다. 그리고 내 견해는, 에드와 나는 이 부분에서 약간 달랐는데, 미디어는 일반적인 지적 문화, 학술 문화와 크게 다르지 않다는 겁니다.

그러므로 제도의 효과, 즉 소유권, 광고 등 모든 것이 그 안에 있는 거지요. 하지만 무엇보다 중요한 효과는 일반적인 헤게모니 문화가 작동하는 방식으로, 이것은 학계에서 쉽게 확인할 수 있습니다. 학문에서도 이것을 확인할 수 있고, 미디어에서도 매우 두드러진 방식으로 확인할 수 있지요.

하지만 미디어에서 연구하는 것이 훨씬 쉽습니다. 학계의 학문은 광범위해요. 관련 자료니 그런 종류의 글들이 얼마나 많은지 통계적인 분석을 할 수 없을 정도예요. 그러므로 미디어에 초점을 맞추고, 논의의 방향을 분명하게 잡은 다음, 우리가 이야기한 필터들을 적용하는 식인 거지요.

그런데 나는 이 방법을 이용하다 보면 일반적으로 지적 문화를 간과하게 된다고 생각합니다. 사실 내가 60년대부터 지금까지 계속해 온 연구는 대체로 이런 문제에 대해서였습니다. 주로 일반적인 학술적, 지적 문화에 대해서였지요. 이것은 미디어에 매우 두드러진 형태로 드러나는데, 우리가 어쩌다 엘리트 미디어에 천착한 이유도 그래서입니다. 따라서 우리는《뉴욕타임스》,《워싱턴포스트》, CBS에 대해 논의했고, 타블로이드 신문은 다루지 않았습니다.

타이비: 그러니까 기본적으로 선생님은 앞서 언급하신 순응에 대한

본능, 다시 말해 이미 정해진 체제 안에서 움직이고 있음을 이해하지 못하는 것에 대해 말씀하시는 거로군요.

촘스키: 당신이 조금 전에 했던 말이 바로 이런 내용이지요. 당신들이 적대적이고 독립적이며 모든 것에 의문을 제기하고 있다는 가정 말입니다.

그런데 학문에서도 마찬가지입니다. 당신이 어느 학자에게 "당신은 단지 이념적인 편견에 순응하고 있을 뿐인 것 같다."라고 말하면 그들은 크게 화를 낼 겁니다. 기본적인 이념의 틀에 의문을 제기한 내용이 실제로 크게 두드러졌을 때, 어떤 일이 일어났는지 당신도 알 거예요. 하워드 진의 책에서처럼—

타이비: 《미국 민중사》 말씀이시죠.

촘스키: 그래요. 그 책이 인기를 얻자 역사학자들이 아주 난리가 났지요. 관심이 있다면, 이 주제에 대해 쓴 아주 흥미로운 책이 한 권 있습니다.

타이비: 그렇습니까? 몰랐어요.

촘스키: 《지노포비아Zinnophobia》라는 책인데…이 책에는 오스카 핸들린의 매우 신중한 분석과, 진의 보고서를 신랄하게 비판한 많은 사람들이 소개되어 있습니다.

타이비: 아, 그렇다면 선생님 책의 주제 중 하나인 **강력한 비난** flak이 되겠군요.

촘스키: 맞습니다. 바로 그래요. 지적인 문화에서는 말입니다. 당연히 강력한 비난이 많지요.

타이비: 선전 모델에서 다른 요소보다 더 오래 지속된 요소가 무엇인지 지난 몇 년간 생각해 보셨나요? 물론 **강력한 비난**이 그렇겠지만요.

촘스키: 사실 《여론 조작》 제2판이 나왔는데 혹시 보셨나요?

타이비: 네, 개정돼서 나왔지요.

촘스키 : 우리는 거기에서 선전 모델의 한 부분, 즉 반공주의에 대한 부분을 매우 제한적으로 다루었다고 분명하게 지적했습니다.* 하지만 그보다는 광범위하게 다루어야 했어요. 반공주의는 당신들이 하는 모든 것을 정당화하기 위해 적을 만들어내고 그 적의 모습을 실제로 보여주는 것이었습니다. 그러나 그것은 테러리즘이 될 수도 있었고, 어느 것이든 될 수 있었어요.

타이비 : 포퓰리즘은 또 다른 예가 되겠군요.

촘스키 : 그러니까, 소위 포퓰리즘 말이죠.

타이비 : 그렇습니다.

촘스키 : 그 용어는 영광스러운 역사를 가졌습니다. 미국 역사에서 가장 민주주의적인 운동이었지요.

타이비 : 그런데 다른 종류의 단어로 급격히 바뀌었죠.

촘스키 : 네. 그렇게 됐죠.

타이비 : 《여론 조작》이 출간된 당시는 고고 춤과 영화 〈탑 건〉, 레이건 집권이 한창이던 80년대였습니다. 모두가 미국에 매우 긍정적이었고 애국심도 대단했어요. 적어도 그런 경향을 띠었지요.

촘스키 : 우리 모두 "언덕 위의 도시 City on a Hill"였지요.

타이비 : 맞습니다.

촘스키 : 이 말의 기원을 들어본 적이 있습니까?

타이비 : 아니오, 없습니다.

촘스키 : 흥미로운 경우에요. 이 용어는 레이건 시절 이전에는 아예 있지도 않아서 거의 사용되지 않았습니다. 그런데 레이건이 이 용어를 선택했고, 미국을 "언덕 위의 빛나는 도시 shining city upon a hill"에 비

• 영문판 편집자 주:《여론 조작》에서는 반공주의가 조직적인 종교로서의 역할을 하며 미디어 사업을 뒷받침한다는 점을 특히 강조한다. 여기에서 촘스키는 1988년 이후 다른 신학들이 어떻게 등장해 왔는지를 이야기하고 있다.

유하는 연설을 했습니다.

그런데 과거로 돌아가 청교도 목사 존 윈스럽의 설교를 읽어보면, 이 용어를 거의 정반대 의미로 쓰고 있어요. 그가 우리는 언덕 위의 도시라고 말했을 때, 그 말은 모두가 우리를 바라보고 있으니 우리가 공언한 이상에 부응해 살지 않으면 벌을 받게 될 거라는 의미였어요.* 당연히 그의 경우엔 하느님에게 벌을 받는다는 의미였지요. 사회의 벌을 받는 것이 아니라.

그러므로 이 말의 실제 의미는 우리가 모두에게 노출되어 있으니 이런 이상들에 합당하게 살기 위해 노력해야 한다는 겁니다. 그는 우리가 그렇게 살고 있다고 말한 게 결코 아니었어요. 사실 그는 우리가 그렇지 않다는 걸 알았지요. 그것이 핵심이었습니다.

타이비: 그런데 그들은 이 말을 미국 예외주의의 캐치프레이즈로 바꾸어놓았군요.

촘스키: 그렇습니다. 대단하지 않습니까?

타이비: 웃기는군요.

촘스키: 그리고 당연히 이 모든 것에는 레이건의 근사한 미소와 그 밖의 모든 요소들이 함께 했습니다.

타이비: 선생님께서는 이런 모든 예외주의의 한가운데에서 그것과 정반대 주장을 하는 《여론 조작》을 펴내셨어요. 이 책은 완벽하게 현혹

---

* 윈스럽의 설교 중: "왜냐하면 우리는 언덕 위의 도시가 되리라는 걸 생각해야 하기 때문입니다. 모든 사람의 눈이 우리를 향해 있습니다. 그러므로 우리가 맡은 이 일에서 우리의 하느님을 거짓으로 대하고, 그리하여 늘 함께하시는 그분의 도움이 우리에게서 거두어진다면, 우리는 온 세상에 하나의 이야깃거리, 하나의 조롱거리로 남게 될 것입니다. 우리는 적들의 입을 벌려 하느님의 뜻, 그리고 하느님을 대신하는 모든 신앙고백자들의 뜻을 악하게 말할 것입니다. 우리는 하느님의 훌륭한 종들 중 많은 이들을 수치스럽게 만들어, 우리가 향하는 좋은 땅에서 소멸해 갈 때까지 그들의 기도는 우리에게 저주로 변하게 될 것입니다."

된 나라, 살인과 폭력에 굶주린 나라의 이미지를 제시하고 차마 직시하기 힘든 끔찍한 역사를 소개하고 있습니다.

촘스키: 미디어에 대한 책은 아니지만,《인권의 정치경제학》에는 그보다 더 많은 내용이 담겨 있었습니다. 이 책은 부분적으로 미디어에 대해서도 다루었지만, 주로 군사행동에 대해 이야기했어요.

이 책은 그야말로 금기의 대상이었습니다. 아무도 **그걸** 볼 수조차 없었어요. 그 사실이 매우 인상적이었습니다. 왜냐하면 이 책은 대단히, 네, 꽤나 흥미로웠으니까요. 이 두 권짜리 책에 대한 반응은 흥미로웠습니다. 우리는 많은 분야를 다루었지만, 두 가지 사례에 중점을 두었습니다. 하나는 동티모르였고, 다른 하나는 폴 포트 치하의 캄보디아였지요.

이 두 곳은 같은 시기에 대규모 학살이 일어난 지역입니다. 아마 동티모르가 더 극악무도했을 거예요. 두 나라 간에는 단 한 가지 차이점이 있었습니다. 한 경우는 다른 누군가에게 책임을 전가할 수 있었다는 것이고, 다른 한 경우는 우리가 그 책임의 대상이었다는 것이었어요.

타이비: 맞습니다.

촘스키: 그리고 우리가 지적한 것은, 두 경우 모두 서로 방향은 다르지만 심각한 거짓이 있었다는 겁니다. 캄보디아의 경우엔 근거 없는 주장들이 난무했어요. 반박을 받으면, 그들은 상세하게 계속해서 설명을 했지요. 날조도 서슴지 않았고요.

동티모르의 경우, 무시하거나 철저히 부인하는 것 같더군요. 그리고 당연히 동티모르의 경우가 훨씬 중요한데, 그 이유는 우리가 언제든지 중단할 수 있었기 때문입니다. 결정적인 책임이 우리에게 있었기 때문이지요.

또한 국내외의 많은 압력하에서 마침내 25년 뒤에 증명된 사실에 따르면, 클린턴은 인도네시아에 군사행동 중단을 지시하라는 압력을 받

있습니다. 그는 결국 "자, 게임은 끝났다."라고 말했고, 그들은 즉시 철수했지요. 하지만 이 전쟁은 25년 동안 지속될 수도 있었어요.

그러므로 동티모르 사태는 훨씬 더 중요했습니다. 기본적으로 같은 내용이지만 거짓의 방향은 정반대이며, 두 사태 모두 경이로운, 정말 경이로운 거짓이지요.

책에 대한 반응을 봅시다. 동티모르 사태에 대해서는 아예 언급하지 않더군요. 캄보디아에 대해서는 모두들 광분했고요. 그들은 우리가 폴 포트를 보호하고 있다, 우리가 집단학살을 옹호하고 있다고 말하더군요. 천만에요. 우리는 단지 이렇게 말했던 겁니다. 미국 정보기관의 진술이 정확하다면, 당신들이 발표한 기사는 전부 새빨간 거짓말이라고. 스탈린도 감동했을 거라고 말입니다.

그런 식으로 방대한 인쇄물이 캄보디아에 관련해 우리를, 주로 저를 공격하고 있고, 동티모르에 관해서는 철저하게 침묵을 지키고 있습니다.

타이비: 변명의 여지가 전혀 없어서인가요?

촘스키: 사실을 직시할 수 없으니까요. 사실 그 일은 오늘날까지 계속 이어지고 있습니다. 서맨사 파워의 책〔《미국과 대량학살의 시대 A Problem from Hell》을 언급하는 것 같다〕을 보세요. 그녀의 책은 대단한 극찬을 받았습니다. 모두의 사랑을 받는 훌륭한 책이지요. 아마 그녀는 지극히 솔직하고 정말 고지식하지만, 미국을 비난하고 있었습니다. 그 점이 이 책을 돋보이게 해주지요. 어느 정도 비판을 하고 있으니까요. 그녀는 **다른 사람들**의 범죄를 제대로 다루지 않는다는 이유로 미국을 비난했습니다.

주제 선택이 대단히 완벽해요. 만일 홍보 담당자가 주제를 고안한 것이라면, 이보다 더 나은 주제를 생각할 수는 없었을 겁니다. 그래서 이 책은 모두의 사랑을 받았고 상을 탔어요. 아주 멋진 일이지요. 하지만 우리의 범죄에 대해서는 아무것도 밝혀진 것이 없습니다. 내 생각에 그녀기 동티모르에 대해 언급은 한 것 같습니다. 그녀는 "우리는 동티모르에서 실수를 했다. 우리는 외면했다."라고 언급하지요.

우리가 외면했나요? 우리는 사태를 지속하도록 승인했고, 무기를 제공했으며, 줄곧 그들을 지지했습니다.* 동티모르에서 그런 많은 일들이 일어났는데, 고작 할 수 있는 말이 "우리는 외면했다."인 겁니다.

타이비: 현재 예멘에서 비슷한 상황이 벌어지고 있습니다.

촘스키: 예멘도 동일한 상황입니다. 우리는 그들에게 폭탄 투하 지점에 대한 정보를 제공하고 있습니다. 우리는 그들에게 무기를 제공하고 있습니다. 하지만 우리는 무슨 일이 일어나고 있는지 전혀 알지 못해요. 뭔가 잘못된 게 분명합니다!

타이비: 1988년 이후 완벽하게 유지되고 있다고 여겨지는 모델의 다른 모습이로군요. 즉 가치 있는 희생자와 무가치한 희생자라는 개념 말입니다.

촘스키: 바로 그겁니다.

타이비: 시리아와 예멘은 선생님 책에 예로 제시된 캄보디아, 동티모르와 거의 완벽하게 유사합니다.

촘스키: 우리는 이 용어를 동티모르와 캄보디아를 설명하기 위해 사용했어요. 그러므로 아시다시피 《여론 조작》의 중심 주제는 사실 여기에 있습니다. 제도적 구조를 제외하면 말이지요. 그러나 이것은 매우 극적인 예입니다. 여기에 두 나라가 있고, 아시다시피 동티모르는 제2차 세계대전 이후 발생한 사실상의 집단 학살이라 해도 과언이 아

• 영문판 편집자 주: 동티모르의 포용, 진실, 화해 위원회 Commission for Reception, Truth and Reconciliation 는 2006년, 미국의 "정치와 군사 지원이 인도네시아의 침략과 점령의 기초"였으며, 그로 인해 최소 10만 명에 달하는 사망자가 발생했다고 결론 내렸다.

니었으니까요.

타이비 : 그럼에도 불구하고 실제로 그 사태를 취재한 대중 언론 어디에서도 "집단 학살"이라는 말을 듣거나 볼 수는 없습니다. 적어도 우리가 개입된 경우에 관한 한은 말이죠.

촘스키 : 다른 더 흥미로운 경우들도 있습니다. 《뉴스위크》 사이공 지부장인 케빈 버클리를 예로 들어보겠습니다. 그는 매우 훌륭한 저널리스트예요. 미라이 대학살 이후, 버클리와 그의 동료 알렉스 심킨은 학살이 벌어진 꽝응아이 성에서 무슨 일이 일어나고 있는지 신중하게 조사했습니다.

그리고 그들이 발견한 것은 평화 운동가들이 이미 밝힌 사실, 즉 미라이가 딱히 특별한 곳은 아니라는 사실이었습니다. 학살은 온 나라에서 계속되고 있었고, 더욱이 이런 대학살은 대수롭지 않은 것이었지요. 집중 폭격을 통해 훨씬 심각한 대학살이 이루어지고 있었으니까요. 에어컨이 돌아가는 사무실에 앉아 보이는 모든 것에 폭탄을 투하하라고 폭격기 B-52에 명령하는 사람들을 통해서 말입니다. 이것은 거대한 대학살이었습니다. 미라이, 미케 등 이와 유사한 지역들은 일종의 부차적인 지역이었던 겁니다. 《뉴스위크》는 이 사실을 실으려 하지 않았기에 그가 나에게 기록을 보내주었습니다. 우리는 당연히 그의 기록을 실었지만, 역시나 아무도 주목하지 않았지요.

타이비 : 이 내용이 이전 책에 있습니까?

촘스키 : 이전 책 베트남에 관한 부분에 있어요. 이때가 미국의 강력한 지원으로 아르헨티나에 신나치 정권이 수립되던 바로 그 시기였습니다. 나는 역시나 관련 자료를 가지고 있었고 그 밖에도 자료들이 많아서 책에 여러 분야를 자세하게 다루었습니다.

자, 봅시다, 레이건은 과테말라에 직접적인 군사 지원을 반대한 의회의 결정을 이용하고 있었습니다. 따라서 레이건이 한 일은 흥미롭게도 국제적인 테러망을 구축하는 것이었지요. 하지만 우리는 카를로스 자칼 같은 희대의 테러리스트를 고용하지 않아요. 테러리스트 국가들을 이용하지요.

타이비 : 맞습니다.

촘스키 : 그래서 우리는 신나치 정권 중 하나인 아르헨티나를 이용한 겁니다. 대만도요. 이스라엘은 큰 비중을 차지했지요. 이런 나라들이 과테말라의 대량학살을 위해 무기, 훈련, 지원을 제공했습니다. 말이 나온 김에 덧붙이면, 거의 집단 학살이나 다름없는 피해를 당한 마야 지역에서는 오늘날에도 계속해서 사람들이 달아나고 있습니다. 당연히 그들은 국경으로 돌아가게 되지만요.

타이비 : 그 말씀을 들으니 생각나는 질문이 있습니다. 《여론 조작》의 주요 주제 중 하나는, 선전이 사적으로 이루어지고 국가의 직접적인 검열이 없기 때문에, 사람들은 선전을 선전으로 인식하기 어렵다는 것이었지요.

촘스키 : 그것은 언론의 파괴와 매우 흡사해요. 선전은 국가의 검열이 아니니까 괜찮다고 여겨지는 겁니다. 덧붙여 이야기하면, 얼마 전에 마침내 이 주제에 관한 분명한 사실들 중 일부를 다룬 흥미로운 책이 출간되었습니다. 저자는 엘리자베스 앤더슨이라는 철학자이자 경제학자예요. 《사적 정부 Private Government》라는 책인데, 그녀가 말하려는 바는, 그러니까 이 책의 주된 요지는 이겁니다. 정부가 있다, 그런데 정부는 억압적일 수 있다. 그러나 우리 생활의 대부분은 사적 정부하에 있으며, 그녀의 말에 따르면 이것은 공산 독재 정권과 구별하기 어렵습니다.

사업체를 예로 들어봅시다. 당신이 어느 사업체에 종속되어 있다면, 권리도 없고 자유도 박탈되고 등등 기본적으로 그 집단의 노예가 될 겁니다. 그녀의 책에서 다소 새로운 시각이 제시된 흥미로운 부분이 있는데, 애덤 스미스, 토머스 페인에서 에이브러햄 링컨에 이르기까지 17세기와 18세기의 자유 시장 옹호에 대해 살펴본 다음 이것이 좌익의 입장임을 지적한 것입니다.

그들은 자유 시장을 옹호하고 있었기 때문이지요. 국가의 독점과 상업주의를 약화시켜 사람들이 어떠한 권위에도 예속되지 않는 자유롭고 독립적인 장인이 되길 원했기 때문입니다. 또한 그들은 임금 노동을 노예와 같다고 여겼습니다. 유일한 차이점은 이것은 일시적이라는 거예요. 언제든 그만둘 수 있지요.

그런데 산업혁명이 시작되면서 모든 것이 변했습니다. 사람들은 주요 기업 구조에 종속되어야만 살아남을 수 있게 되었고, 임금 노동이 표준적인 현상이 되었습니다.

현대 자유주의자들은 17세기와 18세기에 임금 노동과 계약에 대해 했던 비난을 여전히 자유주의적인 것의 예로 인용하고 있습니다. 이제 그것은 정부의 일이 아니라는 이유에서 말이지요. 모든 것이 완전히 도치되었습니다. 당신이 앞에서 검열에 대해 말한 내용과 매우 흡사하지요.

타이비: 네, 재미있군요. 지금 우리가 이런 특이한 지점에 있으니 말이에요. 미디어 지형은 거의 두어 개 유통 플랫폼상에서만 존재합니다. 엄밀히 말해 미디어는 사적인 것이지요. 페이스북, 구글 전부요. 하지만 요즘은 이 회사들과 정부 사이에 어느 정도 상호관련성이 있습니다. 이스라엘 같은 일부 지역들은 더 직접적인 관계가 있고요. 이들이 더 직접적인 검열 기능을 도입하려 했다면 모델에 변화가 있었을까요?

촘스키: 페이스북 현상을 살펴봅시다. 그들은 어디에서 뉴스를 가지고 올까요? 그들은 직접 취재하지 않습니다.

그들은 그저 《뉴욕타임스》에서 보도 내용을 가져오고, 그러므로 정보의 출처가 같습니다. 그들은 단지 이 정보를 사소한 형태로 생산하고 있어요. 그래야 열 살의 사고방식을 지닌 사람들이 다룰 수 있으니까요. 이건 매우 위험한 과정입니다. 그들은 미디어의 역할 중 어느 것도 하고 있지 않아요. 그들은 보도의 틀을 잡지 않습니다. 기사를 선택하지도 않지요. 기자들을 파견하지도 않아요. 사건을 조사하지도 않고, 그저 정보를 수집해서 아이들에게 넘겨 10분 만에 **훑게** 합니다. 그러니 사람들이 뉴스를 믿지 않지요.

타이비: 선생님이 《여론 조작》을 출간하신 후 업계에 큰 변화가 있었습니다. 저는 미디어 안에서 성장했기 때문에 이 변화를 매우 극적으로 보았어요. 그런데 80년대 후반과 90년대 초반에 갑자기 폭스가 새로운 상업적 전략을 택한 겁니다. 그것은 최대한 넓은 범위의 시청자를 확보하는 것이 아니라, 폭스의 성향에 맞는 시청자층을 점유하여 그들이 동의하는 뉴스를 지속적으로 제공하는 것이었지요. 이것은 사일로 효과로, 방송사는 각 특정 집단에 개별적으로 뉴스를 공급하는 사일로가 되었습니다.

촘스키: 맞습니다. 새로운 변화였어요.

타이비: 그리고 이 과정이 인터넷과 페이스북 등의 플랫폼에 의해 엄청나게 가속화되었지요.

촘스키: 개인적으로 과소평가됐다고 생각하는 그 과속화의 다른 종류가 라디오 토크쇼입니다. 이런 프로그램은 무수한 청취자들과 연결되어 있어요. 종종 생각하는 일이 있는데, 이 지역에서도 들을 수 있는지 모르겠지만, 보스턴에 있을 땐 운전하는 동안 내내 이런 방송을 들었다는 겁니다. 완전히 정신 나간 짓이죠.

타이비: 그렇습니다. 그런데 그것이 이 모델에 어떤 영향을 미치나요? 왜냐하면 《여론 조작》은 헤게모니의 명령 뒤에 있는 **모든 사람**을 조직하는 문제를 중요하게 다루었잖아요. 하지만 지금의 시스템은 뉴스와 그에 수반되는 전달 서비스가 분열되어 있습니다. 정보는 각기 다

른 사일로에 따로 유통되고 있어요. 그리고 많은 사람들이 서로 격렬하게 의견 충돌을 일으키고 있습니다.

촘스키: 글쎄요, 알다시피 실제로 일어난 일은, 제 생각엔, 그들의 의견이 서로 다르다는 것이지만, 분열을 초래하는 원인이 다소 잘못 해석되고 있는 것 같아요. 원인은 항상 어느 집단은 좌로 움직이고 다른 집단은 우로 향하기 때문이라고 기술되고 있지요. 나는 그렇지 않다고 생각합니다. 두 집단 모두 우로 향해 왔다고 생각해요. 분열이 있는데, 그것이 잘못 전달된 것이지요.

버니 샌더스를 예로 들어봅시다. 그의 정책을 보세요. 아이젠하워는 그의 정책에 놀라지 않았을 겁니다. 전혀요! 아이젠하워의 입장은, 뉴딜 정책에 의문을 제기하는 사람은 제정신이 아니라는 것이었어요. 기업 경영자들은 노조를 강력하게 지지했는데, 사실 노조가 기업의 체계화를 유지했고 파업 같은 걸 일으키지 않았기 때문입니다. 그런데, 샌더스의 제안들은 거의, 알다시피 1950년대 사람들은 아마도 온건한 진보라고 여겼을 겁니다. 확실히 급진적이지도 않았고 혁명적이지도 않았어요. 단지 전체 스펙트럼이 그들이 극단에 있다고 **생각하는** 우익에서 아주 멀리 이동했을 뿐이지요.

타이비: 분열을 초래하는 것도 다른 선전 목적에 기여하는 바가 있을까요? 예를 들어, 사람들이 공유하는 경제적인 문제를 인식하지 못하게 한다든지요?

촘스키: 분명히 그런 요소가 있습니다.

타이비: 선생님은 《여론 조작》에서 노골적인 기만에 대해 많이 이야기하셨습니다. 가령, 1981년 바티칸에서 교황 요한 바오로 2세를 암살하려던 시도의 배후는 불가리아의 음모로 짐작된다는 기사처럼 말입니다. "애초에 불가리아와의 연관성에 대해 신뢰할 만한 증거가 없었다."라고 쓰신 게 기억납니다. 그런데도 기자단 전체가 이 사건에 뛰

어들었지요. 우리 정부가 이 사건에 소련이 연관되어 있다는 걸 선전하기 위해 정말 열심히 일했다는 암시들이 있었다는 것이 나중에 밝혀졌지만요.

촘스키: 그 사건에 관한 책이 있어요.

타이비: 그런 일들을 겪었음에도 불구하고, 우리는 유사한 일들을 너무 많이 경험해 왔습니다. 이라크 전쟁을 예로 들면, 저는 선생님이 처음부터 대량살상무기 사건을 간파하실 거라고 생각했습니다.

촘스키: 아직도 대량살상무기가 있다고 믿는 사람들이 있어요.

타이비: 그리고 당연히 이 기사는 미디어에 매우 불리한 결과를 초래했습니다. 이런 모든 노골적인 기만 때문에 결국 유권자들이 트럼프 같은 사람을 기꺼이 믿는 상황이 초래되었다고 생각하십니까?

촘스키: 미디어에 대해서 말인가요?

타이비: 네.

촘스키: 네, 나는 그렇다고 생각합니다. 하지만 솔직히 《여론 조작》의 불행한 영향 중 하나는 그 책을 읽은 많은 사람들이 "이런, 언론은 믿을 게 못 되는군."이라고 말하는 것이라고 생각해요. 하지만 책에서 말하고자 한 것은 결코 그런 게 아닙니다. 정보를 얻으려면 《뉴욕타임스》를 읽되 눈을 크게 뜨고 읽어야 합니다. 비판적인 마음으로 말이지요. 《뉴욕타임스》는 사실로 가득 차있습니다. 페이스북에서는 정보를 찾을 수 없을 겁니다.

타이비: 4chan 사이트에서도요.

촘스키: 게다가 미디어에 국한해서도 안 됩니다. 요즘엔 대체로 사람들이 기관을 회의적으로 바라보고 있습니다. 사실 기관에 대한 신뢰가 거의 전반적으로 급격하게 낮아지고 있어요. 의회와 마찬가지로 기관에 대한 지지도가 간혹 한 자릿수일 때도 있지요. 80년대 이후 인구의 약 80퍼센트가 여론조사에서 끊임없이 이런 말을 하고 있습니

다. 정부는 자신을 지키는 소수의 큰 이해관계에 의해 운영된다고 말입니다. 그 말은—

타이비: 사실입니다. 그렇지 않습니까?

촘스키: 그리고 나는 이것이 전적으로 신자유주의적 공격의 주요한 영향이라고 생각합니다. 엄밀히 말해 이것은 카터부터 시작해 사실상 레이건과 대처 때 전 세계에 본격적으로 전개되었습니다. 기업을 우선하는 신자유주의 원칙하에서 일반 대중들이 엄청난 피해를 입었습니다. 그리고 그 피해는 모든 곳에서 일어났지요. 임금만 보더라도, 오늘날 실질 임금은 70년대 후반보다 낮습니다. 경제는 성장했지만 주머니가 두둑한 사람은 거의 없어요. 생산성은 계속 증가하고 있지만 임금은 그렇지 않습니다. 70년대 중반까지 실질 임금은 생산성을 따라갔지요. 당시를 돌아보면, 생산성은 계속해서 향상하지만 임금은 정체되거나 감소하는 괴리가 발생합니다. 그리고 이것은 모든 방면에서 현실적인 문제로 나타나지요.

타이비: 그리고 당연히 사람들은 그로 인해 화가 나고요.

촘스키: 사람들은 화가 나지요. 유럽도 다르지 않습니다. 지금 벌어지고 있는 일에 대해 누군가를 탓하기 위해 어쨌든 기관을 향해 분노와 증오, 험악한 태도를 드러내는 겁니다. 유럽 선거에서 볼 수 있듯이, 선거 때마다 중도파 정당들이 무너지고 주변부로 흩어집니다. 브렉시트에서 그 현상을 보셨을 겁니다. 브렉시트는 자살 행위예요. 하지만 국민들은 너무 화가 난 상태라서 그저 이 상황에서 벗어나고 싶을 뿐입니다.

타이비: 2016년 대선 기간에 트럼프를 취재한 경험이 아주 생생하게 떠오릅니다. 모든 기자들이 제한선 뒤에 서있는데 트럼프가 우리를 가리키며 우리를 악당으로 몰더군요. 기본적으로 그가 한 말은 이랬습니다. "여기 엘리트들이 계시네요. 이들은 악당들 말을 받아쓰는 속

기사입니다." 그런데 그 말이 매우 효과적이라는 생각이 들었습니다.

촘스키: 네. 그리고 그 말은 파시스트 역사에서 그대로 따왔지요. 심지어 주요 엘리트들의 지지를 받는 동안에도 그들을 추적하라.

타이비: 맞습니다.

촘스키: 토머스 퍼거슨을 읽어봤나요? 그는 정치경제학자이며 매우 훌륭한 사람입니다. 선거 자금이 당선에 미치는 영향 같은 주제를 연구하는 데 평생을 바쳤지요. 그리고 2016년 선거에 대해 매우 신중하게 연구했습니다. 그 결과 밝혀진 것은, 클린턴의 당선이 매우 확실해 보였던 지난 몇 달 동안, 기업 분야는 실제로 크게 당황했다는 것입니다. 그래서 그들은 트럼프뿐 아니라 상원과 하원에 막대한 기금을 쏟아붓기 시작했습니다. 공화당이 상원과 하원을 확실하게 통제하도록 만들고 싶었던 거지요.

그리고 선거 자금 증가와 태세 변화를 비교하면 거의 완벽하다고 할 수 있습니다. 이 일은 트럼프뿐 아니라 의회 전체를 공화당의 승리로 이끌었어요. 마치 선거 자금을 반영하기라도 하듯 말입니다. 그러므로 진짜 엘리트들은 어느 쪽이 자기들에게 유리한지 알고 있었던 겁니다.

타이비: 하지만 트럼프는 다른 사람들을 엘리트 대표로 소개하는 수법을 이용합니다.

촘스키: 엘리트에 대한 가짜 포퓰리스트들의 표준적인 기술이지요. 실제로는 당신들이 그들을 위해 일하지만 말예요.

타이비: 《여론 조작》이 출간된 후로 사람들이 음모에 그토록 많은 관심을 갖게 된 이유가 무엇이라고 생각하십니까? 아니면 원래 그랬나요? 제 생각에는 원래 그랬던 것 같습니다. 이렇게 말해도 좋을지 모르겠지만, 선생님께서 《여론 조작》을 쓰실 때 널리 통용된 일련의 사실들이 있었습니다. 우리에게는 세 개의 방송망이 있었고, 그들은 주로 같은 내용을 보도했으며, 지금은—

촘스키: 그래요, 음모들이 있었습니다. 그러니까, 케네디 음모설을 예로 들어봅시다. 오래전 일이지만 말입니다. 미국 역사에서 한참 거슬러 올라간 50년 전으로, 당시 리처드 호프스태터가 이 일에 대해 글을 썼지요. 그러나 최근에 이 사건이 부풀려진 것이 사실이고, 나는 이것이 모든 기관을 통틀어 기관 전반을 향한 매우 자연스러운 분노가 반영된 것일 뿐이라고 생각합니다. 어쩌면 군대는 약간 예외일지 모르지만, 사실상 그 밖의 기관들은 분노의 대상에서 벗어나지 못하지요. 그런데 이렇게 기관들을 신뢰할 수 없다면, 미디어는 어떻게 믿을 수 있겠습니까?

타이비: 하지만 그것이 발전 과정 중 하나가 아닐까요? 미디어가 예전에는 별로 그렇지 못했지만 점차 하나의 기관으로 간주된다는 것이 말입니다.

촘스키: 오, 그렇습니다. 트럼프는 미디어에 대한 분노를 끌어내 기관을 반대하고 미디어를 적으로 만든다는 측면에서 대단한 효과를 거두는 만큼, 이것은 영리한 수법이 분명합니다. 그는 대단한 정치인이에요.

타이비: 많은 동료 기자들이 수년 동안 제게 《여론 조작》이 미디어 업계 내부의 동향을 정말 잘 포착했다고 말했습니다. 저도 그 말에 동의하고요. 크리스 헤지스가 말한 내용들, 즉 미디어 업계 내부의 역학 관계에 대한 이야기가 떠오르는군요. 헤지스는 독립심이 지나치게 강하거나, 독립적인 사고 경향이 지나치게 뚜렷하면, 조만간 곤란한 상황에 처하게 될 거라고 했지요. 승진이 막히거나, 관료적인 절차에서 상당한 낭패를 보게 될 거라고 말입니다. 특히 일간 뉴스라는 거대한 사업에서 모종의 꼬리표가 달리게 될 거라고요.

촘스키: 지나치게 편향적이고 감정적이며 사건에 너무 깊이 관여한다는 말도 듣겠지요. 그러나 알다시피 이런 경향은 학계도 마찬가지예요. 이쪽은 허풍이 더 심할지도 모릅니다.

타이비 : 우리 업계가 선생님 업계보다 지적으로 조금 더 열등할 거라고 생각했는데요.

촘스키 : 글쎄요, 전 별로 자신하지 못하겠습니다.

타이비 : 확실히 오늘날 미디어 구조는 인터넷 기반의 유통 시스템으로 운용되고 있습니다. 미래에는 어떻게 될 거라고 생각하십니까? 과도한 집중으로 "여론 조작"을 하기에 더 쉬울까요, 아니면 더 어려울까요?

촘스키 : 과거에 중요한 단어는 **유통** 시스템이었습니다. 인터넷은 정보를 캐내지 못해요. 따라서 정보는 같은 곳에서 만들어지고, 항상 그곳에서 나오게 될 겁니다. 현장에 있는 기자들에게서 말이지요. 안타깝게도 그들은 소수에 불과하지요.

판단하기는 어렵지만, 여러 가지 면에서 오늘날 미디어가 50년대와 60년대에 비해 어쩌면 더 자유롭고 개방적일지 모른다는 인상을 받습니다. 그리고 그 이유는 많은 젊은 사람들, 오늘날 미디어에 종사하는 사람들이 매우 자유로웠던 60년대를 경험했다는 것입니다. 그것이 실제로 사람들의 마음을 열었고, 따라서 그들은 더 비판적이고 개방적인 사고방식을 갖는다든지 하는 경향이 생긴 것이지요.

사람들은 50년대와 60년대에 미디어가 얼마나 순응적이었는지 잊고 있습니다. 당시는 충격적일 정도였지요. 그 당시를 돌아보면 도저히 이해가 되지 않을 정도예요.

1961년 11월 즈음으로 기억하는데, 케네디는 월남에 폭격을 시작하도록 미 공군에 권한을 위임했습니다. 그들은 월남의 표식을 사용했지만, 무슨 일이 일어나고 있는지 모두가 알고 있었어요. 그것은 엄연히 미국 비행기였습니다. 외국의 시골 지방 민간인에게 폭격을 시작한다는 건 대단히 중요한 문제입니다. 내 생각에 《뉴욕타임스》는 이일에 관해 신문 뒷면에 열 줄 정도 썼을 겁니다.

아무도 이 일을 몰랐고, 아무도 관심이 없었습니다. 지금이라면 있을 수 없는 일일 거예요. 그리고 이런 경우는 많습니다.

타이비: 정부와 대기업 이익에 대한 우려의 원천이 이런 것 아닐까요? 자유가 조금 많은 거 아니야? 독립심이 조금 많은 거 아니야? 아무래도 뭔가 조치가 필요하겠어. 이런 생각 말입니다.

촘스키: 1975년에 출간된 아주 중요한 책이 있습니다. 《민주주의의 위기 Crisis of Democracy》라는 책인데, 자본주의적 민주주의의 세 중심 지역인 유럽, 미국, 일본의 자유주의적 국제주의자 모임인 삼자위원회 Trilateral Commission에서 펴낸 첫 번째 출판물입니다.

"민주주의의 위기"란 무엇일까요? "민주주의의 위기"는 1960년에 수동적이고 무관심해야 할 모든 분야의 인구가 자신의 이익과 관심사를 요구하기 위해 정치판에 뛰어들기 시작하고, 국가에 너무 많은 짐을 지움으로써 지배를 어렵게 만든 것입니다. 그러므로 우리에게 필요한 것은 "보다 온건한 민주주의"라는 거죠. 이것이 그들이 강조하는 표현입니다. "사람들은 구석의 자기 자리로 돌아가고 민주주의는 우리에게 맡겨야 한다."는 것이죠.

사실 미국의 정치학자 새뮤얼 헌팅턴은 트루먼 대통령 시절을 향수 어린 시선으로 돌아보았습니다. 그는 트루먼은 소수 월스트리트 은행가들의 도움만으로도 정치적으로 나라를 다스릴 수 있었다고 말합니다. **그 당시** 우리에게는 민주주의가 있었어요. 하지만 그는 미디어를 추적합니다. 그는 미디어가 지나치게 적대적이고, 지나치게 독립적이 되었다고 말해요. 미디어의 활동을 보아하니, 우리는 정부의 통제력을 도입해서라도 그들을 억제해야 할지 모른다고 말입니다.

이것이 **진보주의**의 입장입니다. 삼자위원회 역시 이른바 대학의 자격 박탈을 추진했습니다. 그들은 기관들—그들의 표현입니다—, "젊은 이들에게 사상을 주입할" 책임이 있는 이런 기관들이 정당한 자격을 갖추지 못하고 있다고 말했습니다.

우리는 더 많은 것을 주입해야 한다는 거지요. 이것은 스펙트럼에서 진보주의의 극단임을 기억하세요. 우익으로 넘어가면 훨씬 가혹한 상황을 맞게 되지만…아무튼 지적 배경은 이렇습니다. 우리는 "지나친 민주주의", "지나친 자유"를 멈추지 않으면 안 된다는 거지요.

1960년대는 내내 "고난의 시기"로 불렸습니다. 그때가 이 모든 일의 시작점이었어요.

타이비 : 선생님은 책에서 그들이 미디어의 베트남 보도와 관련하여 "민주주의 과잉"에 대해 논의했다고 언급하셨습니다.

촘스키 : 그것이 책을 내게 된 주요 원인입니다. 책이 출간됐을 때 나는 즉시 MIT 도서관에 10부 정도 구입해 놓으라고 말했습니다. 그들이 책을 절판시킬 거라고 생각했거든요. (웃음) 실제로 그들은 그렇게 했습니다. 나중에 다시 출판됐지만요. 상의 한마디 없이 말입니다. 제가 수차례 상의를 했지요.

타이비 : 선생님이 지금 말씀하시는 모든 발언들이 요즘 다시 떠오르고 있습니다. 요즘 우리는 "민주주의 과잉"에 대해 다시 듣고 있습니다. 언론을 통제해야 한다는 논의들이 실제로 양당 모두에서 많이 이루어지고 있고요.

촘스키 : 네. 똑같은 상황이 반복되고 있습니다.

타이비 : 정말 좋은 시간이었습니다, 교수님, 좋은 말씀 감사합니다.

촘스키 : 감사합니다.

감사 인사

서브스택〔Substack, 뉴스레터와 팟캐스트 제작 지원 플랫폼〕의 두 진취적인 청년, 하미쉬 맥킨지와 크리스 베스트가 내게 다가와 말하지 않았다면, 나는 결코 이 책을 쓰지 않았을 것이다. 그들의 회사는 점점 협소해져 가는 미디어 지형에서 나와 다른 작가들에게 독립으로 향하는 새로운 길을 제공했을 뿐 아니라, 연속해서 책을 내겠다는 내 평생의 꿈을 실현하게 해주었다.

특히 하미쉬에게 많은 도움을 받았다. 이 프로젝트를 진행하도록 줄곧 격려하고, 홍보를 도맡아 하면서, 각 장을 업로드하고 포맷하는 지루한 작업까지 기꺼이 담당한 그에게 감사의 마음을 전한다.

이 책을 펴내는 OR 출판사 발행인 콜린 로빈슨은 내가 책을 쓰도록 동기를 부여했을 뿐 아니라 개인적으로 혹은 직업적으로 큰 도움을 주었다. 그는 어려운 시기마다 나를 설득했고, 그가 만든 책을 통해―그의 목소리는 가려지기 일쑤지만―그리고 그의 기업가적 지혜를 통해 세상에 영향을 주었다. "기업가적"이라는 말은 그의 공산주의 심장을 자극하기 위해 반은 농담으로 사용했다.

이 책을 위해 많은 작가들과 저널리스트들과 인터뷰를 했다. 이 업계에서 항상 편하지만은 않은 주제들에 대해 인터뷰에 응해준 이들에게 많은 신세를 졌다. 리즈 스페이드, 토머스 프랭크, 프레드 토에처, 제인 에이크리, 노미 프린스, 제프 코언, 헌터 파울리, 조앤 윌리엄스, 그 밖에 이름이 언급되지 않은 많은 분들에게 깊이 감사한다.

놈 촘스키는 그의 명저를 다시금 생각하게 하고 그것에 관해 토론할 시간을 내주는 넓은 아량을 베풀어주었다. 그에게 특별히 감사의 인사를 드린다. 어떤 면에서 이 책은 무엇보다 《여론 조작》의 저자인 그와 고故 허먼 교수에 대한 오랜 감사의 마음을 전하기 위한 것이기도 했다.

저널리즘 업계에서 조언자이자 스승이 되어준 모든 분들에게도 감사드린다. 《롤링스톤》의 잔 웨너, 윌 다나, 에릭 베이츠, 제이슨 파인, 숀 위즈부터 《빌리지보이스》의 고故 웨인 배럿에 이르기까지 많은 분들이 있다. 뉴욕 역사상 가장 위대한 부패 폭로자들 중 한 사람인 웨인은 나의 첫 상사이자 친구였다. 그가 세상을 떠나기 직전에 찾아가 만나 다행이라고 생각한다. 또한 모든 저널리스트들의 장례식이 그의 장례식과 같다면, 그래서 모두가 진심 어린 마음으로 참석한다면―그를 적대적으로 대했던 이들까지 참석해 눈물을 보였다―우리가 뭔가 옳은 일을 하고 있다는 의미일 거라는 말을 덧붙이고 싶다.

마지막으로 내 아버지 마이크 타이비에게 감사를 드리고 싶다. 우리는 오랜 세월 수많은 의견 충돌이 있었고, 최근 몇 년간은 사이가 멀어졌으며, 우리 둘 다 큰 상처를 주고받았다. 그러나 그 모든 시간 동안, 심지어 가장 어두운 순간조차, 아버지는 언제나 나에게 기자란 무엇이고 무엇이 되어야 하는지에 대한 궁극적인 모델이었음을 아버지는 모를 것이다. 나는 위대한 세이모어 허시부터 오스카상과 퓰리처상 수상자들에 이르기까지 이 업계의 거물들을 대부분 만나보았지만, 그들 중 기자로서 내 아버지와 비교할 수 있는 사람은 아무도 없었다.

이 책에서 아버지가 일하는 모습을 지켜보며 매료되었던 어린 시절 경험을 이야기할 수 있어 기뻤다. 한창때 아버지는 깐깐하고 전투적인 인물로 대중적으로도 유명했는데, 찾아보면 여러 지방 신문 가십란에서 아버지에 대해 한두 줄 유감스러운 글을(아버지의 일에 관한 꽤 많은 칭찬과 함께) 발견할 수 있을 것이다. 한번은 보스턴의 여러 신문에 보도된

적이 있는데, 내 기억에 어느 TV 방송 앵커를 맡았을 때 한사코 양말을 신지 않으려 한 게 이유였다. 다른 기사들도 있었지만 아마 그만큼 재미있지는 않았던 것 같다.

예나 지금이나 아버지와 가까운 사람들은 젊은 시절 아버지가 재치와 농담으로 주변을 홀리는가 하면 이내 한바탕 소란을 일으키는 매우 쾌활하고 매력적인 사람이라는 걸 알고 있다. 그러나 기자로서 아버지가 당황해하는 모습을 나는 한번도 본 적이 없다. 적어도 나에게 아버지는 언제나 최고의 경지에서 완벽하게 상황을 통제하는 사람으로 보였다. 아버지는 젊은 기자라면 누구나 배워야 할 기술의 대가였다. 지난 시절 아버지를 지켜보며 기록을 해두었다면 좋았을 거라는 아쉬움이 남는다.

아버지가 전화기를 어떻게 이용했는지 앞에서도 이야기한 바 있다. 기자는 전화기를 사랑해야 하고, 실제로 아버지는 수십 년 동안 머리에 전화기를 붙이고 살다시피 했다. 그렇지만 아버지는 직접 현장에서 일할 때 훨씬 빛을 발했다. 큰 키, 가무잡잡한 피부, 떡 벌어진 체격에 호감형인 아버지는 누구와도 당장 대화를 시작할 수 있었다. 서슴없이 불쑥 끼어들어 사람들의 대화를 중단시킬 땐 코미디처럼 우습기까지 했다.

어머니와 내가 웃기고도 공포스럽게 기억하는 장면이 있다. 내가 여덟 살 때, 아버지는 보스턴 노스엔드에 있는 지금은 사라진 카페 폼페이의 밀실로 나를 끌고 갔다. 이곳은 악명 높은 앤줄로 파—뉴잉글랜드 최고의 조직폭력단—의 소굴로 이용되던 곳이었다.

안쪽에서 남자들이 줄담배를 피우면서, 담배꽁초들을 테이블 한가운데에 방해물처럼 세워두고 일종의 당구 게임인 캐럼 당구를 치고 있었다. 아버지의 접근 방식은 기본적으로 이랬다. "이봐, 내 이름은 마이크다. 내 아들놈이 좀 놀아도 되겠나?"

우락부락한 사내들이 서로를 쳐다보며 어깨를 으쓱하더니 내가 몇 번 공을 치게 해주었다. 아버지가 미소를 지으며 어찌나 빨리 말하던지 아무도 아버지에게 입 닥치라고 말할 틈조차 없었던 기억이 난다. 지나고 나서 생각해 보니, 우리 둘 다 링컨 승용차 트렁크에 쑤셔 박히지 않은 게 놀라울 따름이다. 다른 방에 있던 어머니는 젤라또 접시 속으로 쓰러지기 직전이었다.

이것은 극단적인 예지만, 기자의 1차 기술은 낯선 이들과 불신의 벽을 깨고 공통점을 찾는 것이다. 아버지가 주로 사용하는 방법은 농담이었다. 아버지의 유머에 대해서는 사람들마다 평이 엇갈리지만—"맨해튼 남부의 요리왕"인 유명한 케니 숍신은 내가 아버지의 농담을 완벽하게 차단하면 음식 값을 할인해 주곤 했다—나는 잠재적인 정보원의 마음을 풀어주고 말문을 열게 만드는 수준에서 아버지의 농담이 효과를 발휘하지 못하는 것은 한번도 본 적이 없다.

이 유머 덕분에 아버지는 헤로인을 주사하는 지하복도에서부터 아프간 마을에 이르기까지 어디든 달려갈 수 있었고, 사람들이 쉽게 입을 열게 만들 수 있었다.

이따금 아버지는 나에게 일에 관해 일장 연설을 늘어놓으며, "기사가 대장이야." 같은 말을 하곤 했다. 그러면 나는 따분하다는 듯 눈알을 굴렸다. 지금 그때를 돌이켜 보면, 아버지는 실제로 일에 관해 순수주의자였다는 생각이 든다. 아버지는 정확함(올바름이 아니라)을 무척 중요하게 여겼는데, 이것은 내가 아버지에게 배우려고 의식적으로 노력한 많은 것들 중 하나이다. 내 경우엔 오류에 빠지는 것에 대한 신경증적 공포가 더 큰 이유였지만.

아버지는 종종 현장에 출동해—방화, 살인, 대통령 연설 등 주제를 막론하고—상황을 파악한 다음 곧바로 적절한 사람을 골라 카메라 앞에서 말하게 한 뒤 몇 분 만에 8개의 완벽한 문장을 작성했다. 그런 다음 혼자서 완벽한 발음으로 그 문장을 읽은 뒤 재빨리 방송사로 돌아가 편집실에서 기술 팀과 머리를 맞대고 정각에 방송할 수 있도록 자료를 편집하는 일련의 일을 매번 반복했다.

이 일의 핵심은 무엇을, 누가, 언제, 어디에서, 왜, 어떻게 했는지를 최대한 신속하게 전달하는 것이다. 우리는 상황을 아는 많은 사람들과 이야기를 나누고, 우리 생각이 아닌 그들의 생각을 전달할 때 이 일을 잘한다고 할 수 있다. 아버지는 이 등식에서 사람들 입장을 대변하는 데 전문가였다. 기사의 작성과 전달에도 마찬가지로 정통해서 아버지의 원고는 예나 지금이나 빠르고 간결하며 기억을 환기시킨다.

이 책을 쓰면서, 나는 아버지가 그랬던 것처럼 이 일이 평가 절하되는 것에 절망하고 있는 나 자신을 자주 의식했다.

오늘날 많은 사람들이 내가 하고 있는 이 일에 종사하고 있다. 즉 독자들의 분노를 유발하기 위한 목적으로 신랄하게 비판을 가하며 글을 쓰는 일 말이다. 그러나 내 아버지의 작업 방식은 여기에 해당하지 않는다. 대부분의 선거 전문 기자들이 아버지처럼 각계각층의 사람들에게 능숙하게 말을 걸 줄 알았다면 2016년의 엄청난 오독은 일어나지 않았을 것이다.

아버지는 도널드 트럼프를 질색하지만, 트럼프 지지자들이 잔뜩 모인 방에 아버지를 들여보내면 10분 만에 그들 모두에게 썰렁한 농담을 하게 만들거나, 누가 먼저 20야드 떨어진 타이어 구멍에 축구공을 골인시키는지 내기하게 만들 거라고 장담한다. 그들이 결국 아버지 말에 동의하지 않을 수도 있지만, 아버지는 여론조사원의 자료를 통해서가 아니라 직접 그들의 목소리를 듣게 될 것이다.

이것은 우리가 사람들과 직접 소통하지 않고 상황들을 짜 맞출 땐 얻을 수 없는 부분이다. 본질적으로 이 일은 사람들과 이야기를 나누는 것이어야 하며, 내 첫 번째 스승만큼 그것을 잘 하는 사람은 없었다. 아버지에게 깊이 감사드린다.

옮긴이 **서민아**

번역가. 대학에서 영문학과 경영학을, 대학원에서 비교문학을 공부했다. 옮긴 책으로는 《힘없는 자들의 힘》, 《푸코의 예술철학》, 《에든버러》, 《자전소설 쓰는 법》, 《오만과 편견》, 《도리언 그레이의 초상》, 《은여우 길들이기》, 《인간은 개를 모른다》, 《키라의 경계성 인격장애 다이어리》, 《자유의지》, 《번영과 풍요의 윤리학》, 《플랫랜드》, 《카뮈, 침묵하지 않는 삶》, 《비트겐슈타인 가문》, 《비트겐슈타인 회상록》, 《마음챙김의 배신》 등이 있다.

헤이트: 우리는 증오를 팝니다

초판 1쇄 발행 | 2021년 5월 20일

지 은 이 | 맷 타이비
옮 긴 이 | 서민아
펴 낸 이 | 이은성
편　　집 | 구윤희, 김규민
디 자 인 | 파이브에잇
펴 낸 곳 | 필로소픽

주　　소 | 서울시 동작구 상도동 206 가동 1층
전　　화 | (02) 883-9774
팩　　스 | (02) 883-3496
이 메 일 | philosophik@hanmail.net
등록번호 | 제379-2006-000010호

ISBN 979-11-5783-213-2 03300

필로소픽은 푸른커뮤니케이션의 출판 브랜드입니다.